软土地区轨道交通控制保护区深基坑工程研究与实践

吴才德　姚燕明　龚迪快　王洁栋　曾　婕　著

中国建材工业出版社

图书在版编目（CIP）数据

软土地区轨道交通控制保护区深基坑工程研究与实践/吴才德等著. -- 北京 ：中国建材工业出版社，2021.5

ISBN 978-7-5160-3179-7

Ⅰ. ①软… Ⅱ. ①吴… Ⅲ. ①软土地区—轨道交通—深基坑—工程施工 Ⅳ. ①U215

中国版本图书馆 CIP 数据核字（2021）第 054983 号

内 容 简 介

本书从理论计算和施工实践两个方面，对软土地区深基坑施工过程中轨道交通结构和相关保护措施进行研究分析，并介绍了多个成功的基坑轨道交通结构保护工程案例，为软土地区基坑轨道交通结构的保护提供理论指导和实践依据。

本书主要内容包括宁波软土地区深基坑变形规律研究、减小基坑开挖对隧道的影响及控制、桩墙施工对邻近隧道的影响及控制以及四个地铁保护区工程实践案例。

软土地区轨道交通控制保护区深基坑工程研究与实践

Ruantu Diqu Guidao Jiaotong Kongzhi Baohuqu Shenjikeng Gongcheng Yanjiu yu Shijian

吴才德 姚燕明 龚迪快 王洁栋 曾 婕 著

出版发行：中国建材工业出版社

地　　址：北京市海淀区三里河路 1 号

邮　　编：100044

经　　销：全国各地新华书店

印　　刷：北京雁林吉兆印刷有限公司

开　　本：787mm×1092mm　1/16

印　　张：14.75

字　　数：290 千字

版　　次：2021 年 5 月第 1 版

印　　次：2021 年 5 月第 1 次

定　　价：68.00 元

本社网址：www. jccbs. com，微信公众号：zgjcgycbs

本书如有印装质量问题，由我社市场营销部负责调换，联系电话：(010)88386906

前　言

随着城市轨道交通网络的逐步完善以及城市建设的迅猛发展，邻近轨道交通设施的工程建设行为越来越多。考虑到轨道交通设施对周边环境的变化十分敏感，为保证城市轨道交通结构安全和正常使用，往往在其结构及周边的特定范围内设置保护区域，即“轨道交通控制保护区”。在众多建设行为中，尤其以深基坑施工对邻近轨道交通设施的影响问题最为突出，常规的仅以保证基坑自身安全为目的的设计与施工已难以满足轨道交通设施严格的变形控制要求。因此，如何分析深基坑开挖对邻近轨道交通设施的影响，并采取经济且有效的加固措施确保轨道交通设施安全，是一个极为重要但又十分棘手的问题。至今，国内外许多专家学者已就基坑开挖对既有轨道交通设施的影响开展了大量研究工作，也取得了许多有价值的研究成果。然而由于问题的复杂性，以上成果多是针对特定工程提出，其适用性可能受到地域限制，仍有待在实际工程中进一步验证。

软土具有天然含水量高、压缩性强、强度低、渗透性差、抗剪强度指标变化范围宽等特点。在软土地质条件下，邻近轨道交通设施进行深基坑施工具有极大的风险。2012 年，宁波东部新城某 2 层地下室基坑开挖，引起紧邻的轨道交通海晏北路站～福庆北路站区间隧道产生水平位移达 50mm，沉降累计超过 39mm，隧道呈“扁鸭蛋”形变形，整体向基坑方向偏移并抬升，并导致隧道管片发生大面积破损，其中约 400 环管片出现不同程度的开裂渗水，后通过钢环加固、注浆抬升等技术手段，对隧道结构进行了加固，隧道加固费用近 5000 万元。该事故使我们清醒地认识到，开展软土地区深基坑施工对邻近隧道影响及保护对策研究的必要性和迫切性。

本书是作者多年来开展软土地区轨道交通控制保护区内深基坑工程设计和科研的成果总结。书中首先基于一系列相关的现场实测数据对轨道交通控制保护区内深基坑自身变形、坑外土体变形以及由此引起的相邻隧道、车站的变形规律进行了较为系统的研究；通过有限元方法和神经网络法，反演分析得到了适用于软土地区的土体本构模型计算参数的取值范围，并在此基础上开展基坑时空效应和变形控制措施研究，提出了减小基坑施工对邻近隧道影响的有效变形控制措施；基于修正的地层补偿法，提出了估算坑外土体位移场的方法；研究桩墙施工对邻近盾构隧道的影响机理及灾变规律，提出了围护桩墙施工的净距控制要求与影响控制措施；最后，介绍了四个软土地区地铁保护区基坑工程实例。

本书介绍的相关研究成果为软土地区安全地开展轨道交通及其沿线建设提供了理论依据和技术支持。2015—2020 年间，相关研究成果已在数十个轨道交通控制保护区深基坑工程中得到有效应用，经济效益和社会效益显著。此外，本书研究成果还为宁波市工程建设地方细则《宁波市建筑基坑工程技术细则》（2019 甬 DX-06）、浙江省工程建设标准《建筑基坑工程技术规程》（DB33/T 1096—2014）和浙江省工程建设标准《城市轨道交通结构安全保护技术规程》（DB33/T 1139—2017）等省、市级技术标准的编制提供了依据。

参与本书撰写和校对的还有浙江华展工程研究设计院有限公司沈俊杰教授级高工、成怡冲博士、赵豫鄂硕士、郑翔硕士、安然硕士、许成承硕士。本书的撰写还得到宁波轨道交通集团有限公司的支持，在此一并表示感谢。

由于作者水平和能力有限，书中若存在疏漏、不妥、错误之处，敬请广大读者批评指正。

著　者

2021 年 1 月于宁波

目　　录

1 绪　论

1.1 引言

轨道交通作为现代城市大规模快速客运系统的一个重要组成部分，能极大地缓解市区地面的交通拥堵，在改善城市交通状况和促进城市经济发展等方面发挥着重大作用。作为现代城市的交通命脉和生命线，轨道交通系统的安全极为重要。然而，由于城市建设发展的需要，一系列工程的上马将不可避免地会在已建轨道交通设施之上或两侧进行各种各样的施工活动。

为保证城市轨道交通结构安全和正常使用，在其结构及周边的特定范围内设置的控制和保护区域，称为"轨道交通控制保护区"。如根据宁波市工程建设地方细则《宁波市建筑基坑工程技术细则》（2019 甬 DX-06），宁波市轨道交通控制保护区的设置范围为：①地下车站主体结构与区间结构外边线外侧 50m 内；②地面车站、高架车站和区间结构外边线外侧 30m 内；③过江、过河隧道结构外边线 100m 内；④车站附属结构及其他结构外边线外侧 30m 内。

轨道交通设施保护区施工活动中，深基坑工程对轨道交通的影响尤其受到关注。深基坑工程的施工，包括围护桩墙施工及基坑开挖等，会引起坑底回弹（隆起）、支护后土体侧移以及坑外地面沉降等问题，进而改变邻近轨道交通设施的应力应变状态，对轨道交通设施的使用功能及地铁安全产生影响，甚至造成严重危害。轨道交通设施对周边环境的变化十分敏感，《城市轨道交通结构安全保护技术规范》（CJJ/T 202—2013）中规定：地铁隧道结构绝对最大位移不能超过 20mm，变形曲线的曲率半径不小于 15000m，相对弯曲不大于 1/2500。可见，对于邻近轨道交通设施的基坑工程，单纯保证其自身安全前提下的设计与施工远不能满足如此严格的变形控制要求。因此，如何评估深基坑开挖对相邻轨道交通设施的影响，并采取经济且有效的加固措施确保轨道交通设施安全，是一个极为重要却又十分棘手的问题。

目前，宁波轨道交通建设正迈入一个高速迅猛的发展阶段。根据发展改革委批复的宁波轨道交通远期规划，宁波轨道交通线网以三江片为核心，跨越甬江、姚江和奉化江，把三江片、镇海片和北仑片连为一体，并沿着商业轴、水轴和公建轴形成三主三辅

6条线、放射状的轨道交通线网，线网全长247.5km，共设换乘站20座。需要指出的是，宁波地区的隧道、基坑等地下工程的建设面临着极为严苛的工程地质条件。宁波地处东海之滨，杭州湾南岸，甬江、姚江和奉化江三江交汇口，属典型的软土地区。在地质演变史上，宁波地区经过了多次海陆变迁，形成了由陆相到海陆交互相的海积、冲海积、滨海沼泽相松散沉积物。宁波地区软土厚度普遍大于25m，颜色为灰色或深灰色，软塑-流塑状态，其天然含水量高（34％～58％），土体几乎完全饱和（饱和度均高于94％）。总的来看，宁波软土具有天然含水量高、压缩性强、强度低、渗透性差、抗剪强度指标变化范围宽等特点，且宁波软土工程地质性质要劣于天津、上海软土。

基坑—土体—隧道复杂的相互作用以及软土的不良工程性质，给宁波地区轨道交通控制保护区内深基坑工程建设带来极大难度，也曾出现不少事故。本书针对宁波软土自身特点，从理论上、施工技术上对基坑周边土体位移及相邻隧道的变形机理和规律进行系统化的研究，以期更好地指导工程实践，对轨道交通设施的保护做到有章可循、有的放矢。

1.2 国内外研究现状

1.2.1 基坑周围土体位移场研究现状

1.2.1.1 基坑支护结构与周围地层变形机理

基坑开挖实质就是基坑开挖面上的卸荷过程，由于卸荷而引起坑底土体产生以向上为主的位移，同时也导致围护墙在两侧压力差的作用下产生水平向位移并进一步引发墙外侧土体的位移。可以认为，坑底的土体隆起和围护墙的位移是引起基坑周围地层移动的主要原因，而基坑周围地层移动又是引起邻近轨道交通设施变形的直接原因。下面将从围护墙变形和坑底隆起变形角度来讨论地层移动机理。

1. 围护墙的变形

围护墙墙体变形从水平方向改变基坑外围土体的原始应力状态而引起地层移动。基坑开始开挖，围护墙便产生受力变形。在基坑内侧卸去原有的土压力时，在墙外侧则受到主动土压力，而在坑底的墙内侧受到全部或部分的被动土压力。由于总是开挖在前，支撑在后，所以围护墙在开挖过程中，安装每道支撑前总是已发生一定的先期变形。围护墙的位移使墙体主动压力区和被动压力区的土体发生变形。墙外侧主动压力区的土体向坑内水平位移，使背后土体水平应力减小，以致剪力增大，出现塑性区；而在基坑开挖面以下的墙内侧被动压力区的土体向坑内水平位移，使坑底土体水平向应力加大，以致剪应力增大，从而发生水平向挤压和向上隆起变形，在坑底处形成局部塑性区。

墙体变形不仅使墙外侧发生地层损失而引起地面沉降，还使墙外侧塑性区扩大，进一步增加了墙外土体向坑内的位移和相应的坑内隆起。因此，同样地质和埋深条件下，深基坑周围地层变形范围和幅度，随墙体变形的不同而有很大的差异，墙体变形往往是引起周围地层移动的重要原因。

2. 坑底土体隆起

坑底隆起是垂直向卸荷而改变坑底土体原始应力状态的反映。在开挖深度不大时，坑底土体在卸荷后发生垂直弹性隆起。坑底弹性隆起的特征是坑底中部隆起最高，而且坑底隆起在开挖停止后很快停止。这种坑底隆起基本不会引起围护墙外侧土体向坑内移动。随着开挖深度的增加，基坑内外的土面高差不断增大，当开挖到一定深度时，基坑内外土面高差所形成的加载和地面各种超载的作用，就会使围护墙外侧土体向基坑内移动，使基坑坑底产生向上的塑性隆起，同时在基坑周围产生较大的塑性区，并引起地面沉降。

可见，围护墙的变形和坑底沉降是相互联系的，它们的共同作用导致了最终的坑外土体位移场。

1.2.1.2 影响基坑周围地层移动的因素

如前所述，坑底的土体隆起和围护墙的位移是引起基坑周围地层移动的主要原因，而影响基坑周围地层位移场范围和大小的因素又是多方面的，主要包括以下几点：

1. 土层性质

对于不同土体类型，由于其力学参数 c、φ 及模量 E 等参数不同，其围护墙位移及墙后土体变形不同。在基坑内外进行地基加固以提高土的强度和刚度，可显著减小围护墙的位移，对增加围护结构的整体刚度也起到一定作用。

2. 支撑位置和形式

支撑层数越多，纵向间距越小，水平方向越密，围护墙的位移与变形越小。支撑类型不同，支护效果也不同。一般钢支撑具有足够高的刚度，但是其与墙体之间的垫板构造会严重影响支撑的纵向刚度，故有必要通过施加预应力来消除各种可能的间隙。而对于钢筋混凝土支撑，由于支撑设置的滞后性，特别是混凝土浇筑后的收缩，会使支撑受力滞后。另外，支撑腰梁的压缩变形与腰梁的侧向变形，均将使围护墙的位移和变形增大。总的来看，安装支撑的施工方法和质量，例如支撑轴线的偏心度、支撑与墙面的垂直度、支撑固定的可靠性、支撑加预应力的准确性和及时性，都是影响基坑变形的重要因素。

3. 围护墙厚度和嵌固深度

在保证墙体有足够强度和刚度的条件下，恰当增加嵌固深度，可以提高抗隆起稳定性，也就可以减小墙体位移。对于软土地区的深基坑，围护墙墙底进入硬土层对变形有较好的控制作用。提高围护墙的刚度也可减小围护墙的变形，对于变形控制严格的基坑工程，可考虑采用刚度较高的地下连续墙或是大直径桩作为挡土结构。

4. 基坑施工程序

由于基坑的变形具有时空效应，在基坑的开挖程序中，如果能分层、分小段开挖，随挖随撑，就可充分利用主体结构的空间作用，减小围护墙被动区的压力和变形，还有利于尽速施加支撑预应力，这不仅能减小各道支撑安装时的墙体先期变形，而且可提高基坑抗隆起的安全系数。

5. 基坑施工周期

软土区的深基坑工程，由于黏性土的流变性，土体在相对稳定的状态下随暴露时间的延长而产生移动是不可避免的，特别是在坑底被动区和墙底下的土体滑动面的高应力区，土体都会因为暴露时间过长而产生相当可观的变形，以致引起地面的沉降。待施工到支撑位置时，如延迟支撑的安装，就必然引起明显的墙体变形和相应的地面沉降。在开挖到设计底标高后，如不及时地浇筑好底板，使基坑长时间暴露，坑底土体隆起较大，同样会使周边地层产生较大变形。

6. 其他因素

当墙后地下水位升高时，作用在挡墙上的水压力增大，进而使得墙体位移增大；另一方面，当出现流砂和管涌时，墙后水土流失而导致土体沉降变大。此外，地面超载和振动荷载会降低基坑抗隆起安全度，增大基坑周围地层位移。

1.2.1.3 坑外土体位移场计算方法

早期对坑外土体位移的研究主要针对的是坑外地表沉降。Peck [1]对其收集的大量基坑实测数据进行分析，提出了用于预估坑外地表沉降的经验曲线。Peck 经验曲线适用于对砂土和软到硬土中基坑开挖引起坑外地表沉降的初步估算，且在工程中得到了广泛的应用；但是，由于其统计数据多是源于采用排桩和板桩等刚度较低的支护结构的基坑工程，故预估值往往偏大，有一定的局限性。此后，许多学者根据工程实测数据和数值模拟结果，提出了多种坑外地表沉降曲线的分布模式，其中较为著名的有 Ou 等 [2]通过工程监测数据的分析得出的地表沉降的三角形和凹槽型模式。Hsieh 等[3]对以上两种沉降形态的预测方法进行了研究，并提出了主要影响区和次要影响区的概念。欧章煜[4]则进一步对该模式作了修正。简艳春[5]根据计算结果和实测值提出了软土基坑墙后地表沉降的概化分布曲线。按照地层损失法思路及工程经验，推导了由围护墙侧向变形值求解基坑墙后地表沉降的实用公式。唐孟雄、赵锡宏[6]用回归分析方法求得深基坑挡土墙侧向位移函数，并导出挡土墙任意剖面位移计算公式。通过地面沉降与挡土墙侧向位移之间的关系，求出地表任意剖面沉降的最大下沉值，得出地表任意点沉降计算公式。徐方京[7]分析了影响基坑变形的因素及坑外地层移动影响的范围，并给出了地下连续墙后土体沉降及墙体侧移的估算公式，地表沉降可表示为瑞雷分布函数。

除地表沉降外，坑外土体水平位移的研究同样重要，却常常被忽视。随着市政建设中隧道、管线等对侧向变形极为敏感的结构被投入使用，基坑开挖引起坑外土体水平位移的研究也越来越受到重视。Schuster 等[8]基于工程实测数据和有限元模拟结果，认为坑外地表以及某一深度的水平位移具有与沉降相似的位移模式，而且坑外土体水平位移的影响范围大，随深度变化显著。

以上介绍的基于经验或半经验的坑外土体位移预测方法多是针对地表沉降或水平位移单独提出的，无法全面地分析基坑开挖引起的坑外任意位置的土体竖向和水平向位移。文献[9]运用综合分析和函数逼近提出了基坑外侧土体位移场的经验解析法，而目前的相关研究更多是借助于数值分析方法[10]。有限元法等数值分析方法虽然可模拟复杂条件下的基坑开挖，但较高的模拟费用也限制了其在基坑工程初步设计中的应用。因此，有必要就基坑开挖引起的坑外土体位移场的计算方法展开进一步研究。

1.2.2 基坑变形的时空效应研究现状

基坑开挖的时间与空间因素与基坑变形性状密切相关。多年来的工程实践和研究表明，基坑每步开挖土方的大小、深度、形状等空间因素以及开挖面无支撑暴露时间、开挖速度、开挖顺序等时间因素对基坑支护结构及周围土体的变形影响显著。在此基础上，刘建航院士总结提出了软土深基坑工程的时空效应原理[11]。

在基坑变形的时空效应研究方面，覃海婴[12]采用黏弹性柯姆黄模型作为土体流变模型，编制二维有限元程序，利用有限元程序对一组开挖时间与间歇时间不同的基坑工程进行分析，得到支护体系变形的时间效应及一些规律，并与工程实测值进行比较，有较好的一致性。张伟[13]利用流变室内试验曲线建立一种组合流变模型，用所编制的有限元程序对基坑支护桩进行分析，并与实际工程做了对比，取得良好的效果。Clough[14]针对基坑开挖中出现的时间效应问题，建议用快慢分析法确定施工周期较长的开挖工程变形的上、下限。陈洋[15]运用线性黏弹-黏塑流变模型编制有限元程序，对上海永银大厦深基坑工程进行了严格的模拟，认为在软土地基条件下深基坑开挖工程的自身安全及对相邻环境的影响程度与开挖时间密切相关。应宏伟等[16]将 Biot 固结有限元法用于饱和软黏土地区深基坑性状的研究，分析了土体超静负孔压的分布和分步开挖过程中的固结效应，阐述了开挖速率的影响。姜朋明等[17]分析了深基坑开挖过程中基坑变形的时间效应，认为在饱和软土地区，时间效应对基坑变形影响较大，在设计施工过程中应充分考虑时间效应，加强现场监测，进行信息化施工组织。基坑的三维空间效应主要体现为坑角效应，许多学者根据现场实测和三维有限元分析，验证并研究了基坑的坑角效应的存在[18-19]。为了研究坑角效应的范围，Ou[20]采用三维有限元分析得到坑角效应的影响范围与基坑的长宽比、坑角的相对距离的关系。Finno[21]利用二维平面应变状态及三维模型的有限元对比分析，对基坑的坑角效应影响范围进行研究，得到以下结论：坑角效应不仅与基坑的尺寸相关，同时还和支护系统的刚度及坑角抗隆起安全系数有着密切关系。陆培毅[22]提出了深基坑回弹空间效应分析的三维有限元模型。该模型模拟了深基坑分步开挖过程和支撑方式的变化，土体采用修正剑桥模型，同时定量地分析了基坑形状、基坑开挖面积以及开挖深度等因素对基坑开挖回弹量的影响。所提出的回弹计算方法可以为工程师有效地预估深基坑工程中不同基坑形状、不同开挖面积和深度的回弹量提供依据。俞建霖等[23]采用三维空间有限元单元法研究了基坑开挖过程中围护结构变形、土压力的空间分布及基坑的几何尺寸效应，并与二维平面问题分析的结果进行了比较，最后通过对某基坑工程的实例分析，验证了对基坑工程进行三维分析的必要性及计算模型的合理性。杨雪强等[24]借助于坑壁土体的三维破坏模式，基于土的塑性上限理论及极限平衡分析理论，探讨了两坑壁端部对坑壁支护结构上土压力的整体屏蔽作用，提出了考虑空间效应的土压力计算公式。目前，考虑基坑“时空效应”的设计理念已被广大岩土设计师所接受并采用[11]。但是，以上研究与设计成果多关注于基坑本身的变形及稳定控制，关于基坑的时空效应对周围地层位移以及邻近地铁隧道影响的研究较少。

1.2.3 基坑开挖对邻近隧道影响研究现状

深基坑开挖对地铁隧道的影响主要有两方面：（1）深基坑开挖导致坑外土体沉降，进而带动地铁隧道下沉。坑外土层沉降主要由深基坑围护墙侧向位移及坑内隆起等原因引起，而埋于土层中的地铁隧道也将随土层沉降而下沉。地铁隧道的沉降与其下土层的沉降是相协调的，但由于地铁隧道刚度和土层刚度不同，两者沉降稍有差异。一般而言，地铁隧道的竖向沉降破坏是由土层的不均匀沉降造成的。（2）深基坑开挖引起围护墙侧向位移而导致地铁隧道向深基坑方向变形。因围护墙侧向水平位移不均，使地铁隧道产生挠曲变形，进而产生附加变形和应力，若这些附加的应力和变形超出了地铁隧道的承受能力，则将造成地铁隧道破坏，主要表现为隧道区间产生过大变形或变位，以及衬砌被压坏等。

目前，日本关于邻近工程施工的相互影响研究处于世界领先地位，根据已建结构物的特征和新建工程的施工方法，他们将邻近工程分为六类，其中第四类便是关于邻近隧道的开挖和堆土施工。日本许多建设株式会社、政府部门已陆续出台了一些规范手册，如JR社的“接近施工的设计施工指针”、东京交通局的“地铁构造物邻近施工对策指针”等。随着我国城市化建设的不断发展，深基坑开挖对地铁隧道的影响问题也越来越受到重视。上海作为我国最先开展地铁轨道建设的城市之一，已制定了相关的地区性保护条例。

1.2.3.1 国内研究现状

1. 工程实测方面

况龙川[25]结合上海广场基坑开挖的工程实践，通过隧道监测数据分析了影响隧道变形的主要因素，得出一些结论：在地铁隧道旁侧开挖深基坑将引起隧道向基坑方向产生较明显侧移，使隧道横截面呈横椭圆形状的变形，直接影响到隧道的使用功能和安全性；隧道侧移对其旁侧土方开挖十分敏感且与开挖部位具有比较明确的对应性；邻近深基坑施工的地铁隧道侧移对由支撑爆破引起的地层震动是敏感的；深基坑开挖结束后，在基础承台板施工期间，隧道侧移虽然不再发展但还不稳定，只有完成基础板后才能从根本上控制隧道侧移发展使其达到稳定；在隧道外部注浆能够及时纠正地铁隧道的侧移，但其综合效果还不甚理想。

刘国彬等[26]结合软土基坑隆起变形的残余应力法[27]和软土的卸荷模量[28]，探索了利用坑内加固和基坑工程的时空效应法等措施来控制民用建筑基坑下的已建成隧道的上抬变形。实践证明：在基坑工程中利用时空效应原理是减小基坑工程下已运行隧道上抬变形的最有效、最经济的措施；适当的地基加固和降水有利于减小基坑工程下已运行隧道的上抬变形。

王卫东等[29]在上海市闸北区大宁商业中心基坑工程中采取了一系列措施控制地铁隧道的变形，如盆式开挖配合钢管斜坡撑代替大面积支撑、地铁侧坑内被动区加固以及遵循时空效应原理的设计开挖工况等，实测数据表明基坑开挖对已运营地铁隧道产生的变形量均完全满足隧道变形控制要求，证明了所采取措施的有效性。

蒋洪胜和侯学渊[30]通过对某基坑周围土体位移场的理论分析及其邻近的地铁隧道的监测结果分析，从隧道的垂直沉降、水平移动以及隧道的横向变形等角度，探讨了基坑开挖对邻近地铁隧道的影响。研究认为，一方面，邻近基坑的隧道由于自身刚度会对基坑开挖引发的位移产生一定程度的抵抗作用；另一方面，这种作用使得隧道自身的横向变形进一步加剧。

杨学清[31]详细介绍了万象国际广场基坑及其邻近地铁两者同时施工中采用的科学的工艺流程和多种技术措施，该工程实现了信息化施工，使支护结构经受了地铁盾构顶进、基坑土方大开挖以及支撑爆破等考验。

毛朝辉、刘国彬[32]对已完工的上海东方路下立交工程的施工措施进行总结和分析，并对比基坑开挖过程中的“横向”时空效应，将施工中采取的这些措施很大程度上归结为基坑开挖“纵向”时空效应的体现。实践证明：通过充分发挥基坑开挖时的“纵向”时空效应能有效控制基坑的“纵向”的变形。

王卫乐等[33]介绍了紧邻上海地铁 2 号线区间隧道的南京西路 1788 地块基坑工程中

采用的中间设置临时隔断地下连续墙，将基坑一分为二、“分区顺作”的设计方法，并通过详尽的监测数据证明相关设计方法和措施保证了基坑本身安全，同时也使开挖对邻近地铁区间隧道的影响保持在可控的范围内。

丁勇春等[34]对某邻近地铁区间隧道的深基坑施工进行了全过程跟踪监测，及时反映不同工况下基坑围护结构变形、支撑轴力及立柱回弹的变形特征，分析了基坑施工对周边环境特别是对邻近地铁隧道的影响。监测结果表明：开挖卸荷引起基坑附近一定范围内地表沉降和深层土体隆起，带动相邻地铁隧道上抬。基坑施工对邻近地铁隧道竖向变形的影响比对水平变形的影响更显著。

2. 计算理论方面

吉茂杰[35]根据世纪大道杨高路立交工程基坑开挖影响其下方隧道位移的实测资料，分析了基坑开挖的时空效应对地铁隧道的影响，建立了考虑时空效应影响的隧道位移变化的经验计算公式。

刘国彬等[26]结合软土基坑隆起变形的残余应力法和软土卸荷模量的概念，建立基坑隆起变形计算模型，推导了基坑工程底部已运行隧道上抬变形的计算公式，能够近似预测基坑底部隧道的上抬变形。

陈郁等[36]利用 Mindlin 弹性半空间应力解，以上海东方路下立交工程为背景，推导了基坑开挖引起隧道结构的附加应力情况，进而通过弹性地基梁理论得到求算隧道隆起的定量计算方法。

3. 数值模拟方面

伍尚勇等[37]以广州邻近地铁隧道的基坑为背景，运用 MIDAS/GTS 建立三维数值模型，通过数值模拟结果与实测数据的对比分析及数值试验等手段，分析双侧深基坑按不同顺序开挖对穿越其间的已运营地铁隧道的影响。结果表明：计算结果与工程实测数据基本吻合；两基坑对称开挖比不对称开挖能更好地控制隧道水平位移，但对称开挖对于隧道竖向位移的控制相对不利。提出并验证在水平面内为曲线形状的隧道，由于曲线隧道内侧与外侧的纵向刚度不同，在其他条件相同的情况下，在曲线隧道凸出侧的卸载比在其凹进一侧卸载对隧道的影响更大。

张俊峰等[38]针对跨越运营地铁隧道的超大面积深基坑建立了大型三维有限元模型，并对基坑开挖引起的周边环境和隧道变形进行分析。根据工程的重要性和信息化施工的需要，利用施工过程的变形监测数据，使用单纯形法对其土体参数进行了反分析。根据编制的单纯形反分析程序和有限元方法计算得到了相关的土体参数，并预测了基坑开挖最终引起的隧道隆起量。结果表明，计算所得隧道隆起预测结果与实际监测数据较为接近。

高广运等[39]根据隧道与基坑不同的位置关系，分为“紧贴型”和“浅埋型”两类、共7种工况，分析基坑分步开挖对邻近地铁隧道变形的影响以及隧道对基坑连续墙变形和墙后地表位移的影响。数值分析结果发现，隧道变形大小与基坑距离关系不完全单调，隧道的存在对基坑墙后土体有明显的"加筋效应"。

戚科骏等[40]以上海某邻近隧道的基坑工程为背景，采用Mohr-Coulomb弹塑性模型，运用有限元方法计算模拟了基坑开挖的不同阶段。分析结果与现场实测结果基本吻合，表明有限元方法能很好地模拟此类问题，可为工程的设计和施工提供理论和计算支持。

汪小兵等[41]通过同类工程实测反分析的设计施工参数，应用三维有限元分析手段，预估分析基坑开挖对紧邻地铁隧道的影响，探讨减少基坑开挖对紧邻地铁隧道影响的控制措施，以保证地铁的正常运行，为类似工程设计与施工提供借鉴和参考。

张治国等[42]结合上海地区一个邻近地铁隧道的基坑工程，运用整体有限元分析方法对地铁隧道在基坑施工过程中所产生的影响进行弹塑性分析。分析结果与工程实测数据比较吻合，表明整体有限元方法可以较好地模拟此类工程问题，从而为实际工程的设计施工提供一定的理论和计算依据。

王涛[43]通过对某典型基坑工程开挖全过程有限差分模拟分析，考虑复杂地质条件、地下水、支护措施、开挖方法等各种影响因素，分析基坑施工过程中围护结构内力、围护结构水平位移、墙后地表沉降、邻近隧道变形等随基坑开挖深度加深的变形规律，并根据实测资料，验证数值分析方案的可行性和合理性，得到了一些对类似深基坑工程设计和施工有实际意义的结论和建议。

姚燕明等[44]针对深基坑开挖对邻近既有地铁车站的影响问题，提出一种弹性地基上的板壳有限元计算模型，并通过对既有车站板下结构土体整体变位和单独考虑底板下土压力方案的对比，分析了模型中土压力的作用方式。

1.2.3.2 国外研究现状

Sharma等[45]分析了基坑开挖对邻近隧道的影响，文中给出了基坑开挖过程中隧道的变形监测数据，还利用有限元方法建立了基坑模型并进行分析，其结果与监测结果相近，最后发现：邻近基坑开挖的隧道衬砌的刚度对隧道位移和变形有重要影响，刚度高的衬砌使隧道的位移和变形减小，但可能会使扭矩增大。

Dolezalova[46]研究了深基坑开挖卸荷对复杂隧道的影响。该深基坑开挖深12.7m，有一层地下车库的办公区。采用平面有限元模型，为了得到基坑开挖前的初始状态，模拟了隧道建设的整个过程，并加入了基坑开挖预测导致隧道变形和应力的改变，然后计算了地下结构的抗压、变形和抗渗，建议考虑开挖速度，同时进行监测。由有限元得出的隧道变形的预测结果与基坑开挖和办公区建设得到的监测结果相当一致。

Chang等[47]通过台北快速通道隧道建设过程中，Panchiao线的隧道区段因为邻近基坑而遭到破坏这一事实，说明建立邻近隧道的基坑开挖的标准的重要性。得出了一些结论：(1) 隧道抗弯能力取决于隧道的平面形状；(2) 测斜仪读数并不代表隧道的变形，应当用来判断隧道衬砌挤压的程度；(3) 隧道表现为梁的形式将降低地面变形包括邻近基坑和地面工程的变形。

Iame[48]定性分析了影响基坑周围土体变形的各种因素，并将其归为八个方面：基坑尺寸（长度、宽度、深度）、土的性质、地下水条件、基坑暴露时间、支撑系统、开挖和支撑的顺序、邻近的结构和设施、活荷载等。

通过对以上国内外研究文献的分析可以发现，软土地区基坑开挖对既有地铁隧道的影响的研究方法主要有：经验公式法、工程实测法及数值分析法等。前人用这些方法已经取得了许多有价值的研究成果。然而，由于问题的复杂性，以上一些成果多是针对特定工程提出的，其适用范围仍有待于实际工程检验。因为目前针对宁波软土地区土层特点的基坑开挖对邻近既有地铁隧道影响的研究还鲜见报道，故有必要进行宁波地区深大基坑施工对隧道影响的研究，为地铁保护区内深大基坑设计和施工提供理论依据。

1.3　宁波软土地质成因与工程特性

1.3.1　宁波软土地质成因

宁波位于杭州湾口南侧，宁-奉平原中部，西与四明山麓相连，三面环山，北面临海，兼有山、海、平原之利。宁波有漫长的海岸线，港湾曲折，岛屿星罗棋布。全市海岸线总长为1562km，占浙江全省海岸线的三分之一，宁波境内有两湾一港，即三门湾、杭州湾、象山港。

在漫长复杂的地质历史中，宁波地区经历了不同的地质时期的构造运动，自下而上形成了由古老基底、火山岩盖房和松散堆积物表面组成的地壳中上部，以及宁波—庆元北东向大断裂、镇海—温州北东向大断裂、余姚—五乡北西向隐伏断层和昌化—普陀东西向断层组成的断裂系统。自第四纪中期开始，在多次海陆变迁历史中，堆积了一套由陆相到海陆交互相的松散沉积物，在市区厚90～100m，构成海陆交错及海积黏性土超复沉积模式。

根据宁波市工程地质图[49]，区内土可划分为11个工程地质单元，其中影响宁波地区轨道交通设施变形沉降的主要软土压缩层有两组：第一软土组由全新统海积淤泥质土组成，厚度大，天然含水量高，呈流塑状态，压缩性强，埋深2～20m；第二软土组为上更新统海积层，呈软-流塑状态，压缩性中强，埋深28～45m。宁波软土主要是淤泥质粉质黏土与淤泥质黏土，由于黏粒多，且含有机质，结合水膜较厚，颗粒间联结力弱，流动特性明显，因此渗透性弱，固结慢，是影响轨道交通设施变形沉降的主要层位。

1.3.2 宁波软土工程特性

1.3.2.1 颗粒级配及矿物成分特点

颗粒级配和矿物成分是决定软土特性的因素之一，也是鉴别区域土质特征的重要标志。表 1-1 给出了宁波软土和国内其他典型软土的颗粒级配和矿物成分统计情况。

表 1-1 各区域软土颗粒级配和矿物成分对比

区域	颗粒级配(%)			矿物成分
	<0.005 mm	0.005～0.05 mm	0.05～2 mm	
天津	47.0	42.0	11.0	以伊利石为主，含少量高岭石、蒙脱石及绿泥石
上海	45.0	50.0	5.0	主要以水云母和蒙脱石为主，少量石英、方解石、绿泥石
宁波	45.7	46.5	7.8	伊利石为主要成分，含少量蒙脱石、高岭石
温州	40	45	15	以伊利石为主
连云港	40.7	40.7	18.6	以伊利石为主
福州	45.5	50.6	3.9	以伊利石为主，含量高于 50%，其次为高岭石及绿泥石，还含少量硅藻、长石、黄铁矿及蒙脱石
湛江	49	36	15	主要以绿泥石、伊利石为主。原生矿物含石英约 35%，长石约 5%
广州	68.1	30.2	1.7	含大量石英和斜长石，少量钠长石、伊利石和高岭石，微量蒙脱石

从表 1-1 可以看出，各地区软土的黏粒和粉粒占 80%以上，由地域特点来看，南方沿海城市软土所含黏土含量普遍比北方要高，土颗粒吸附结合水的能力更强，体现在物理力学指标上，则塑性指数更高、渗透系数更低。宁波软土颗粒组成与上海软土最为接近。在矿物组成方面，同其他大部分软土一样，黏土矿物以伊利石为主。

1.3.2.2 基本物理力学性质特点

根据宁波地区 120 个工程的 8738 个土样试验结果，对淤泥质黏土和淤泥质粉质黏土的物理力学性质指标进行了概率统计分析，并得出了这两类典型软土的土性指标，见表 1-2。

表 1-2 宁波典型软土的物理力学性质指标

土名	w (%)	γ (kN/m^3)	S_r	e	w_L (%)	I_P	I_L	压缩		固结快剪		渗透系数	
								α (MPa^{-1})	E_s (MPa)	c (kPa)	φ (°)	k_v ($\times10^{-7}$ cm/s)	k_h ($\times10^{-7}$ cm/s)
淤泥质黏土	37.5～58.1	16.5～18.1	95.6～99.4	1.07～1.50	32.8～50.2	19.6～24.0	1.10～1.59	0.49～1.58	1.69～4.97	7.8～32.6	6.2～13.6	0.34～5.13	1.47～9.12
淤泥质粉质黏土	34.4～51.4	17～18.6	94.5～98.6	1.00～1.42	29.3～46.6	9.1～17.0	1.02～1.94	0.20～1.17	2.08～8.48	8.0～33.9	7～28	0.22～4.31	0.29～22.5

从表 1-2 可知，宁波软土工程特性具有以下特点：

(1) 含水量高，软土的天然含水量 w 都高于液限 w_L，一般超过 5%～10%，土体饱和度高，S_r都在 94%以上。液性指数 I_L 都大于 1，根据黏性土软硬状态划分，判断软土都处于流塑状态，流变性显著。

(2) 孔隙比大，压缩性强。软土的孔隙比都超过 1，压缩系数均值为 0.762MPa^{-1}，压缩模量均值为 2.87MPa，属于高压缩性软土，所以这类土受压压缩后沉降比较大。

(3) 渗透性差。根据液限分析，w_L在 30%～50%之间，说明土的颗粒成分以细颗粒为主，矿物成分以亲水的活动性矿物为主，扩散层水膜厚，渗透系数很小，垂直方向渗透系数均值为 2.123×10^{-7}cm/s，水平向渗透系数均值为 3.941×10^{-7}cm/s，水平向渗透系数大于垂直方向渗透系数。所以，软土地基上轨道交通设施的沉降过程将会非常缓慢，而且后期沉降量的比值较大。因此，实际工程中应考虑工后软土的次固结沉降。

(4) 抗剪强度低。黏聚力 c 一般在 4～30kPa 之间，内摩擦角 φ 也较小，这是影响地基承载力和边坡失稳的主要原因。

宁波软土与国内外软土具有异同性。相同点是软土普遍具有天然含水量高、压缩性强、强度低、渗透性差等特点；不同之处在于宁波软土的抗剪强度指标变化范围大，这一点与温州软土具有相似性。另外，宁波软土工程地质性质往往劣于北部的天津、上海软土，而优于南部的温州、湛江、广州软土。从地域分布总体来看，我国软土工程性质大致呈“北强南弱，依次变化”的总趋势。

1.3.2.3 微观结构及结构性特点

软土往往具有结构性，由于成因、赋存环境以及土中矿物成分不同，土的微观结构和结构性也就存在着差异。表 1-3 给出了宁波软土和国内其他典型软土的微观结构和结构性情况。

表 1-3　各地区软土的微观结构及结构性对比

区域	微观结构	土层分布特征	灵敏度
天津	絮凝状架空结构	带状构造，软土中夹粉土(或粉砂)薄层，呈千层饼状，粉土薄层不连续	3.5～5.5
上海	絮状片架结构、棒团粒片堆结构及棒团状蜂窝结构	条带状结构，中间夹薄层粉砂，间断而不连续，多呈透镜体，厚薄不均	2.5～4
宁波 温州	海绵结构、层理结构、絮凝胶结状	淤泥层含有粉细砂土层，平面上有所差异，垂向上具有明显的分选性，土层比较单一，厚度大，沉积物颗粒微细，均匀，分布范围广	3～5 1.5～10

续表

区域	微观结构	土层分布特征	灵敏度
连云港	以絮状胶结为主，结构疏松	软土层中夹薄层粉土、黏性土或粉细砂透镜体，水平和垂向不均匀，各向异性明显	4～6.5
福州	以絮凝状为主	淤泥土中空隙间还填充如石英、生物碎屑、长石及黄铁矿球体等，生物碎屑呈轮胎型及蜂窝型	2.5～7
湛江 广州	絮状结构、层状结构、粒状链接结构，部分为絮状链接结构	一般层理清楚，呈水平或近于水平层状分布，层面见微细层-薄层粉、细砂沿层理面夹有薄层粉细砂，土质均匀性较差，干后呈薄饼状散开	5～15 2～4

从表1-3可以看出，沿海地区软土微观结构绝大多数呈絮凝状特征，这类结构的显著特点是具有细胞孔隙性、黏聚性和弹性。宁波软土具有典型的海绵结构和层理结构，这主要是由于宁波的地理位置（东海之滨，杭州湾南岸，甬江、姚江和奉化江三江交汇口）和软土地质成因（自第四纪中期开始，在多次海陆变迁历史中，堆积的一套由陆相到海陆交互相的松散沉积物，成因有海积、冲海积、滨海沼泽相沉积）所决定的。土层分布在垂向上分选性明显。

从灵敏度方面看，宁波软土为3～5，中等灵敏度，属灵敏性土。另据研究[50]，宁波软土严重受扰动后强度可降低70％～80％，因此，施工过程中应尽量避免扰动。另外，宁波软土的应力、应变状态，还具有随时间而变化的性质，即流变性，经长期变形破坏的土体，其抗剪强度仅为一般抗剪强度的40％～50％。

1.4 宁波地区基坑工程概况

随着宁波经济的腾飞和城市人口的急剧膨胀，高层建筑和市政工程大量涌现。有限的城市地面空间已不能满足人们日益增长的工作和生活的需要，于是人们开始向高空和地下寻求发展空间。大规模的高层建筑地下室、地下商场、大型炼化厂的建设和大规模的市政工程如地下停车场、大型地铁车站、地下变电站、大型排水及污水处理系统等施工都面临深基坑工程。尤其是近几年，宁波地区的基坑工程向深大方向发展，如宁波国际金融服务中心南区的基坑开挖面积达到48000m^2，基坑深度为17.0～22.0m，宁波钢铁公司旋流井基坑开挖深度达到36m。

宁波地区属典型的软土地区，广泛分布厚层状软土，其具有“含水率高，压缩性强，强度低，灵敏度高，透水性低”等特点。在这样复杂的软土地质条件下进行工程建设，其本身的难度就较大，又由于影响深基坑工程的不确定性因素多，且涉及结构力学、基础工程、施工技术和工程结构等，因此深基坑工程风险很大。此外，宁波城市的轨道交通设施、建筑物和地下管线密集，对环境的保护要求很高。因此，基坑支护结构不仅要满足自身强度，而且要满足变形要求。对于宁波的深基坑工程，基坑的稳定和周边环境的保护成为基坑工程设计和施工的关键问题，基坑工程的设计及施工开始从强度控制转向变形控制。

对于复杂的软土地质情况，简单的支护方式已不能满足要求，需针对基坑位置的土质特点、开挖深度和周边地物地貌情况采用不同的支护方式。宁波地区各类支护结构的适用条件见表 1-4，各类支护结构形式工程案例见图 1-1～图 1-9。

表 1-4　各类支护结构的适用条件

<table>
<tr><th colspan="2" rowspan="2">支护结构类型</th><th colspan="4">适用条件</th></tr>
<tr><th>安全等级</th><th>环境保护等级</th><th>基坑开挖深度条件</th><th>其他条件</th></tr>
<tr><td rowspan="5">桩墙式支护结构</td><td>支撑式结构</td><td rowspan="5">一级
二级
三级</td><td rowspan="2">甲级
乙级
丙级</td><td rowspan="2">适用于各种深度基坑；当 $h>8$m 时，不宜采用单层水平内支撑支护</td><td rowspan="5">① 地下连续墙宜同时用作主体地下结构外墙，可同时用于截水；
② 普通锚杆不宜用在软土层和高水位的碎石土、砂土层中；
③ 当邻近基坑存在地下建(构)筑物导致锚杆有效锚固长度不足时，不应采用锚杆；
④ 当锚杆施工会造成基坑周边建(构)筑物损害或未获得上级主管部门批准时，不应采用锚杆</td></tr>
<tr><td>支护结构与主体结构结合的逆作法</td></tr>
<tr><td>锚拉式结构</td><td rowspan="3">乙级
丙级</td><td>① 软土地基，$h\leqslant 6$m；
② 非软土地基，$h\leqslant 12$m</td></tr>
<tr><td>悬臂式结构</td><td>① 软土地基，$h\leqslant 4$m；
② 非软土地基，$h\leqslant 7$m</td></tr>
<tr><td>双排桩</td><td>① 软土地基，$h\leqslant 6$m；
② 非软土地基，$h\leqslant 8$m</td></tr>
<tr><td rowspan="2">土钉墙</td><td>单一土钉墙</td><td rowspan="2">二级
三级</td><td rowspan="2">乙级
丙级</td><td>① 软土地基，$h\leqslant 4$m；
② 非软土地基，$h\leqslant 8$m</td><td rowspan="2">适用于地下水位以上或可采用降水的基坑，当基坑潜在滑动面内有重要保护对象时，不宜采用土钉墙；除上级主管部门批准外，土钉墙不得超越用地红线</td></tr>
<tr><td>复合土钉墙</td><td>① 软土地基，$h\leqslant 6$m；
② 非软土地基，$h\leqslant 10$m</td></tr>
<tr><td colspan="2">重力式水泥土挡墙</td><td>二级
三级</td><td>乙级
丙级</td><td colspan="2">① 挡墙上部采用大放坡，$h\leqslant 6$m；
② 挡墙上部不采用大放坡，$h\leqslant 5$m</td></tr>
<tr><td colspan="2">放坡</td><td>三级</td><td>丙级</td><td>① 软土地基，$h\leqslant 4$m；
② 非软土地基，$h\leqslant 10$m</td><td>① 施工场地满足放坡条件；
② 放坡与上述支护结构形式结合</td></tr>
</table>

图 1-1 地下连续墙＋三道支撑支护结构形式

图 1-2 钻孔桩＋两道支撑支护结构形式

图 1-3　钻孔桩＋一道支撑支护结构形式

图 1-4　逆作法支护结构形式

图 1-5　钻孔桩＋多道锚索支护结构形式

图 1-6　土钉墙支护结构形式

图 1-7　重力式挡墙支护结构形式

图 1-8　双排桩支护结构形式

图 1-9　中心岛斜撑支护结构形式

1.5　宁波地区轨道交通概况

宁波是全国第二批轨道建设申报中首个获国务院批复城市，也是全国第 16 个开工建设城市。宁波轨道交通线网以三江片为核心，跨越甬江、姚江和奉化江，把三江片、镇海片和北仑片连为一体，并沿着商业轴、水轴和公建轴形成三主三辅 6 条线、呈放射状的轨道交通线网，线网全长 247.5km，共设换乘站 20 座。宁波轨道交通 1～6 号线成网规划图见图 1-10。

6 条线路分别为 1 号线，高桥至北仑，是东西向骨干线，贯穿三江片和北仑片；2 号线，栎社机场至镇海，是西南至东北方向骨干线，沿甬江、奉化江城市发展轴布置，贯穿镇海片和三江片；3 号线，姜山至澥浦，是南北向骨干线；4 号线为西北-东南走向的内部填充线，加强西北到东南方向的线网密度；5 号线为联系东部新城与鄞州的内部填充线，主要作用是加强东部新城与鄞州之间的联系；6 号线为东西方向的内部填充线，加强城市东西向的联系。线网规划还预留了向市域方向延伸的条件。

规划线网建成后，对缓解城市交通矛盾、方便居民出行、引导城市按规划方向拓展、促进社会经济发展、提高城市综合竞争力都将发挥重要作用。

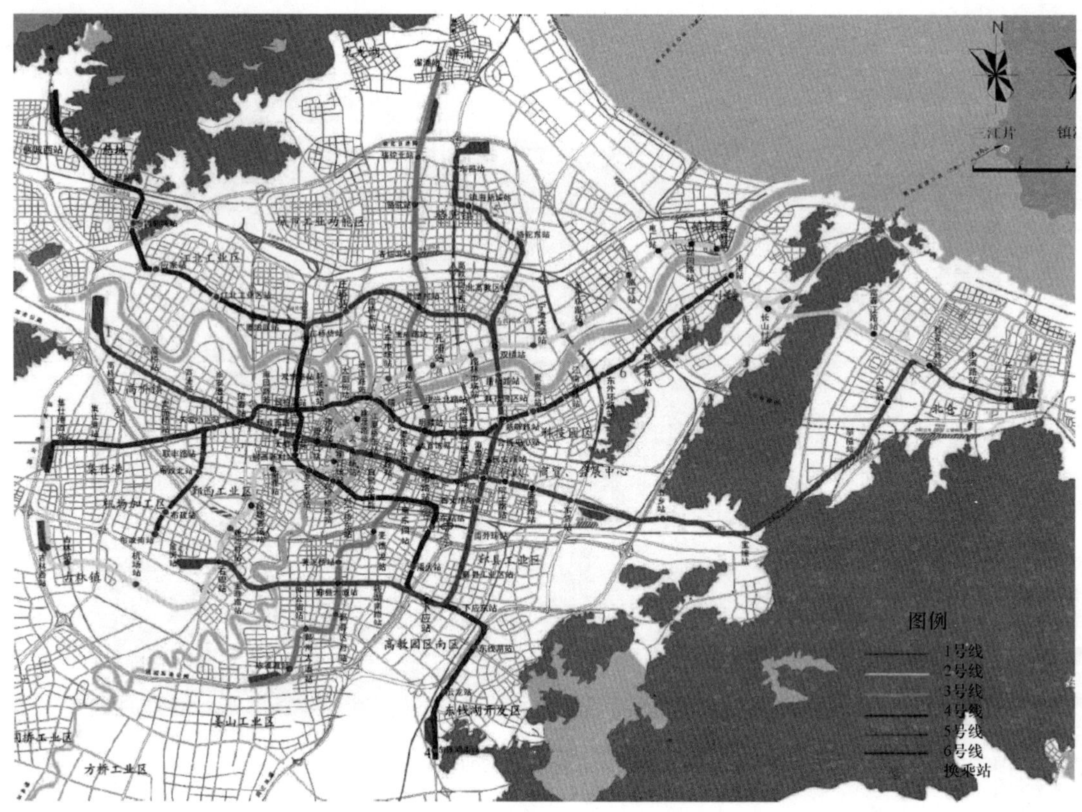

图 1-10　宁波轨道交通 1～6 号线线网规划图

1.5.1　地铁隧道衬砌结构

1.5.1.1　圆形隧道管片

常规圆形盾构管片参数见表 1-5。衬砌圆环［PZ］构造如图 1-11 所示。

表 1-5　常规圆形盾构管片参数

项目	构造	说明
管片内径	5500mm	—
管片厚度	350mm	—
管片宽度	1200mm	—
管片分块	六块	一个小封顶块 F(20°)、两个邻接块 L(68.75°)、三个标准块 B(67.5°)
管片拼装方式	错缝拼装	管片可以出现通缝，但通缝环最多两环
封顶块插入方式	径向插入结合纵向插入式	先搭接 2/3 径向推上，再纵向插入
管片连接	弯螺栓连接	环向：12 个 M30 螺栓；纵向：16 个 M30 螺栓
榫槽设置	管片环缝内设凹凸榫槽，纵缝设置定位棒	—
衬砌环类型	标准衬砌环＋左、右转弯衬砌环	联络通道处设特殊衬砌环

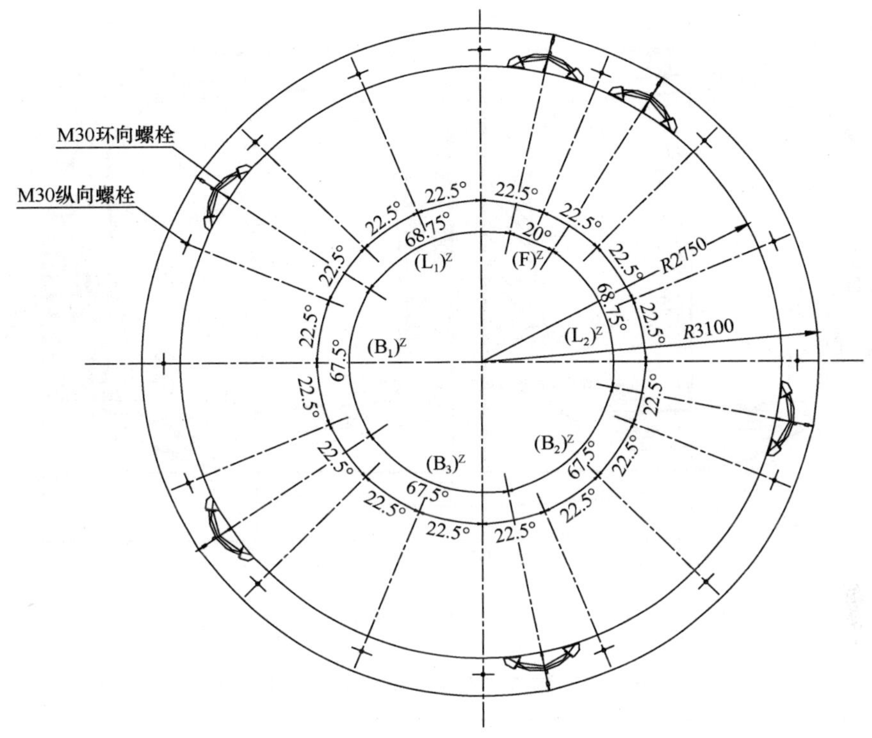

图 1-11 衬砌圆环［PZ］构造图

混凝土：C50、P10（P12）防水混凝土；

钢筋：HPB300、HRB400 钢筋，主受力钢筋为 HBR400E 钢筋；

螺栓：钢筋混凝土管片的连接螺栓均采用性能等级不小于 6.8 级的高强螺栓；

保护层厚度：管片主筋内外侧净保护层厚度均≥50mm，构造钢筋内侧保护层厚度≥25mm，外侧保护层厚度≥35mm。

1.5.1.2 类矩形隧道管片

“类矩形”在隧道领域是一个新术语，其含义相当于日本文献所称的“复合圆形盾构”，其断面由数条光滑、可导的曲线构成，形成类似于矩形的封闭轮廓。图 1-12 为宁波地铁类矩形盾构法隧道限界和结构。

不同隧道结构效率和空间利用效率对比见表 1-6。可见，类矩形盾构法隧道在结构效率和空间利用效率方面比较平衡；与矩形断面相比，占用空间略大，但结构厚度大幅减小；与普通圆隧道和单峒双线大型圆隧道相比，大幅减小了占用的地下空间，但结构厚度略有增加。与 21 世纪初引入我国的双圆盾构相比，类矩形盾构法隧道有可能局部区段不设中立柱，空间使用具有更好的灵活性和发展潜力，例如可在区间内设渡线或存车线，亦可作为车站主体的一部分。

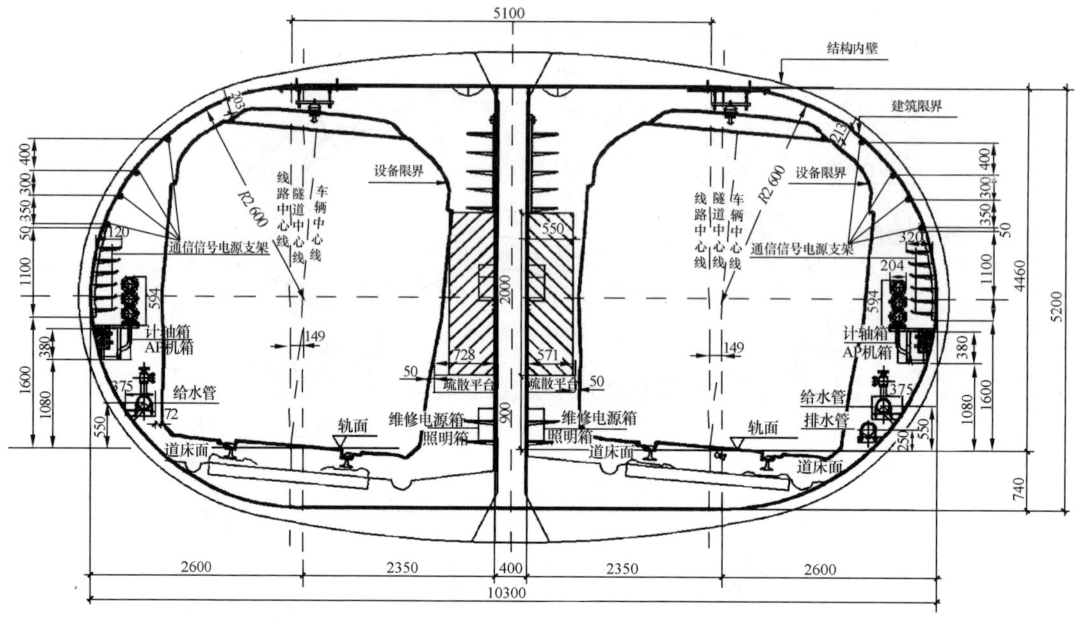

图 1-12　宁波地铁类矩形盾构法隧道限界和结构图（单位：mm）

表 1-6　不同隧道结构效率和空间利用效率对比

对比方面	隧道类型			
	普通圆隧道	单峒双线圆隧道	双室矩形隧道	类矩形隧道
主要结构厚度(m)	0.35	0.5	1	0.45
结构外包尺寸(m)	2ϕ6.2	ϕ11.2	11.5×7.5	11.5×7.5
地下空间	宽：21m	宽：13.5m	宽：14.5m	宽：14.5m
占用范围	高：9m	高：13.5m	高：10.5m	高：10m

注：1. 以 B2 型车、最高车速 80km/h 计；
2. 以中等埋深估计，矩形取地下连续墙围护，复合墙明挖法隧道；
3. 以区间隧道两侧 1.5m，不允许其他建（构）筑物侵入计。

出于对经济性的考虑，常规类矩形盾构区间隧道衬砌采用设立柱的钢筋混凝土管片(掺钢纤维)，设计最大顶覆土厚度>25m，限界按 B2 鼓型车考虑，兼顾 A 型车要求，特殊段采用钢或钢混复合管片后具备取消立柱的能力。

综合平衡结构受力要求和管片回转、拼装空间，将衬砌环全环分为 11 块，混凝土管片宽 1200mm，厚度为 450mm。环间采用错缝拼装，管片环、纵向连接分别采用 40 根 M36 铸铁手孔短螺栓和 30 根 M30 斜螺栓，通过采用 A 型和 B 型衬砌环交错拼装形成错缝，见图 1-13。

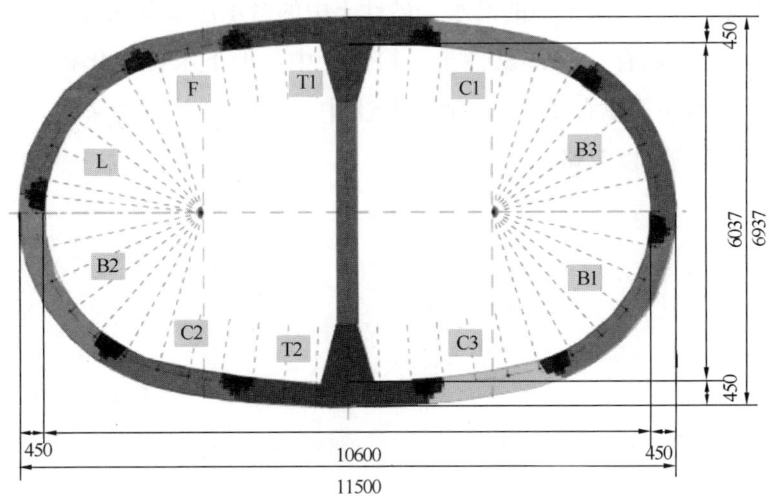

图 1-13 类矩形盾构管片（单位：mm）

注：图为 A 组衬砌分块，B 组与之左右对称。

1.5.2 地铁隧道所在土层

盾构隧道穿越的地层主要有②层淤泥质粉质黏土、$③_1$ 层砂质粉土、$③_2$ 层粉质黏土、$④_1$ 层淤泥质粉质黏土、$④_2$ 层黏土、$⑤_1$ 层粉质黏土和$⑤_2$ 层粉质黏土。各土层特性分析见表 1-7。

表 1-7 土层工程力学特点

土层	工程力学特点
②层淤泥质粉质黏土	灰色，流塑，厚层状构造，夹少量粉土薄膜或粉土小团块，土面稍有光泽，韧性中等，干强度中等，无摇振反应。物理力学性质差，具高压缩性
$③_1$ 层砂质粉土	灰黄色，褐黄色，中密，饱和，厚层状构造，夹少量黏性土薄层，局部相变为黏质粉土，土面无光泽，韧性低，干强度低，摇振反应迅速。物理力学性质较好，具中等压缩性
$③_2$ 层粉质黏土	灰色，流塑，厚层状构造——似鳞片状构造，性质不均匀，间夹较多粉土或粉砂薄层，夹贝壳碎屑。韧性中等，干强度中等，摇振反应中等。物理力学性质较差，具高压缩性
$④_1$ 层淤泥质粉质黏土	灰色，流塑，高压缩性。含云母及有机质，夹贝壳碎屑，局部为粉质黏土，层间富含粉土薄层、团块，土面稍有光泽，中等干强度，中等韧性
$④_2$ 层黏土	灰色，软塑，高压缩性。含云母及有机质，偶见贝壳碎屑，鳞片状结构，土面有油脂光泽、高干强度、高韧性
$⑤_1$ 层粉质黏土	灰黄，可塑，薄层状构造为主，局部厚层状构造，一般薄层单层厚 2～4mm，局部为黏土，土面有光泽，韧性高，干强度高，无摇振反应。物理力学性质较好，具中等压缩性
$⑤_2$ 层粉质黏土	灰色，软塑为主，厚层状构造，夹有粉土薄膜，局部粉粒含量较高，土质不均一，局部为黏土，土面稍有光泽，韧性中等，干强度中等，无摇振反应。物理力学性质较差，具中等压缩性

本场区内地下水由浅层土中的潜水、砂性土中的微承压水及深部粉砂性土层中的承压水组成，潜水主要赋存于浅部黏性土、粉性土中，地下水位变化幅度一般在0.5～1.0m之间。承压水主要赋存于③$_1$层砂质粉土中，承压水水头埋深在5.0～7.0m，对盾构施工的不利影响可以忽略。

2　宁波软土地区深基坑变形规律研究

宁波属典型的软土地区，软土厚度普遍大于 25m，而且与其他地区的软土相比，宁波软土具有更高的含水量、更强的压缩性以及更低的强度。因此，宁波地区深基坑工程的设计与施工虽然可以借鉴上海、天津等同是软土地区的经验，但针对宁波软土深基坑工程的相关规律总结和经验积累仍十分必要。基于现场实测变形数据，挖掘隐藏于大量数据中的一般规律，是当前研究深基坑变形规律的最直接的方法。然而，由于现场条件的制约，导致监测点难以布置，以及施工可能造成的监测点破坏和监测数据异常等原因，想成功地获得连续、可靠的监测数据往往十分困难。岩土数值计算方法可模拟基坑开挖导致的整体位移场与应力场，借助反分析技术[51-52]还可有效预测施工各工况下的基坑变形，是研究基坑变形规律的有效辅助手段。数值计算成功的关键因素是岩土材料模型与参数的正确选取，但目前针对宁波软土深基坑有限元模拟的土体本构模型与参数的取值研究很少。

本章首先收集了宁波软土地区大量深基坑工程实测资料，通过概率统计等方法对基坑变形规律进行较全面总结。在此基础上，针对实际基坑工程建立二维平面应变有限元模型，采用遗传神经网络法进行位移反分析，获得了宁波软土地区的土体本构模型参数。基于反演参数进行有限元模拟，进一步分析支护结构和坑外土体位移场的变化规律。

2.1　深基坑变形规律统计分析

2.1.1　典型深基坑工程概况

本章收集了大量宁波软土地区基坑工程的监测数据，经过筛选，选取其中完整性好、具有代表性的 32 个基坑工程的监测数据。各基坑工程在宁波地区的分布见图 2-1，工程概况见表 2-1。

表 2-1　工程实例统计表

序号	项目	支护形式	地下室层数	区域	监测时间
	一般民建项目				
1	东部新城酒店	排桩＋一道撑	一层	江东	2009
2	江北创业园区核心地块 4 号地块	排桩＋一道撑	一层	江北	2009

续表

序号	项目	支护形式	地下室层数	区域	监测时间
	一般民建项目				
3	集仕港禾元村1号地块地下室	排桩+一道撑	一层	鄞州	2010
4	罗曼风情小区	排桩+一道撑	一层	鄞州	2010
5	宁波集仕港镇半岛悦城-集仕芯谷项目	排桩+一道撑	一层	鄞州	2010
6	恒银名筑商务楼地下室	排桩+一道撑	一层	鄞州	2011
7	宁波梁祝博物馆	排桩+一道撑	一层	鄞州	2011
8	联丰张家弄地块(华展新大楼)	排桩+一道撑	一层	海曙	2011
9	宁波万华	排桩+一道撑	一层	鄞州	2011
10	西城印象住宅小区	排桩+一道撑	一层	鄞州	2011
11	永丰路地块项目地下室	排桩+一道撑	一层	海曙	2011
12	宁波天水家园以北Ⅱ-1a地下室	排桩+一道撑	一层	江北	2011
13	气象路西段1号地块地下室	排桩+一道撑	一层	海曙	2011
14	新芝宾馆改建项目	排桩+一道撑	一层	海曙	2011
15	鄞州新城区中心小学教学楼1	排桩+一道撑	一层	鄞州	2012
16	丽园中央商务城	排桩+一道撑	一层	海曙	2012
17	宁波荣安公馆地下室基坑	排桩+一道、两道撑	两层+一层	江东	2010
18	鄞州新城区原方力工业园地块	排桩+两道撑	两层	鄞州	2011
19	南苑新城酒店	排桩+两道撑	两层	鄞州	2011
20	宁波国家高新区GX02-01-08地块	排桩+两道撑	两层	高新	2011
21	联盛广场C地块	排桩+一道撑	两层	鄞州	2011
22	宁波远洲大酒店2期扩建工程	排桩+一道撑	两层	江北	2011
23	宁波七塔寺西北角扩建工程	排桩、地下连续墙+两道撑	两层	江东	2011
24	宁穿路A2-2地块	排桩+一道、两道撑	两层+一层	江东	2012
25	三宝国际金融大楼地下室	地下连续墙+三道撑	三层	海曙	2010
26	白沙公园	排桩+两道撑	三层	江北	2011
27	金融中心南区	地下连续墙+三道撑	三层	江东	2012
	地铁保护区项目				
28	东部新城C1-6、C1-7地块	排桩+两道撑	两层	江东	2012
29	华茂广场	地下连续墙+两道撑	两层	江东	2012
30	东部新城C1-5地块	排桩+两道撑	两层	江东	2012
	地铁站项目				
31	东门口站	地下连续墙+六道撑	—	海曙	2012
32	西门口站	地下连续墙+五道撑	—	海曙	2012

图2-2为各类挡墙形式在基坑开挖深度上的分布图。其中，沉管灌注桩、钻孔灌注桩、地下连续墙使用时对应的基坑开挖深度分别为小于8m、小于14m、大于10m；SMW工法桩案例只有一个，对应的基坑开挖深度约在7m。

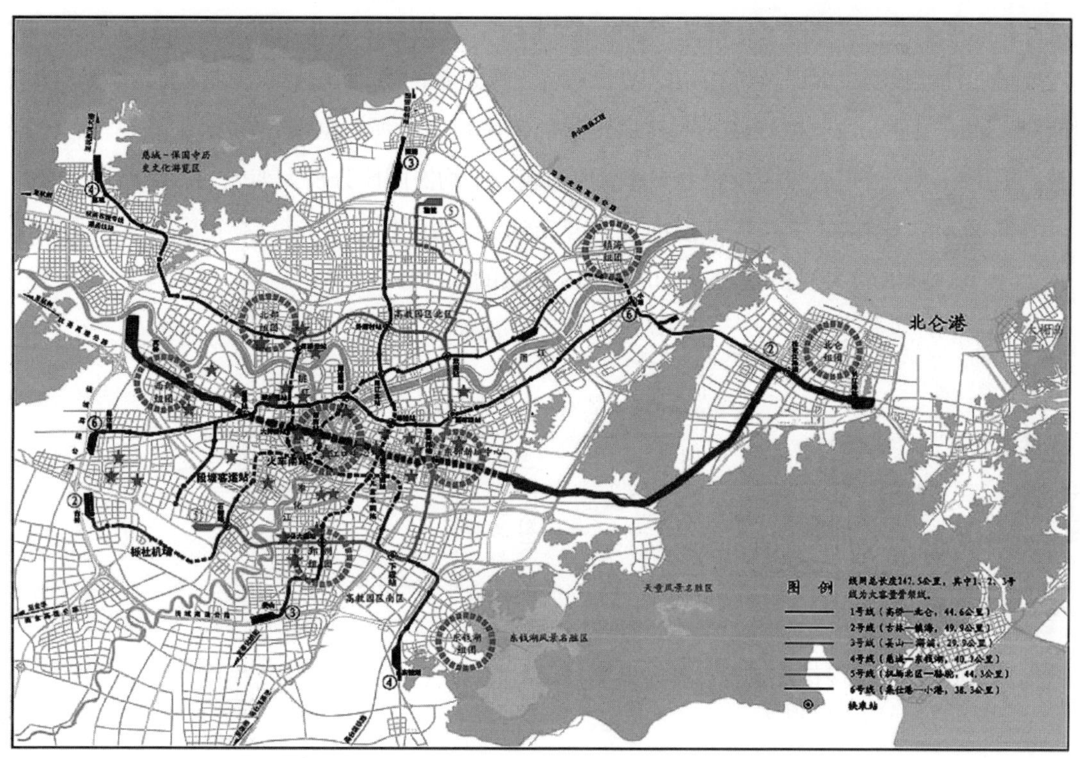

图 2-1 宁波软土地区代表性基坑工程分布图

图 2-3 显示各基坑支撑道数与开挖深度的关系。从图中可以发现，采用一道支撑的基坑的开挖深度在 4～10m；采用二道支撑的基坑的开挖深度在 9～12m；对于更深的基坑，则一般需要采用三道及以上的支撑，而宁波地铁车站基坑采用首道钢筋混凝土支撑结合多道钢支撑的形式。

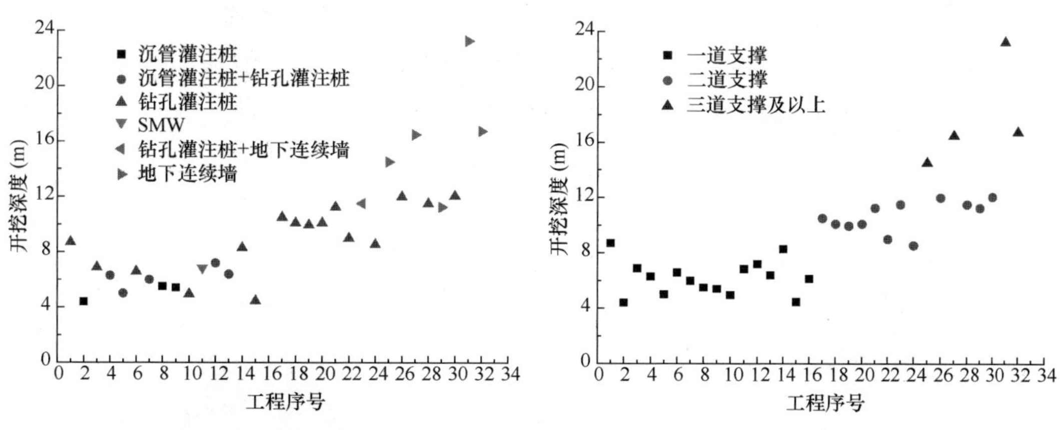

图 2-2 挡墙形式与开挖深度的关系

图 2-3 支撑道数与开挖深度的关系

图 2-4 为基坑支撑道数所对应的挡墙嵌固比情况。从图中可以看出，基坑支撑道数越多，所采用挡墙的嵌固比越小，这与宁波地区土层分布特点相关。对于一道支撑的情况，基

坑开挖深度不大，坑底以下往往处于深厚软土层中，这使得挡墙底无嵌入良好土层条件，故需要增加挡墙长度来保证基坑稳定；随着基坑支撑道数的增加（基坑开挖深度增大），挡墙能穿透软土层进入性质良好或相对良好土层的概率增大，所以对应的嵌固比减小。总体来看，采用一道、二道、三道及以上支撑时所对应的平均嵌固比分别为1.7、1.1和0.9。

图2-5给出了32个基坑开挖面积的分布情况。由图可知，在32个基坑中，开挖面积大于10000m^{2}的大规模基坑有16个，占总数的50%。

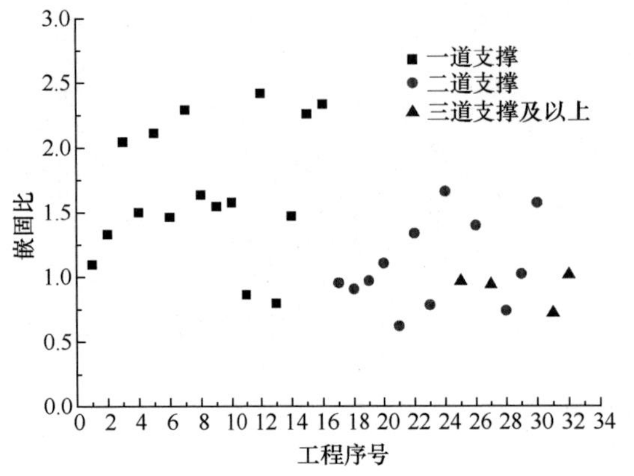

图2-4　支撑道数与挡墙嵌固比的关系

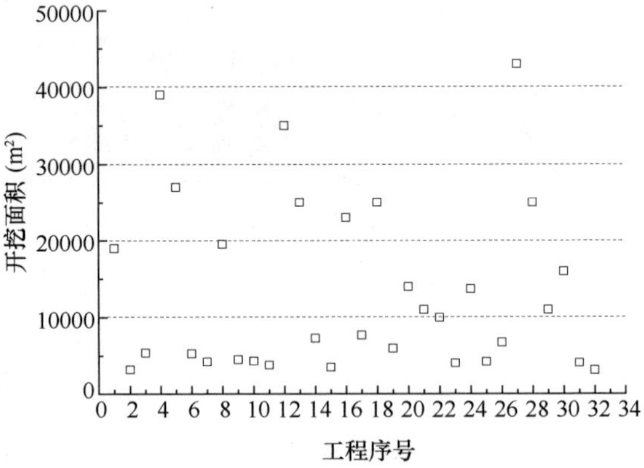

图2-5　基坑开挖面积分布

2.1.2　支护结构变形性状分析

2.1.2.1　基坑开挖深度对墙身最大侧移和最大侧移深度的影响

由图2-6和图2-7可知，基坑最大侧移的变化范围较大，δ_{hm}与H的比值在0.14%～1.04%之间，而平均值高达0.55%。δ_{hm}/H主要集中于0.4%～0.8%之间，而$\delta_{hm}/H \leqslant 0.8\%$的概率约在93%，故我们认为可将$\delta_{hm}/H=0.8\%$作为宁波软土区一般深基坑的最大侧移控制范围。

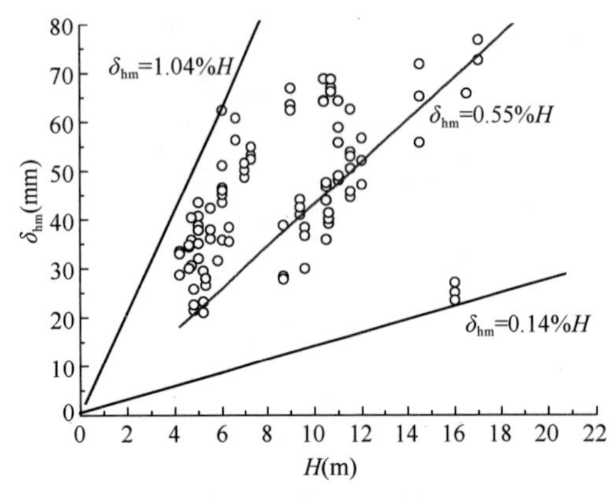

图2-6　最大侧移与开挖深度关系

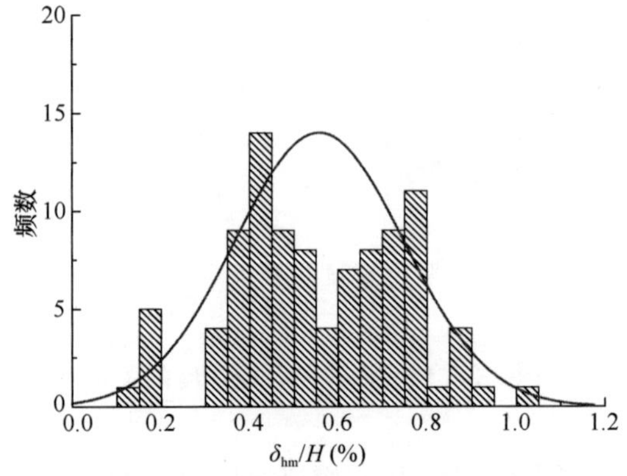

图2-7　最大侧移与开挖深度之比频数图

图 2-8 显示，围护墙最大侧移深度与基坑开挖深度的统计关系大致为：$H_{dm}=0.81H$。图 2-9 为最大侧移深度与开挖深度之比频数图，其中有近 15％的统计点显示 $H_{dm}/H\geqslant1.0$。当然，最大侧移深度的变化仍然与宁波软土地区的土质情况相关，由于宁波地区坑底以下墙体常都处于软土中，软土的软弱特性以及墙底缺少良好的嵌固层是导致最大侧移深度接近或超过坑底所在深度的原因。

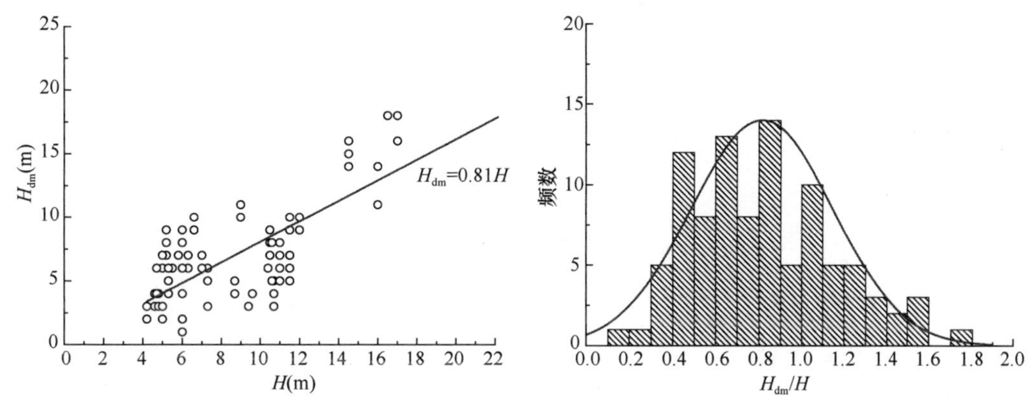

图 2-8 最大侧移深度与开挖深度关系

图 2-9 最大侧移深度与开挖深度之比频数图

2.1.2.2 墙底以上软土层厚度对墙身最大侧移和最大侧移深度的影响

经无量纲处理，以墙底以上软土厚度与墙身长度的比值 h_s/H_w 为 X 轴，挡墙最大侧移与基坑开挖深度的比值 δ_{hm}/H 为 Y 轴，作图 2-10。从图中可见，最大侧移基本随墙底以上软土厚度的增大而增大，监测数据通过拟合有如下关系：$\delta_{hm}/H=0.82\%\ h_s/H_w$。

为研究墙底以上软土厚度对墙身最大侧移深度的影响，作图 2-11，其中以软土厚度与墙身长度的比值 h_s/H_w 为 X 轴，以最大侧移深度与开挖深度的比值 H_{dm}/H 为 Y 轴。图中数据点较为离散，其原因可能在于：最大侧移深度更多地取决于实际土层的分布情况，良好的坑底土层就可能限制最大侧移深度的下移。

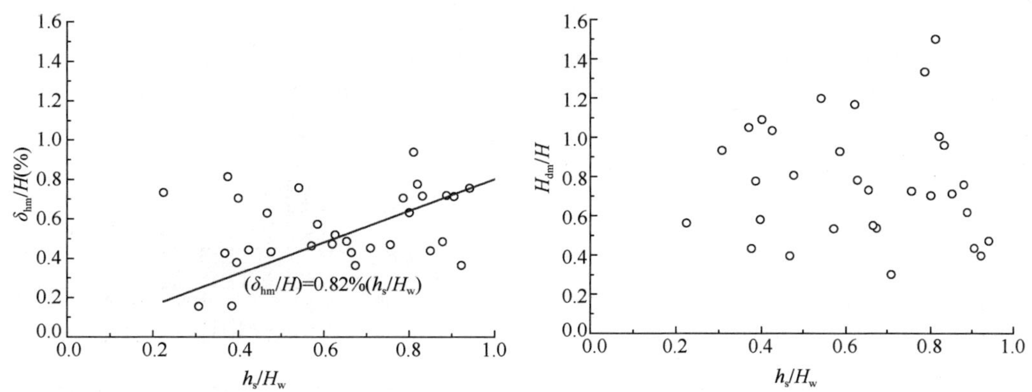

图 2-10 挡墙最大侧移与软土厚度关系

图 2-11 最大侧移深度与软土厚度关系

2.1.2.3　围护墙嵌固比对墙身最大侧移和最大侧移深度的影响

为研究基坑嵌固比对围护墙最大侧移及最大侧移深度的影响，作图 2-12 和图 2-13，其中以嵌固比（H_w-H）/H 为 X 轴，以围护墙最大侧移与开挖深度的比值 δ_{hm}/H 为 Y 轴。两图中数据点分布较为离散，即使在嵌固比高达 2.4 的基坑中，最大侧移仍可能很大，这反映出嵌固比与最大侧移之间的联系不大，可见基坑围护墙的嵌固程度不是影响最大侧移及其深度的主要因素。

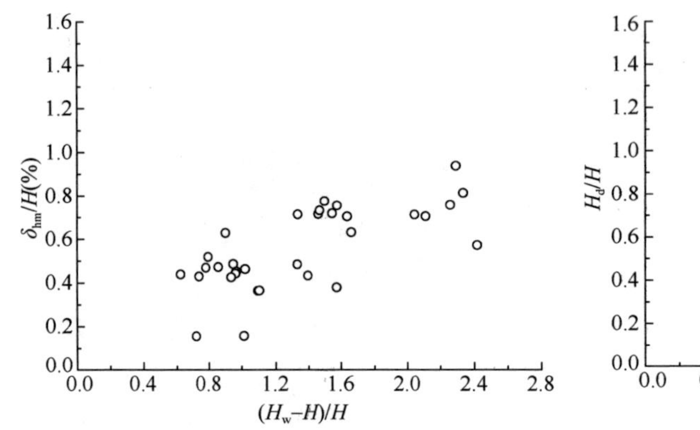

图 2-12　围护墙最大侧移与嵌固比关系

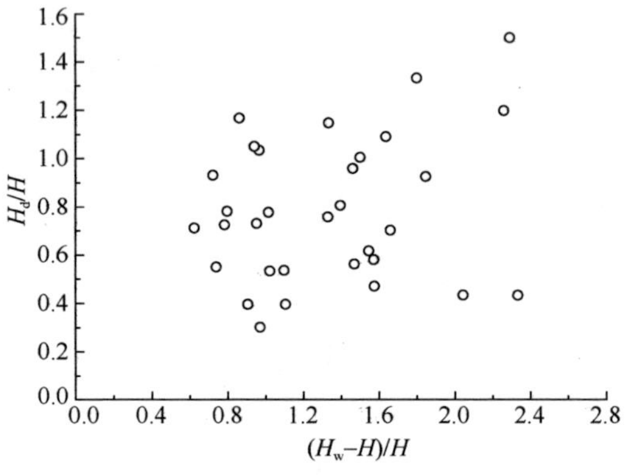

图 2-13　最大侧移深度与嵌固比关系

2.1.3　坑外地表变形性状分析

2.1.3.1　基坑开挖深度对坑外地表最大沉降和最大沉降位置的影响

由图 2-14 和图 2-15 可知，坑外最大沉降 δ_{vm} 与基坑开挖深度 H 的比值在 0.12%～0.57%之间，均值约为 0.33%。频数分布图较符合正态分布形式，故我们建议将 $\delta_{vm}/H\leqslant 0.6\%$ 作为宁波软土地区一般深基坑坑外地表最大沉降的控制范围。

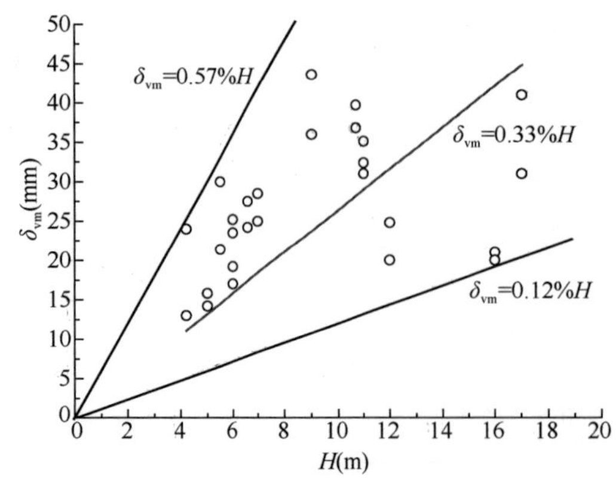

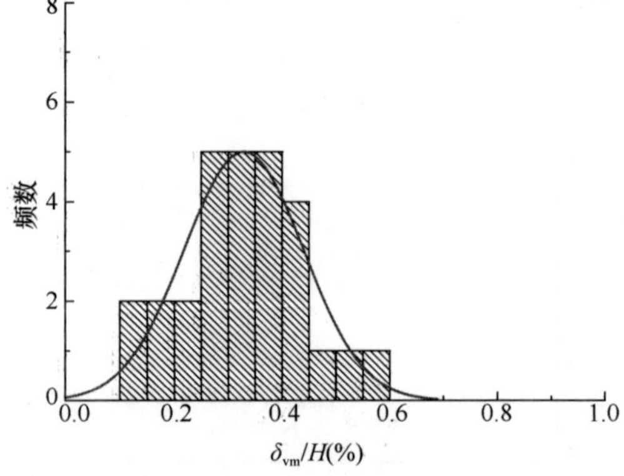

图 2-14　地表最大沉降与开挖深度关系

图 2-15　地表最大沉降与开挖深度之比频数图

图 2-16 为坑外地表最大沉降位置与基坑开挖深度的关系图。从图中可知，最大沉降位置随开挖深度的增加而呈现远离坑边的趋势，由统计分析得到的两者关系为：$D_{dm}=0.83H$。图 2-17 为坑外地表最大沉降位置与开挖深度之比频数图，可以看出，D_{dm}/H 主要分布于 0.4～1.4 的范围内。

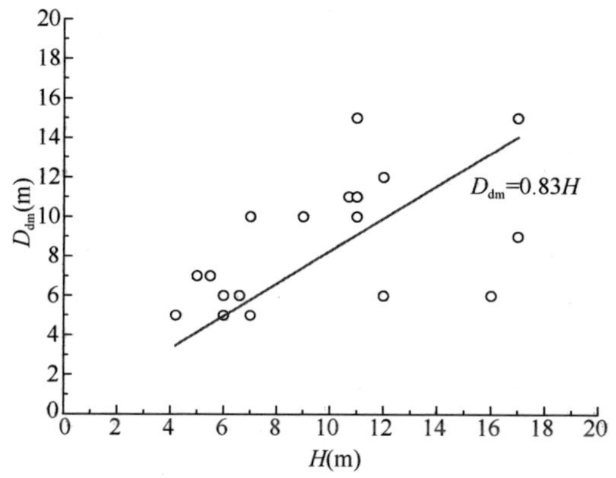

图 2-16　最大沉降位置与开挖深度关系

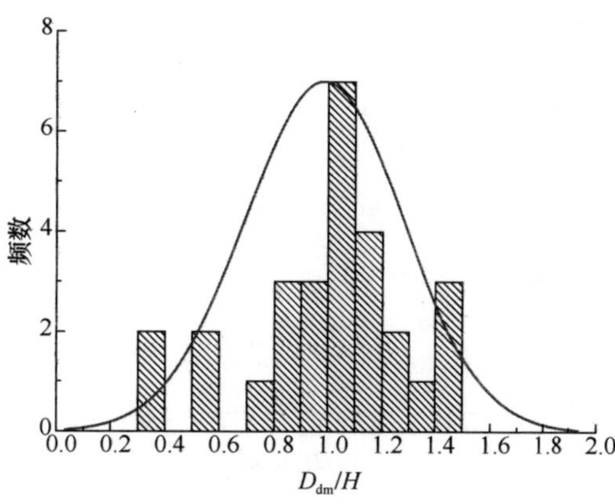

图 2-17　最大沉降位置与开挖深度之比频数图

2.1.3.2　墙底以上软土层厚度对坑外地表最大沉降和最大沉降位置的影响

以软土厚度与墙身的比值 h_s/H_w 为 X 轴，坑外地表最大沉降与开挖深度的比值 δ_{vm}/H 为 Y 轴，在无量纲条件下作图 2-18。从图中可见，最大沉降基本随墙底以上软土厚度的增大而增大，通过拟合有如下关系：$\delta_{vm}/H=0.48\%h_s/H_w$。

图 2-19 反映的是墙底以上软土厚度与墙后最大沉降位置的关系。其中以墙底以上软土厚度与墙体深度的比值为横坐标，墙后地表最大沉降位置与开挖深度的比值为纵坐标。从图中可知，随软土厚度的增加，墙后最大沉降距坑边的距离基本为增大的趋势，统计表明两者的关系可由 $D_{hm}/H=1.36h_s/H_w$ 表示。

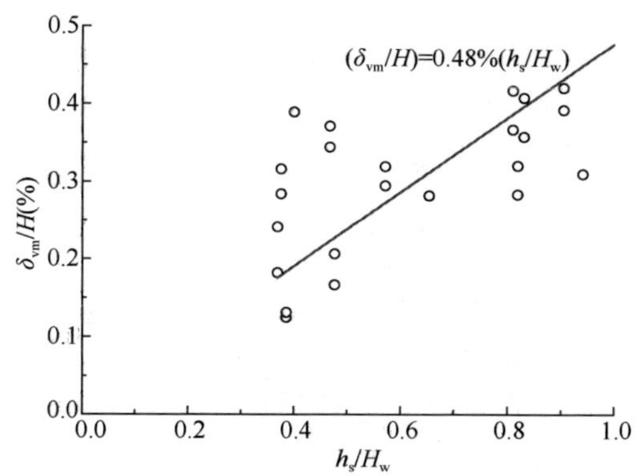

图 2-18　最大沉降与软土厚度关系

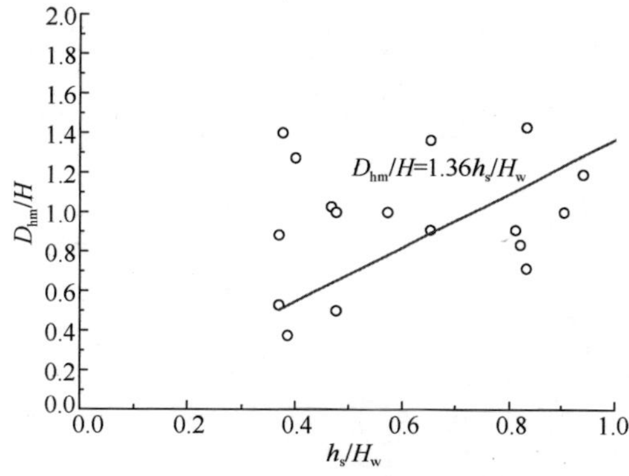

图 2-19　最大沉降位置与软土厚度的关系

2.1.3.3 围护墙嵌固比对坑外地表最大沉降和最大沉降位置的影响

为研究坑外地表最大沉降及其位置与嵌固比的关系，作图 2-20 和图 2-21。两图中数据点分布无明显规律，说明嵌固比不是影响坑外地表最大沉降的主要因素。当采用增加围护墙嵌固比的方法来减小基坑及坑外变形时，应充分考虑坑底土层性质以及墙底的嵌固情况。

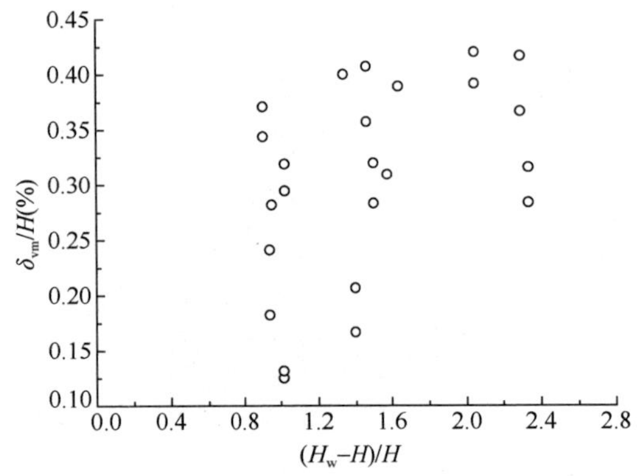

图 2-20 地表最大沉降与嵌固比的关系

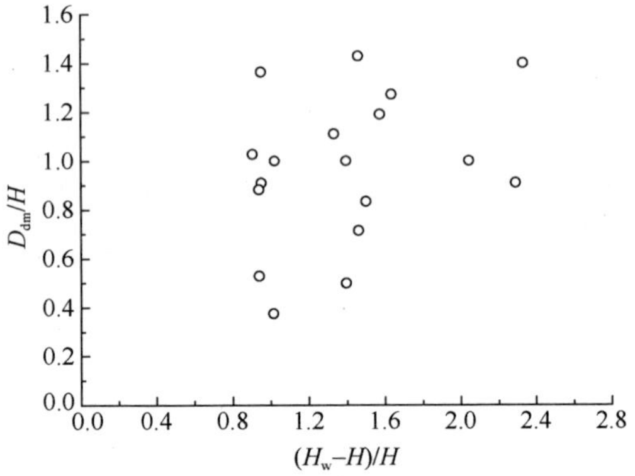

图 2-21 地表最大沉降位置与嵌固比的关系

2.1.3.4 坑外地表沉降分布模式

以量测点距坑边的距离（d）与基坑开挖深度的比值为 X 轴，量测点沉降与同一组量测点（距坑边不同距离布点）的最大值的比值为 Y 轴，绘图 2-22。可以看出，坑外地表最大沉降随着离坑边距离的增大表现出先增后减的变化模式，其中最大沉降点接近一倍坑深处；另外，即使达到 3～5 倍坑深，实测沉降值仍未趋于零，可见，与通常认为的 2～3 倍坑深的影响范围不同，宁波软土地区基坑开挖的影响范围要更大。由于监测点布设范围的限制，从图 2-22 中不能完全确定基坑开挖的真实影响范围，本文将在基坑开挖数值模拟部分中就此作进一步的研究。

2.1.3.5 围护墙最大侧移与坑外地表最大沉降的关系

图 2-23 以 δ_{hm}/H 为 X 轴，δ_{vm}/H 为 Y 轴，从中可以看出，宁波软土地区基坑坑外

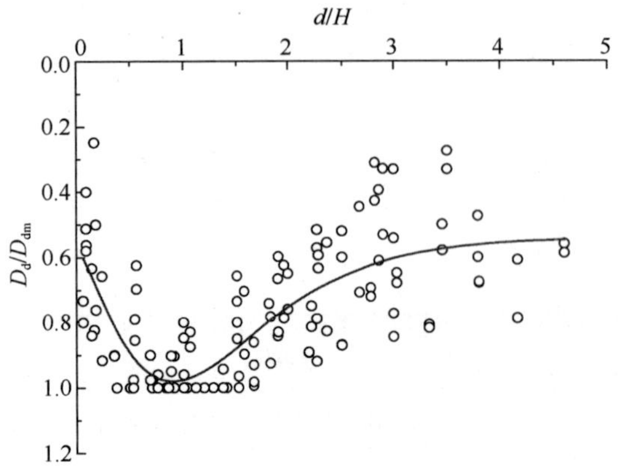

图 2-22 坑外地表沉降分布图

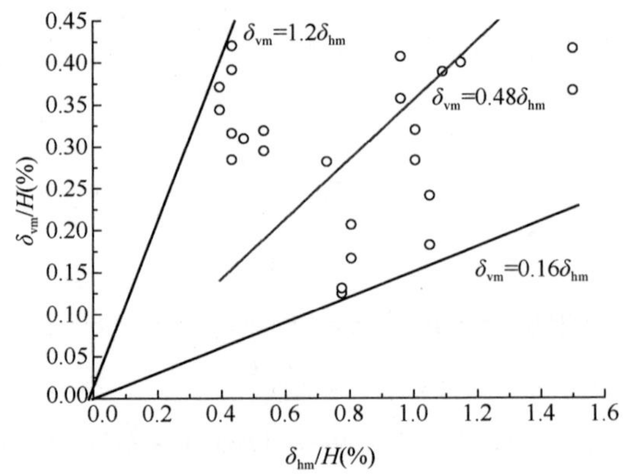

图 2-23 地表最大沉降与墙身最大侧移的关系

地表最大沉降与坑内围护墙最大侧移的比值在0.16～1.2之间，均值约为0.48。表2-2为不同软土地区δ_{hm}/H、δ_{vm}/H和δ_{vm}/δ_{hm}的变化范围统计情况。从表中可以看出，本文得到的宁波软土地区基坑围护墙最大侧移及坑外地表沉降的变化范围与其他文献的统计结果较为接近，但宁波地区的δ_{hm}/H值更大，这也间接反映出宁波软土不良的工程性质。

表2-2　软土地区基坑开挖深度、墙体最大侧移、坑外最大沉降的关系

来源	地区	δ_{hm}/H(%)	δ_{vm}/H(%)	δ_{vm}/δ_{hm}	备注
刘兴旺等(1999)	杭州、上海	0.2～0.9	—	—	—
Moormann(2004)	国外	0.5～1.0	0.1～10	0.5～1.0	—
丁春勇(2008)	上海	0.05～0.7	0.04～0.6	0.4～1.0	地铁车站深基坑
徐中华(2007)	上海	顺作法0.42 逆作法0.25	0.40 0.24	—	—
刘晓虎(2012)	宁波	0.18～0.93	0.12～1.6	0.3～4.18	地铁车站深基坑

2.2　深基坑变形反分析

有限单元法等数值分析方法已成为模拟基坑开挖导致的环境效应的最有效手段。但是，如果对岩土本构模型的适用性及其参数缺乏了解，盲目使用，只会得到误导性的分析结果。为更准确地计算基坑开挖各工况下的土体及周边结构位移，在有限元计算中还需借助位移反分析等手段不断调整模型参数。

为了提供宁波软土地区深基坑开挖有限元分析的合理参数取值范围，本文针对表2-1中32个基坑工程实例，基于现场实测桩身位移开展参数反演工作。将基于参数反分析的有限元计算结果和实测值进行对比，验证反演所得参数的合理性，并给出最终宁波软土地区土层参数取值范围。

2.2.1　基于改进人工神经网络的反分析方法[53]

2.2.1.1　人工神经网络法简介

人工神经网络（artificial neural network，ANN）[54]是基于模仿大脑神经元网络及其活动规律而形成的一种大规模非线性自适应信息处理系统。人工神经网络的信息处理由神经元之间的相互作用来实现；知识和信息的存储表现为网络元件互连间分布式的物理联系；网络的学习和识别取决于各神经元连接权值的动态演化过程。更通俗地讲，人工神经网络就是在输入与输出之间构建一个“暗箱”，通过试验样本的学习和记忆，找出输入和输出之间的联系，即两者的映射关系。

整个神经网络由输入层、隐含层和输出层构成。其中隐含层可为多层，且每个隐含层又包含多个神经元。图 2-24 为单个神经元结构示意图，它一般是一个多输入、单输出的非线性元件，输入和输出之间的关系可表达为：

$$y_i = f\left(\sum_{i=1}^{n} w_{ij} u_j - \theta_i\right) \tag{2-1}$$

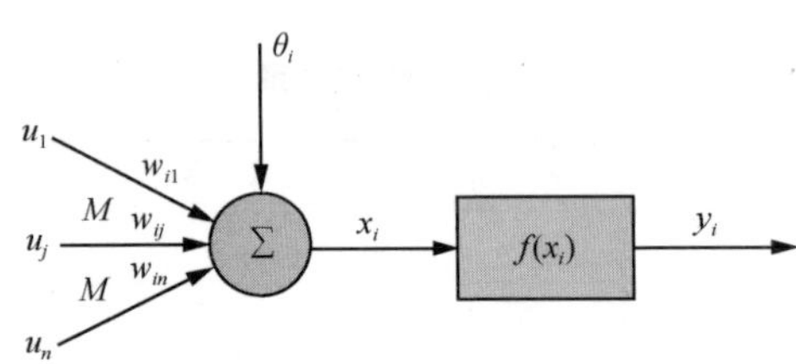

图 2-24　神经元结构示意图

式中，y_i 代表神经元 i 的输出值；u_j、θ_i、w_{ij} 分别为上一层第 j 个神经的输出值（即神经元 i 的第 j 个输入值）、神经元 i 的阈值和上一层第 j 个神经元至该层第 i 个神经元的连接权值，它们共同构成该层第 i 个神经元的内部状态；f 为激活函数（即转换函数，有直线型函数、S 型函数等），它以神经元内部状态为变量，影响着神经元的输出性能。不难看出，人工神经网络就是通过内部连接权值、阈值及激活函数的转换能力来表现输入和输出之间的复杂关系，而神经网络确立的关键就是确定这些变量。

人工神经网络经过几十年的发展，形成了众多网络模型，而它们之间的主要不同点正是在于内部连接权值、阈值的确定方法，或称为训练学习方法。在众多网络模型中，应用最为广泛的当属误差反向传播神经网络（error back-propagation neural network，BP 神经网络）。图 2-25 为基于 BP 算法的神经网络结构模型。

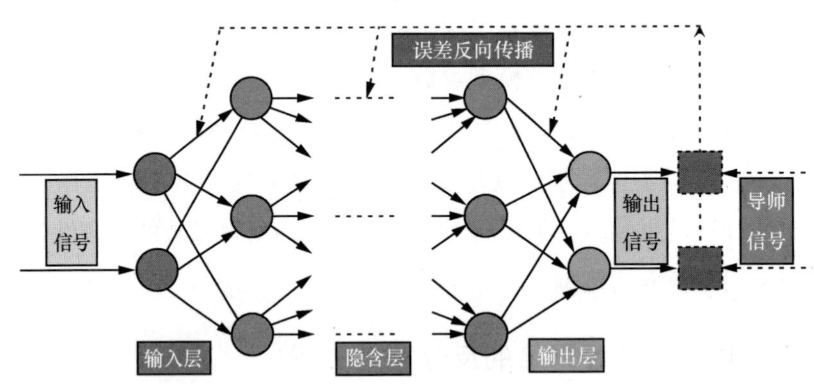

图 2-25　BP 神经网络结构示意图

BP 算法的学习过程是由正向传播和反向传播两个过程组成。在正传播过程中，从输入层输入的信息经隐含层逐层传递和处理直至输出层，每一层神经元的状态只影响下一层神经元的状态。如果输出层不能得到期望的输出，则转入反向传播过程，将误差信号沿原来的连接通路返回，通过梯度下降法等训练法修改各层间连接权的值，直至输入层。通过这两个过程的反复运用使得误差不断减小，最终满足要求。

利用人工神经网络进行位移反分析的流程与常规的反分析流程略有不同，在同样确定了分析用的力学模型、外部条件及数学方法后，首先需要形成大量的网络训练样本，即在事先设定的参数取值范围内选定多组试验用参数，将多组参数代入正演方程，求出对应的多组位移值。在获得了训练样本后，以位移值为输入样本，以参数值为输出样本，放入神经网络进行训练，得到训练后的神经网络。以上神经网络实际上已形成了问题中位移-参数的对应关系，此时将实测位移值作为输入重新代入训练后的神经网络，那么输出值即为反演参数值。从以上流程可见，人工神经网络反分析规避了正反分析中复杂的迭代环节。考虑到目前许多商用有限元软件与反分析程序在交互上仍存在困难，采用人工神经网络法进行位移反分析显得更为简便可行。

2.2.1.2　人工神经网络法的改进

尽管BP神经网络具有处理复杂非线性问题的能力，但由于网络训练是一种非线性优化，即有可能陷入局部极值问题，无法保证结果收敛到全局最优解；另外，一个神经网络的构建存在许多待定的参数，如隐含层及其内部神经元（节点）数、梯度下降法的学习率、激活函数的选择等，它们的选择影响着方法的精度和效率。针对传统BP人工神经网络法的内在不足，我们从以下几方面对其做了改进。

1. 利用遗传算法寻找神经网络中的连接权值

遗传算法（genetic algorithm，为GA）[55]是模仿自然界进化过程中选择和遗传的机理而构造的一种全局优化搜索算法。对于不可导甚至不连续函数的优化问题，遗传算法能以较大的概率求得全局最优解或准最优解。遗传算法依赖于种群的进化。种群中的个体称为染色体，它由一串代码（比如二进制码）表示，实际代表问题的一个解的编码。染色体通过计算适应值（反映当前解是否接近真实解）来评价其优劣。遗传算法中染色体还涉及交叉和变异操作，前者是为了产生新的基因组合，防止遗传材料的丢失；后者则是为了防止寻优过程过早收敛（或称为“早熟”）而陷入局部极值。

图2-26为遗传算法的基本流程示意图，简单描述为：①从一组随机产生的称为种群的初始解开始进行搜索（或称为“进化”）；②按一定的概率，随机选出部分染色体，通过杂交、变异运算得到后代，并根据适应值的大小按“适者生存”的原则淘汰部分后代，以保持种群大小不变；③经过若干代进化后，算法收敛于最好的染色体，即问题的最优解。

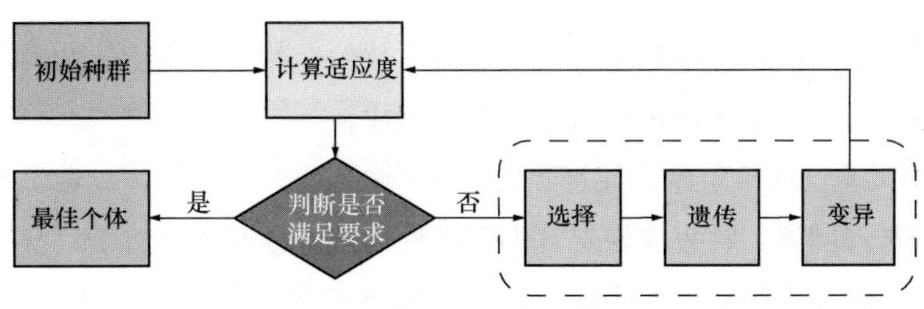

图2-26　遗传算法流程图

遗传算法具有良好的全局搜索能力，可以快速地将解空间中的全体解搜索出，而不会陷入局部最优解的快速下降陷阱，正可用于解决 BP 神经网络采用梯度下降法等训练方法而导致的易陷入局部极值的问题。目前，采用遗传算法优化神经网络的研究已有一定成果，主要有两种优化形式[56]：一种是利用遗传算法训练已知网络结构的连接权值，另一种则是利用遗传算法找出最优的网络的规模、结构和学习参数（如隐含层数、学习率等）。为保证遗传神经网络的计算效率，这里仅作第一种优化。优化过程仍依照遗传算法基本流程进行，其中关键是建立问题的适应度函数。本文以网络输出值（即由样本输入值和染色体对应的连接权值计算得到的网络结构输出值）与输出样本之间误差平方根的倒数作为适应度函数，显然，误差越小，适应度越大。

2. 利用正交试验法选择训练样本

从人工神经网络的运行机制不难发现，神经网络计算的准确性不仅取决于网络结构，还依赖于训练样本。如果训练样本具有典型性，即能够涵盖参数的取值范围和对应的解空间，那么训练后的神经网络所构建的输入与输出之间的关系就更接近于真实情况。一般而言，在不存在错误样本的情况下，训练样本越多，神经网络的训练效果越好。然而，采用有限元等数值计算手段生成大量训练样本需耗费大量时间，所以仍应对典型训练样本的选取进行讨论。

为了提供有限但具有代表性的训练样本，这里采用正交试验设计方案。正交试验设计（orthogonal experimental design）[57]是研究多因素多水平的一种设计方法，它是根据正交性从全面试验中挑选出部分有代表性的点进行试验，这些有代表性的点具备了“均匀分散，齐整可比”的特点，是一种高效率、快速、经济的试验设计方法。正交试验根据正交表进行，正交表是一整套规则的设计表格，可表示为 $L_p b^a$，其中 L 为正交表的代号，a 为试验中因素的个数，b 为各因素的水平数，b^a 是进行全面试验所需的次数，p 为采用正交试验所需的次数。以 6 因素 5 水平的试验为例，可采用 $L_{25}6^5$ 的正交表（表 2-3），按全面试验要求，须进行 6^5 种组合的试验，而进行正交试验只需做 25 次，大大减少了工作量。从表 2-3 可见，正交表每一列中不同数字的出现次数相等，任意两列中数字的排列方式齐全而且均衡，每个因素的每个水平与另一个因素各水平各碰一次，这就是正交性。

实际正交试验表的选择应根据每层土反演参数的个数及反演土层数确定。在确定正交试验方案后，借助有限元法进行训练样本的生成。

3. 利用交叉验证法确定隐含层神经元数

构建一个神经网络，首先应确定其内部结构。理论已证明：对于只含一个隐含层的 BP 神经网络，若隐层神经元数足够多，该网络就可以对定义在非无界区域上的任何连续函数做逼近。事实上，神经元激活函数的有界性为能够逼近任意连续函数提供了保

表 2-3 6 因素 5 水平正交表 $L_{25}6^5$

列号	试验号					
	X1	X2	X3	X4	X5	X6
1	1	1	1	1	1	1
2	1	2	2	2	2	2
3	1	3	3	3	3	3
4	1	4	4	4	4	4
5	1	5	5	5	5	5
6	2	1	2	3	4	5
7	2	2	3	4	5	1
8	2	3	4	5	1	2
9	2	4	5	1	2	3
10	2	5	1	2	3	4
11	3	1	3	5	2	4
12	3	2	4	1	3	5
13	3	3	5	2	4	1
14	3	4	1	3	5	2
15	3	5	2	4	1	3
16	4	1	4	2	5	3
17	4	2	5	3	1	4
18	4	3	1	4	2	5
19	4	4	2	5	3	1
20	4	5	3	1	4	2
21	5	1	5	4	3	2
22	5	2	1	5	4	3
23	5	3	2	1	5	4
24	5	4	3	2	1	5
25	5	5	4	3	2	1

障，但这并不意味着 3 层网络结构就一定是合理的。对同一未知函数，有人发现 4 层的 BP 网络比 3 层的 BP 网络更合理，即使用隐层神经元数可以更少。当然，盲目增加网络层数同样不能保证网络结构的合理性。鉴于此，我们在实际计算中仍采用 3 层的 BP 网络（一个隐含层）。对于隐含层中的神经元个数的选择问题，研究表

明，隐层神经元数太多，网络虽然能很好地学习，且能达到预期的网络精度，但可能导致网络对权值的过度拟合，使得网络的泛化能力差；若隐层神经元数太少，网络很难完成对学习样本的学习。尽管目前已提出了许多确定隐含层神经元个数的经验公式[58]，但为更合理地确定隐层神经元数，我们在对试验样本进行训练的同时，引入了交叉验证的方法。

交叉验证（cross validation）的基本思想是将原始数据（这里即为训练样本）进行分组，一部分作为训练集，另一部分作为验证集，首先用训练集对网络进行训练，再利用验证集来测试训练得到的模型，以此来作为评价网络性能的指标。实际操作时，我们首先确定隐含层神经元数的下限（由经验公式 $N_{hid}^{d}=2N_{in}+1$ 确定，其中 N_{hid}^{d} 和 N_{in} 分别为隐含层下限神经元数和输入层的神经元数）和上限（由经验确定，本文取 $N_{hid}^{u}=N_{hid}+10$），在交叉验证循环中套入隐含层神经元数从下限到上限的递增循环以不断调整网络结构进行训练和验证，若某一步循环得到的网络优于之前的（神经网络的均方误差更小）则保留这一网络的相关参数，如此直至循环结束，最终得到的是就训练样本而言最优的神经元网络。

2.2.1.3 基于遗传神经元网络法的位移反分析

根据以上介绍的人工神经网络的几种优化措施，并结合本研究深基坑位移反分析的具体要求，最终形成了图 2-27 所示的位移反分析流程。需要说明的是，本研究反分析的主要目的是获得宁波软土地区深基坑开挖有限元模拟的参数取值范围，以此为类似工程的计算模拟提供更为合理的参数取值信息，而不是针对某一基坑工程采用反演参数进行后续工况的预测，所以流程图中并未包含这一环节。

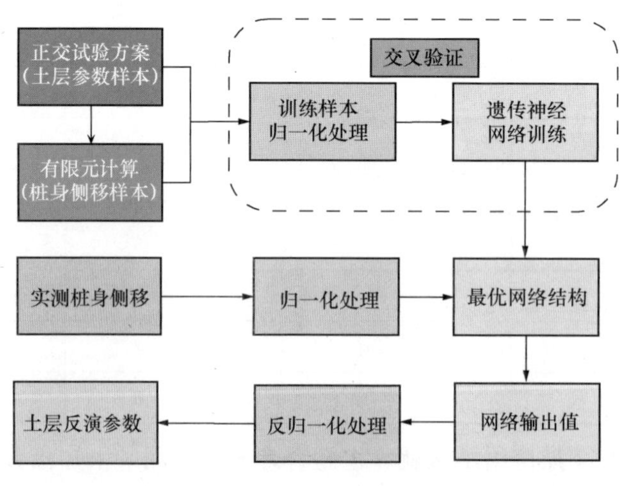

图 2-27 位移反分析流程图

2.2.2 HS本构模型参数取值研究

2.2.2.1 有限元建模

对以上具有代表性的宁波软土地区深基坑工程进行数值建模。为简化计算和方便建模，有如下假定：

（1）土层及其他围护体为连续、均质、各向同性的材料；

（2）基坑开挖一般属临时性工程，施工工期较短，故按不排水条件进行总应力分析；

（3）土体为弹塑性材料，采用HS模型模拟，且不考虑体积的膨胀；

（4）支护、车站及隧道结构均为线弹性材料；

（5）土体与结构保持紧密接触，不考虑变形缝；

（6）初始应力仅考虑土体、车站及隧道结构所受重力，忽略构造应力。

为了提高有限元模型计算效率，土体采用平面应变有限元方法模拟，支护结构的排桩、地下连续墙选用一维梁单元模拟；围梁和支撑选用梁单元模拟。模型的尺寸设置满足坑边至模型侧边的距离不小于10倍基坑开挖深度，而坑底至模型底边的距离不小于4倍基坑开挖深度。在对模型的网格划分过程中，因基坑支护结构及周边土体是重点研究对象，故该区域网格细分，而对于模型其他编辑区域，在基坑施工过程中的变化较小，为节省计算资源，网格向边界方向线性梯度逐渐变大。模型底边界约束水平和竖直方向位移，左右侧边界约束水平位移，顶部边界自由。模型以水平向右为 x 轴正向，竖直向上为 y 轴正向。如无特别说明，计算结果中位移单位为m，应力单位为kPa，且以受拉为正。

为了提供宁波软土地区深基坑开挖有限元分析的合理参数取值范围，本章针对2.1.1节中32个基坑工程实例，基于现场实测桩身位移开展参数反演工作。将基于参数反分析的有限元计算结果和实测值进行对比，验证反演所得参数的合理性，并给出最终宁波软土地区土层参数取值范围。

2.2.2.2 位移反分析实例

本节将给出典型的一层地下室、两层地下室、三层地下室和地铁车站4个基坑工程的位移反分析实例。

1. 一层地下室基坑工程

以联丰张家弄地块项目为例，基坑开挖深度为 $h=5.0\text{m}$，开挖宽度为130m，采用排桩结合一道钢筋混凝土支撑形式，模型水平方向长度为330m，竖直方向50m，约束有限元模型底部的竖向位移、模型各侧面的水平位移。计算剖面如图2-28所示。

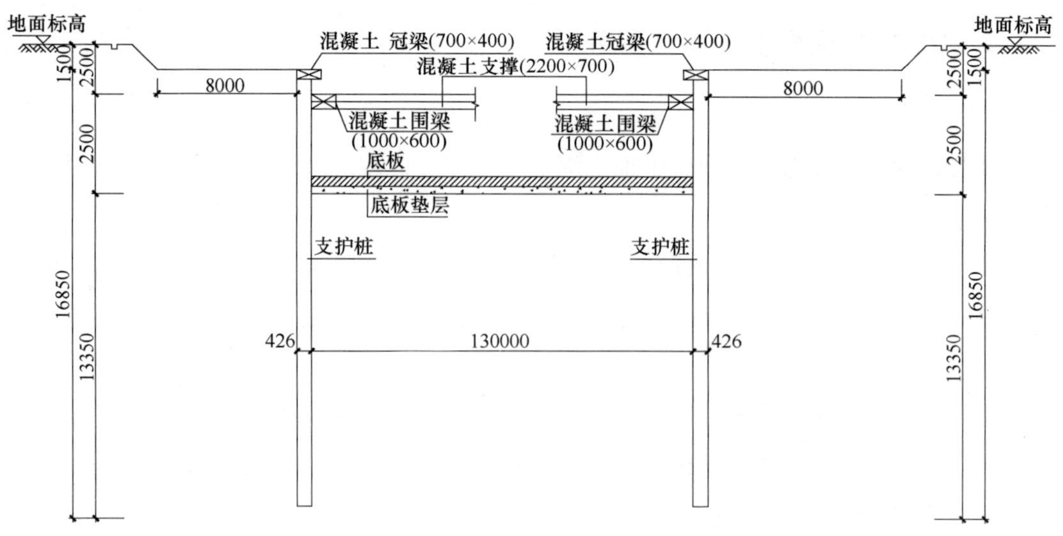

图 2-28　联丰张家弄地块项目计算断面图

1）计算参数

模型按实际情况分层设置土层，土层包括：1-2 层黏土、2-3 层淤泥质黏土、5 层黏土、6-1 层黏土。通过位移反分析获得的各土层参数见表 2-4。

表 2-4　联丰张家弄地块土层计算参数

参数	1-2 层黏土	2-3 层淤泥质黏土	5 层黏土	6-1 层黏土
重度 γ(kN/m^3)	19.4	17.7	19.3	19.8
黏聚力 c(kPa)	29.0	12.1	35.3	37.4
内摩擦角 φ(°)	12.8	8.9	17.5	17.6
泊松比 ν	0.35	0.42	0.31	0.34
切线刚度 E_{oed}^{ref} (MPa)	4.5	2.2	9.0	6.5
割线刚度 E_{50}^{ref} (MPa)	4.5	3.3	9.0	6.5
卸载/加载刚度 E_{ur}^{ref} (MPa)	13.8	7.2	51.6	42.7

2）计算结果与实测数据对比分析

图 2-29、图 2-30 分别为开挖到坑底工况，有限元计算的水平和竖向位移云图。

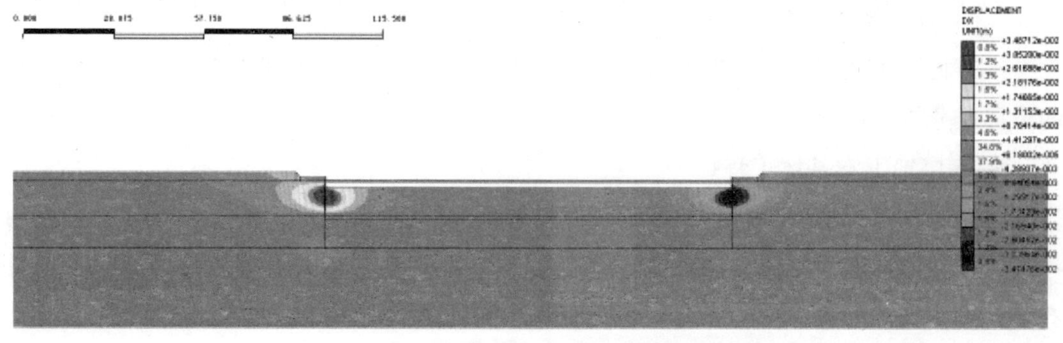

图 2-29　一层地下室基坑水平位移云图

图 2-31和图 2-32 给出了围护桩水平位移和坑外地表沉降的计算值同实测值的对比情况。可以看出，在开挖到坑底工况，地表最大沉降为 21mm，距坑边 5m，地表沉降范围约 $6h$；支护桩最大水平位移为 34.9mm，位于坑底附近。计算得到的围护桩水平位移曲线与实测曲线都有较好的一致性。

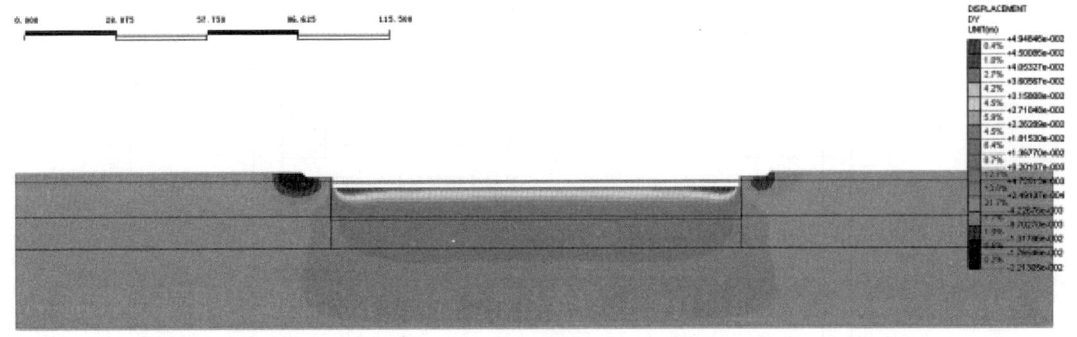

图 2-30　一层地下室基坑竖向位移云图

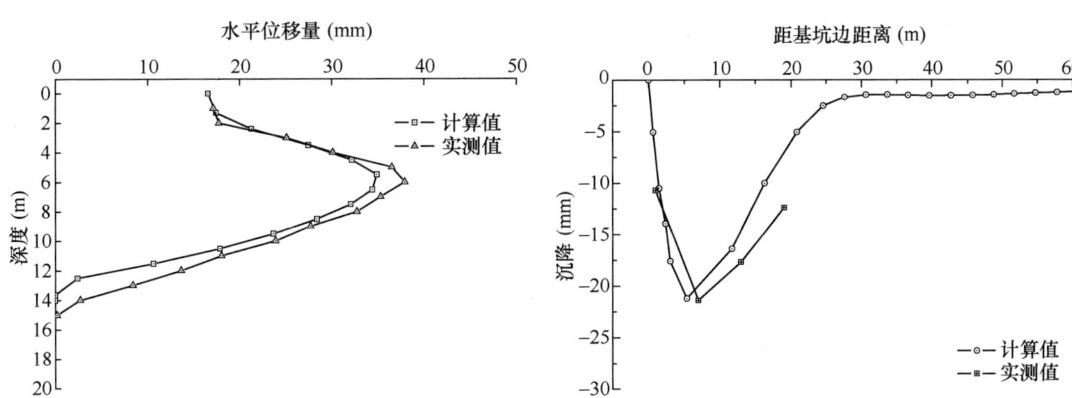

图 2-31　围护桩侧移计算值与实测值的对比　　　图 2-32　地表沉降计算值与实测值的对比

2. 二层地下室基坑工程

以鄞州新城区原方力工业园地块项目为例，基坑开挖深度为 h=10.5m，开挖宽度为 120m，采用排桩结合两道钢筋混凝土支撑形式，模型水平方向长度为 320m，竖直方向 60m，约束有限元模型底部的竖向位移、模型各侧面的水平位移、计算剖面如图 2-33 所示。

1）计算参数

模型按实际情况分层设置土层，土层包括：1 层黏土、2 层淤泥质黏土、4 层粉质黏土、5-2 层粉质黏土。通过位移反分析获得的各土层参数见表 2-5。

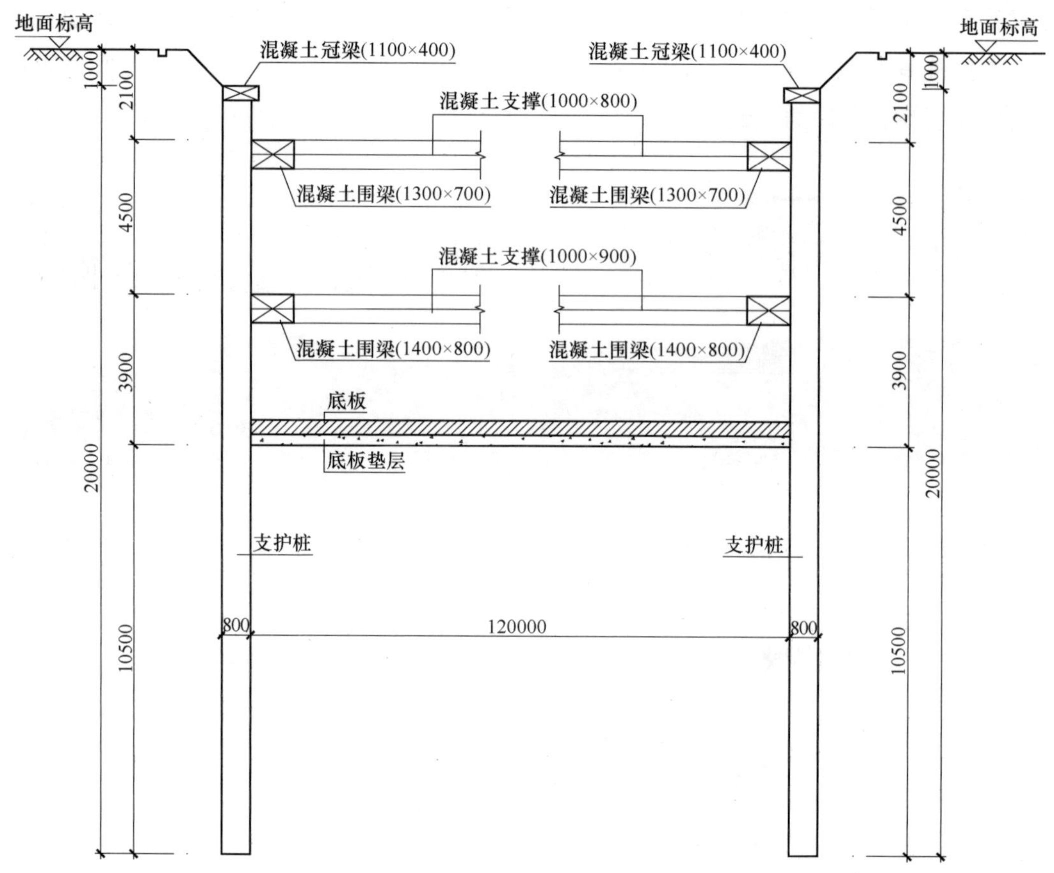

图 2-33　鄞州新城区原方力工业园地块项目计算断面图

表 2-5　鄞州新城区原方力工业园地块土层计算参数

参数	1 层黏土	2 层淤泥质黏土	4 层粉质黏土	5-2 层粉质黏土
重度 γ(kN/m³)	18.3	17.0	18.3	18.8
黏聚力 c(kPa)	21.3	11.9	20.5	29.8
内摩擦角 φ (°)	15.2	9.6	14.8	16.9
泊松比 υ	0.30	0.43	0.34	0.30
切线刚度 E_{oed}^{ref} (MPa)	3.9	2.1	4.1	5.4
割线刚度 E_{50}^{ref} (MPa)	3.9	3.0	4.1	5.4
卸载/加载刚度 E_{ur}^{ref} (MPa)	13.7	7.3	12.1	38.7

2）计算结果与实测数据对比分析

图 2-34、图 2-35 分别为开挖到坑底工况，有限元计算的水平和竖向位移云图。图 2-36和图 2-37 给出了围护桩水平位移和坑外地表沉降的计算值同实测值的对比情况。

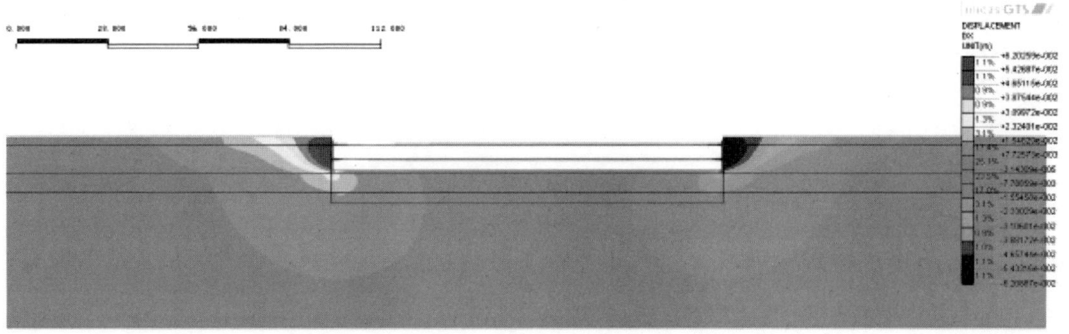

图 2-34　二层地下室基坑水平位移云图

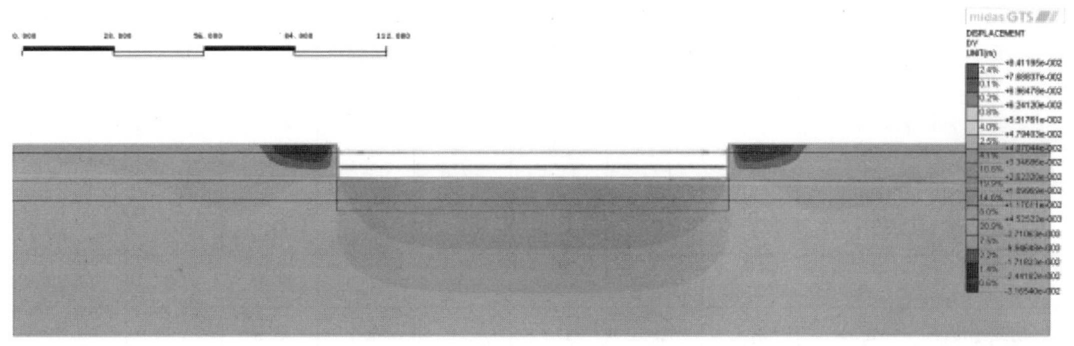

图 2-35　二层地下室竖向位移云图

可以看出，在开挖到坑底工况，地表最大沉降为 31.2mm，距坑边 10m，地表沉降范围约 $8h$；支护桩最大水平位移为 62.5mm，位于坑底附近。计算得到的围护桩水平位移曲线与实测曲线都有较好的一致性。

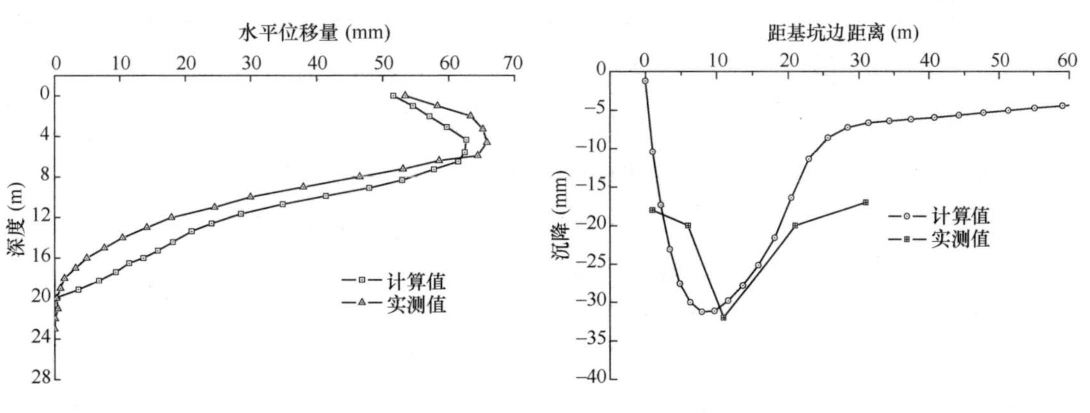

图 2-36　围护桩侧移计算值与实测值的对比

图 2-37　地表沉降计算曲线

3. 三层地下室基坑工程

以宁波国际金融中心南区基坑工程为例，基坑开挖深度为 17m，开挖宽度为 180m，采用地下连续墙结合三道钢筋混凝土支撑形式，模型水平方向长度为580m，竖直方向80m，约束有限元模型底部的竖向位移、模型各侧面的水平位移、计算剖面如图2-38所示。

1）计算参数

模型按实际情况分层设置土层，土层包括：1-1层黏土、2-1层淤泥质黏土、2-3层淤泥、2-4层淤泥质粉质黏土、3层含黏性土粉砂、4-1层粉质黏土、5-1层黏土和5-2层粉质黏土。通过位移反分析获得的各土层参数见表2-6。

表2-6　宁波国际金融服务中心南区土层计算参数

参数	1层黏土	2-1层淤泥质黏土	2-3层淤泥	2-4层淤泥质粉质黏土	3层含黏性土粉砂	4-1层粉质黏土	5-1层黏土	5-2层粉质粉土
重度 γ(kN/m^3)	18.9	17.5	16.7	18.0	19.6	18.6	19.6	19.1
黏聚力 c(kPa)	28.5	12.4	11.6	12.9	11.3	13.9	45.8	29.4
内摩擦角 φ (°)	13.9	8.6	8.1	10.9	29.8	11.8	20.5	17.9
泊松比 υ	0.38	0.43	0.43	0.42	0.33	0.35	0.33	0.33
切线刚度 E_{oed}^{ref} (MPa)	4.1	2.3	1.8	2.8	6.5	3.5	7.2	5.5
割线刚度 E_{50}^{ref} (MPa)	4.1	3.4	2.64	4.1	6.5	3.5	7.2	5.5
卸载/加载刚度 E_{ur}^{ref} (MPa)	13.8	8.4	6.2	10.7	38.9	20.3	53.8	31.7

2）计算结果与实测数据对比分析

图2-39、图2-40分别为开挖到坑底工况，有限元计算水平和竖向位移云图。图2-41和图2-42给出了地下连续墙水平位移和坑外地表沉降的计算值同实测值的对比情况，可以看出，计算值与实测情况有较好的一致性。在开挖到坑底工况，地表最大沉降为43mm，距坑边10m，地表沉降范围约5h；支护桩最大水平位移为83mm，位于自然地坪以下12m位置。与以上一些工程不同的是，该工程的最大水平位移没有发生在坑底附近，这是因为该基坑坑底位于土性较好的黏土层，支护桩在坑底受到了较强的约束。可见，支护桩墙在坑底的约束程度对支护体系侧向位移及坑外土体的位移控制有着重要的影响。

4. 地铁车站深基坑工程

以西门口地铁车站基坑工程为例，基坑开挖深度为16m，开挖宽度为20m，采用地下连续墙结合首道钢筋混凝土支撑和四道钢支撑形式，模型水平方向长度为120m，竖直方向70m，约束有限元模型底部的竖向位移、模型各侧面的水平位移、计算剖面如图2-43所示。

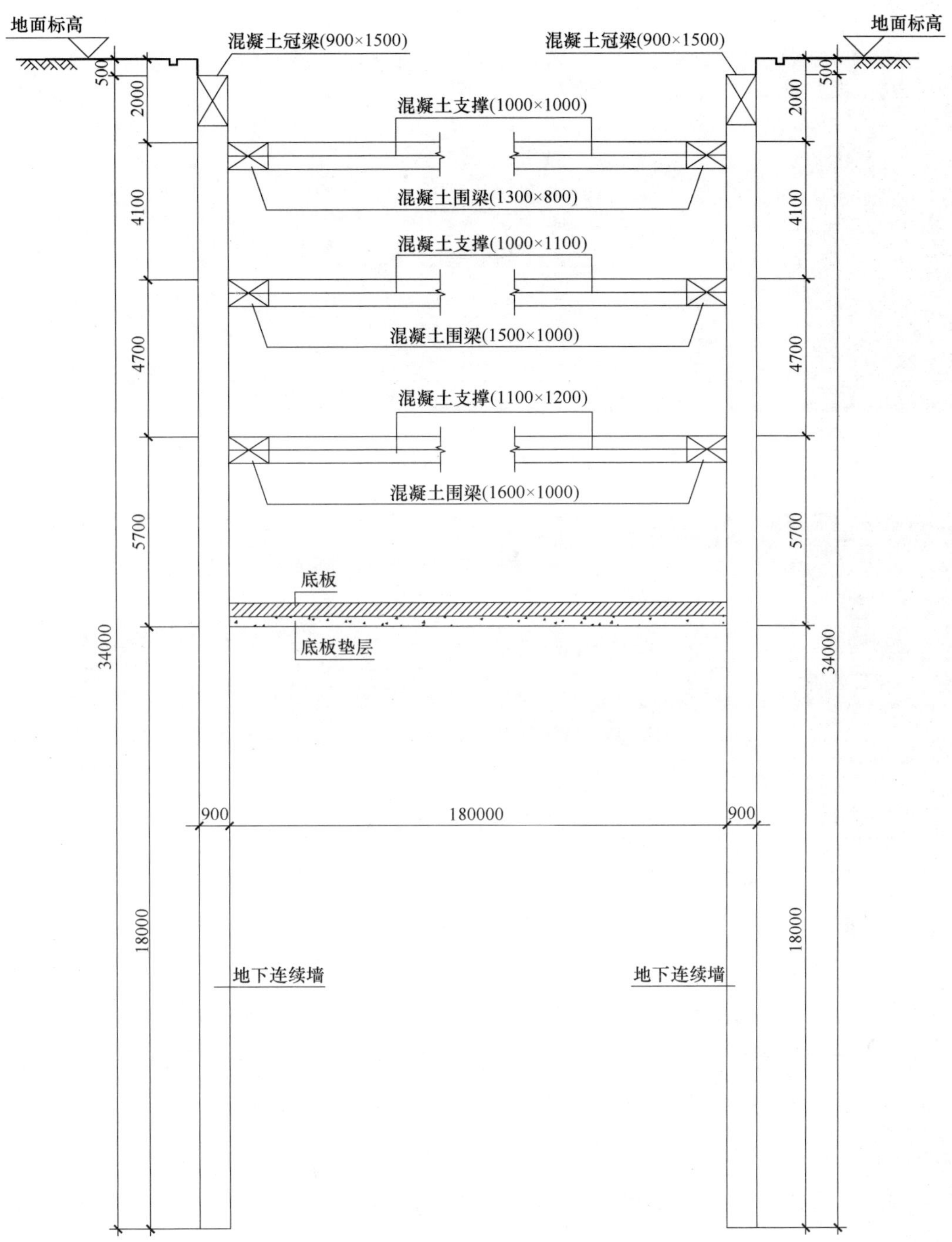

图 2-38 宁波国际金融服务中心南区计算断面图

1）计算参数

模型按实际情况分层设置土层，土层包括：1 层黏土、2 层淤泥质黏土、3-2 层粉质黏土、5-1 层粉质黏土、5-2 层粉质黏土、5-4 层粉质黏土、5-5 层粉质黏土、6-3 层粉质黏土和 7 层粉质黏土。通过位移反分析获得的各土层参数见表 2-7。

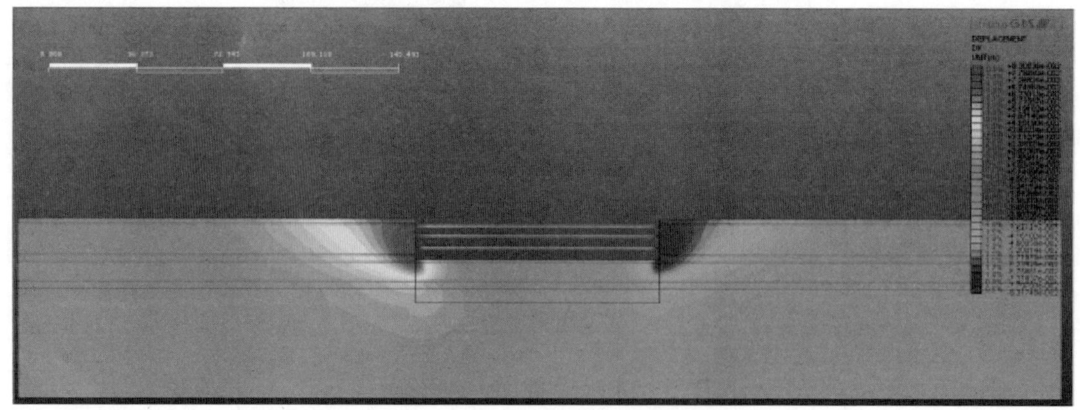

图 2-39　水平位移云图

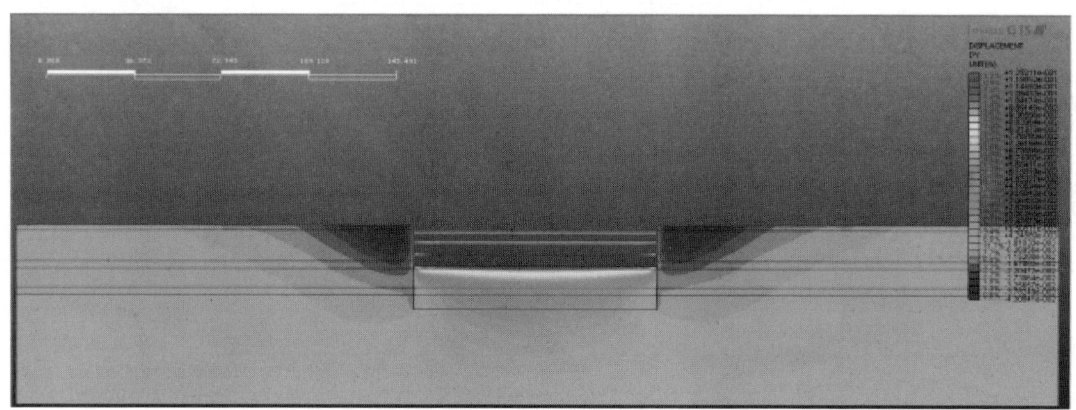

图 2-40　竖向位移云图

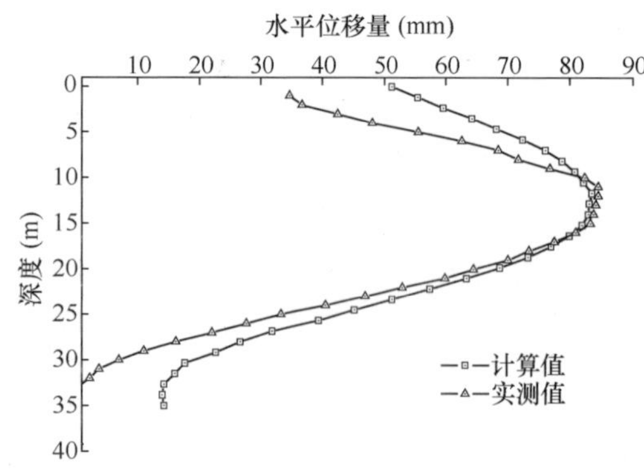

图 2-41　地下连续墙侧移计算值与实测值的对比

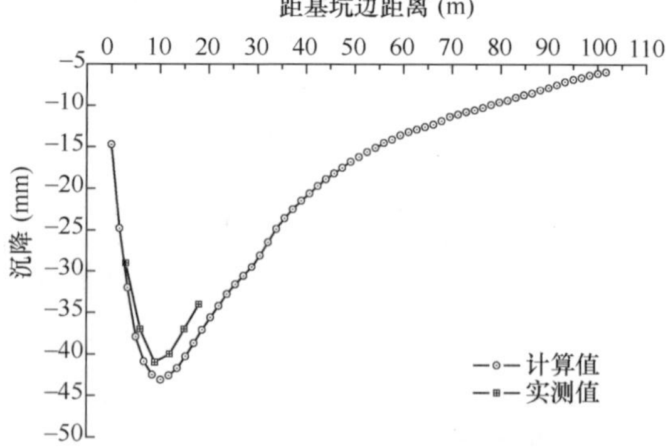

图 2-42　地表沉降计算值与实测值的对比

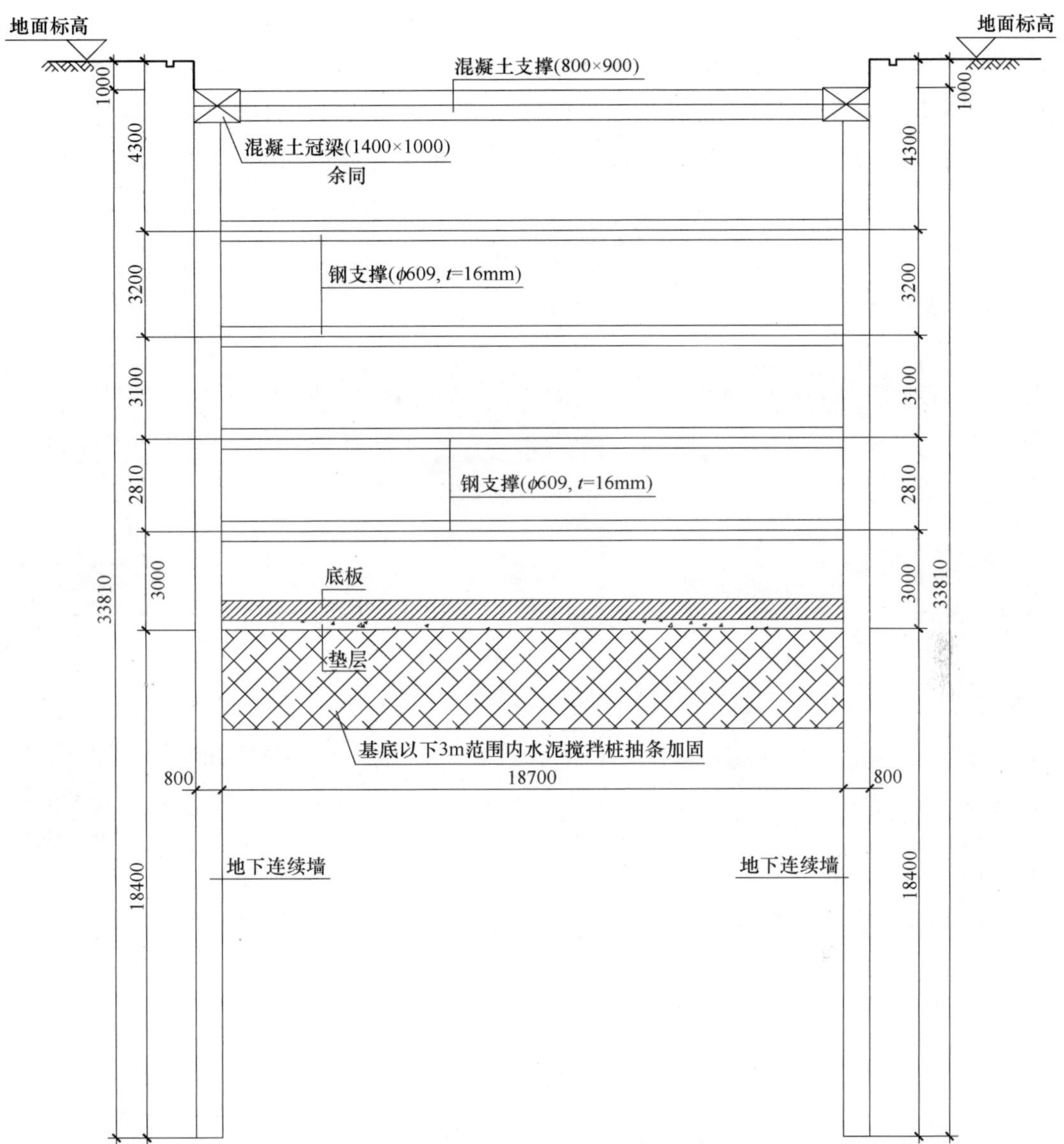

图 2-43 西门口地铁站计算断面图

表 2-7 西门口地铁站土层计算参数

参数	1 层黏土	2 层淤泥质黏土	3-2 层粉质黏土	5-1 层粉质黏土	5-2 层粉质黏土	5-4 层粉质黏土	5-5 层粉质黏土	6-3 层粉质黏土	7 层粉质黏土
重度 γ(kN/m^3)	18.5	17.4	18.7	19.4	19.0	18.6	18.7	18.5	19.6
黏聚力 c(kPa)	31.7	18.1	22.3	37.7	33.9	25.2	22.4	29.0	41.9
内摩擦角 φ (°)	15.5	9.7	13.5	15.6	15.6	11.8	14.5	13.4	18.9
泊松比 υ	0.38	0.42	0.35	0.33	0.33	0.35	0.35	0.33	0.33
切线刚度 E_{oed}^{ref} (MPa)	4.2	2.5	3.9	5.7	5.1	4.2	5.1	4.4	7.3
割线刚度 E_{50}^{ref} (MPa)	4.2	3.8	3.9	5.7	5.1	4.2	5.1	4.4	7.3
卸载/加载刚度 E_{ur}^{ref} (MPa)	9.6	8.2	26.3	40.0	30.7	30.1	32.5	35.0	47.2

2）计算结果与实测数据对比分析

图 2-44、图 2-45 分别为开挖到坑底工况，有限元计算水平和竖向位移云图。图 2-46和图 2-47 给出了地下连续墙水平位移和坑外地表沉降的计算值同实测值的对比情况，可以看出，计算值与实测情况有较好的一致性。在开挖到坑底工况，地表最大沉降为 24mm，距坑边 7m，地表沉降范围约 4h；支护桩最大水平位移为 29mm，位于自然地坪以下 11m 位置。最大水平位移没有发生在坑底附近，同样因为基坑坑底位于土性较好的黏土层，支护桩在坑底受到了较强的约束。

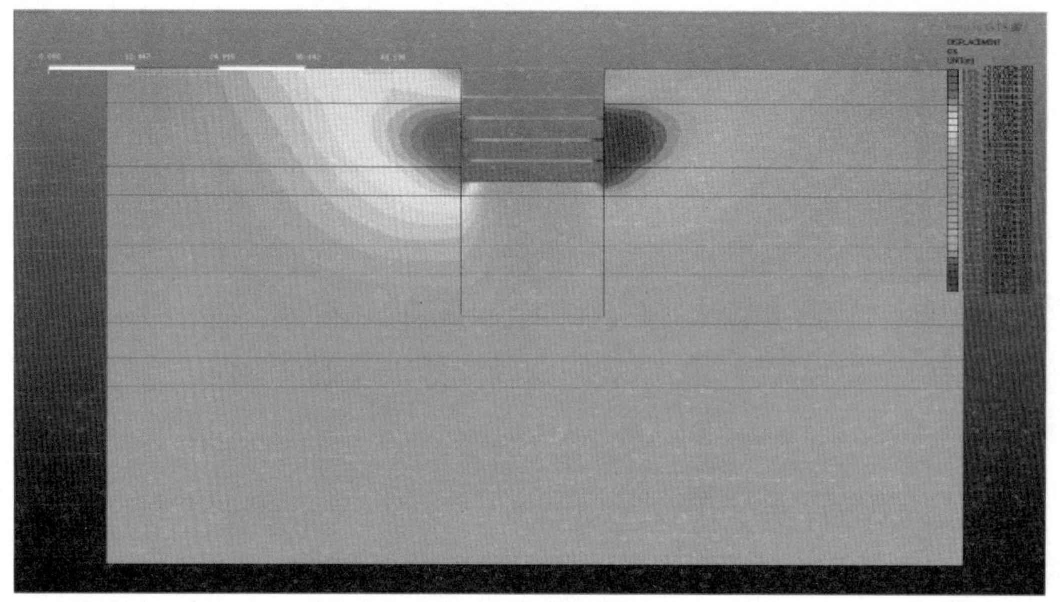

图 2-44　水平位移云图

图 2-45　竖向位移云图

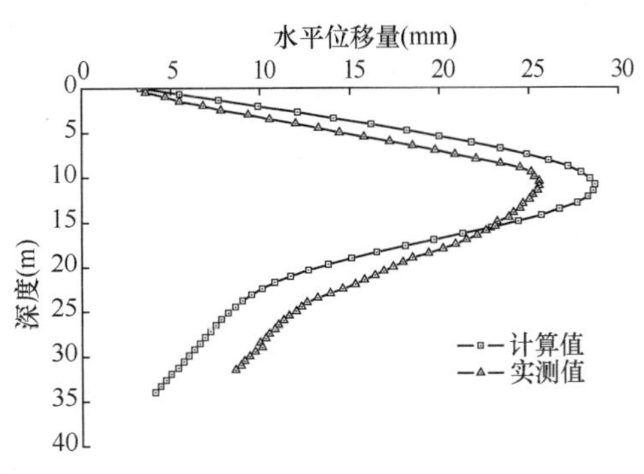

图 2-46　地下连续墙侧移计算值与实测值的对比

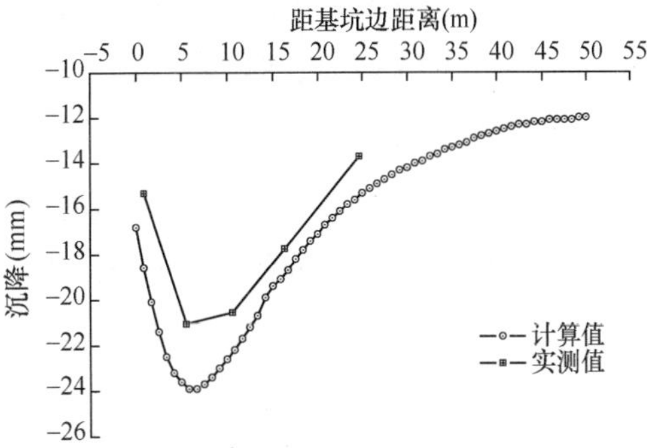

图 2-47　地表沉降计算值与实测值的对比

2.2.2.3　参数成果

通过以上数值计算与位移反分析工作，获得了采用 HS 模型代表宁波软土地区各类土体本构关系时，模型参数中黏聚力、内摩擦角、模量与泊松比的取值。为避免今后有限元计算时土层参数取值的盲目性，保证基坑开挖有限元预测结果不至于与实际相差过大，对以上获得的参数进行了归类整理，给出了各类土体的参数取值范围，列于表 2-8。需要说明的是，由于宁波地区土层分布情况多样，而且各类勘察报告对土层编号方法不一，这里主要根据所属土类进行汇总。

表 2-8　宁波软土地区土层参数取值范围

土层名称	E_{oed}^{ref} (MPa)	E_{50}^{ref} (MPa)	E_{ur}^{ref} (MPa)	黏聚力 c (kPa)	内摩擦角 φ (°)	泊松比 ν
1 层硬壳层黏土	3～5	3～5	8～16	15～30	9～14	0.35～0.40
2 层淤泥	1.8～2.2	2.7～3.3	5～7.5	5～10	5～10	0.42～0.43
2 层淤泥质土	2～3.5	3～5.3	6～13.5	8～14	8～12	0.40～0.44
3/4 层黏土、粉质黏土	4～10	4～10	10～30	15～30	10～16	0.33～0.42
3 层粉质黏土夹粉土/粉砂	7～15	7～15	20～45	12～13	15～25	0.29～0.35
3 层粉土、粉砂	12～17	12～17	30～50	10～13	15～30	0.28～0.33
4 层淤泥质黏土/粉质黏土	3～4	4.5～6	8～16	11～20	9～12	0.39～0.42
5/6 层黏土、粉质黏土	9～20	9～20	30～70	20～50	15～20	0.30～0.35
5/6 层中砂、粗砂	20～25	20～25	55～70	10～15	30～35	0.25～0.30

2.3　深基坑变形时空效应

2.3.1　时间效应分析

大量基坑工程的现场实测资料表明[17,59,60]，基坑变形与基坑的暴露时间具有明显的相关性。在软土地区，土的强度低，含水量高，流变性显著，所以对于软土地区的基坑工程，如果要了解基坑变形的时效并达到控制变形的目的，必须研究土的流变性——土体的应力和变形随时间不断变化的特性。土体的蠕变性是流变性中的一种类型，它表现为在应力水平不变的条件下，应变随时间增长的特性。宁波地区的软土具有明显的蠕变特性，故在基坑变形控制的研究中考虑这一特性的影响至关重要。

为了合理地认识和预测由于基坑开挖的时间效应对坑周土体变形与支护结构位移的影响，本文选取一基坑工程实例，采用基于软土流变黏弹塑性模型[61]的 Plaxis 有限元软件，建立了考虑施工过程的有限元分析模型。在利用实测数据反分析获得模型参数的基础上，开展了模型参数验证和基坑变形规律的研究，探讨不同土方开挖时间、不同支撑设置时间（无支撑暴露时间）和不同垫层设置时间（无垫层暴露时间）等时间因素对基坑支护结构变形和坑外土体沉降的影响规律。

2.3.1.1 软土蠕变模型

PLAXIS 有限元软件提供了一种软土蠕变模型（soft-soil-creep model，SSC 模型），这种模型适用于正常固结的黏土、黏质粉土和淤泥。本章采用这一模型进行关于基坑开挖时间效应的分析。

软土蠕变模型基本刚度参数包括：修正压缩指数 λ^*、修正膨胀指数 κ^*、修正蠕变指数 μ^*。它们均可通过等向压缩试验和固结试验得到。当我们画对数应力-应变曲线时，曲线近似为两条直线段。等向固结线的坡度即为 λ^*，而卸荷（或回弹）线的坡度可用于计算 κ^* 值。参数 κ^*、λ^* 和 μ^* 与标准参数之间的关系为

（1）修正压缩指数：$\lambda^* = \dfrac{C_c}{(1+e_0)\ln 10}$，其中：$C_c = \dfrac{e_1 - e_2}{\lg p_2 - \lg p_1}$ 为压缩指数。

（2）修正膨胀指数：$\kappa^* = \dfrac{3(1-\nu_{ur})}{(1+\nu_{ur})}A = \dfrac{3(1-\nu_{ur})}{(1+\nu_{ur})\ln 10}\dfrac{C_r}{(1+e_0)}$，其中：$C_r$ 为膨胀指数，ν_{ur} 为卸载-再加载泊松比。

（3）修正蠕变指数：$\mu^* = \dfrac{C_a}{(1+e_0)\ln 10}$，其中：$C_a$ 为蠕变指数。

2.3.1.2 模型的建立

选取南部商务区二期 9 号地块基坑支护工程作为研究对象，地下室为两层，基坑开挖面积为 38900m^2，开挖深度为 9.7～11.0m，支护体系为钻孔灌注桩＋两道钢筋混凝土支撑。

考虑到基坑规模及开挖的特点，将其简化为平面应变问题，网格划分剖面如图2-48所示。模型的计算范围：基坑开挖区域宽度取为 30m，开挖深度 h=10m，水平向远端边界取距坑边为 5h，模型深度为 60m。计算模型边界条件：左右边界 x 方向位移约束，下边界 x、z 方向位移约束，其他边界位移自由。模型土层分布采用宁波软土地区典型

的土层剖面，性质相同的土层合并为一层考虑，最终模型中的土层包括：1 层黏土、2 层淤泥质黏土、5 层粉质黏土。

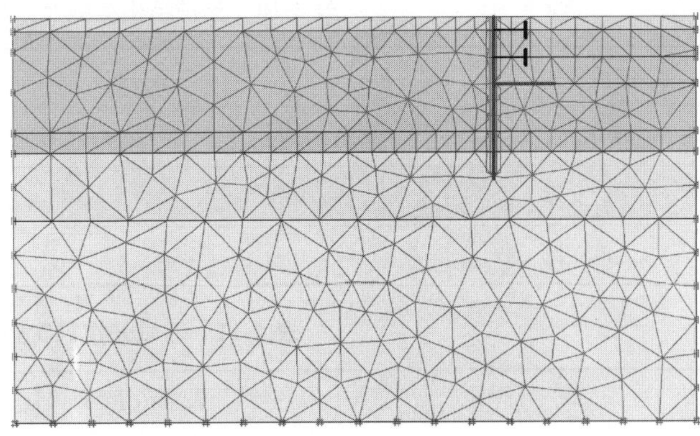

图 2-48 基坑有限元建模与网格划分

假定土体饱和，浅层的 1 层黏土、2 层淤泥质黏土模型采用 Plaxis 软件中能反映土体流变特性的软土蠕变模型（SSC 模型），3 层粉质黏土采用 HS 模型。采用 15 节点的三角形单元进行网格划分，支护中的桩基及支撑均按弹性材料考虑，分别用梁单元和杆单元模拟；考虑土与结构的相互作用，在土与支护桩之间设置接触面，接触面单元采用 10 节点无厚度单元并设接触面强度折减参数 R_{inter}＝0.67。

2.3.1.3 计算参数的选取

1 层黏土和 2 层淤泥质黏土采用软土蠕变模型（SSC 模型），SSC 模型中的基本参数，如重度 γ、黏聚力 c 和内摩擦角 φ，根据勘察报告获取；模型刚度参数，即修正压缩指数 λ^*、修正膨胀指数 κ^*、修正蠕变指数 μ^* 采用反分析方法求得。

首先，根据 Plaxis8 材料模型手册给出的模型参数 λ^*、μ^*、κ^* 的估算方法和参数之间的经验关系，初步确定模型参数值。然后，根据 2.2.1 节反分析方案获得 SSC 模型的反演参数。需要说明的是，5 层粉质黏土采用 HS 模型，其参数根据 2.2.2 节参数取值研究结果获得，在计算中保持不变。最终用于后续计算分析的土体参数见表2-9，支护桩和支撑的计算参数和本构模型见表 2-10，基坑开挖施工工况见表 2-11。

表 2-9 模型中三个土层计算参数

参数	1 层黏土	2 层淤泥质黏土	参数	5 层粉质黏土
重度 γ（kN/m³）	17.6	16.8	重度 γ（kN/m³）	19.6
黏聚力 c（kPa）	18.2	11.8	黏聚力 c（kPa）	36.0
内摩擦角 φ（°）	12.5	11.0	内摩擦角 φ（°）	17.3
修正压缩指数 λ^*	0.063	0.058	切线刚度 E_{50}^{ref}（kPa）	5820
修正膨胀指数 κ^*	0.0035	0.0033	割线刚度 E_{oed}^{ref}（kPa）	5820
修正蠕变指数 μ^*	0.0063	0.0058	卸荷/加载刚度 E_{ur}^{ref}（kPa）	34920
Rinter	0.67	0.67	泊松比 ν	0.35

表 2-10 支护结构参数及本构关系

结构名称	EA（kN/m）	EI（kN·m²/m）	材料	本构关系
ϕ800 钻孔灌注桩	1.21×10^7	4.8×10^7	C25 混凝土	弹性
一道支撑	1.68×10^6	—	C30 混凝土	弹性
二道支撑	1.92×10^6	—	C30 混凝土	弹性

表 2-11 基坑开挖施工过程

工况	施工阶段	工期（d）
(1)	模拟土体在重力作用下的应力场	—
(2)	施工围护桩	—
(3)	开挖至 2m 深度（一道支撑底）	3
(4)	施工一道支撑	20
(5)	开挖至 6m 深度（二道支撑底）	8
(6)	施工二道支撑	20
(7)	开挖至 10m 深度（基坑底）	8
(8)	施工垫层	—

2.3.1.4 计算结果和实测数据对比分析

对有限元计算值和实测数据进行了对比，图 2-49 和图 2-50 分别给了坑底位置（*A*）桩身水平位移时程曲线和坑外一倍坑深位置（*B*）地表沉降时程曲线。从图中可知，*A* 点桩身水平位移和 *B* 点地表沉降的计算结果和实测数据有较好的一致性，反映了基坑变形随开挖深度和时间的变化规律，说明反分析得到的参数是合理的。

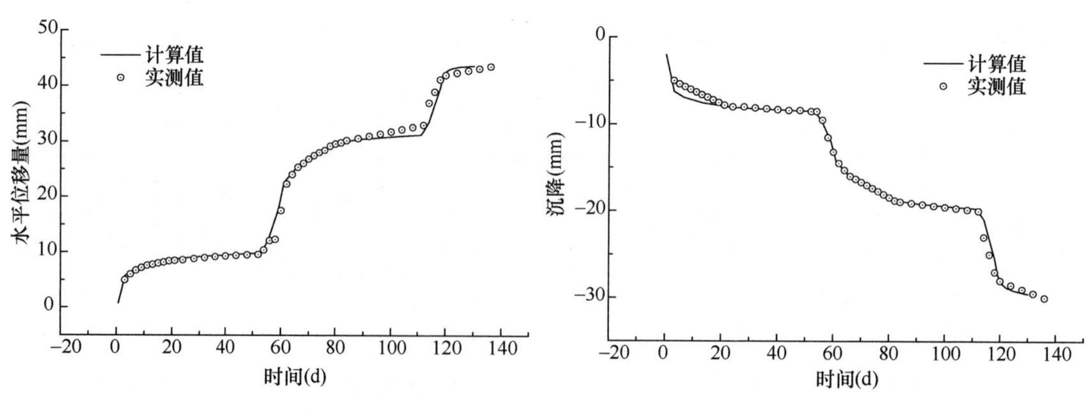

图 2-49 *A* 点桩身水平位移时程曲线图

图 2-50 *B* 点坑外地表沉降时程曲线

在土方开挖阶段，由于基坑的快速卸荷，桩身水平位移和坑外地表沉降在短时间内增长较快；在随后施工支撑阶段，由于混凝土支撑的制作工期较长，且需要一定时间的养护后支撑方能发挥作用，所以桩身水平位移和坑外地表沉降仍在增加，但增加速率有所减小，并逐渐趋于稳定，不难看出当该阶段持续时间较长时，桩身水平位移和坑外地表沉降在该阶段的增量较大。

2.3.1.5 时间效应对支护结构和坑外土体变形的影响

1. 研究方案

宁波地区的软土具有明显的蠕变特性，要控制软土蠕变导致的基坑围护墙位移，其中重要的一点是缩短每步中从土体开挖到支撑施工完毕之间的时间，即无支撑（垫层）暴露时间。本节将主要针对从基坑开挖到第二道支撑底、设置第二道支撑及设置底板垫层这三个工况，分析不同的开挖工期及支撑或垫层设置时间对基坑支护变形及周边土体变形的影响。模拟不同工期的施工工况见表 2-12。

表 2-12 基坑开挖施工工况模拟

工期（d）	工况（1）	工况（2）	工况（3）	工况（4）	工况（5）	工况（6）	工况（7）	工况（8）
方案 0	—	—	1	5	0	0	—	—
方案 1	—	—	1	5	0.5	0	—	—
方案 2	—	—	1	5	1	0	—	—
方案 3	—	—	1	5	2	0	—	—
方案 4	—	—	1	5	5	0	—	—
方案 5	—	—	1	5	10	0	—	—
方案 6	—	—	1	5	0.5	0.5	—	—
方案 7	—	—	1	5	0.5	1	—	—
方案 8	—	—	1	5	0.5	2	—	—
方案 9	—	—	1	5	0.5	5	—	—
方案 10	—	—	1	5	0.5	10	—	—
方案 11	—	—	1	5	0.5	5	0.5	0
方案 12	—	—	1	5	0.5	5	0.5	0.25
方案 13	—	—	1	5	0.5	5	0.5	0.5
方案 14	—	—	1	5	0.5	5	0.5	1
方案 15	—	—	1	5	0.5	5	0.5	2
方案 16	—	—	1	5	0.5	5	0.5	5
方案 17	—	—	1	5	0.5	5	0.5	10

2. 有限元计算结果对比分析

图 2-51 和图 2-52 为方案 1～方案 5 的计算结果，即分别表示基坑开挖至第二道支撑底所需时间为 0d、0.5d、1d、2d、5d 和 10d 时，基坑的桩身水平位移及坑外地表土体沉降曲线。从图中可以看出，土方开挖时间越长，桩身水平位移及坑外地表土体沉降

越大；随开挖时间的增长，桩身水平位移及坑外地表土体沉降的增长速率逐渐变小。

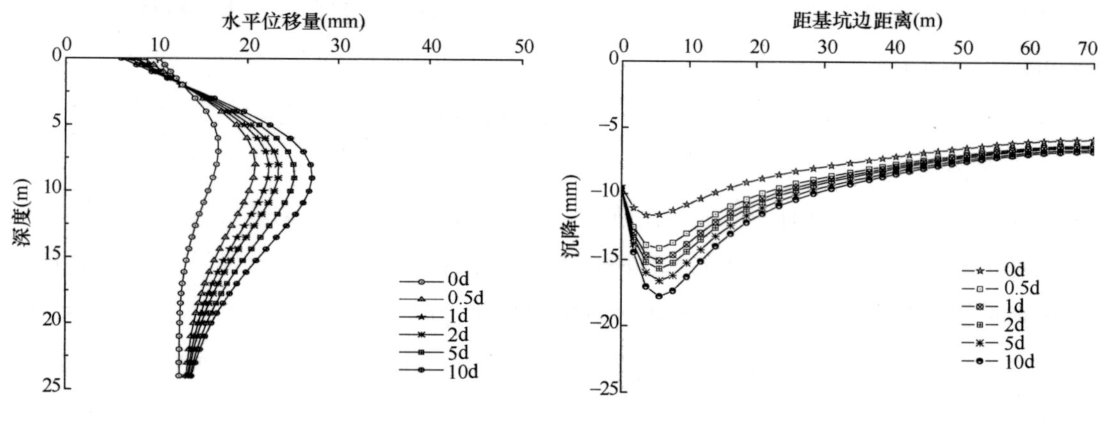

图 2-51　挖至第二道支撑底时桩身水平位移　　图 2-52　挖至第二道支撑底时坑外地表沉降

从第一道支撑深度开挖到第二道支撑底，从“0d”曲线可得知，仅由土方开挖引起的桩身水平位移增加了 6.7mm，沉降增加了 2.7mm；当挖土过程持续 10d 时，桩身水平位移增加了 16mm，蠕变引起的位移是总位移增量的 58%；沉降增加了 8.7mm，蠕变引起的沉降为总沉降增量的 69%。

图 2-53 和图 2-54 分别表示，基坑开挖到二道支撑底至二道支撑设置完毕所需时间为 0d、0.5d、1d、2d、5d 和 10d 时（方案 1、6～10），分别对应的桩身水平位移和坑外地表沉降曲线。从图中可以看出，开挖到预定标高后，距离支撑设置完毕的时间越长，桩身水平位移和坑外地表沉降越大，反映了软土的流变特性和及时支撑的重要性。

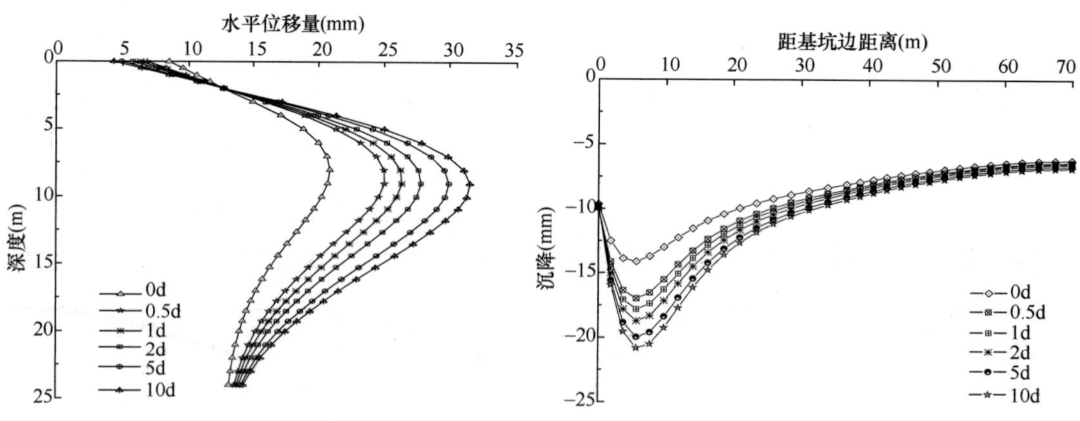

图 2-53　设置二道支撑后桩身水平位移　　图 2-54　设置二道支撑后坑外地表沉降

当设置第二道支撑所需时间为 1d 时，桩身水平位移增加了 5.3mm，沉降增加了 3.7mm；当设置第二道支撑所需时间为 10d 时，桩身水平位移增加了 10.4mm，沉降增加了 6.7mm。因此，对于 1d 和 10d 内设置完成二道支撑的这两种工况，前者的桩身水平位移增量将比后者减少 50%，而沉降增量减少 45%。

图 2-55 和图 2-56 分别表示基坑开挖到二道支撑底标高及之后 10d 未设置支撑（方案 10），坑底附近 A 点土体水平位移时程曲线和坑外一倍坑深处地表 B 点沉降时程曲线。可以看出，由于挖土导致基坑快速卸荷，桩身水平位移和坑边地面沉降急剧发展，虽然在开挖完成后的施工间歇期内桩身变形和地面沉降速率有所减小，但二者仍持续发展。图 2-53～2-56 的计算结果表明，支撑设置完毕所需时间越短，基坑变形控制效果越显著。因此，当基坑开挖至支撑底标高后，应尽可能在短时间内设置好支撑，且最好选择施工快捷的钢支撑，缩短基坑无支撑暴露时间。

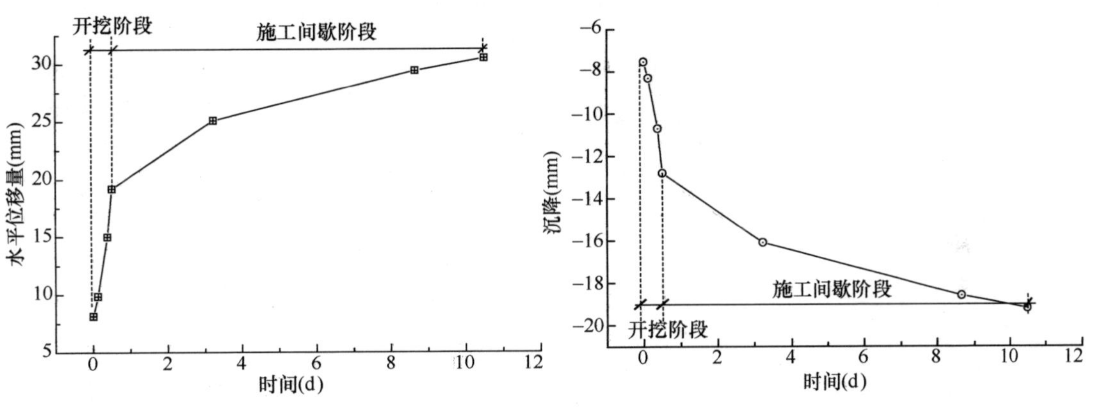

图 2-55 A 点水平位移时程曲线（方案 10）　　图 2-56 B 点沉降时程曲线（方案 10）

图 2-57 和图 2-58 分别表示，基坑开挖到坑底至坑底垫层设置完毕所需时间为 0d、0.25d、0.5d、1d、2d、5d 和 10d 时（方案 11～17），分别对应的桩身水平位移和坑外地表沉降曲线。从图中可以看出，开挖到预定标高后，距离坑底垫层设置完毕时间越长，桩身水平位移和坑外地表沉降越大，同样反映了尽早设置垫层对基坑变形控制的重要性。

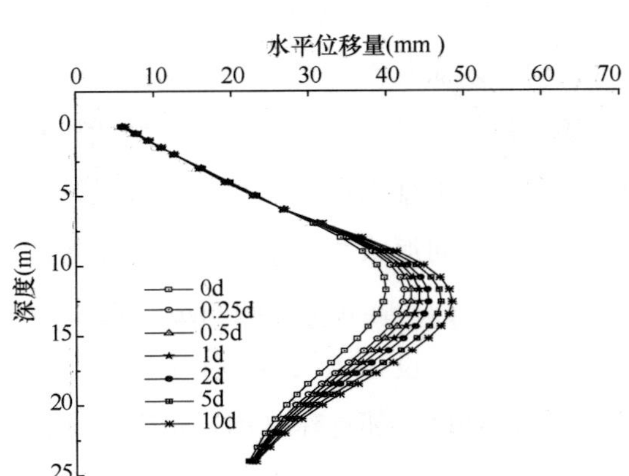

图 2-57 坑底垫层设置完毕桩身水平位移

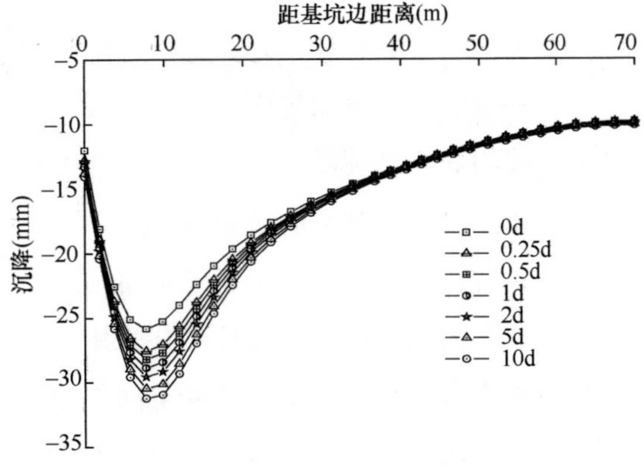

图 2-58 坑底垫层设置完毕坑外地表沉降

当设置垫层所需时间为 0.25d（6h）时，桩身水平位移增加了 2.4mm，沉降增加了 1.7mm；当设置垫层所需时间为 10d 时，桩身水平位移增加了 8.6mm，沉降增加了 5.3mm。相比而言，当在 6h 内设置完成垫层，桩身水平位移增量将减少 72%，沉降增量减少 67.9%。

图 2-59 和图 2-60 分别表示基坑开挖到坑底标高后 10d 未设置垫层（方案 17），坑底附近 A 点土体水平位移时程曲线和坑外一倍坑深处地表 B 点沉降时程曲线。两图所反映的开挖阶段与施工间歇阶段的土体变形规律同图 2-54 和图 2-55 类似，即挖土基坑快速卸荷使得桩身水平位移和坑边地面沉降迅速发展，施工间歇期内桩身变形和地面沉降速率有所减小，但二者仍会持续发展。图 2-56 到图 2-60 表明，当基坑开挖至坑底预定标高后，应尽可能在较短时间内完成垫层和基础底板施工，防止基坑变形的进一步发展，避免因基坑长期暴露导致变形增大对基坑安全和周围环境造成影响。

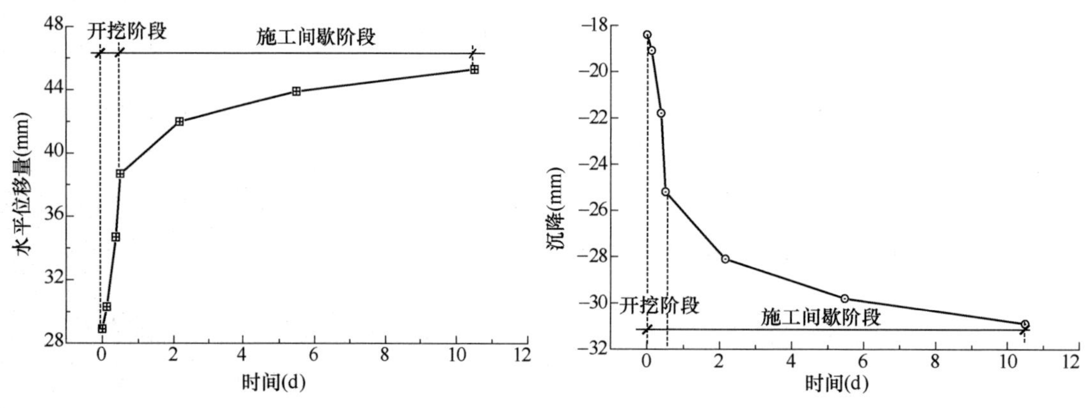

图 2-59 A 点水平位移时程曲线（方案 17）

图 2-60 B 点沉降时程曲线（方案 17）

2.3.2 空间效应分析[62]

基坑是一个具有长、宽、深尺寸的三维空间结构，因而其支护系统的设计就是要处理一个复杂三维空间的受力问题。实际工程中，基坑的平面形状、尺寸、开挖深度和开挖步骤等均会对基坑变形及稳定产生较大影响。许多学者根据现场实测和三维有限元分析，验证并研究了基坑的坑角效应[20,21,23]；比较分析了不同形状和深度基坑的抗隆起性能[22,63]；提出了多种考虑空间效应的分析方法。目前，考虑基坑“空间效应”的设计理念已被广大岩土设计师所接受并采用。但是，以上研究与设计成果多关注于基坑本身的变形及稳定控制，关于基坑的空间作用对周围地层位移以及邻近建（构）筑影响的研究较少。

本章将根据宁波地区土层特点，采用三维有限元方法对基坑的空间效应进行分析研究，研究内容包括：基坑开挖引起周围土体位移场变化的范围；基坑的平面尺寸、开挖深度对基坑支护结构变形、坑外土体沉降及邻近隧道变形的影响；基坑采用分坑措施的空间效应研究等。

2.3.2.1 研究方案

为研究基坑开挖引起周边土体位移场变化的范围和基坑的平面尺寸、开挖深度对基坑支护结构变形的影响，建立了不同开挖面积和开挖深度的 18 个三维有限元模型，如表 2-13 所示。选用宁波地区典型的土层剖面，土体本构模型采用 HS 模型。土层参数部分根据勘察报告获得，部分根据 2.2.2 节的参数反分析获得，土层参数信息见表 2-14。有限元模型中支护结构均采用弹性模型，截面尺寸等参数见表 2-15。为减小不同规模尺寸基坑中采用不同支护形式所带来的刚度差异，支撑体系均考虑为对撑＋角撑形式。此外，在基坑西侧外 20m 处设置一隧道，隧道与基坑边平行，埋深 16m，外径 6.2m，隧道衬砌厚度为 350mm，在基坑施工前已完成。图 2-61 为最终建立的三维有限元模型之一。

表 2-13 基坑规模参数

开挖深度 h（m）	开挖面积 S（万 m^2）					
7	0.3	0.5	1	2	4	6
12	0.3	0.5	1	2	4	6
17	0.3	0.5	1	2	4	6

表 2-14 典型土层参数

参数	1-2 层黏土	2-1 层淤泥质黏土	2-3 层淤泥质粉质黏土	5-1 层粉质黏土	5-3 层黏土
土层厚度（m）	2	3	16	10	49
重度 γ（kN/m^3）	17.6	16.8	17.2	19.0	18.7
黏聚力 c（kPa）	18.2	11.8	13.7	38.2	47.2
内摩擦角 φ（°）	12.5	11.0	12.4	16.1	15.5
泊松比 υ	0.38	0.42	0.41	0.35	0.34
切线刚度 E_{oed}^{ref}（kPa）	3860	2340	2570	7200	9140
割线刚度 E_{50}^{ref}（kPa）	3860	3510	3850	7200	9140
卸载/加载刚度 E_{ur}^{ref}（kPa）	11580	7020	7710	43200	54800

表 2-15　支护结构参数及本构关系

	结构名称	截面尺寸（mm）	材料	本构关系	备注
一层：h=7m	ϕ700 钻孔灌注桩	ϕ700	C25 混凝土	弹性	等效厚度 0.540m
	围梁	1200×600	C25 混凝土	弹性	—
	支撑	600×700	C25 混凝土	弹性	—
两层：h=12m	ϕ900 钻孔灌注桩	ϕ700	C25 混凝土	弹性	等效厚度 0.706m
	一道围梁	1300×700	C30 混凝土	弹性	—
	二道围梁	1400×800	C30 混凝土	弹性	—
	一道支撑	700×700	C30 混凝土	弹性	—
	二道支撑	800×800	C30 混凝土	弹性	—
三层：h=17m	ϕ900 地下连续墙	900	C30 混凝土	弹性	—
	一道围梁	1300×800	C30 混凝土	弹性	—
	二道围梁	1500×1000	C30 混凝土	弹性	—
	三道围梁	1600×1000	C40 混凝土	弹性	—
	一道支撑	900×800	C30 混凝土	弹性	—
	二道支撑	900×1000	C30 混凝土	弹性	—
	三道支撑	900×1000	C40 混凝土	弹性	—
	隧道管片	350	C50 混凝土	弹性	—

图 2-61　三维有限元模型

2.3.2.2　基坑开挖影响范围分析

根据《城市轨道交通结构安全保护技术规范》[64]以及宁波地区轨道交通区间隧道的相关保护要求，隧道绝对沉降量及水平位移量控制值取为 10mm。考虑到轨道交通区间隧道在建设过程中自身的位移，本文将区间隧道埋深处（自然地坪以下 16m）土体总位移等于 5mm，作为划分基坑外土体位移场影响范围的界限值。根据研究方案中三维有限元模型计算的结果，得到基坑开挖引起周围土层移动的范围与基坑的开挖面积及深度的关系曲线，分别见图 2-62 和图 2-63。

从图 2-64 可以看出，基坑开挖面积越大，坑外土体位移场影响范围越大；对于开挖深度 h=7m 的基坑，开挖面积从 0.5 万 m^2 增大到 6 万 m^2，土体位移场影响范围也从 30m（4h）增大到 71m（10h），增长率为 136%；对于开挖深度 h=12m 的基坑，开挖面积从 0.5 万 m^2 增大到 6 万 m^2，土体位移场影响范围从 34m（3h）增大到 83m（7h），增长率为 144%；对于开挖深度 $h=17$m 的基坑，开挖面积从 0.5 万 m^2 增大到 6 万 m^2，土体位移场影响范围从 38m（$2h$）增大到 97m（$6h$），增长率为 155%。基坑开挖深度越深，基坑平面尺寸对土体位移场影响越大。

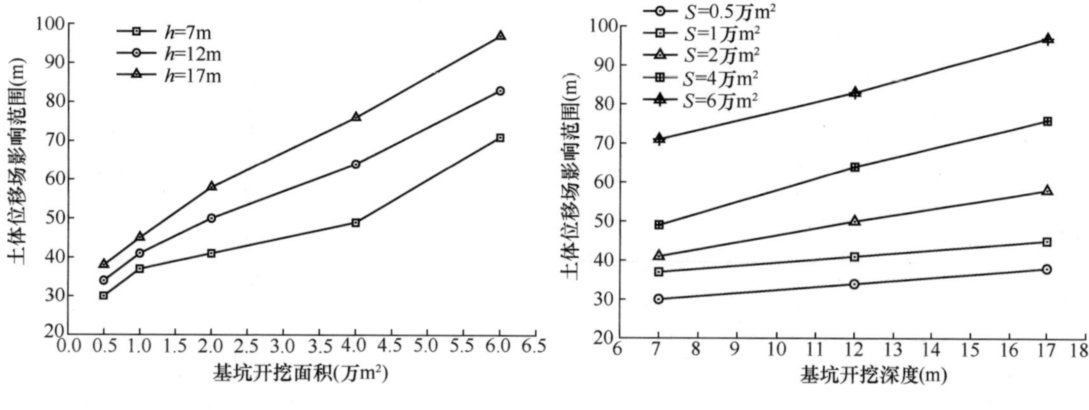

图 2-62　影响范围与基坑开挖面积关系

图 2-63　影响范围与基坑开挖深度关系

以上结论同样可从图 2-63 得出，即基坑开挖深度越深，坑外土体位移场影响范围越大；基坑的开挖面积越大，基坑开挖深度对土体位移场影响越大。当基坑的开挖面积 $S\leqslant1$ 万 m^2，开挖深度 $h\leqslant17$m 时，土体位移场的影响范围小于 50m。

2.3.2.3　轨道交通保护区范围的确定

《城市轨道交通结构安全保护技术规范》[64]规定的地下车站和隧道的控制保护区范围是其结构外边线外侧 50m 内。考虑到当基坑体量超出一定范围后，本文计算获得的基坑开挖影响范围要大于这一标准，故建议宁波地区应根据不同基坑开挖深度和面积，对标准保护区范围进行修正，体量修正系数取值见表 2-16。根据标准值修正获得的保护区范围与本文有限元计算获得的影响范围的比较见表 2-17。由表 2-17 可知，修正值能基本包络计算值（基坑开挖面积为 6 万 m^2，开挖深度为 7m 和 12m 时，计算值略大于修正值），证明本文所提修正方法是可行的。

表 2-16　基坑开挖体量系数 ζ 取值表

开挖面积 S（万 m^2）	开挖深度 h（m）	开挖面积 S（万 m^2）	开挖深度 h（m）	开挖面积 S（万 m^2）	开挖深度 h（m）
	$h\leqslant7$		$7<h\leqslant12$		$12<h\leqslant17$
$S\leqslant3.0$	1.0	$S\leqslant2.0$	1.0	$S\leqslant1.0$	1.0
$3.0<S\leqslant6.0$	$1.0<\zeta\leqslant1.3$	$2.0<S\leqslant6.0$	$1.0<\zeta\leqslant1.6$	$1.0<S\leqslant6.0$	$1.0<\zeta\leqslant2.0$

注：1. 修正后的保护区范围≥ζ×标准范围，ζ 取值按开挖面积采用线性插值法计算；

2. 基坑开挖深度 $h>17$m 或开挖面积 $S>6$ 万 m^2 时，控制保护区范围根据现场实际情况另行研究确定。

表 2-17 控制保护区范围修正值与计算值比较

开挖面积 S（万 m^2）	开挖深度 h（m）					
	h=7m		h=12m		h=17m	
	计算值（mm）	修正值（mm）	计算值（mm）	修正值（mm）	计算值（mm）	修正值（mm）
0.5	30	50	37	50	38	50
1	37	50	41	50	45	50
2	41	50	50	50	58	60
4	49	55	64	70	76	80
6	71	65	83	80	97	100

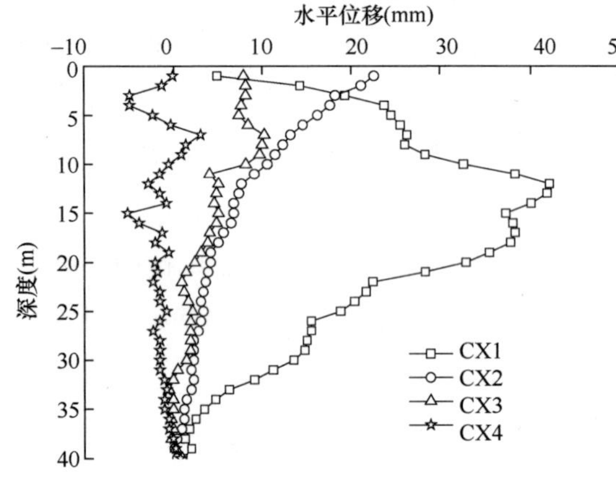

图 2-64　距离坑边不同距离处土体沿深度位移实测值

以下通过工程实例进一步证明对宁波隧道保护区范围进行修正的必要性。宁波国际金融服务中心南区工程的地下室为三层，其基坑为规则四边形，开挖面积 4.5 万 m^2 左右，支护结构延长米约 860m；基坑周圈开挖深度为 16.2～19.2m，局部坑中坑开挖深度将达到 24.0m。为研究基坑开挖对基坑周边深层土体位移的影响，在基坑西侧布设了 4 个测斜孔，编号分别为 CX1、CX2、CX3、CX4，四个测斜孔距离基坑边缘的实际距离分别为 11.59m、35.79m、54.29m、77.69m。对四个测斜孔共进行了 12 次测试，累计的测斜结果见图 2-64。

从图 2-64 可以看出，随着距离坑边距离的增大，土体沿深度位移曲线由弓形形态向悬臂形形态过渡，且变形值也逐渐减小。对于最接近隧道保护区边界范围（50m）的测斜孔 CX3，其最大位移大于 10mm，而一般隧道埋深处（16m），仍产生了约 6mm 的变形；对于最远端测斜孔 CX4，土体沿深度仍存在微小变形，其少量负方向变形与该测斜孔所在区域为金融中心的施工主材堆放场地有关。由以上数据可知，距离该工程基坑坑边 50m 外产生的土体位移仍大于 5mm 的界限值，即使在距离坑边约 80m 处，土体仍会产生位移，故针对该工程的保护区范围宜大于 80m。根据该基坑的开挖深度和面积，查表 2-14 所确定的修正系数 $\zeta=1.7$，即扩大后的保护区范围是 85m（>80m），这表明本文修正方法是合理的。

2.3.2.4　空间效应对隧道位移、地表沉降及支护结构变形的影响

根据三维有限元模型计算的结果，得到基坑外邻近隧道总位移与基坑的开挖面积及

深度的关系曲线，分别见图 2-65 和图 2-66。

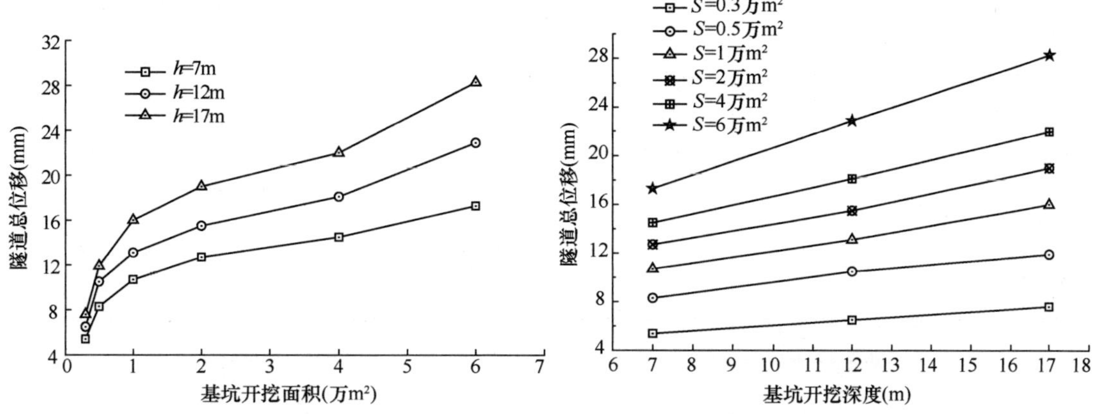

图 2-65 隧道总位移与基坑开挖面积关系

图 2-66 隧道总位移与基坑开挖深度关系

从图 2-65 可以看出，隧道总位移随基坑开挖面积的增大呈非线性增大，对于开挖面积小于 1 万 m^{2}的基坑，隧道总位移增大较快，对于开挖面积大于 1 万 m^{2}的基坑，隧道总位移增大变缓，但并没有趋于平稳的趋势；对于开挖深度 h=7m 的基坑，开挖面积从 0.3 万 m^{2}增大到 6 万 m^2，隧道总位移从 5.4m 增大到 17.3m，增大了 2.2 倍；对于开挖深度 h=12m 的基坑，开挖面积从 0.3 万 m^{2}增大到 6 万 m^2，隧道总位移从 6.5m 增大到 22.9m，增大了 2.5 倍；对于开挖深度 h=17m 的基坑，开挖面积从 0.3 万 m^{2}增大到 6 万 m^2，隧道总位移从 7.6m 增大到 28.3m，增大了 2.7 倍。同样可见，基坑开挖深度越深，基坑开挖面积对隧道总位移影响越大。

从图 2-66 可以看出，隧道总位移随基坑开挖深度的增大而增大。基坑开挖面积越大，基坑开挖深度对隧道总位移影响越大。当开挖面积 $S\leqslant 3000\text{m}^2$，开挖深度 $h\leqslant 17\text{m}$ 时，隧道总位移小于 10mm。

图 2-67 和图 2-68 分别表示坑外地表沉降和支护桩（墙）水平位移与基坑开挖面积的关系曲线，与隧道总位移-基坑开挖面积的关系曲线有着相似的变化规律。

2.3.2.5 基坑分坑施工对隧道位移和支护结构变形的影响

大体量基坑一次性施工往往对支护结构变形及基坑周边环境产生较大影响，特别对于轨道交通保护区内的基坑，有必要在基坑内设置分隔墙，采取分坑施工措施，并且先行施工的基坑待地下室结构完成后方能开挖相邻基坑。

以研究方案中开挖深度 h=12m，开挖面积 S=1 万 m^{2}基坑为例，分别采取两种分坑措施，如图 2-69 所示。第一类分坑方式，分隔墙和隧道方向垂直，如图 2-69（a）所示，在施工过程中，先施工 A 区基坑，待 A 区地下室完成后再施工 B 区基坑；第二类分坑方式的分隔墙与隧道方向平行，如图 2-69（b）所示，在施工过程中，先施工 C 区基坑，待 C 区地下室完成后再施工 D 区基坑。

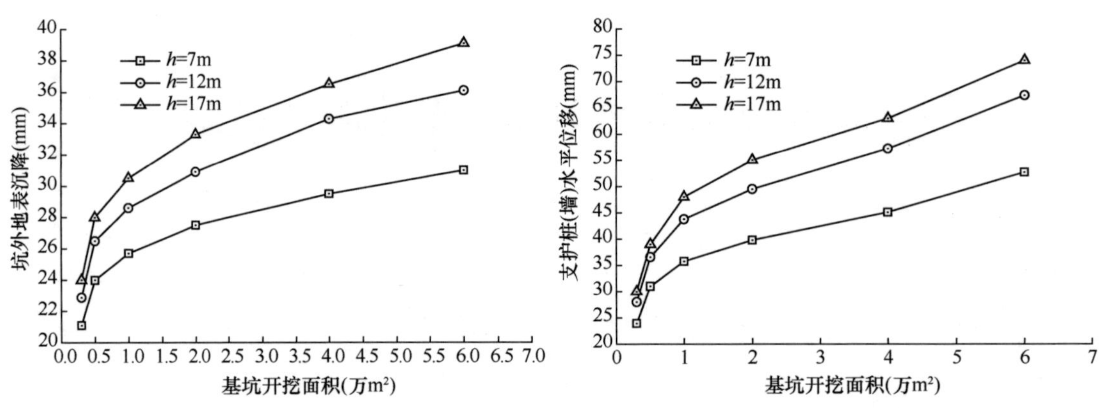

图 2-67　坑外地表沉降与开挖深度关系　　图 2-68　支护桩（墙）水平位移与开挖深度关系

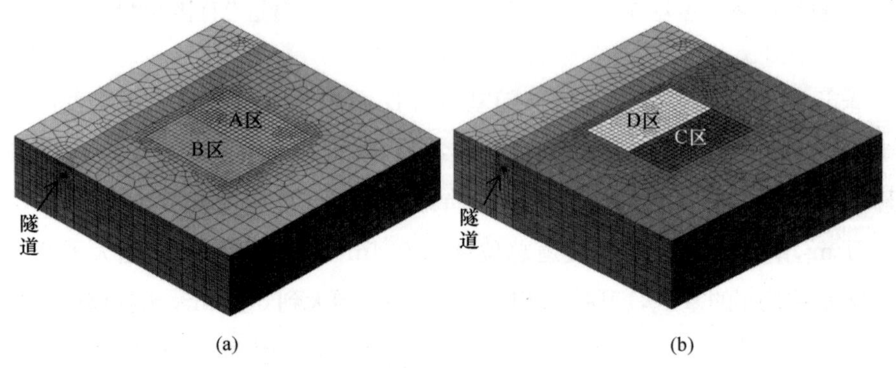

图 2-69　基坑分坑示意图

（a）分隔墙与隧道方向垂直；（b）分隔墙与隧道方向平行

对两种分坑方式基坑模型的计算结果进行整理，并与原不采取分坑措施基坑模型的计算结果进行比较，对比结果见表 2-18。

表 2-18　分坑与不分坑计算结果对比

	不分坑	第一类分坑	第二类分坑
支护桩水平位移（mm）	43.8	34.0	42.5
隧道总位移（mm）	13.1	8.3	13.0

从表 2-16 可以看出，与不分坑基坑相比，采取第一种分坑措施后，支护桩水平位移减小了 9.8mm，减小率为 22.4%，隧道总位移减小了 4.8mm，减小率为 36.6%；采取第二种分坑措施后，支护桩水平位移只减小了 1.3mm，减少率为 3.0%，隧道总位移几乎没有变化。由此可知，采取第一类分坑方式，即分隔墙与隧道垂直，对支护桩水平位移及隧道变形的控制是有利的；而采取第二类分坑方式，即分隔墙与隧道平行，对支护桩水平位移及隧道变形影响较小。可见，基坑空间效应除了与基坑的体量有关外，还与基坑的形状（长宽比）相关联，合理的分坑施工是保护基坑邻近隧道及周边环境的有效措施。

3　减小基坑开挖对隧道的影响及控制

3.1　影响预测方法——改进地层补偿法[65]

基坑工程中，由于围护结构的侧向变形以及坑底土体的回弹隆起，坑外土体将不可避免地产生竖向和水平向位移。坑外土体的变形直接影响着邻近坑边的建（构）筑物的安全。因此，坑外土体位移场计算方法的研究对于基坑周边环境的保护有着重要意义。

许多学者根据工程实测数据和数值模拟结果，提出了多种坑外土体变形曲线的分布模式，并基于这些模式来估算坑外土体的变形[1,8]。这些基于经验或半经验的坑外土体位移预测方法多是针对地表沉降或水平位移单独提出的，无法全面地分析由基坑开挖引起的坑外任意位置土体的竖向和水平向位移。文献[9]运用综合分析和函数逼近提出了基坑外侧土体位移场的经验解析法，而目前的相关研究更多是借助于数值分析方法[10]。有限元法等数值分析方法虽然可模拟复杂条件下的基坑开挖，但是不同的土体本构模型和参数的选用会造成计算结果的差异，而较高的模拟费用也限制了其在基坑工程初步设计中的应用。因此，有必要就基坑开挖引起的坑外土体位移场的计算方法展开进一步研究。

本文在原地层补偿法的基础上，通过引入坑外土体水平和竖向位移的修正系数，提出了适用于宁波软土地区深基坑工程的坑外土体位移场预测方法并进行可行性验证，再基于该方法实现了对基坑开挖引起邻近隧道变形的预测。

3.1.1　改进的地层补偿法理论

图 3-1 为基坑变形前与变形后的示意图。假定墙中最大位移点与墙趾变形后的连线的延长线与挡墙变形前的原始直线的交点为零扰动点，该交点至墙趾的距离表示墙趾以下土体的扰动深度。这里墙顶侧移、墙身最大侧移以及墙趾侧移分别用 $\delta_{h,t}$ 、$\delta_{h,max}$ 、$\delta_{h,d}$ 表示；$B'A'$ 为变形前的围护墙，其长度 $h = h_1 + h_2$ ，h_1 、h_2 分别为开挖和嵌固深度；OA' 为墙

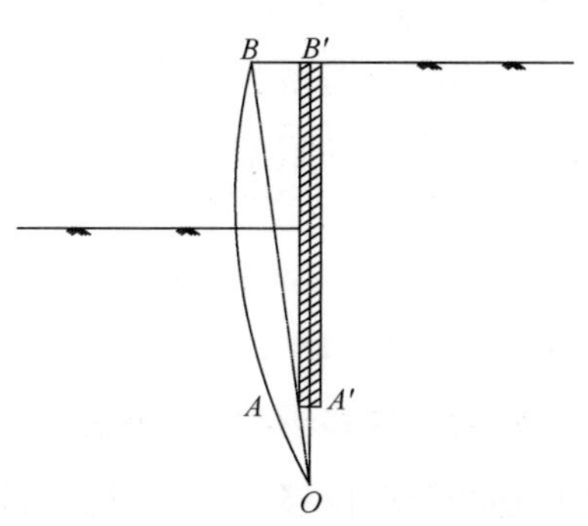

图 3-1　围护墙侧向变形示意图

下土体扰动深度，其深度 $h_3=\eta h$ ，$\eta=h_2\delta_{h,d}/(h\Delta)$ ，$\Delta=\delta_{h,max}-\delta_{h,d}$ ，故 OB' 代表的总影响深度 $H=(1+\eta)h$ 。围护墙的侧向变形和墙底土产生的塑性流动面积为 $OABB'$，作 OB 连线可将此面积分为三角形 OBB' 和曲线 OAB 两部分，由它们引起的墙后地层移动可分别采用简单位移场和考虑收缩系数的地层补偿法来模拟[11]。需要指出的是，本文理论中假定围护墙变形沿深度为先增后减的弧形，所以对于不满足这种情况的变形，如无支撑的悬臂式支挡结构，本文理论并不适用。

对于图 3-2（a）所示的简单位移场，墙后土体中任意点 $P(x,y)$ 的水平位移 $\delta_{h,1}(x,y)$ 与 E 点相同，竖向位移 $\delta_{v,1}(x,y)$ 与 F 点相同，即：

$$\delta_{h,1}(x,y)=\delta_{h,t}(1-\sqrt{x^2+y^2}/H) \tag{3-1}$$

$$\delta_{v,1}(x,y)=\delta_{h,t}(1-\sqrt{x^2+y^2}/H) \tag{3-2}$$

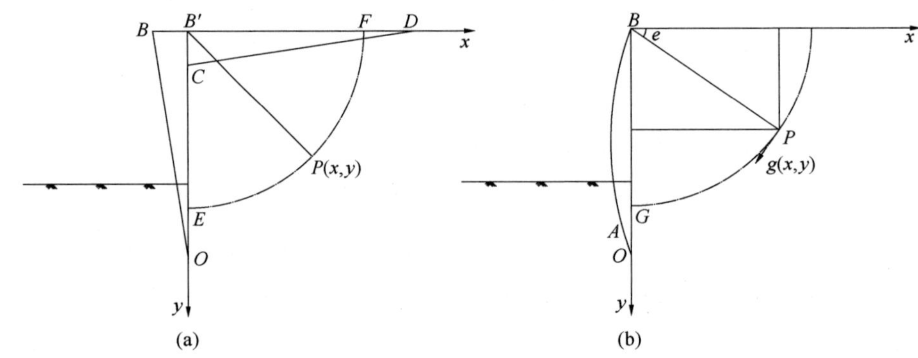

图 3-2　坑外土体位移场计算原理示意图

如图 3-2（b）所示，围护墙的水平位移曲线 OAB 部分可以通过实际侧移减去三角形 OBB' 部分侧移推算出来，其方程可表示为：$S=f(\sqrt{x^2+y^2})$ 。对墙后土体中任意一点 $P(x,y)$ ，其切向位移 $g(x,y)$ 与 G 点水平位移相同，即 $S=g(x,y)$ 。由于本文围护墙的水平位移是通过常规杆系有限元法求得，故上述方程并没有显式表达。

李亚[66]考虑墙后土体位移模式中所具有的块体和收缩现象，通过引入收缩系数 α，以 X 轴为短轴的椭圆滑动法取代原先的圆弧滑动法。杨伟国[67]探讨了椭圆滑动法的不足，提出将收缩系数 α 进行线性插值修正，则墙后土体任一点 $P(x,y)$ 的水平位移 $\delta_{h,2}(x,y)$ 和竖向位移 $\delta_{v,2}(x,y)$ 可表示为：

$$\delta_{h,2}(x,y)=f(\sqrt{(\alpha x)^2+y^2})y/\sqrt{(\alpha x)^2+y^2} \tag{3-3}$$

$$\delta_{v,2}(x,y)=f(\sqrt{(\alpha x)^2+y^2})x/\sqrt{(\alpha x)^2+y^2} \tag{3-4}$$

将简单位移场和修正的地层补偿法得到的位移进行叠加，即可得到墙后任意点的水平位移和竖向位移。需要指出的是，以上系数 α（>1.0）的引入使得理论上的基坑开挖影响范围缩小至原来的 $1/\alpha$，这不仅导致基坑开挖影响范围偏小，还造成在该范围内土体位移计算值迅速衰减，使位移变化曲线失真。从宁波地区基坑工程实测和有限元模拟结果可知，宁波地区由于深厚软土层的存在，基坑开挖引起的坑外位移影响范围很大，而从坑外地层位移云图来看，坑外土体的滑移变形更接近于以 X 轴为长轴的椭圆，且基坑越深，长轴长度越接近于短轴长度。因此，我们建议根据基坑深度（地下室层数）调整系数 α 的取值，其范围在 0.8～1.0。此外，由式（3-3）和式（3-4）计算的坑外土体位移场与实际仍有差距，下节将通过理论计算值与实测值的对比，对上述理论作进一步修正。

3.1.2 坑外隧道变形预测

通过对实测值与计算值的对比发现，基于以上理论获得的坑外土体位移变化规律同实测是相近的，只是由于计算用的围护墙身位移曲线也是通过理论计算获得，并非实际变形曲线，加之基坑施工中的桩间漏土、土体固结流变等现象的存在，两者在数值上仍存在差距，故建议在理论计算基础上根据不同地区经验辅以修正系数。

作者收集了宁波软土地区数十个基坑工程的实际监测资料，按照具有可比性和代表性原则，确定 6 个工程（①罗曼风情小区，②丽园中央商务城，③远洲大酒店 2 期，④联盛广场，⑤白沙公园，⑥世界中华总商会）作为分析研究的对象，通过对这些数据资料的对比分析，得出上述坑外位移场计算方法在宁波软土地区使用时的修正系数。

通过表 3-1 和表 3-2 中实测值与计算值的比较可知，相同地下室层数的基坑工程（基坑开挖深度相近），基坑外土体位移的理论计算值与实测值存在着相近的倍率关系。由于理论计算获得的位移变化模式与实测是相近的，非最大变形处的位移计算值乘以上述比例系数后也能得到与实测相近的结果。基于以上结果，我们认为理论方法计算得到的位移值宜根据地下层数的不同乘以相应的修正系数。最终，墙后任意一点的水平位移 $\delta_h(x,y)$ 和竖向位移 $\delta_v(x,y)$ 可表示为

$$\delta_h(x,y)=\beta_h[\delta_{h,1}(x,y)+\delta_{h,2}(x,y)] \tag{3-5}$$

$$\delta_v(x,y)=\beta_v[\delta_{v,1}(x,y)+\delta_{v,2}(x,y)] \tag{3-6}$$

表 3-1 墙后 1m 处最大水平位移对比

	一层地下室		二层地下室		三层地下室	
	①	②	③	④	⑤	⑥
实测值（mm）	48.1	35.2	84.6	64.2	52.7	79.6
计算值（mm）	32.4	28.5	54.9	42.8	34.6	46.8
比值 β_h	1.48	1.23	1.54	1.50	1.52	1.70
系数 α	0.78	0.77	0.91	0.85	1.02	0.99

表 3-2　坑外地表最大沉降对比

	一层地下室		二层地下室		三层地下室	
	①	②	③	④	⑤	⑥
实测值（mm）	19.2	14.2	43.6	28.2	24.8	37.1
计算值（mm）	27.4	22.8	53.7	38.6	32.3	41.2
比值 β_v	0.70	0.63	0.81	0.73	0.77	0.92
系数 α	0.78	0.77	0.91	0.85	1.02	0.99

表中，α 为 X 轴调整系数，一、二、三层地下室分别取 0.8、0.9、1.0；β_h 为水平位移修正系数，一、二、三层地下室分别取 1.3、1.5、1.7；β_v 为地表沉降修正系数，一、二、三层地下室分别取 0.7、0.8、0.9。根据上述公式，分别选取了宁波软土地区的一层、二层、三层地下室基坑进行理论验证与结果展示。理论计算结果、数值模拟结果与实测数据值的对比情况见图 3-3～图 3-8。其中，数值模拟结果是由有限元方法计算得出，采用的本构模型为 HS 模型，且其参数通过位移反分析得到。

（1）恒银名筑商务楼基坑工程

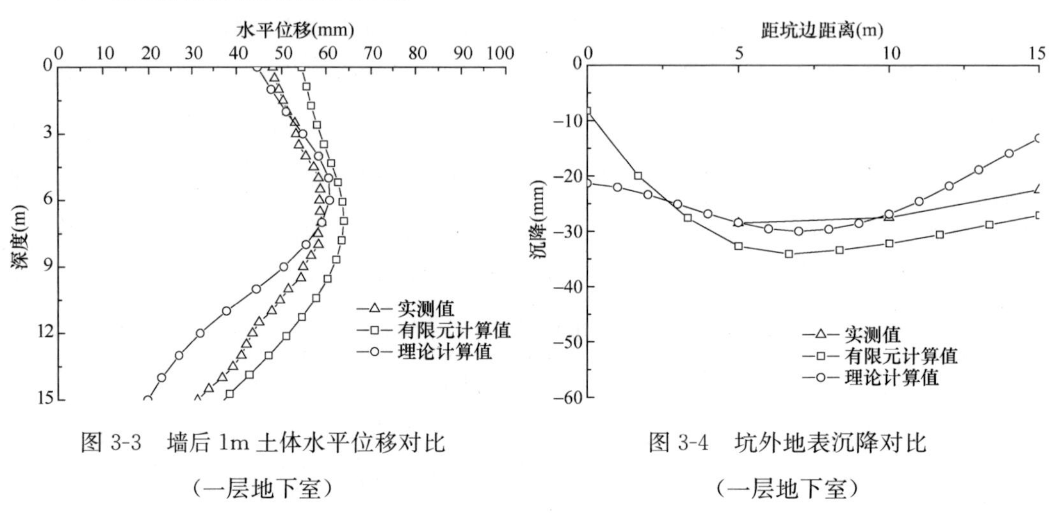

图 3-3　墙后 1m 土体水平位移对比（一层地下室）

图 3-4　坑外地表沉降对比（一层地下室）

（2）荣安公馆北区基坑工程

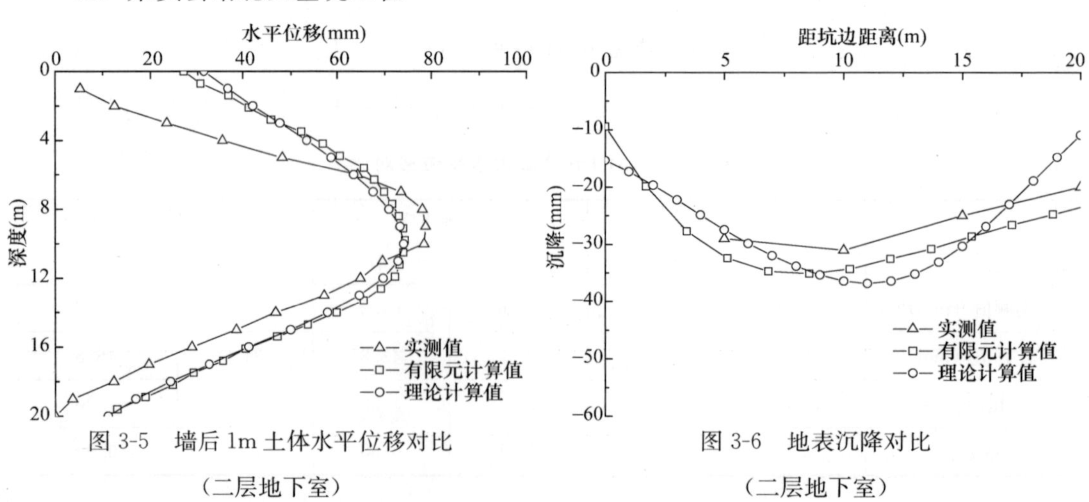

图 3-5　墙后 1m 土体水平位移对比（二层地下室）

图 3-6　地表沉降对比（二层地下室）

(3) 金融中心南区基坑工程

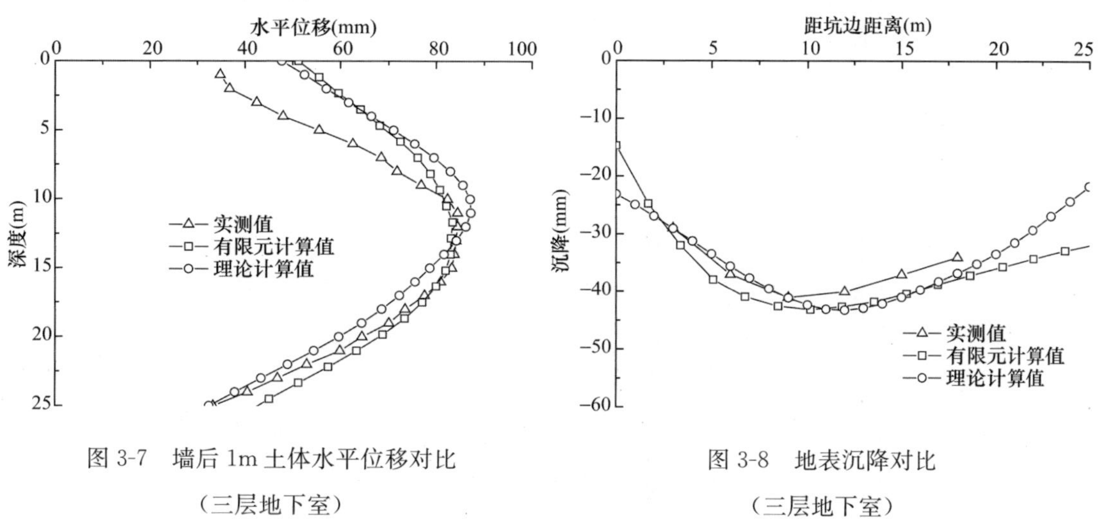

图 3-7　墙后 1m 土体水平位移对比
（三层地下室）

图 3-8　地表沉降对比
（三层地下室）

图中的实测、有限元计算和理论计算得到的距基坑边 1m 处的水平位移曲线吻合较好；而得到的坑外地表沉降曲线在两倍基坑深度范围内仍较为一致；但是超出这一范围后，理论计算得到的沉降值衰减更快。可见，本文方法在理论限定的影响范围内可较准确地估算基坑开挖后坑外土体位移。

坑外土体变形预测的目的是了解基坑开挖对周边建（构）筑物变形的影响，指导设计人员开展基于变形控制的基坑支护设计。对于邻近轨道交通隧道的基坑工程，基坑开挖对隧道的影响受到极大的关注。以下给出采用本文方法预估紧邻基坑的隧道变形的实例，以进一步验证本文方法的可行性。

东部新城 C1-5 地块项目基坑开挖面积约 13100m^2，支护结构延长米约 485m；基坑开挖深度约为 11m，嵌固深度约 35m；采用钻孔灌注桩结合两道钢筋混凝土内支撑的支护形式。工程场地北侧存在既有区间隧道，隧道外径 6.2m，埋深 15～16m，距离基坑边 25～45m。隧道与基坑两者的空间位置关系见图 3-9。

利用坑外位移场计算方法预测邻近基坑侧隧道的土体位移，并与有限元数值模拟结果及实测值进行比较，结果见表 3-3。由表 3-3 可知，本文方法的位移场计算值可基本包络实测值，且与有限元模拟值较为接近，证明采用本文方法预测轨道交通隧道的位移是可行的。

表 3-3　隧道位移值对比

	实测值	有限元值	计算值
最大水平位移（mm）	2.67	7.15	3.20
最大竖向位移（mm）	−3.02	−3.30	−3.61

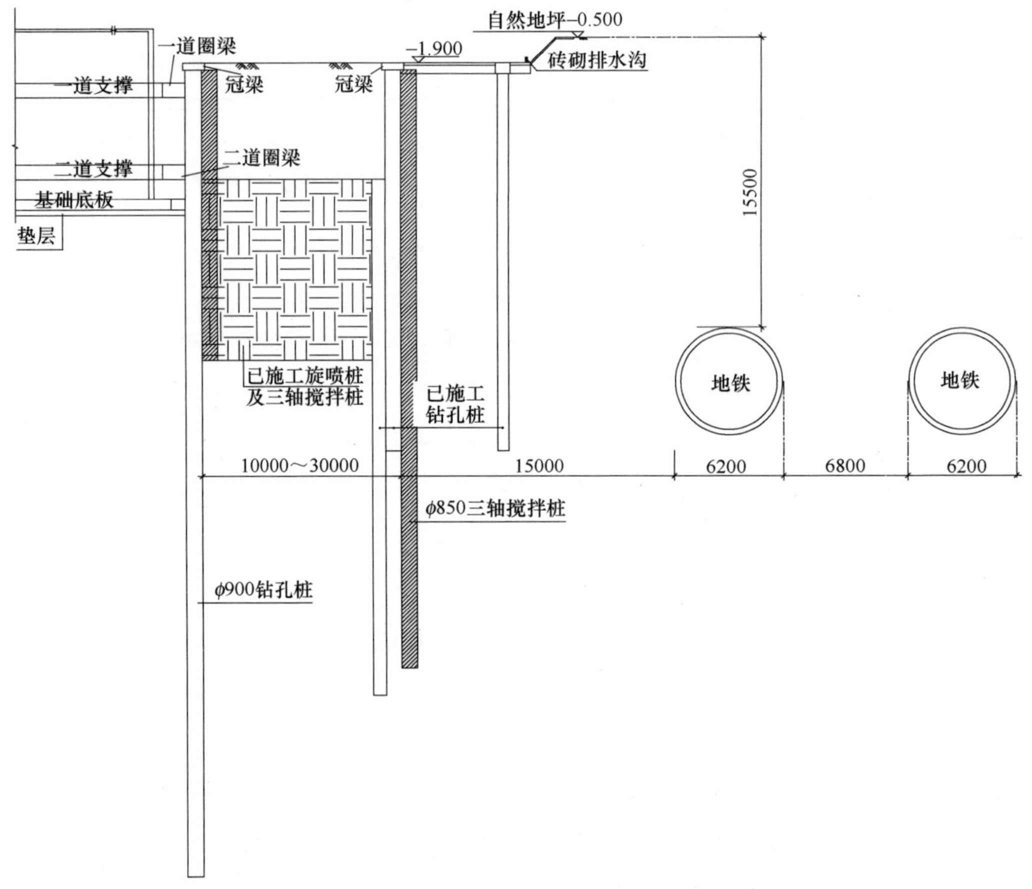

图 3-9　隧道与基坑的空间位置关系

3.2　源头控制措施——增加基坑的综合刚度

对于紧邻地铁隧道和车站的深基坑工程，必须采取有效的位移控制措施以保证地铁设施的正常运营和结构安全。目前，地铁控制保护区范围内深基坑的位移控制措施的研究大多是定性地分析施工控制措施的效果，没有对控制措施本身作定量分析，也鲜有不同措施之间效果的对比研究。

本章分别以邻近区间隧道或车站的“绿地中心 1 号地块”“华茂广场”和“东部新城 C1-5 地块”深大基坑工程为研究背景，借助有限元计算方法和现场实测数据，对深基坑工程施工过程中，隧道、车站的变形规律进行分析研究，比较不同变形控制措施，包括围护桩墙的刚度、嵌固深度、坑内外土体加固、分坑措施等对基坑支护结构变形、坑外地表沉降和既有地铁隧道、车站的影响。

3.2.1 绿地中心1号地块项目[68]

为了保护邻近车站和基坑本身的安全，该基坑在设计过程中考虑了增加围护墙刚度、增大围护墙嵌固深度、增加支撑道数和坑内土体加固等措施，以控制基坑和车站的变形。本节将分析这些变形控制措施对基坑和车站的影响。

以绿地中心1号地块基坑为例，假设不考虑对车站进行保护，建立无任何变形控制措施的常规基坑模型。该模型采用地下连续墙结合三道钢筋混凝土支撑的形式，地下连续墙厚为800mm，墙深30m，并不考虑坑内土体加固措施。模型基本假定、土层及支护结构和车站结构计算参数、计算步骤等详见7.3节，以该计算模型为基准模型，然后分别考虑地下连续墙刚度、嵌固深度、支撑道数和坑内土体加固控制变形措施，最后将考虑了控制变形措施的计算模型与基准模型的有限元计算结果进行比较分析。

3.2.1.1　围护墙刚度对基坑和车站的影响

1）围护墙刚度对地下连续墙水平位移的影响

比较地下连续墙厚度分别为800mm、900mm、1000mm、1100mm、1200mm时以及地下连续墙采用T型墙时，地下连续墙的水平位移值。在有限元模型中建立的T型截面围护墙的墙厚为1000mm，为了便于在图中比较，将1000mm厚T型墙换算成等效厚度（2380mm）的地下连续墙。

从图3-10和图3-11可知，当地下连续墙厚度分别取800mm、900mm、1000mm、1100mm、1200mm时和1000mm厚T型墙时，地下连续墙的最大水平位移值分别为57.6mm、53.2mm、49.6mm、46.9mm、44.4mm和32.6mm。可见，随着地下连续墙刚度的提高，地下连续墙的水平位移有所减小。地下连续墙厚度从800mm增加到1000mm（工程实例墙厚），墙身水平位移减小了14%，可见增加地下连续墙的刚度对减小墙身水平位移是有效的。

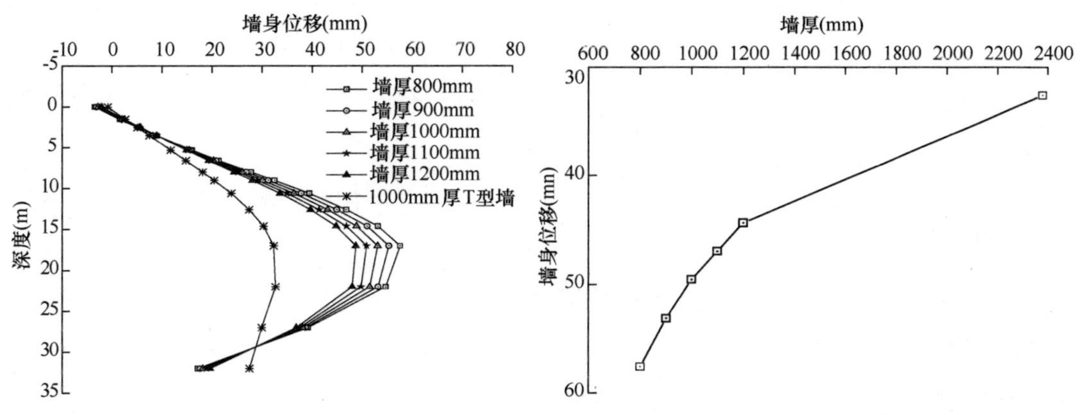

图3-10　不同刚度下墙身水平位移曲线　　图3-11　墙身水平位移随墙厚变化曲线

2）围护墙刚度对坑外地表沉降的影响

从图 3-12 和图 3-13 可知，当地下连续墙厚度分别取 800mm、900mm、1000mm、1100mm、1200mm 以及地下连续墙采用 T 型墙时，地表沉降最大值分别为－43.1mm、－40.9mm、－39.0mm、－36.9mm、－36.2mm 和－29.9mm。随着地下连续墙刚度的提高，坑外地表沉降逐渐减小。地下连续墙厚度从 800mm 增加到 1000mm（工程实例墙厚），沉降减小了 9.5%，可见提高地下连续墙的刚度对减小坑外地表沉降也有一定的效果。

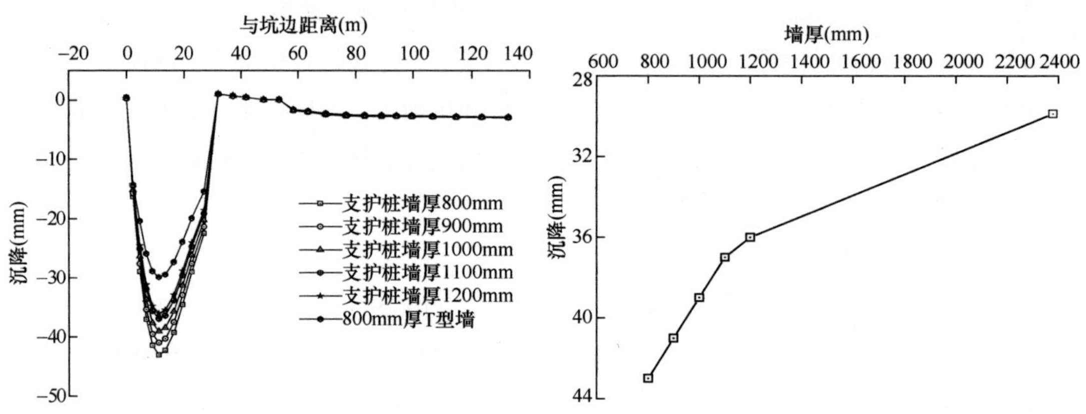

图 3-12　不同刚度下坑外地表沉降曲线

图 3-13　坑外地表沉降随墙厚变化曲线

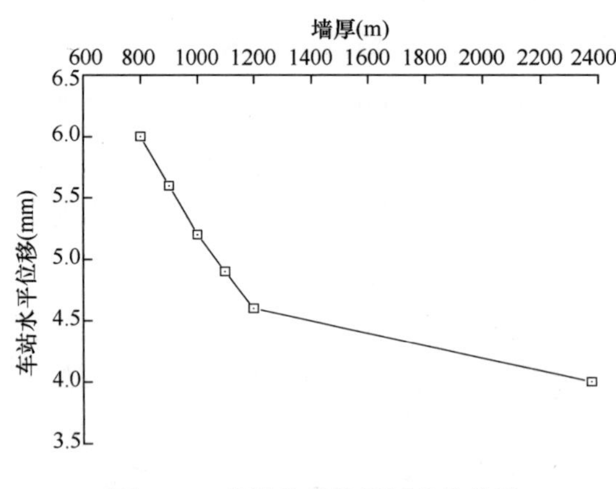

图 3-14　车站位移随墙厚变化曲线

3）围护墙刚度对车站位移的影响

从图 3-14 可知，随着地下连续墙刚度的提高，车站位移逐渐减小。地下连续墙墙厚从 800mm 增加到 1000mm（工程实例墙厚），车站水平位移减小了 13.3%，故提高地下连续墙的刚度对减小车站位移较有效。

3.2.1.2　围护墙深度对基坑和车站的影响

1）围护墙深度对地下连续墙水平位移的影响

图 3-15 和图 3-16 比较了地下连续墙墙深分别为 30m、34m、38m、42m 和 46m 时，地下连续墙的水平位移值。

从结果可知，当地下连续墙墙深分别为 30m、34m、38m、42m 和 46m 时，地下连续墙的最大水平位移值分别为 57.6mm、56.8mm、56.7mm、56.6mm 和 56.6mm。随着地下连续墙墙深的增加，地下连续墙的水平位移略有减小，地下连续墙墙深从 30m 增加到 46m（工程实例墙深），墙身最大水平位移减小了 1.7%，当嵌固深度增加到一定程度时，墙底逐渐不发生变形，若继续增加地下连续墙的深度，对减小水平变形作用不明显。

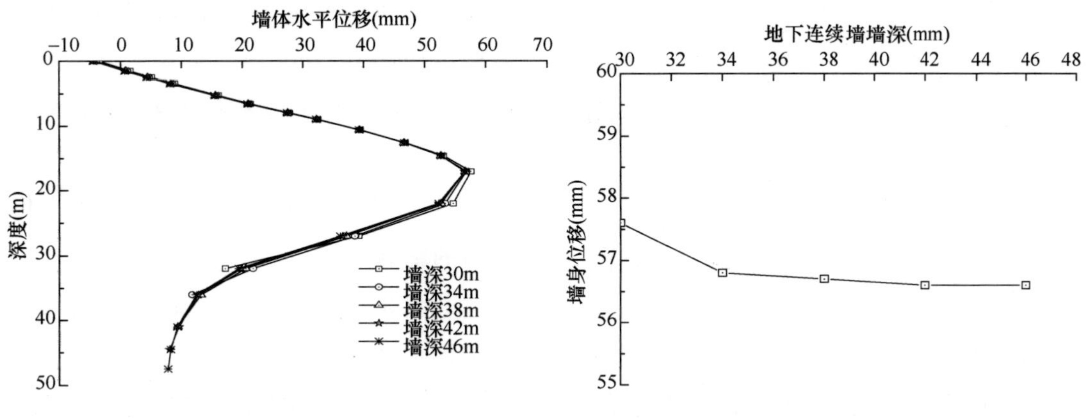

图 3-15 不同墙深时墙身水平位移曲线

图 3-16 墙身水平位移随墙深变化曲线

2）围护墙深度对坑外地表沉降的影响

图 3-17 和图 3-18 比较了地下连续墙墙深分别为 30m、34m、38m、42m 和 46m 时，坑外地表沉降值。从图中可见，随着地下连续墙墙深的增加，坑外地表沉降均有所减小，地下连续墙墙深从 30m 增加到 46m（工程实例墙深），地表沉降减小了 18.3%，地表沉降减小的幅度要大于水平位移减小的幅度。因此，增加地下连续墙深度对减少坑外地表沉降是有利的。

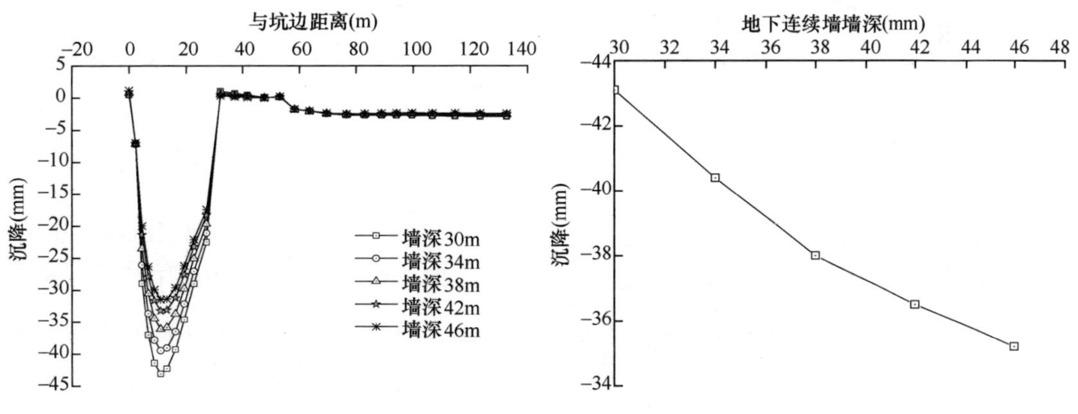

图 3-17 不同墙深时坑外地表沉降曲线

图 3-18 坑外地表沉降随墙深变化曲线

3）围护墙深度对车站位移的影响

图 3-19 比较地下连续墙墙深分别为 30m、34m、38m、42m 和 46m 时，车站位移值。当地下连续墙墙深分别为 30m、34m、38m、42m 和 46m 时，车站水平位移分别为

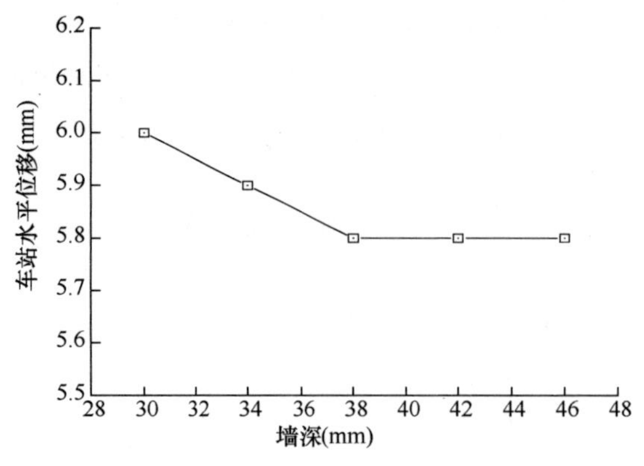

图 3-19　车站位移随墙深变化曲线

6mm、5.9mm、5.8mm、5.8mm 和 5.8mm。随着地下连续墙墙深的增加，车站位移略有减小，地下连续墙墙深从 30m 增加到 46m（工程实例墙深），车站位移减小了 3.3%。

3.2.1.3　支撑道数对基坑和车站的影响

1）支撑道数对地下连续墙水平位移的影响

图 3-20 和图 3-21 比较三道支撑和四道支撑（工程实例支撑道数）情况下，地下连续墙水平位移值。采用四道支撑时，各工况的墙身水平位移均小于三道支撑情况，且在最终工况，采用四道支撑得到的最大墙身水平位移值是 52.9mm，比三道支撑情况减小了 8.2%。通过增加支撑道数的形式来减小基坑支护和周边土体位移场的变形也是较为有效的。

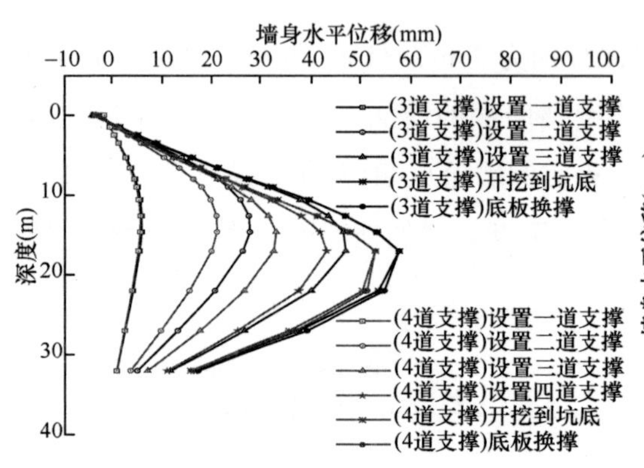

图 3-20　不同支撑道数墙身水平位移曲线

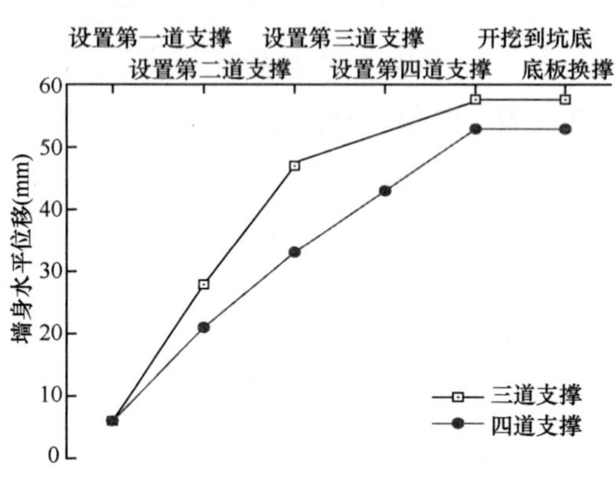

图 3-21　墙身水平位移最大值随工况变化曲线

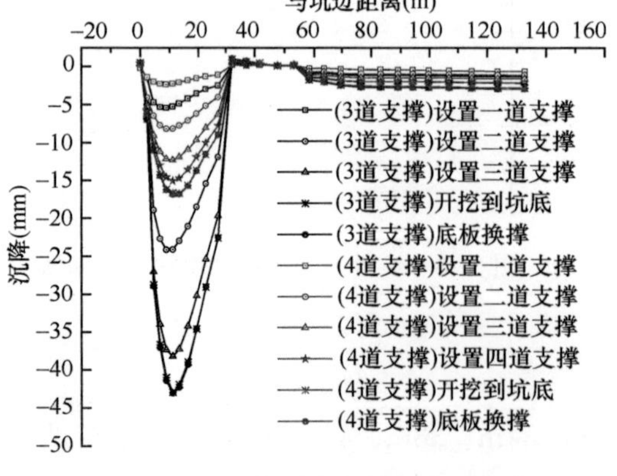

图 3-22　不同支撑道数坑外地表沉降曲线

2）支撑道数对坑外地表沉降的影响

图 3-22 和图 3-23 比较了三道支撑和四道支撑情况下，坑外地表沉降值。采用四道支撑时，各工况的地表沉降值均小于三道支撑情况，在最终工况，采用四道支撑得到的最大沉降值为 39.1mm，比三道支撑情况减小了 9.3%。通过增加支撑道数来减小坑外地表沉降也是较为可行的。

3）支撑道数对车站位移的影响

图 3-24 比较了三道支撑和四道支撑情况下车站位移值。采用四道支撑得到的车站最大水平位移为 5.5mm，比三道支撑情况减小了 8.3%。通过增加支撑道数的形式来减小基坑支护和周边土体位移场的变形是有利的。

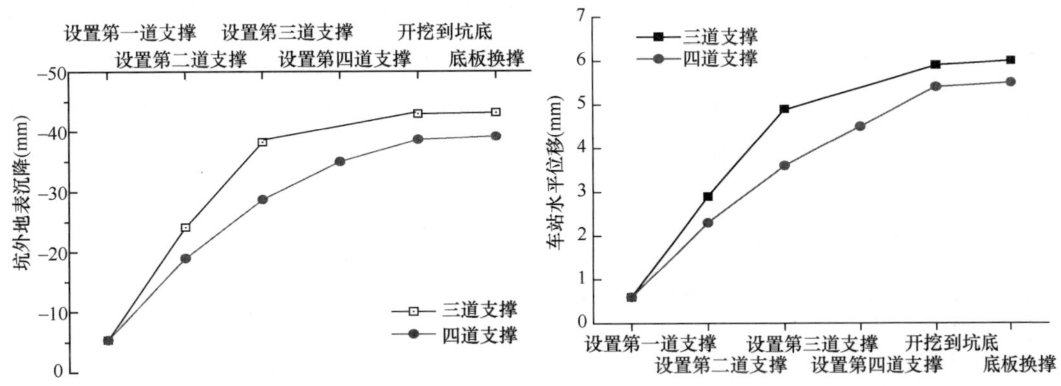

图 3-23　坑外地表沉降最大值随工况变化曲线　　图 3-24　车站位移最大值随工况变化曲线

3.2.1.4　坑内土体加固对基坑和车站的影响

1）坑内土体加固对地下连续墙水平位移的影响

图 3-25 和图 3-26 比较了坑内未设置土体加固和坑内土体加固的置换率分别为 0.2、0.4、0.6 和 0.8 时，地下连续墙的水平位移值。由图可知，坑内未设置加固土体和坑内加固土体的置换率分别为 0.2、0.4、0.6 和 0.8 时，地下连续墙最大水平位移分别为 57.6mm、51.8mm、48.8mm、46.9mm 和 46.1mm。坑内土体加固后，地下连续墙水平变形改善明显，且随着置换率的增大，水平变形减小，置换率 $m=0.6$（工程实例土体加固置换率）与无坑内土体加固情况比较，墙身减水平位移减小了 18.6%。可见对坑内土体进行加固是一种行之有效的技术措施。

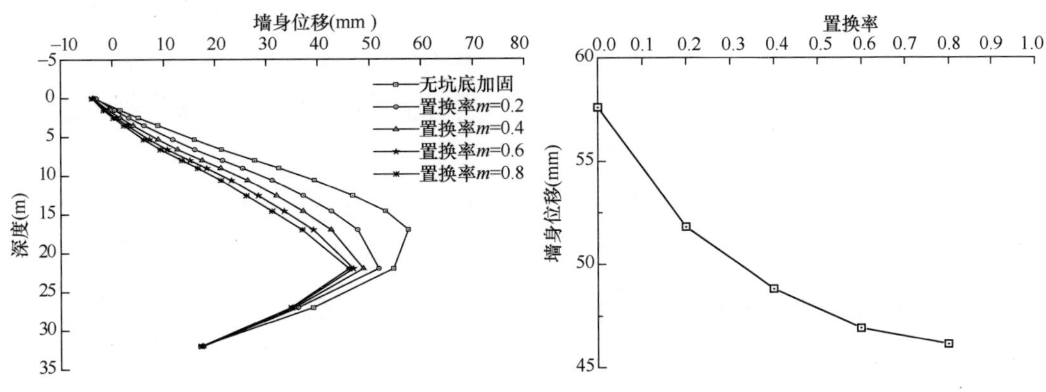

图 3-25　不同置换率时墙身水平位移曲线　　图 3-26　墙身水平位移随置换率变化曲线

2）坑内土体加固对坑外地表沉降的影响

图 3-27 和图 3-28 比较了坑内未设置土体加固和坑内土体加固的置换率分别为 0.2、0.4、0.6 和 0.8 时，坑外地表沉降值。从图可知，坑内未设置加固土体和坑内加固土体的置换率分别为 0.2、0.4、0.6 和 0.8 时，坑外地表沉降分别为－43.1mm、－36.2mm、－32.3mm、－29.5mm 和－27.9mm。坑内设置土体加固后，坑外地表沉降减小明显，且随着置换率的增加，坑外地表沉降越小，置换率 $m=0.6$（工程实例土体加固置换率）与无坑内土体加固情况比较，坑外地表沉降减小了 31.6％，可见对坑内土体进行加固可有效地控制坑外地表沉降。

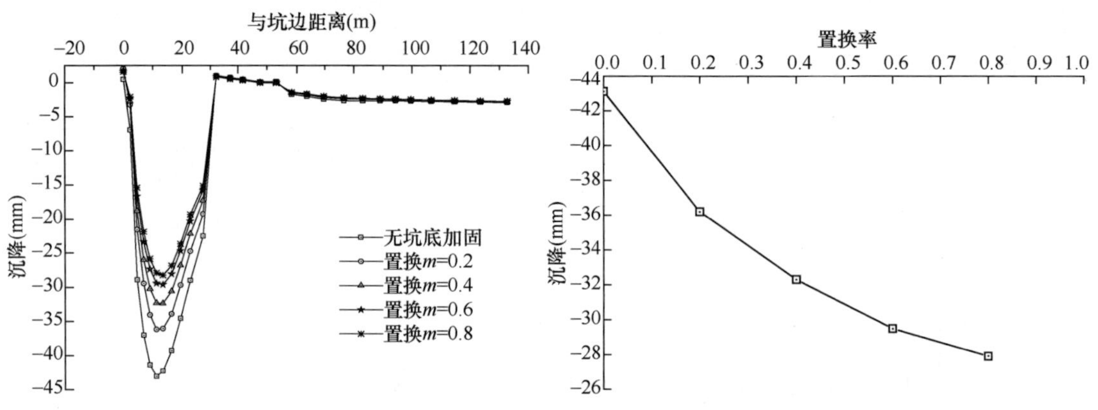

图 3-27　不同置换率时坑外地表沉降曲线

图 3-28　坑外地表沉降随置换率变化曲线

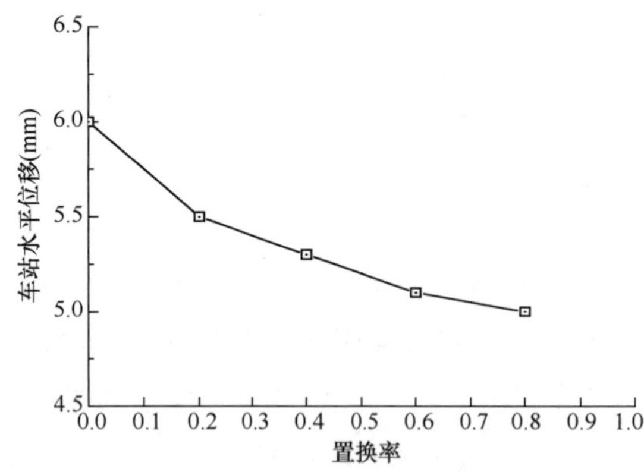

图 3-29　车站位移随加固土体置换率变化曲线

3）坑内土体加固对车站位移的影响

从图 3-29 可知，坑内未设置加固土体和坑内加固土体的置换率分别为 0.2、0.4、0.6 和 0.8 时，车站水平位移分别为 6.0mm、5.5mm、5.3mm、5.1mm 和 5.0mm。车站变形随着置换率的增加而减小，置换率 $m=0.6$（工程实例土体加固置换率）与无坑内土体加固情况比较，车站水平位移减小了 15％。坑内设置土体加固对控制邻近车站的位移是十分有效的。

3.2.1.5　变形控制措施比较

图 3-30 是本工程采用各控制措施后的位移控制效果对比图。可以看出，对于围护墙水平位移的控制效果，坑内加固措施＞增加地下连续墙刚度＞增加支撑道数＞增加围

护墙深度；对于坑外地表沉降的控制效果，坑内加固措施＞增加围护墙深度＞增加地下连续墙刚度＞增加支撑道数；对于车站水平位移的控制效果，坑内加固措施＞增加地下连续墙刚度＞增加支撑道数＞增加围护墙深度。综合比较各项加固措施后可知，设置坑内加固是相对最有效的控制措施。

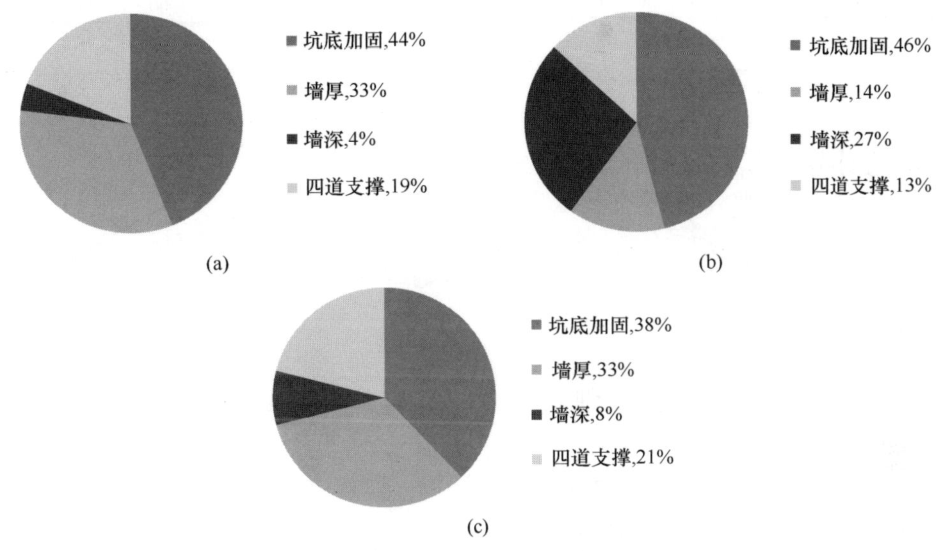

图 3-30 绿地 1 号地块项目各变形控制措施效果比例图

（a）墙身水平位移；（b）坑外地表沉降；（c）车站水平位移

3.2.2 华茂广场项目

本节同样考虑增加围护墙刚度、增大围护墙嵌固深度、分坑开挖和坑内土体加固等位移控制措施，分析这些措施对基坑和隧道的影响。

以华茂广场基坑为例，假设不考虑对隧道进行保护，建立无任何变形控制措施的常规基坑模型。该模型采用钻孔桩结合两道钢筋混凝土支撑的形式，钻孔桩桩径为 800mm，桩长 20m，不考虑坑内土体加固措施，不采取分坑措施。模型基本假定、土层及支护结构和车站结构计算参数、计算步骤等详见 5.3 节，以该计算模型为基准模型，然后分别考虑支护桩刚度、嵌固深度、分坑和坑内土体加固控制变形措施，最后将考虑了控制变形措施的计算模型与基准模型的有限元计算结果进行比较分析。

3.2.2.1 围护墙刚度对基坑和隧道的影响

1）围护墙刚度对其水平位移的影响

比较支护桩桩径分别为 800mm、900mm、1000mm、1100mm 和 1200mm 时，围护墙的水平位移值。从图 3-31 中可知，当支护桩桩径分别取 800mm、900mm、1000mm、1100mm 和 1200mm 时，围护墙的最大水平位移值分别为 54.8mm、52.8mm、

50.5mm、48.9mm 和 46.8mm。可见，随着支护桩刚度的增加，围护墙的水平位移有所减少，近似表现为线性变化（图 3-32）。支护桩桩径从 800mm 增加到 1000mm（工程实例围护墙刚度），桩身水平位移减少了 7.8%。

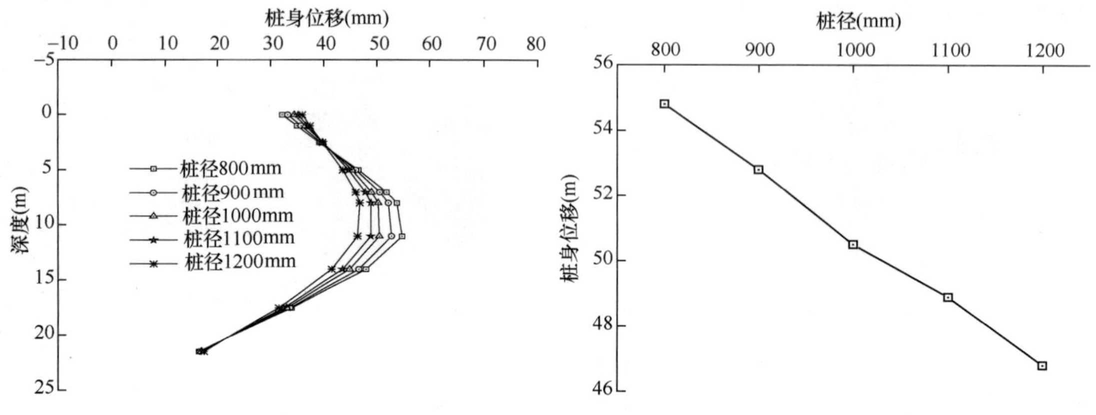

图 3-31　不同桩径时墙身水平位移曲线

图 3-32　墙身水平位移随桩径变化曲线

2）围护墙刚度对坑外地表沉降的影响

从图 3-33 中可知，当支护桩桩径分别取 800mm、900mm、1000mm、1100mm 和 1200mm 时，地表沉降最大值分别为－30.5mm、－29mm、－27.5mm、－26.8mm 和－25.6mm。随着支护桩刚度的增加，坑外地表沉降逐渐减小，同样近似表现为线性变化（图 3-34）。支护桩桩径从 800mm 增加到 1000mm（工程实例围护墙刚度），沉降减少了 9.8%。

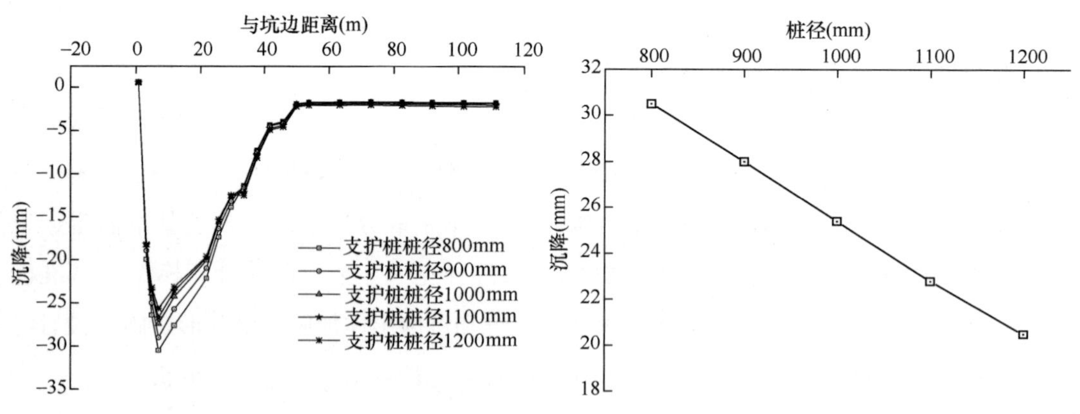

图 3-33　不同桩径坑外地表沉降曲线

图 3-34　坑外地表沉降随桩径变化曲线

3）围护墙刚度对隧道位移的影响

从图 3-35 中可知，当支护桩桩径分别取 800mm、900mm、1000mm、1100mm 和 1200mm 时，隧道位移分别为 9mm、8.6mm、8.3mm、8.0mm 和 7.8mm。随着支护桩

刚度的增加，隧道位移逐渐减小，同样近似表现为线性变化。地支护桩桩径从800mm增加到1000mm（工程实例支护桩桩长），隧道位移减少了7.7%。

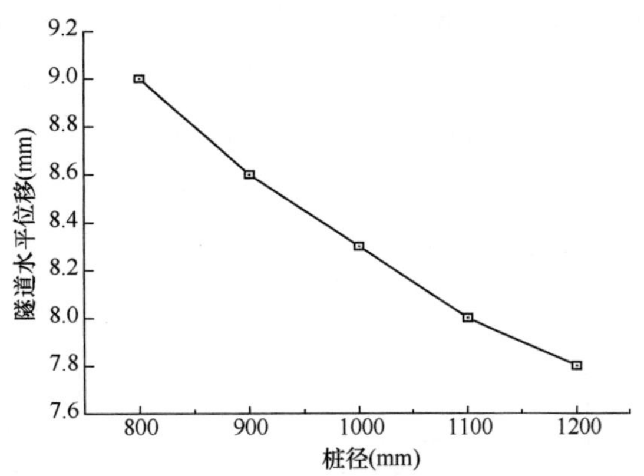

图 3-35 隧道位移随桩径变化曲线

3.2.2.2 围护墙深度对基坑和隧道的影响

1）围护墙深度对其水平位移的影响

从图 3-36 和图 3-37 可知，当支护桩桩长分别为 20m、24m、28m、32m 和 36m 时，围护墙的最大水平位移值分别为 54.8mm、53.2mm、52.0mm、51.6mm 和 51.6mm。随着桩长的增加，围护墙的水平位移有所减小，支护桩桩长从 20m 增加到 32m（工程实例支护桩桩长），围护墙身水平位移减少了 5.8%。若继续增加支护桩的长度，墙身水平位移不再增加，可见，工程实例桩长 32m 为最优桩长。

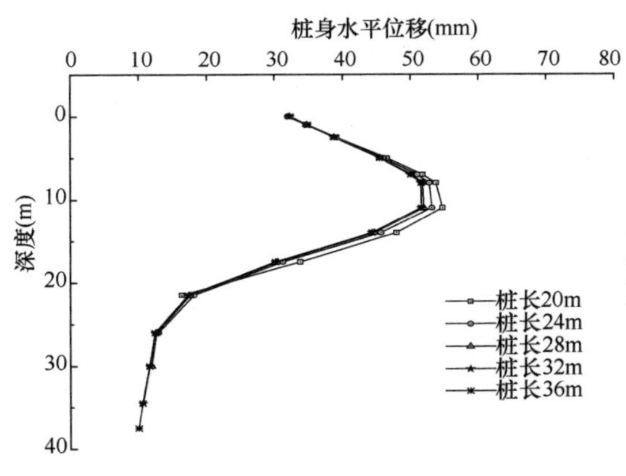

图 3-36 不同桩深时围护墙墙身水平位移曲线

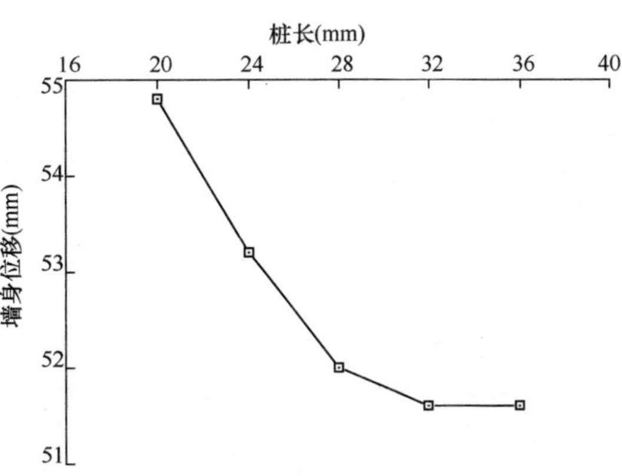

图 3-37 墙身水平位移随桩长变化曲线

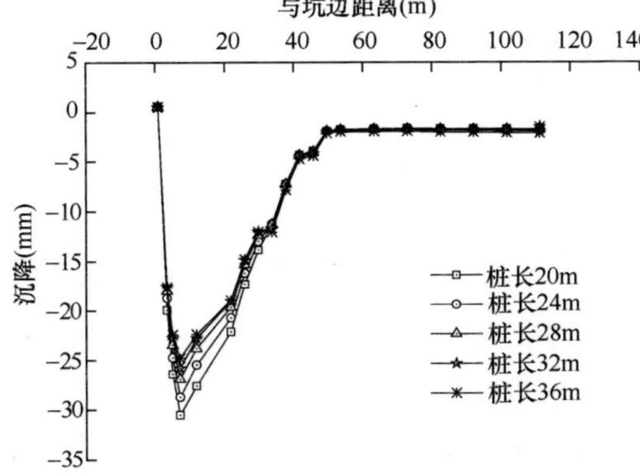

图 3-38 不同桩长时坑外地表沉降曲线

2）围护墙深度对坑外地表沉降的影响

从图 3-38 和图 3-39 可知，当支护桩桩长分别为 20m、24m、28m、32m 和 36m 时，坑外地表沉降最大值分别为 −30.5mm、−28.7mm、−26.9mm、−25.7mm 和 −24.7mm。随着支护桩桩长的增加，坑外地表沉降逐渐减小，支护桩从 20m 增加到 32m（工程实例桩长），地表沉降减少了 15.7%，增加支护桩桩长对减少坑外地表沉降是有利的。

3）支护桩桩长对隧道位移的影响

图 3-40 比较了支护桩桩长分别为 20m、24m、28m、32m 和 36m 时，隧道位移值。

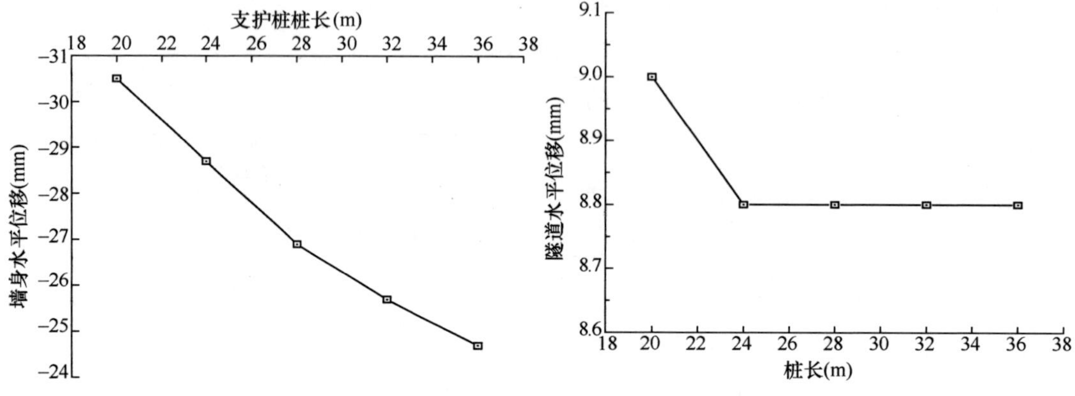

图 3-39　坑外地表沉降随桩长变化曲线　　图 3-40　隧道位移随桩长变化曲线

当地支护桩桩长分别为 20m、24m、28m、32m 和 36m 时，隧道位移分别为 9mm、8.8mm、8.8mm、8.8mm 和 8.8mm。随着支护桩桩长的增加，隧道位移略有减小，支护桩桩长从 20m 增加到 32m（工程实例桩长），隧道位移减少了 2.2%。

3.2.2.3　坑内土体加固对基坑和隧道的影响

1）坑内土体加固对围护墙水平位移的影响

图 3-41 和图 3-42 比较了坑内未设置土体加固和坑内土体加固的置换率分别为 0.2、0.4、0.6 和 0.8 时，围护墙的水平位移值。

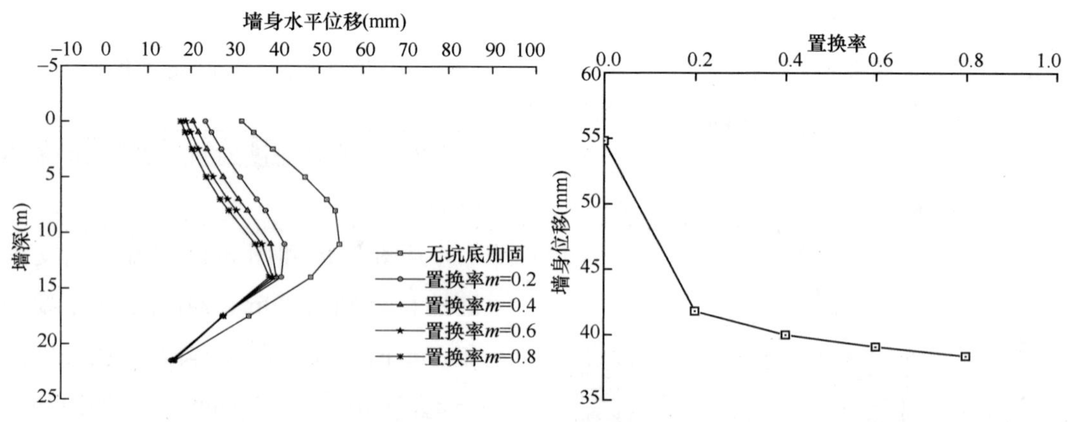

图 3-41　不同置换率时墙身水平位移曲线　　图 3-42　墙身水平位移随置换率变化曲线

由图可知，坑内未设置加固土体和坑内加固土体的置换率分别为 0.2、0.4、0.6 和

0.8 时，围护墙水平位移分别为 54.8mm、41.8mm、40.0mm、39.1mm 和 38.4mm。随着置换率的增加，水平变形减小明显，置换率 m=0.6（工程实例土体加固置换率）与无坑内土体加固情况比较，墙身水平位移减少了 18.5%。

2）坑内土体加固对坑外地表沉降的影响

从图 3-43 和图 3-44 可知，坑内未设置加固土体和坑内加固土体的置换率分别为 0.2、0.4、0.6 和 0.8 时，坑外地表沉降分别为－30.5mm、－25.6mm、－22.9mm、－21.0mm 和－19.8mm。

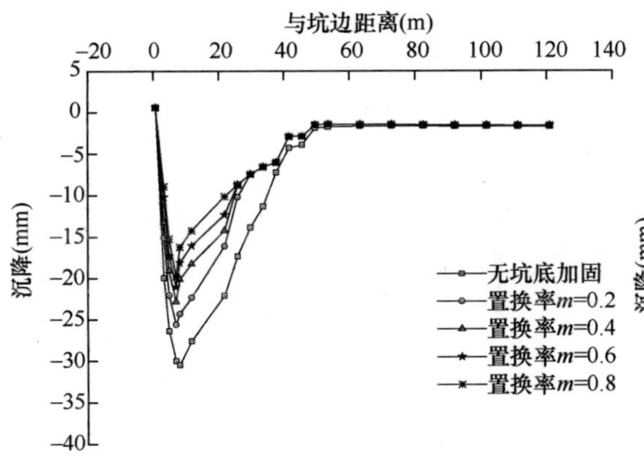

图 3-43 不同置换率时坑外地表沉降曲线

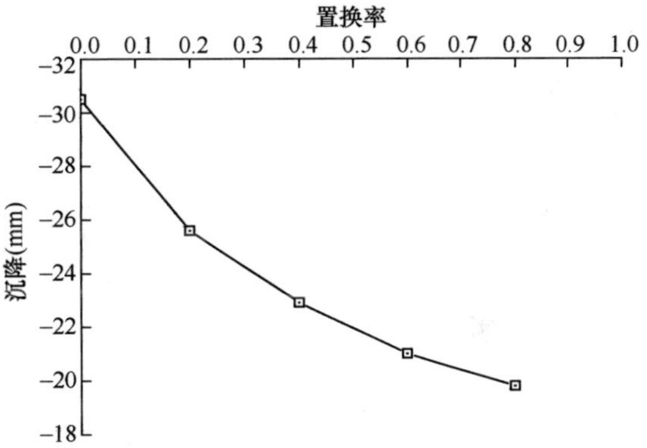

图 3-44 坑外地表沉降随置换率变化曲线

坑内设置土体加固后，坑外地表沉降减小明显，且随着置换率的增加，坑外地表沉降越小，置换率 m=0.6（工程实例土体加固置换率）与无坑内土体加固情况比较，坑外地表沉降减少了 31.1%。

3）坑内土体加固对隧道位移的影响

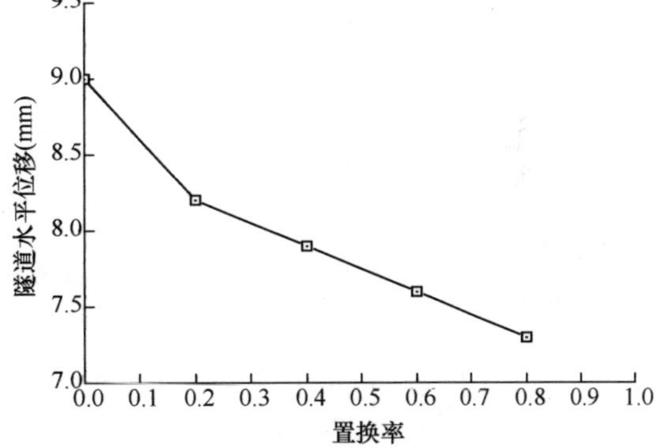

图 3-45 隧道位移随加固土体置换率变化曲线

从图 3-45 可见，坑内未设置加固土体和坑内加固土体的置换率分别为 0.2、0.4、0.6 和 0.8 时，隧道位移分别为 9.0mm、8.2mm、7.9mm、7.6mm 和 7.3mm。

隧道变形随着置换率的增加而减小，置换率 m=0.6（工程实例土体加固置换率）与无坑内土体加固情况比较，隧道位移减少了 15.5%。

3.2.2.4 分坑措施对基坑和隧道的影响

本节将比较未采用分坑和采用分坑措施对围护墙水平位移、坑外地表沉降及隧道位移的影响。

从图 3-46 可知，采用分坑措施时，墙身最大水平位移值是 32.7mm，比不分坑情况（54.8mm）减少了 40.3%。采取分坑措施来控制基坑围护水平变形效果显著。采用分坑措施时，坑外最大地表沉降值为－24.6mm，比不分坑情况（－30.5mm）减少了 19.3%。可见，采取分坑措施来控制基坑坑外地表沉降也十分有效。从有限元模拟结果来看，采用分坑措施得到的隧道最大位移为 7.2mm，比不分坑情况减少了 20%。采取分坑措施是控制邻近隧道变形的一种有效手段。

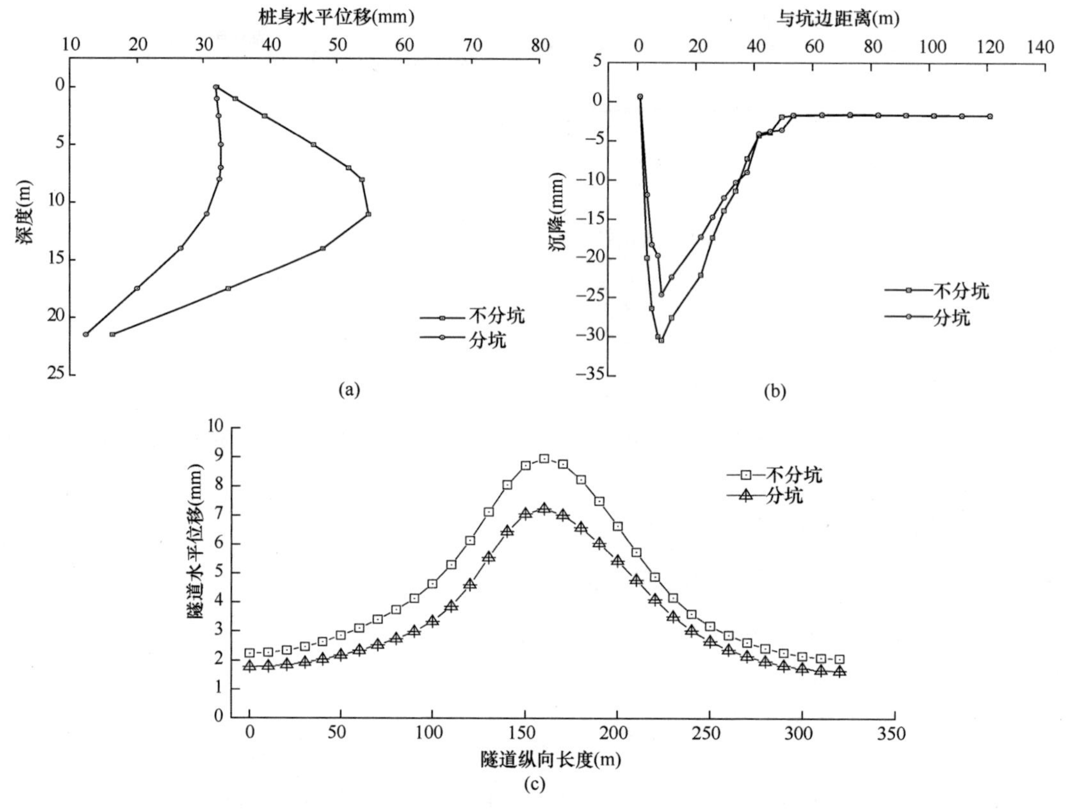

图 3-46　分坑和不分坑情况下的位移曲线

（a）墙身水平位移；（b）坑外地表沉降；（c）隧道轴向变形

3.2.2.5　变形控制措施比较

对采用各控制措施后的变形相对减少量进行比较可知（图 3-47），对于围护墙水平位移的影响，分坑措施＞坑内加固措施＞增加地下连续墙刚度＞增加围护墙深度；对于坑外地表沉降的影响，坑内加固措施＞分坑措施＞增加围护墙深度＞增加地下连续墙刚度；对于隧道位移，分坑措施＞坑内加固措施＞增加地下连续墙刚度＞增加围护墙深度。综合比较各项加固措施后，我们认为采取分坑措施及设置坑内土体加固是相对较有效的控制措施。

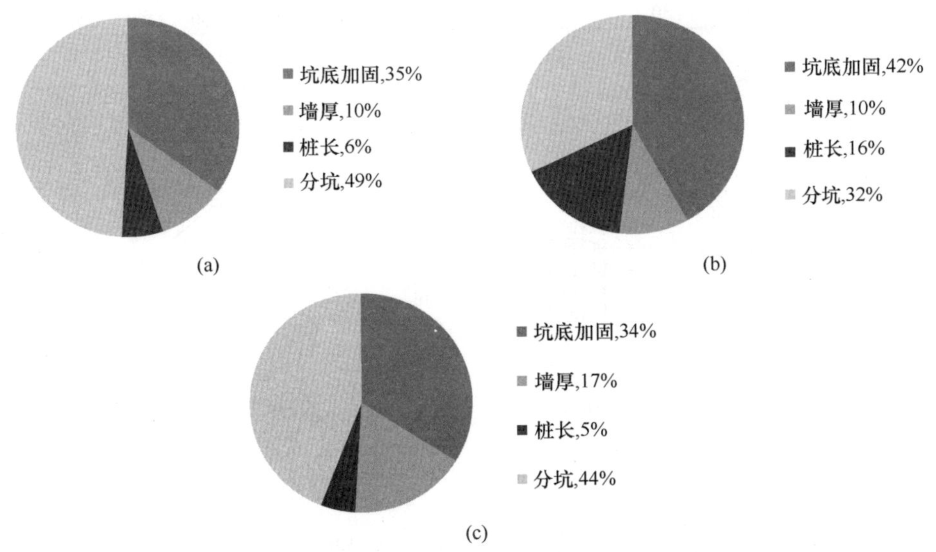

图 3-47 华茂广场项目各变形控制措施效果比例图

(a) 墙身水平位移；(b) 坑外地表沉降；(c) 隧道变形

3.2.3 东部新城 C1-5 地块项目[69]

本节同样就增加围护墙刚度、增长围护墙嵌固深度、坑内土体加固和坑外土体加固等措施的位移控制效果展开对比分析。

以 C1-5 地块基坑为例，假设不考虑对隧道进行保护，建立无任何变形控制措施的常规基坑模型。该模型采用钻孔桩结合两道钢筋混凝土支撑的形式，钻孔桩桩径为 800mm，桩长 20m，并不考虑坑内外土体加固措施。模型基本假定、土层及支护结构和车站结构计算参数、计算步骤等详见 6.3 节。以该计算模型为基准模型，然后分别考虑支护桩刚度、嵌固深度、坑内土体加固和坑外土体加固控制变形措施，最后将考虑了控制变形措施的计算模型与基准模型的有限元计算结果进行比较分析。

3.2.3.1 围护墙刚度对基坑和隧道的影响

1）围护墙刚度对其水平位移的影响

从图 3-48 和图 3-49 中可知，当支护桩桩径分别取 800mm、900mm、1000mm、1100mm 和 1200mm 时，围护墙的最大水平位移值分别为 34.1mm、31.7mm、29.7mm、27.7mm 和 26.1mm。

可见，随着支护桩刚度的增加，围护墙的水平位移有所减少，近似表现为线性变化。支护桩桩径从 800mm 增加到 1000mm（工程实例围护墙刚度），桩身水平位移减少了 12.9%。

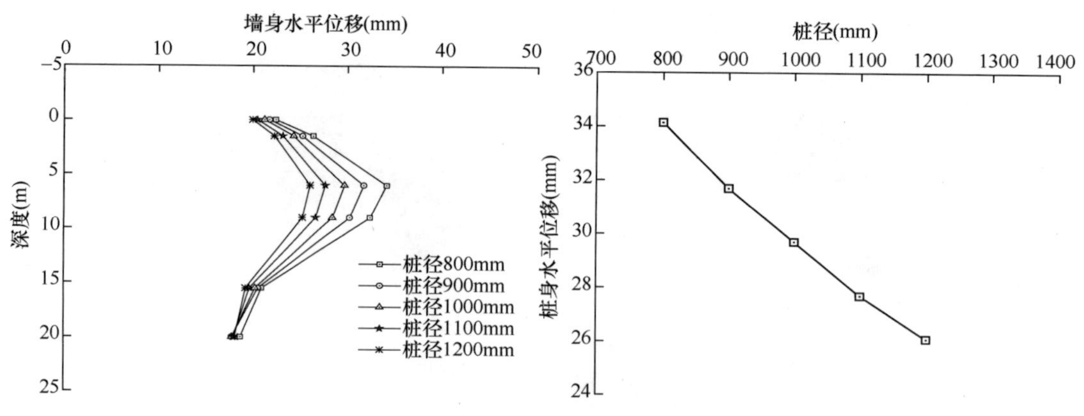

图 3-48　不同桩径时墙身水平位移曲线

图 3-49　墙身水平位移随桩径变化曲线

2）围护墙刚度对坑外地表沉降的影响

从图 3-50 和图 3-51 中可知，当支护桩桩径分别取 800mm、900mm、1000mm、1100mm 和 1200mm 时，地表沉降最大值分别为－29.8mm、－28.5mm、－27.5mm、－26.7mm 和－26.1mm。

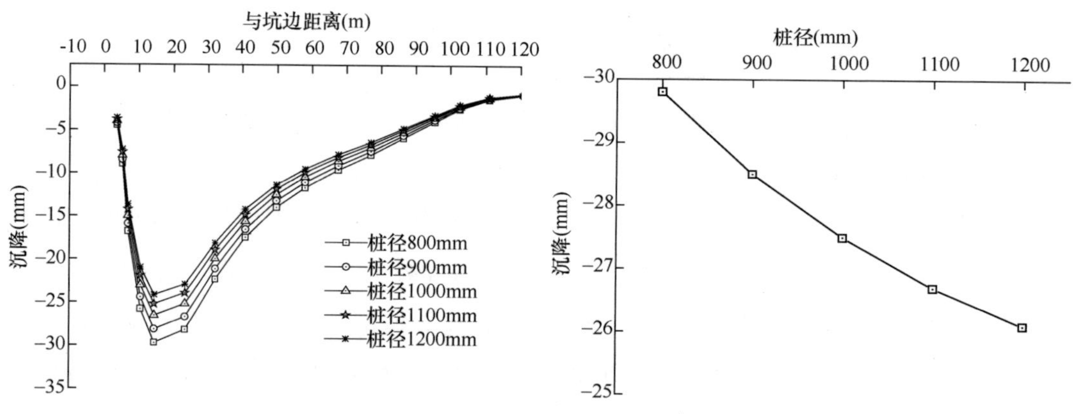

图 3-50　不同桩径时坑外地表沉降曲线

图 3-51　坑外地表沉降随桩径变化曲线

随着支护桩刚度的增加，坑外地表沉降逐渐减小，同样近似表现为线性变化。支护桩桩径从 800mm 增加到 1000mm（工程实例围护墙刚度），沉降减少了 7.7%。

3）围护墙刚度对隧道位移的影响

从图 3-52 和图 3-53 中可知，当支护桩桩径分别取 800mm、900mm、1000mm、1100mm 和 1200mm 时，隧道水平位移分别为 10.8mm、10.3mm、9.9mm、9.5mm 和 9.2mm，隧道竖向位移分别为－4.54mm、－4.46mm、－4.43mm、－4.40mm 和－4.38mm。

随着支护桩刚度的增加，隧道水平位移和竖向位移逐渐减小。支护桩桩径从

800mm增加到1000mm（工程实例支护桩桩长），隧道水平位移减少了8.3%，隧道竖向位移减少了2.4%。可见，增大围护墙的刚度对减小隧道水平位移是较有效的。

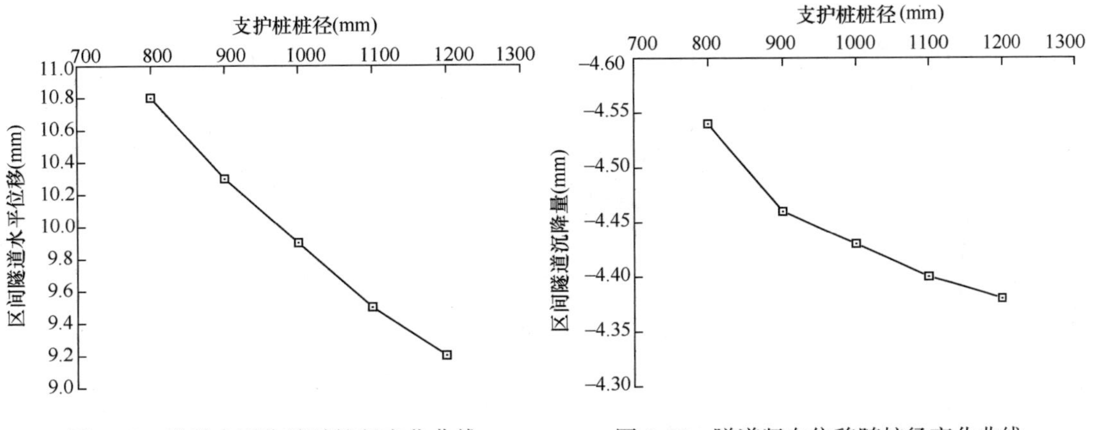

图3-52 隧道水平位移随桩径变化曲线

图3-53 隧道竖向位移随桩径变化曲线

3.2.3.2 围护墙深度对基坑和隧道的影响

1）围护墙深度对其水平位移的影响

图3-54和图3-55比较了支护桩桩长分别为20m、24m、28m、32m和36m时，围护墙的水平位移值。

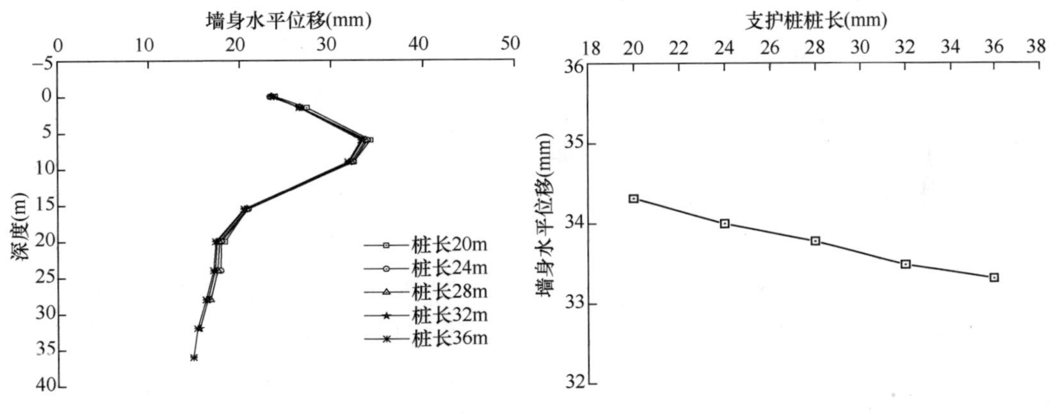

图3-54 不同桩长时墙身水平位移曲线

图3-55 墙身水平位移随桩长变化曲线

从图中可见，随着桩长的增加，围护墙的水平位移有所减小，支护桩桩长从20m增加到32m（工程实例支护桩桩长），桩身水平位移减少了1.8%。增加支护桩的长度，对减小桩身水平位移不太明显。

2）围护墙深度对坑外地表沉降的影响

图3-56比较了支护桩桩长分别为20m、24m、28m、32m和36m时，坑外地表沉降值。

从图中可知，当支护桩桩长分别为20m、24m、28m、32m和36m时，坑外地表沉降最大值分别为−29.8mm、−28.0mm、−26.5mm、−25.2mm和−24.1mm。随着支护桩桩长的增加，坑外地表沉降逐渐减小，支护桩从20m增加到32m（工程实例桩长），地表沉降减少了15.4%，增加支护桩桩长对减少坑外地表沉降是有利的。

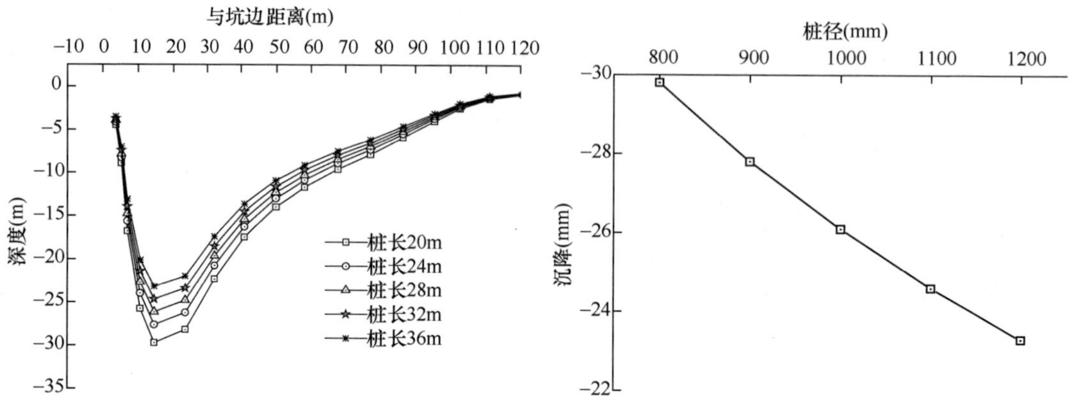

图3-56　不同桩长时坑外地表沉降曲线

图3-57　坑外地表沉降随桩长变化曲线

3）围护墙深度对隧道位移的影响

图3-58和图3-59比较了支护桩桩长分别为20m、24m、28m、32m和36m时，隧道位移值。当支护桩桩长分别为20m、24m、28m、32m和36m时，隧道水平位移分别为10.8mm、10.7mm、10.7mm、10.6mm和10.6mm，隧道竖向位移分别为−4.5mm、−4.4mm、−4.3mm、−4.2mm和−4.2mm。随着支护桩桩长的增加，隧道位移略有减小，支护桩桩长从20m增加到32m（工程实例桩长），隧道水平位移减少了1.9%，隧道竖向位移减少了6.6%。

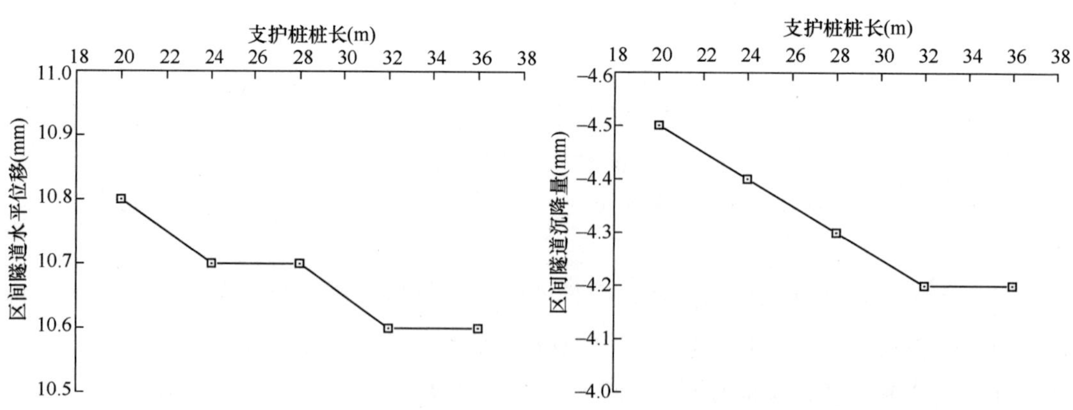

图3-58　隧道水平位移随桩长变化曲线

图3-59　隧道竖向位移随桩长变化曲线

3.2.3.3 坑内土体加固对基坑和隧道的影响

1）坑内土体加固对围护墙水平位移的影响

图 3-60 和图 3-61 比较坑内未设置土体加固和坑内土体加固的置换率分别为 0.2、0.4、0.6 和 0.8 时，围护墙的水平位移值。

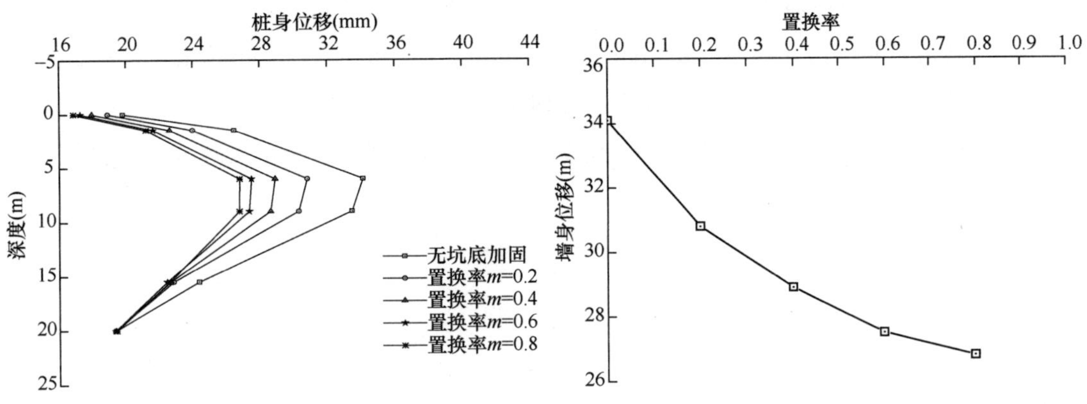

图 3-60 不同置换率时墙身水平位移曲线　　图 3-61 墙身水平位移随置换率变化曲线

由图可知，坑内未设置加固土体和坑内加固土体的置换率分别为 0.2、0.4、0.6 和 0.8 时，围护墙水平位移分别为 34.1mm、30.8mm、28.9mm、27.5mm 和 26.8mm。随着置换率的增加，水平变形减小明显，置换率 $m=0.6$（工程实例土体加固置换率）与无坑内土体加固情况比较，墙身水平位移减少了 19.4%。

2）坑内土体加固对坑外地表沉降的影响

从图 3-62 和图 3-63 可知，坑内未设置加固土体和坑内加固土体的置换率分别为 0.2、0.4、0.6 和 0.8 时，坑外地表沉降分别为－29.8mm、－25.8mm、－23.7mm、－21.9mm 和－20.4mm。

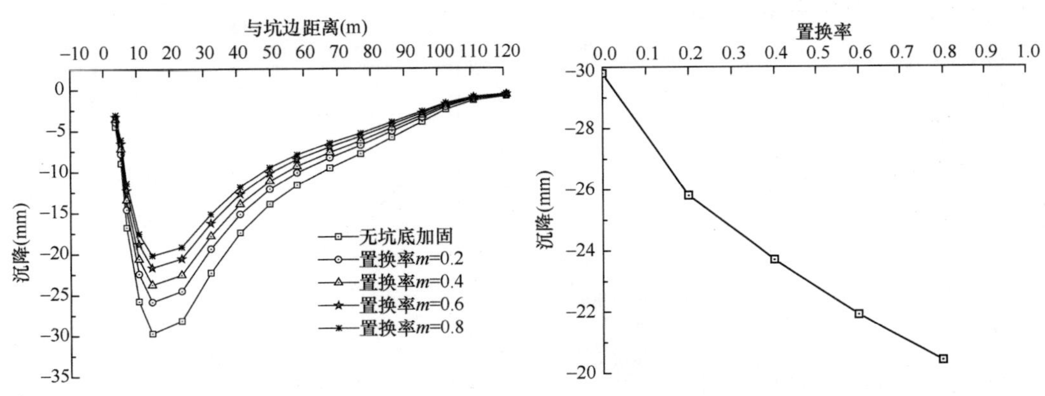

图 3-62 不同置换率时坑外地表沉降曲线　　图 3-63 坑外地表沉降随置换率变化曲线

坑内设置土体加固后，坑外地表沉降减小明显，且随着置换率的增加，坑外地表沉降越小，置换率 $m=0.6$（工程实例土体加固置换率）与无坑内土体加固情况比较，坑外地表沉降减少了 26.5%。

3）坑内土体加固对隧道位移的影响

从图 3-64 和图 3-65 可知，坑内未设置加固土体和坑内加固土体的置换率分别为 0.2、0.4、0.6 和 0.8 时，隧道水平位移分别为 10.8mm、10.0mm、9.5mm、9.1mm 和 8.7mm，隧道竖向位移分别为−4.5mm、−4.2mm、−4.0mm、−3.9mm 和−3.8mm。

隧道变形随着置换率的增加而减小，置换率 $m=0.6$（工程实例土体加固置换率）与无坑内土体加固情况比较，隧道水平位移减少了 15.7%，隧道竖向位移减少了 13.3%。

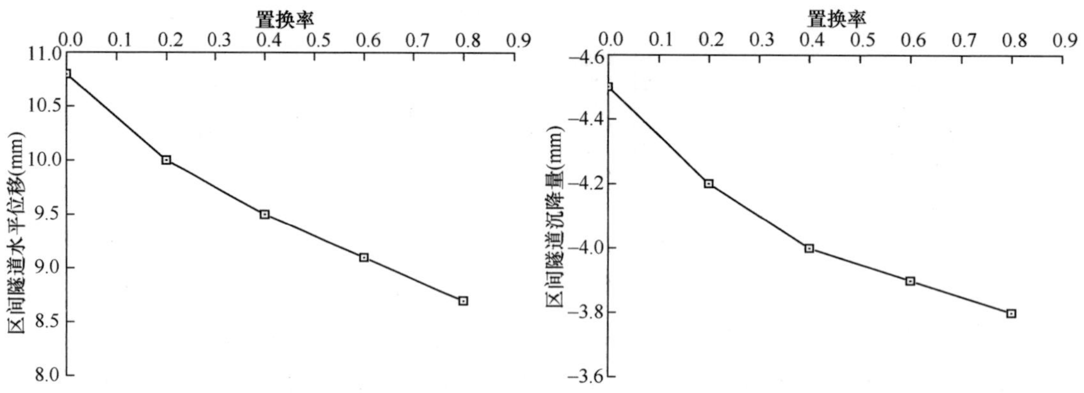

图 3-64　隧道水平位移随置换率变化曲线　　图 3-65　隧道竖向位移随置换率变化曲线

3.2.3.4　坑外土体加固对基坑和隧道的影响

1）坑外土体加固对围护墙水平位移的影响

由图 3-66 和图 3-67 可知，坑外未设置加固土体和坑外加固土体的置换率分别为 0.2、0.4、0.6 和 0.8 时，围护墙水平位移分别为 34.1mm、31.4mm、19.8mm、28.3mm 和 27.7mm。

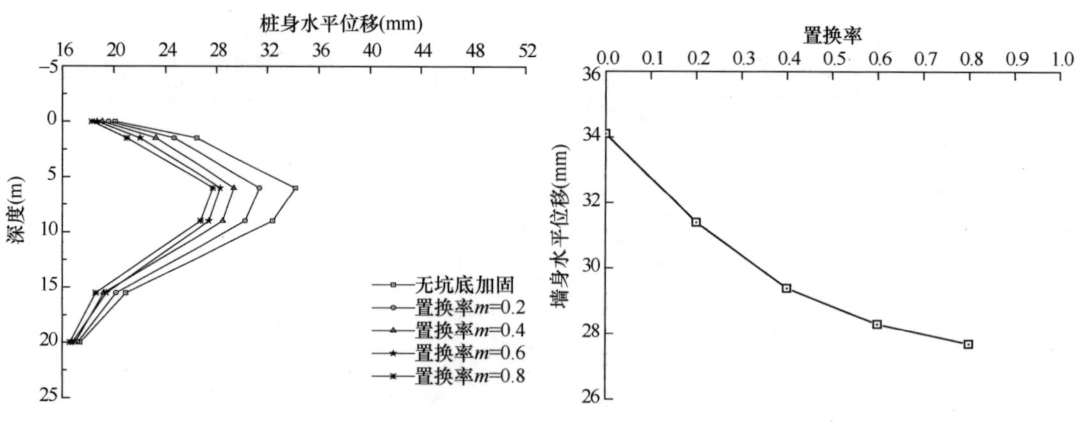

图 3-66　不同置换率时墙身水平位移曲线　　图 3-67　墙身水平位移随置换率变化曲线

随着置换率的增加，水平变形减小明显，置换率 m=0.6（工程实例土体加固置换率）与无坑外土体加固情况比较，墙身水平位移减少了 17%。

2）坑外土体加固对坑外地表沉降的影响

图 3-68 和图 3-69 显示，坑外未设置加固土体和坑外加固土体的置换率分别为 0.2、0.4、0.6 和 0.8 时，坑外地表沉降分别为 −29.8mm、−25.7mm、−23.0mm、−21.0mm和−20.0mm。

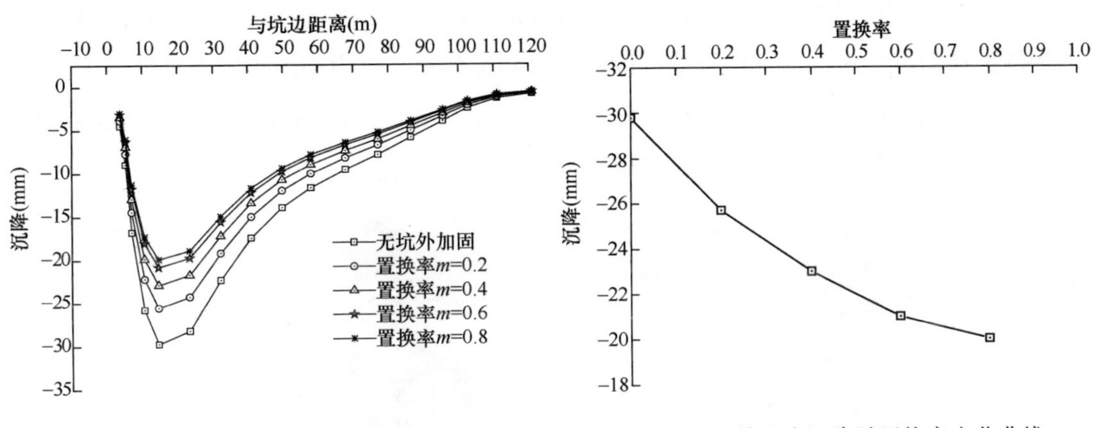

图 3-68　不同置换率时坑外地表沉降曲线　　图 3-69　坑外地表沉降随置换率变化曲线

坑外设置土体加固后，坑外地表沉降减小明显，且随着置换率的增加，坑外地表沉降越小，置换率 m=0.6（工程实例土体加固置换率）与无坑外土体加固情况比较，坑外地表沉降减少了 29.5%。

3）坑外土体加固对隧道位移的影响

图 3-70 和图 3-71 表明，坑外未设置加固土体和坑外加固土体的置换率分别为 0.2、0.4、0.6 和 0.8 时，隧道水平位移分别为 10.8mm、10.2mm、9.9mm、9.6mm 和 9.4mm，隧道竖向位移分别为−4.5mm、−4.3mm、−4.2mm、−4.1mm 和−4.0mm。

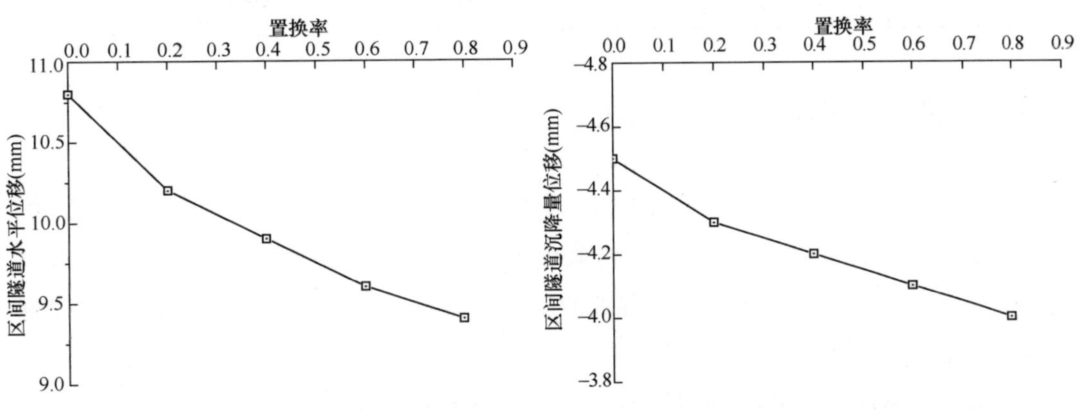

图 3-70　隧道水平位移随置换率变化曲线　　图 3-71　隧道竖向位移随置换率变化曲线

隧道变形随着置换率的增加而减小，置换率 $m=0.6$（工程实例土体加固置换率）与无坑外土体加固情况比较，隧道水平位移减少了 11.1%，隧道竖向位移减少了 8.9%。

3.2.3.5　变形控制措施比较

最后，同样就各控制措施下的变形控制效果进行比较，见图 3-72。针对本工程，就各控制措施下围护墙水平位移控制效果而言，坑内加固措施>坑外加固措施>增加地下连续墙刚度>增加围护墙深度；对于坑外地表沉降，坑外加固措施>坑内加固措施>增加围护墙深度>增加地下连续墙刚度；对于隧道位移，坑内加固措施>坑外加固措施>增加地下连续墙刚度>增加围护墙深度。综合比较各项加固措施后可知，采取坑内、外土体加固措施是相对较有效的控制措施。

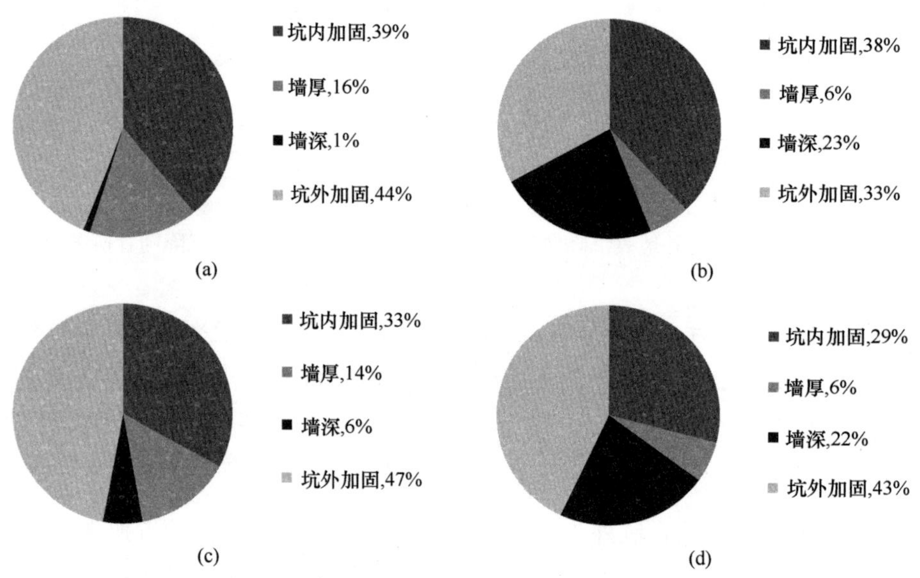

图 3-72　东部新城 C1-5 地块项目各变形控制措施效果比例图

（a）墙身水平位移；（b）坑外地表沉降；（c）隧道水平位移；（d）隧道竖向位移

3.3　路径隔断措施——隔离桩

减小基坑施工对周边环境影响的手段可概括为“源头控制、路径隔断、对象保护”三点[70]。当基坑自身的变形控制仍无法确保环境保护对象安全时，工程中常会在坑外增设隔离桩（墙），以隔断基坑施工导致的土体应力与位移的传递路径。目前，隔离桩对于控制基坑外浅基础建筑变形的效果已被诸多工程实测和数值模拟结果所验证[71-74]。然而，对于隔离桩是否能减小深层土体及其中地下结构（如隧道、管线等）的变形问题仍存在争议。文献[75]通过有限元法分析认为基坑与隧道之间采用隔离桩能起到明显的隔离效果，但文献[76]认为基坑外隔离桩存在着牵引作用，当牵引作用较大时，隔离桩反而会导致一定深度范围内土体及该范围内隧道的水平位移增大。因此，有必要就该问题展开进一步的研究，为隔离桩的工程应用提供参考。

3.3.1 隔离桩的隔断效果分析[77]

1. 基坑外隔离桩的三阶段法分析

基坑外隔离桩对土体水平位移影响的三阶段分析法的计算流程为：①获取无隔离桩时，基坑开挖引起的土体自由场水平位移；②考虑桩-土相互作用，获得基坑开挖导致的隔离桩侧移；③根据地层补偿原理，进一步计算隔离桩外侧土体的水平位移。以下对三阶段的具体实现方法进行介绍。

1）基坑开挖引起的土体自由场水平位移

目前，基坑开挖导致的土体位移场已有多种计算或预测方法[11]，除了数值模拟方法外，其他方法中需要首先获得基坑边界条件以进一步求解坑外土体变形或应力。在基坑开挖引起周边结构变形的二阶段分析方法中，对于土体变形或应力的求解常通过在基坑边界上施加假定或实测的土压力实现[78-79]。然而，基坑工程中对土压力的监测较少且难度较大，而理论土压力的计算值又与实测值有一定差距。因此，相对而言，基于基坑围护墙侧向变形的预测方法更为方便[80]。

本文采用边界元法求解由基坑开挖导致的土体自由场水平位移，分析中有以下假定：①基坑及周边都有严格的变形控制措施，认为坑外土体仍处于弹性变形阶段；②基坑受力变形条件符合平面应变假定；③基坑开挖引起的边界效应只考虑基坑围护墙所在边界的法向位移；④不考虑基坑开挖施工对原状地基的影响。

将半无限地基内部 B 点受水平向集中力 $P_x(B)$ 引起的 A 点水平向位移 $U(A)$ 表示为

$$U(A) = K_x(A,B) \cdot P_x(B) \tag{3-7}$$

式中，$K_x(A,B)$ 为单位水平集中力作用下产生的土体水平向位移[81]。

假设在基坑围护墙所在边界上作用着某种虚拟力（图 3-73），对式（3-7）作沿该边界的积分，可构建如下边界积分方程：

$$U(A) = \int_L K_x(A,B) \cdot P_x(B) \mathrm{d}L \tag{3-8}$$

式中，L 代表基坑边界，$P_x(B)$ 为 L 上 B 点作用的虚拟力。若 L 被足够细分，可认为每一分段上的虚拟力为均

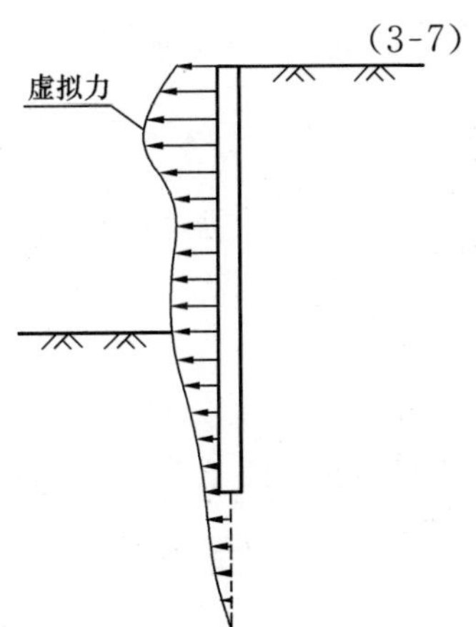

图 3-73 基坑边界上的虚拟力

匀分布，那么上式可改写为

$$U(A)=\sum_{i=1}^{m}P_x(B_i)\cdot\int_{L_i}K_x(A,B_i)\mathrm{d}L_i \tag{3-9}$$

式中，L_i 为 L 的第 i 分段，$P_x(B_i)$ 为作用在第 i 分段上的水平均布力集度，$i=1\sim m$，m 表示基坑边界总的分段数。

根据间接边界单元法原理[82]，在基坑边界上作用的虚拟力的影响下，坑外土体将产生与之相应的虚拟应力场和虚拟位移场，当虚拟位移场中的基坑边界条件与实际基坑位移边界条件一致时，可认为由虚拟力产生的虚拟位移场和虚拟应力场即反映了由基坑开挖引起的边界效应。

这里以基坑实测的围护墙侧移为实际位移边界条件，并认为 A 点位于该边界上，由式（3-9）可得到如下矩阵表达式：

$$\begin{bmatrix}U_x(A_1)\\ \vdots\\ U_x(A_j)\\ \vdots\\ U_x(A_m)\end{bmatrix}=\begin{bmatrix}G_{11}&\cdots&G_{1j}&\cdots&G_{1m}\\ \vdots&\ddots&\vdots&\ddots&\vdots\\ G_{j1}&\cdots&G_{jj}&\cdots&G_{jm}\\ \vdots&\ddots&\vdots&\ddots&\vdots\\ G_{m1}&\cdots&G_{mj}&\cdots&G_{mm}\end{bmatrix}\cdot\begin{bmatrix}P_x(B_1)\\ \vdots\\ P_x(B_j)\\ \vdots\\ P_x(B_m)\end{bmatrix} \tag{3-10}$$

式中，$G_{ji}=\int_{L_i}K_x(A_j,B_i)\mathrm{d}L_i$，$A_j$ 为 L_i 的中点。

对上式求逆并简写为

$$P_x=\boldsymbol{G}^{-1}\cdot U_x \tag{3-11}$$

式中，矩阵 $\boldsymbol{G}$ 和实际边界条件 U_x 已知，那么基坑边界上的虚拟力 P_x 便可求出，将 P_x 代入式（3-9），可进一步获得由基坑变形导致的坑外土体中任意点的位移。

2）桩-土相互作用下的隔离桩侧移

基坑外设置隔离桩后，原开挖导致的土体自由位移场受隔离桩的约束而发生变化。隔离桩的位移控制方程为

$$\frac{\mathrm{d}^4y_{\mathrm{p}}}{\mathrm{d}z^4}+4\lambda^4(y_{\mathrm{p}}-y_{\mathrm{s}})=0 \tag{3-12}$$

式中，y_{p} 为隔离桩的侧向位移，y_{s} 为开挖引起的隔离桩位置处的土体水平位移；λ 的表示式为

$$\lambda=\sqrt[4]{\frac{k_{\mathrm{z}}D_{\mathrm{p}}}{4E_{\mathrm{p}}I_{\mathrm{p}}}} \tag{3-13}$$

其中，D_{p}、E_{p}、I_{p} 分别为桩径、桩身模量、桩截面惯性矩，k_{z} 为桩周土体的地基反力系数，本文取[83]：

$$k_{\mathrm{z}}=\frac{0.65}{D_{\mathrm{p}}}\left(\frac{E_{\mathrm{s}}}{1-\nu_{\mathrm{s}}^2}\right)\sqrt[12]{\frac{E_{\mathrm{s}}D_{\mathrm{p}}^4}{E_{\mathrm{p}}I_{\mathrm{p}}}} \tag{3-14}$$

其中，E_s 为土体模量，ν_s 为土体泊松比。

将隔离桩沿全长 n 等分，每段长为 h。桩头至桩端节点依次编号为 0～n。不考虑桩顶作用外力时，将式（3-12）以差分格式表达，得到的桩-土相互作用矩阵方程可为[84]

$$\{y_p\} = [K_p]^{-1}[K_s]\{y_s\} \tag{3-15}$$

式中，$\{y_p\} = \{y_p^0, y_p^1, \cdots, y_p^{n-1}, y_p^n\}^T$，$\{y_s\} = \{y_s^0, y_s^1, \cdots, y_s^{n-1}, y_s^n\}^T$ 分别为桩身各节点侧向位移构成的向量和无桩时对应位置的土体水平向位移向量；$[K_p]$ 为桩的水平向刚度矩阵：

① 当桩顶自由且桩端固定时，y_p^n 为零，为求解式（3-15），可将式中向量及矩阵的第 n 行和列删去，则此 $[K_p]$ 可表示为

$$[K_p] = \frac{E_p I_p}{h^3}\begin{bmatrix} B^0 & -4 & 2 & & & & & \\ -2 & B^1 & -4 & 1 & & & & \\ 1 & -4 & B^2 & -4 & 1 & & & \\ & & \vdots & \vdots & \vdots & & & \\ & & 1 & -4 & B^i & -4 & 1 & \\ & & & & \vdots & \vdots & \vdots & \\ & & & & 1 & -4 & B^{n-2} & -4 \\ & & & & & 1 & -4 & B^{n-1} \end{bmatrix} \tag{3-16}$$

其中 $B^0 = 2 + 4\lambda^4 h^4$，$B^1 = 5 + 4\lambda^4 h^4$，$B^i = 6 + 4\lambda^4 h^4$（$i = 2 \sim n-2$），$B^{n-1} = 7 + 4\lambda^4 h^4$；

② 当桩顶和桩端均固定时，y_p^0 及 y_p^n 为零，为求解式（3-15），可将式中向量及矩阵的第 1 和 n 行及列删去，则此 $[K_p]$ 可表示为

$$[K_p] = \frac{E_p I_p}{h^3}\begin{bmatrix} B^1 & -4 & 1 & & & & & \\ -4 & B^2 & -4 & 1 & & & & \\ 1 & -4 & B^3 & -4 & 1 & & & \\ & & \vdots & \vdots & \vdots & & & \\ & & 1 & -4 & B^i & -4 & 1 & \\ & & & & \vdots & \vdots & \vdots & \\ & & & & 1 & -4 & B^{n-2} & -4 \\ & & & & & 1 & -4 & B^{n-1} \end{bmatrix} \tag{3-17}$$

式中，$B^1 = 7 + 4\lambda^4 h^4$，其余符号定义同上；$[K_s]$ 为土体水平向刚度矩阵，表示为

$$[K_s] = D_p h \begin{bmatrix} k_z^0 & & & & 0 \\ & \ddots & & & \\ & & k_z^i & & \\ & & & \ddots & \\ 0 & & & & k_z^n \end{bmatrix} \tag{3-18}$$

3）隔离桩外的土体水平位移场

隔离桩侧移导致的桩外侧土体水平位移场可根据地层补偿法求解。地层补偿法原理[1]认为：基坑开挖将引起墙后土体位移，但土体总体积保持不变；即地表沉降造成的坑外土体体积损失同墙体位移引起的土体向坑内的侧向变形的体积是一致的。由于基坑开挖导致坑内外土压力差，坑外土体除侧向变形外，还会由底部往坑内移动，故用地层补偿法预测结果往往与实测有一定差距。而对于隔离桩外土体，由于隔离桩一般都会嵌入好土层，桩外土体变形更符合地层补偿法的假定。当然，根据不同地区的工程经验，还可以对地层补偿法做一定修正。

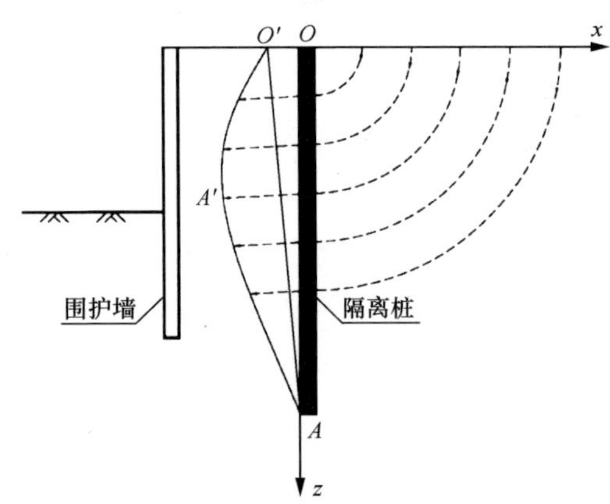

图 3-74　隔离桩外土体位移场

如图 3-74 所示，假设隔离桩侧向变形 $AA'O'O$ 可分解为三角形 $AO'O$ 和曲线 $AA'O'$ 两部分，由文献[65]可知，$AA'OO'$ 总变形引起的墙后任意一点处的水平位移为：

$$\delta_h(x,z) = \delta_{h,t}\left(1 - \frac{\sqrt{x^2+z^2}}{H}\right) + \frac{z \cdot f(\sqrt{(\alpha x)^2+z^2})}{\sqrt{(\alpha x)^2+z^2}} \tag{3-19}$$

式中，$\delta_h(x,y)$ 为桩身侧移引起的桩外任意一点处的水平位移，$\delta_{h,t}$ 为桩顶水平位移，f 为曲线部分的水平位移函数，α 为影响范围调整系数，H 为隔离桩桩长。

2. 坑外隔离桩及土体水平位移分析

1）不同基坑开挖深度的影响分析

表 3-4　不同开挖深度基坑

项目编号	基坑开挖深度（m）	围护墙长度（m）	最大墙身水平位移（mm）	最大墙身水平位移深度（m）
1	6	16	43.5	6
2	9	23	62.4	10
3	14.5	28	71.8	15

为分析基坑不同开挖深度对坑外隔离桩侧移及桩外土体水平变形的影响，选取表 3-4 所示的宁波软土地区以排桩（墙）＋内支撑作为围护结构的一至三层地下室基坑围护墙典型的实测侧移数据（图 3-75）作为阶段一中的边界条件进行计算。宁波软土（主要为淤泥与淤泥质土）工程性质极差，呈可塑～流塑状，压缩模量最小约 2MPa，根据当地工程经验及相关文献建议[85]，计算中弹性模量取压缩模量的 2.5 倍，取为 5MPa；泊松比取 0.4；另外，隔离桩长 50m，桩径 1.2m，桩身混凝土为 C30，取弹性模量 30GPa。分别计算无隔离桩时隔离桩位置（坑外 10m 处）的土体水平位移，有隔离桩时，桩顶自由与桩顶固定条件下的隔离桩侧移，绘于图 3-76～图 3-78；另外，对应以上三种情况，计算得到离隔离桩外 10m 处的土体水平位移沿深度的变化曲线。

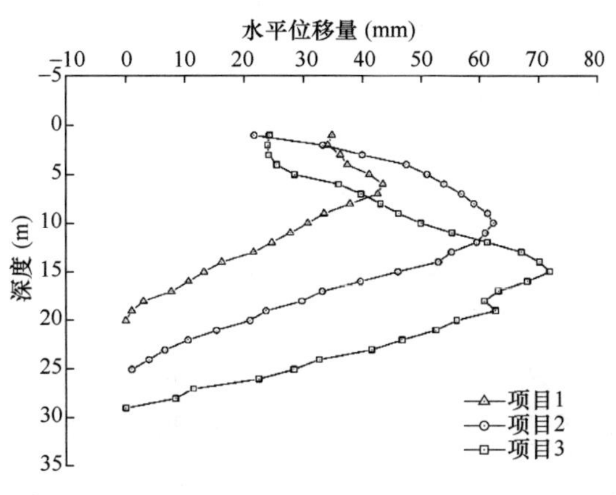

图 3-75 基坑围护墙实测侧移

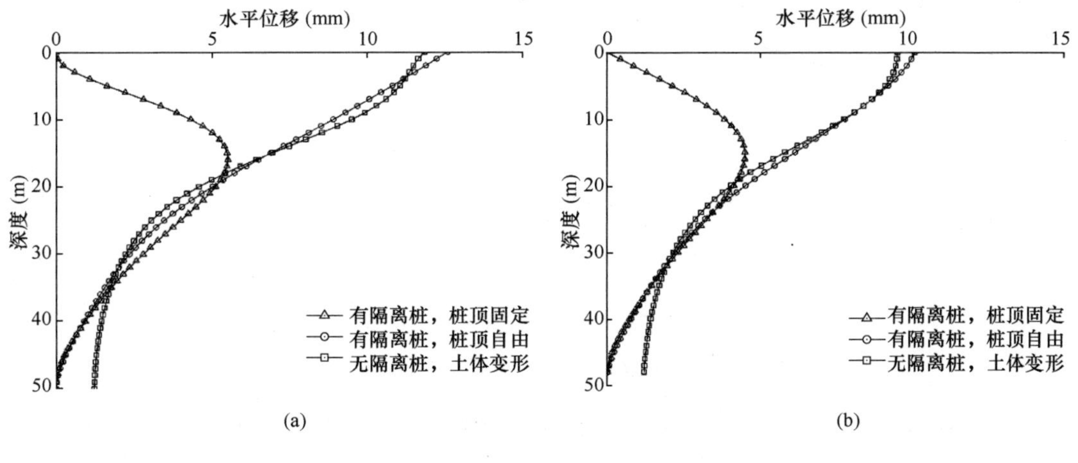

图 3-76 项目 1 桩（土）侧移

（a）围护墙外 10m；（b）隔离桩外 10m

由图 3-75 和表 3-4 可知，宁波软土地区排桩（墙）＋内支撑形式的基坑围护的变形基本表现为“凸肚型”，侧移最大点的位置也基本在坑底附近。在这一边界条件下，对比有、无隔离桩时坑外 10m 与桩外 10m 的桩（土）侧移曲线可知：

（1）桩顶约束条件对于隔离桩及桩外土体侧移的影响很大，但两种情况下隔离桩对土体水平位移的控制均有负面效果出现（即某一深度范围内隔离桩的存在反而增大了土体侧移）。具体而言，桩顶自由时，桩身侧移曲线与无隔离桩时的土体侧移曲线较为接

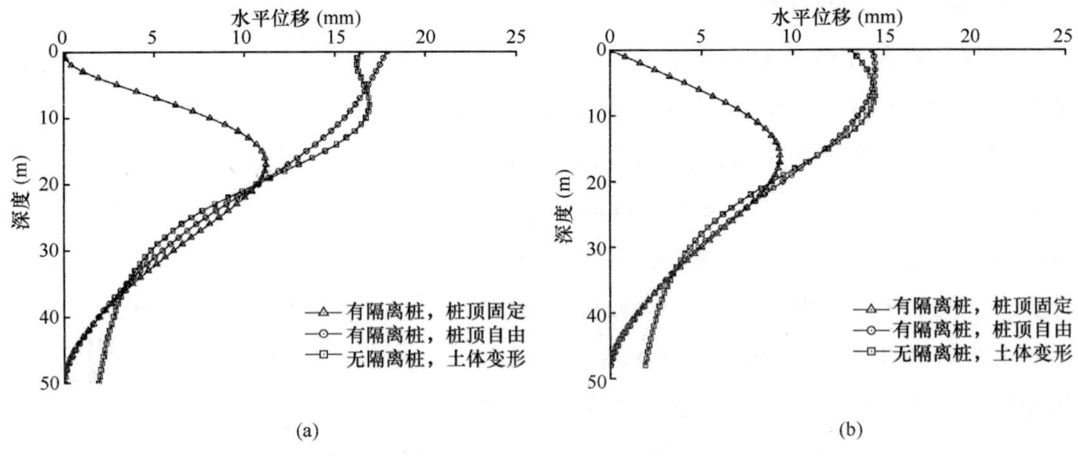

图 3-77　项目 2 桩（土）侧移

(a) 围护墙外 10m；(b) 隔离桩外 10m

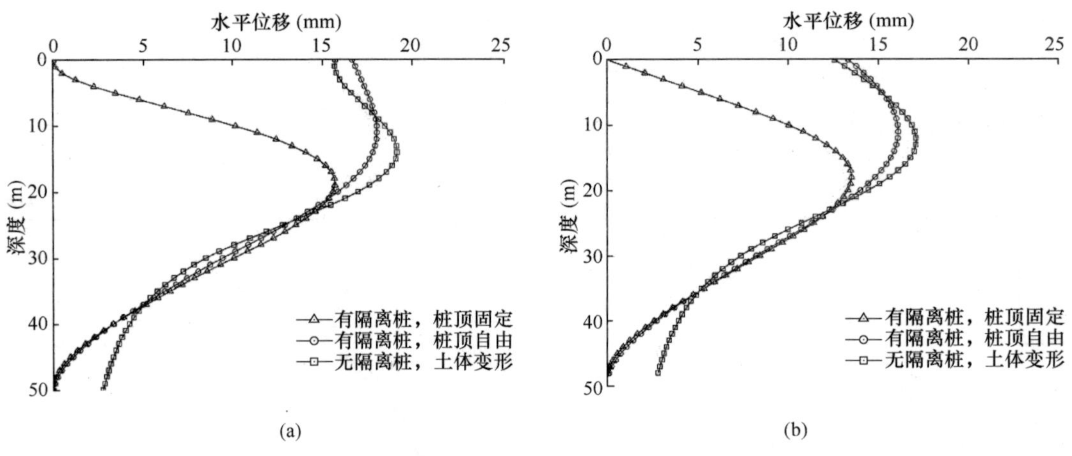

图 3-78　项目 3 桩（土）侧移

(a) 围护墙外 10m；(b) 隔离桩外 10m

近，且在桩顶附近以及桩中下部的侧移要大于土体侧移；桩顶固定时，桩身中部以上侧移显著减小，但在桩中下部的侧移仍大于无隔离桩时的土体侧移，且两者的差距相比于桩顶自由的情况要更大。实际隔离桩的桩顶约束条件介于自由与固定之间，因此可以推测，隔离桩设置后对于桩外浅层土体的侧移控制是有利的，而对于其下某一深层范围内的土体侧移控制是不利的。

(2) 在相同的围护桩变形模式下，随着基坑开挖深度的增加，围护桩最大侧移出现的深度增加，负面效果的出现深度也增加。

(3) 相比于坑外 10m 处的桩（土）侧移，桩外 10m 处的土体侧移规律是类似的，但出现负面效果的程度及范围有所减小。

2）围护墙不同变形模式的影响分析

基坑围护结构有 4 种典型的变形模式，即悬臂、踢脚、内凸和复合。文献[10]指出：即使围护结构最大水平位移相同，由于侧移分布模式不同，基坑外地表和深层土体的竖向及水平位移场均可存在较大差别，从而可能对环境产生不同程度的影响。由于土体位移场改变影响桩-土的相互作用，故有必要分析围护桩不同变形模式下，坑外隔离桩及桩外土体侧移的变化规律。本节以图 3-79 所示折线代表 4 种不同变形模式，用基坑外隔离桩对土体水平位移影响的三阶段分析法计算坑外 10m 处的桩（土）位移。

由图 3-80 可见，围护墙最大侧移相同而变形模式不同的情况下，无隔离桩时坑外 10m 处的土体侧移最大值以及沿深度侧移模式均不相同。悬臂型对应的坑外 10m 处的土体侧移模式仍为悬臂型，踢脚型对应的土体侧移模式为凸肚型，复合型、内凸型对应的土体侧移模式介于两者之间。尽管土体侧移模式不同，但各模式下隔离桩中下段桩体侧移仍大于无隔离桩时对应位置的土体侧移，其中踢脚型侧移模式下负效果出现深度最深，这与踢脚型变形最大位置位于围护桩底有关。可见，改变围护桩侧移模式将引起桩土的侧移模式改变，但隔离桩体中下部仍可能产生负面效果。

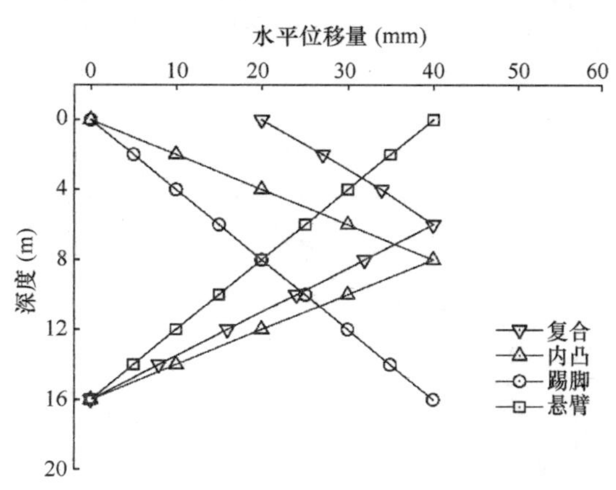

图 3-79 四种围护墙侧移模式

3）隔离桩刚度的影响分析

以表 3-4 中算例项目 2 为基础，分析隔离桩模量与土体模量之比对隔离效果的影响。

由图 3-81 可见，当桩顶有良好约束条件时，隔离桩模量越大，隔离桩对土层上部水平向位移的隔离效果越好，负面效果出现的深度增加，但同时下部土层位移增大的情况也越明显；随着桩土模量比的降低，隔离桩水平向变形逐渐接近于对应位置无隔离桩时的土体水平向变形（算例中，桩土模量比小于 1000 时，桩与土的水平向变形就已十分接近），隔离桩导致土体侧移增大的负面效果不显著，但同时也表明小刚度隔离桩难以产生隔离水平向位移的效果。

3. 保护效果区域的划分

根据以上分析结果绘制隔离桩隔断效果示意图见图 3-82。无隔离桩时，基坑开挖后形成的土体位移场可分为主要影响区和非主要影响区，影响区分割线可从围护桩与嵌固层的交点开始，斜向上延伸至地表，一般地基土越软弱，影响区分割线与水平面的夹

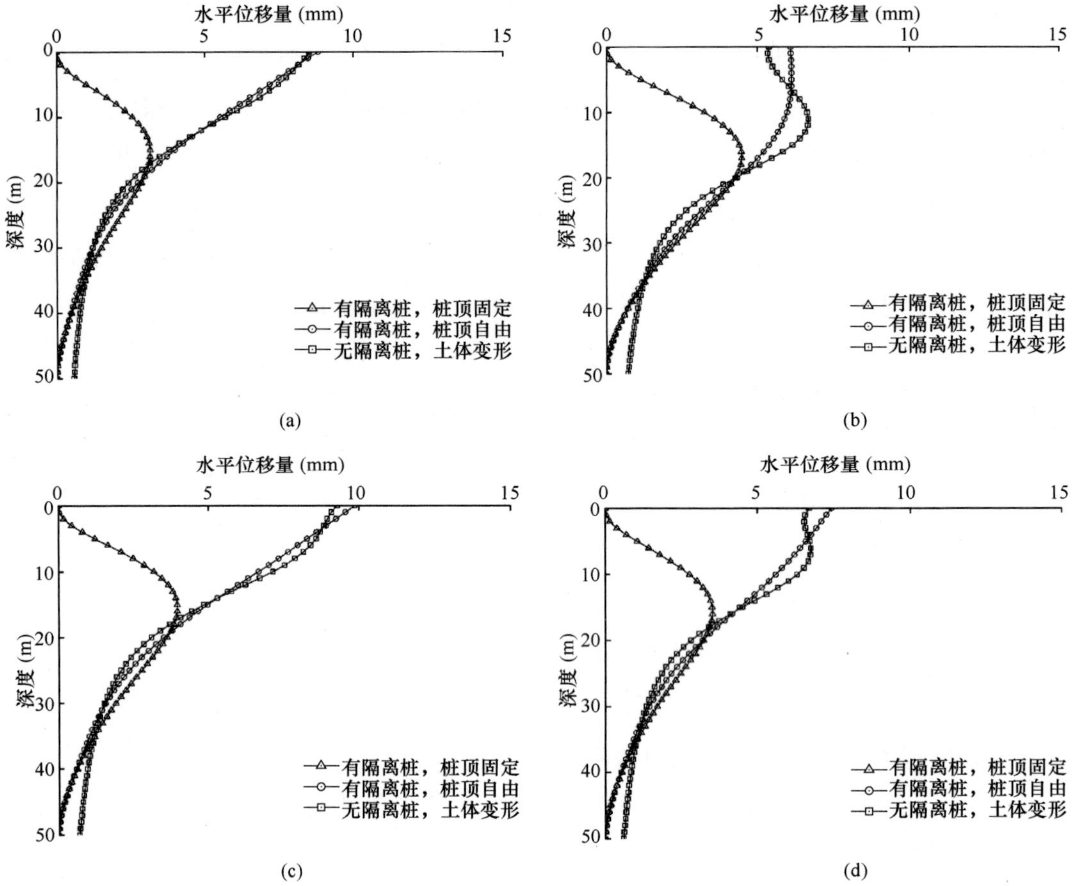

图 3-80　不同模式下坑外桩（土）侧移

（a）悬臂模式；（b）踢脚模式；（c）复合模式；（d）内凸模式

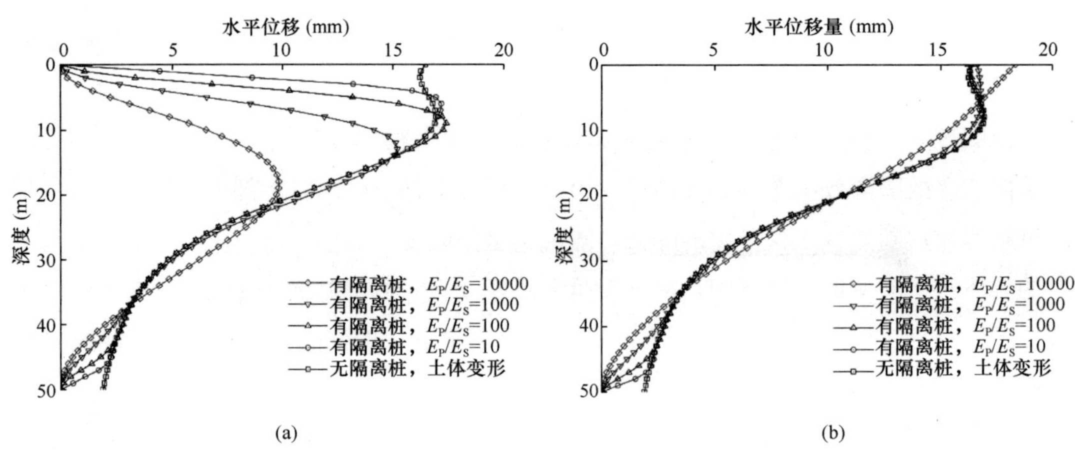

图 3-81　不同桩土模量比时坑外桩（土）侧移

（a）桩顶约束；（b）桩顶自由

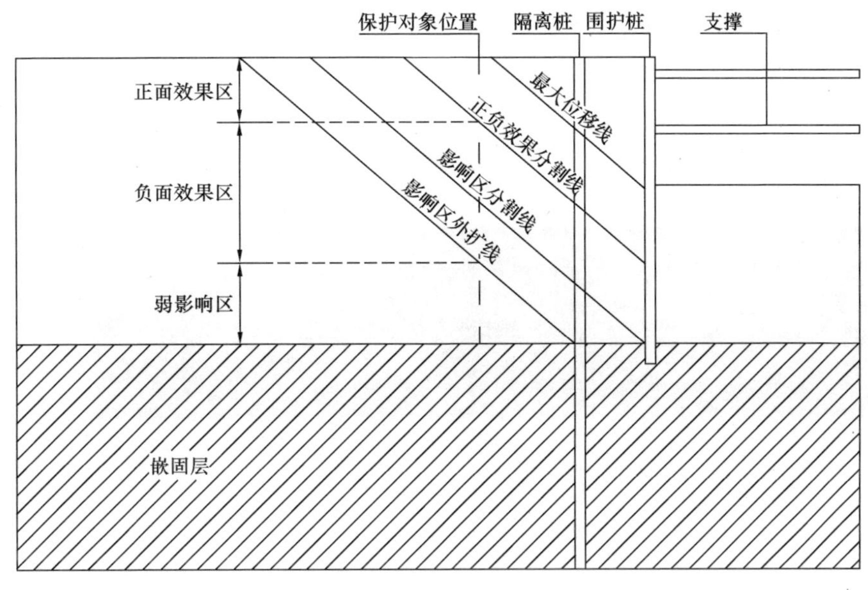

图 3-82　坑外隔离桩隔断效果示意图

角越小［图 3-83（a），图中红线为水平位移 10mm 等值线］；围护桩最大水平位移一般发生在坑底附近，随着与基坑距离的增加，土体最大水平位移逐渐上移（图 3-82 中最大位移线）。隔离桩设置后，使基坑开挖的影响范围外移，主要影响区与非主要影响区可根据影响区外扩线分割［图 3-83（b），图中红线相比于图 3-83（a）中红线外移量约等于隔离桩与支护桩间距］；由于隔离桩的牵引作用，下部土体位移增大，正负分割线

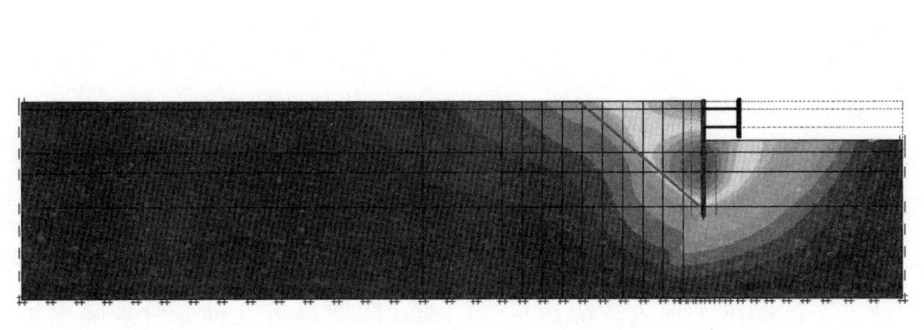

(a)

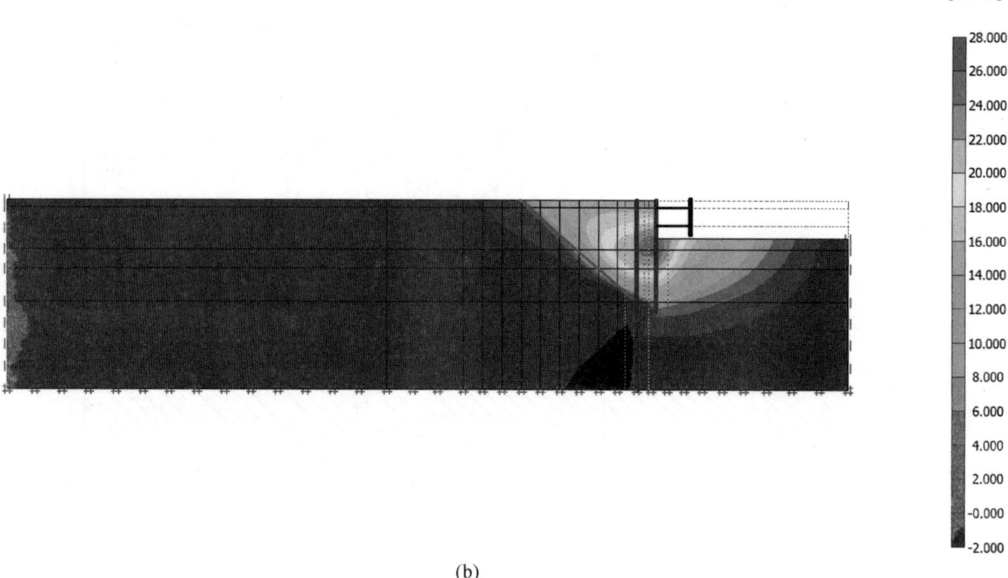

(b)

图 3-83　有无隔离桩时坑外土体水平位移对比（二）

（a）无隔离桩时坑外土体水平位移云图；（b）有隔离桩时坑外土体水平位移云图

位于最大位移线之下（实际下移量与隔离桩及土层性质相关）。那么，对于离基坑某距离的位置，出现负面效果的区域一般介于正负效果分割线与影响区外扩线之间。另外，嵌固层顶埋深增加以及隔离桩离支护桩距离增加都可能增大负面效果区范围。

综上可见，隔离桩“牵引作用”的出现是桩土相互作用的结果，隔离桩对于控制保护对象位移是否有效，与隔离桩位置、保护对象位置、土层分布等相关。

3.3.2　不同形式隔离桩的对比分析[86]

基坑外设置常规隔离桩时，地表下一定深度范围内的土体水平位移明显减小，但该深度以下土体水平位移反而可能增大。因此，可以推测，若基坑外存在既有地下隧道位于负面隔离效果区，隔离桩的存在对控制隧道变形反而不利。

针对这一问题，有必要进一步研究隔离桩对既有隧道位移的控制效果，寻求相关措施消除隔离桩的负面效果，或使得负面效果出现深度低于保护对象埋深，以达到正面的保护效果。鉴于此，本章提出了埋入式隔离桩、门架式隔离桩等几种非常规隔离桩型式，采用有限元手段对其控制坑外隧道变形的效果进行验证，就其中主要影响因素进行了分析，以期对隔离桩的优化设计提出合理化建议。

1. 水平控制效果对比

在不同隔离桩桩长、不同隔离桩设置位置、不同隔离桩等效厚度、不同隧道位置和埋深的情况下，结合普通隔离桩、门架式隔离桩和埋入式隔离桩三种形式，计算隧道在不同情况下的变形，计算结果仍以隔离桩控制效率形式给出，如图 3-84～图 3-88 所示。

图 3-84～图 3-88 显示：

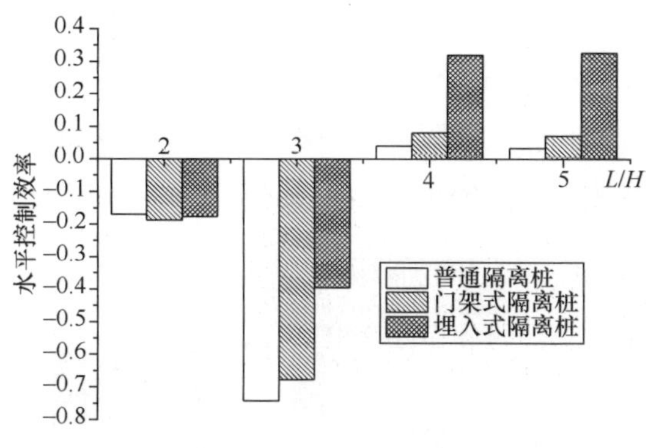

图 3-84　不同桩长隔离桩水平控制效率

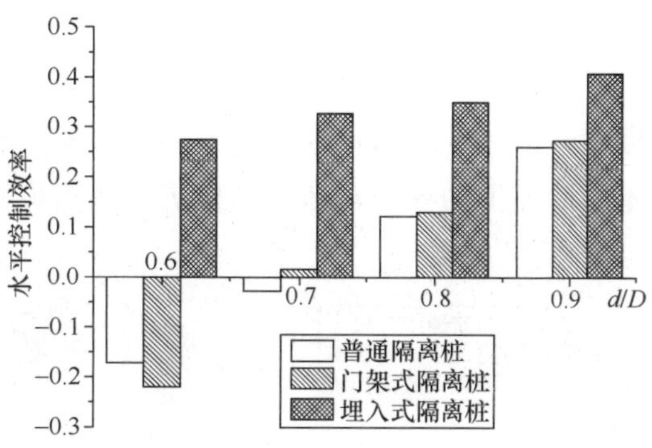

图 3-85　不同设置位置隔离桩水平控制效率

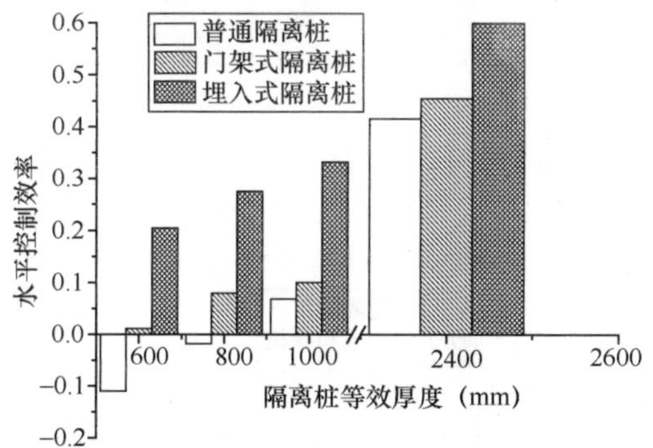

图 3-86　不同等效厚度隔离桩水平控制效率

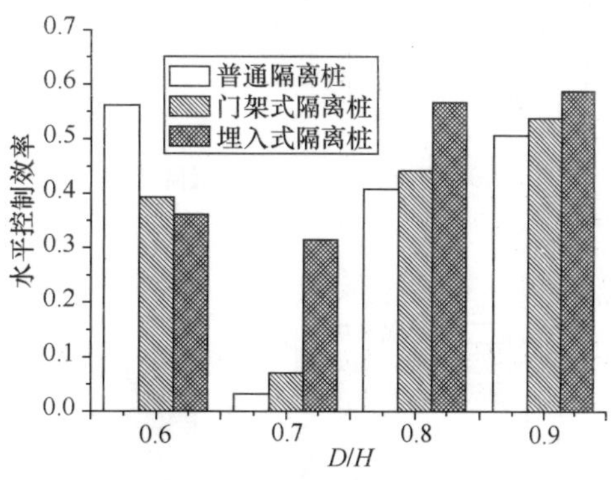

图 3-87　不同隧道位置隔离桩水平控制效率

（1）隧道位于基坑外 10m 处时，普通隔离桩水平控制效率高于门架式隔离桩水平控制效率，门架式隔离桩水平控制效率高于埋入式隔离桩水平控制效率；其他情况下，埋入式隔离桩水平控制效率高于门架式隔离桩水平控制效率，门架式隔离桩水平控制效率高于普通隔离桩水平控制效率。

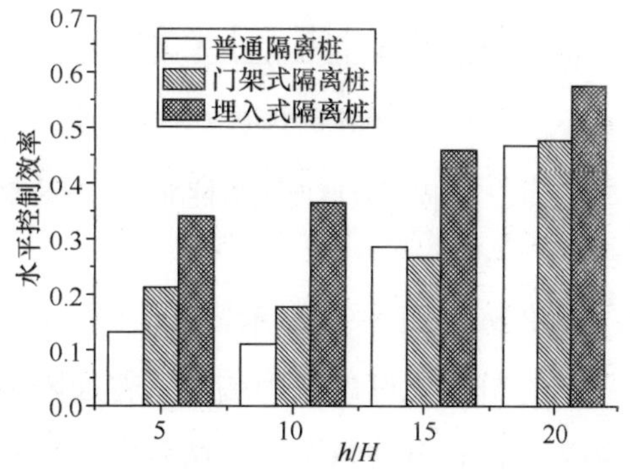

图 3-88　不同隧道埋深隔离桩水平控制效率

（2）桩底无好的嵌固端时，普通隔离桩、门架式隔离桩和埋入式隔离桩水平控制效率均为负值；隔离桩设置位置距离隧道较近时，普通隔离桩和门架式隔离桩水平控制效率为负值，埋入式隔离桩为正值；普通隔离桩桩径≤800mm 时，水平控制效率为负值；其他情况下，两者水平控制效率均为正值。

（3）根据数值模型计算结果，对于水平控制效率（正效果），普通隔离桩和门架式隔离桩基本为0～0.5；埋入式隔离桩基本为0.3～0.6。

2. 沉降控制效果对比

在不同隔离桩桩长、不同隔离桩设置位置、不同隔离桩等效厚度、不同隧道位置和埋深的情况下，结合普通隔离桩、门架式隔离桩和埋入式隔离桩三种形式，计算隧道在不同情况下的变形，计算结果仍以隔离桩控制效率形式给出，如图3-89～图3-93所示。

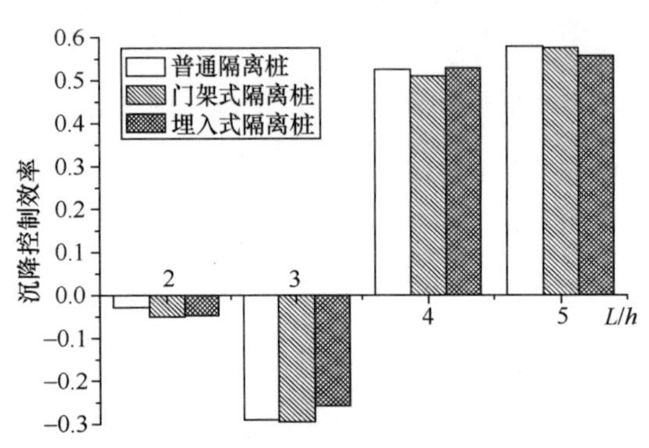

图3-89　不同桩长隔离桩沉降控制效率

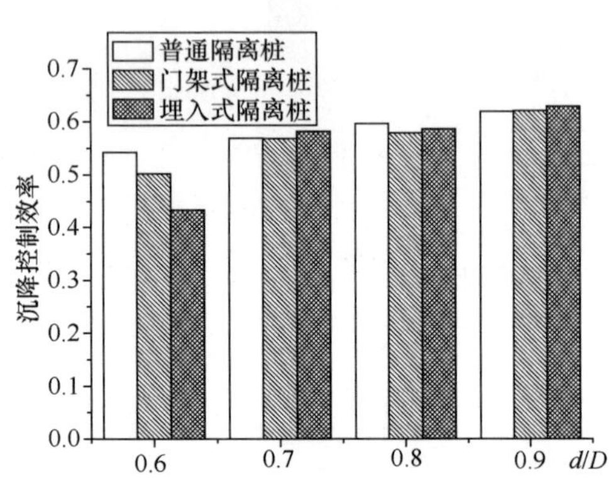

图3-90　不同设置位置隔离桩沉降控制效率

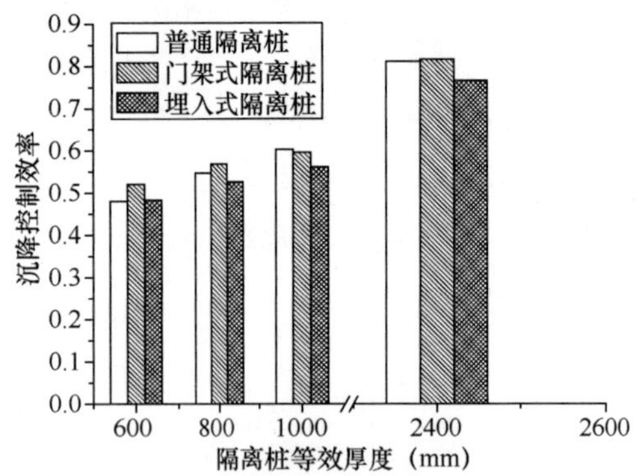

图3-91　不同等效厚度隔离桩沉降控制效率

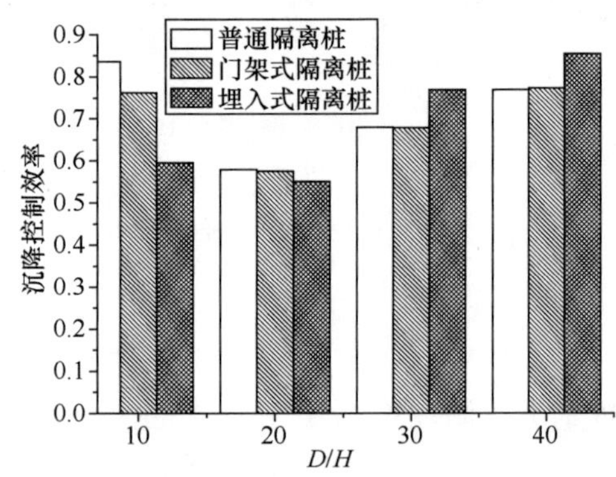

图3-92　不同隧道位置隔离桩沉降控制效率

图3-89～图3-93显示：

（1）桩底无好的嵌固端时，普通隔离桩、门架式隔离桩和埋入式隔离桩沉降控制效率均为负值；其他情况下，两者沉降控制效率均为正值且控制效果接近。

（2）隔离桩设置位置距离隧道较近时，普通隔离桩沉降控制效率高于门架式隔离桩，门架式隔离桩沉降控制效率高于埋入式隔离桩；隔离桩设置位置距离坑边较近时，三种桩型沉降控制值接近，未呈现出明显的规律。

（3）隔离桩等效厚度较小时，门架式隔离桩沉降控制效率要高于普通隔离桩和埋入

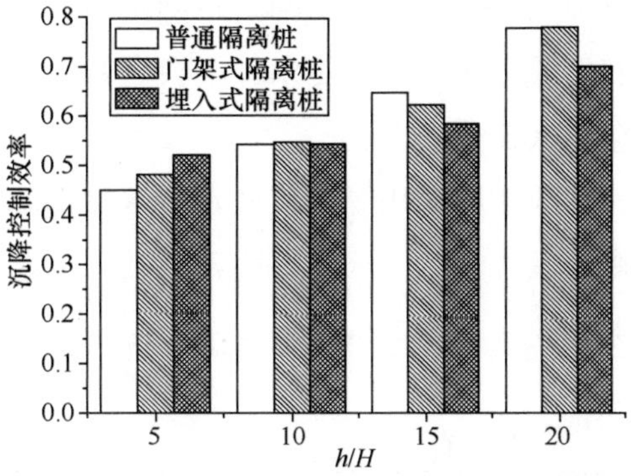

式隔离桩；随着等效厚度的增大，三者沉降控制效率接近。

（4）隧道距离坑边较近时，普通隔离桩沉降控制效率高于门架式隔离桩，门架式隔离桩沉降控制效率高于埋入式隔离桩；隧道距离坑边较远时，埋入式隔离桩沉降控制效率要高于普通隔离桩和门架式隔离桩。

（5）隧道埋深较浅时，埋入式隔离桩沉降控制效率高于门架式隔离桩，门架式隔离桩沉降控制效率高于普通隔离桩；隧道埋深较深时普通隔离桩和门架式隔离桩沉降控制效率高于埋入式隔离桩。

图 3-93 不同隧道埋深隔离桩沉降控制效率

（6）根据数值模型计算结果，各种形式隔离桩的沉降控制效率（正效果）基本为0.5～0.8。

3. 施工便利性和经济性对比分析

门架式隔离桩施工便利性及施工质量控制方面要优于埋入式隔离桩，主要表现在以下几个方面：①埋入式隔离桩埋深较深时，施工时钢筋笼长度及标高难以控制；②埋入式隔离桩桩头质量难以保证；③埋入式隔离桩施工完成后，上部土体松散，有孔洞存在，对周边环境产生附加影响。但是，门架式隔离桩需连接坑外隔离桩与围护桩，故需要两者的建设方在建设前通过良好沟通，协作完成门架式隔离桩的设置。

从经济性方面考虑，门架式隔离桩和埋入式隔离桩桩底标高相同的情况下，埋入式隔离桩桩长短、无连梁，工程量少于门架式隔离桩。

3.4 隧道加固措施——隧道注浆

3.4.1 概述

注浆是指采用一定机械辅助将水泥浆或化学浆等浆液压入指定工程实体中，以达到驱赶缝隙水，并在岩体缝隙中流动扩散、凝固，最后形成固体堵水帷幕为目的的过程。要想获得更加完美的注浆效果，首先就必须掌握注浆工程实体的地质和水文地质情况，掌握其地下水的规律；其次还要了解所注的浆液材料的特性，并研究其在工程实体中的扩散流动规律。前者是动力学所研究的内容，后者则是目前国际上正在研究的注浆理论。

通常情况下，灌注的浆液在岩土中的流动规律和地下水的运动规律相似，只不过浆液的流变性与地下水不同，运动阻力相对较为复杂。当注浆采用粒状浆材时，浆液中的不稳定悬浮浆液在一定条件下会在岩体空隙中发生颗粒沉淀，从而使得浆体的流动规律发生较大变化。

如果灌浆采用黏稠浆液，由于黏稠浆液属于非牛顿体，浆液受到不同地层和压力的影响，其扩散的方式也不同，将其归纳起来可分为渗透注浆、压密注浆、劈裂注浆三种注浆理论，如图 3-94 所示。

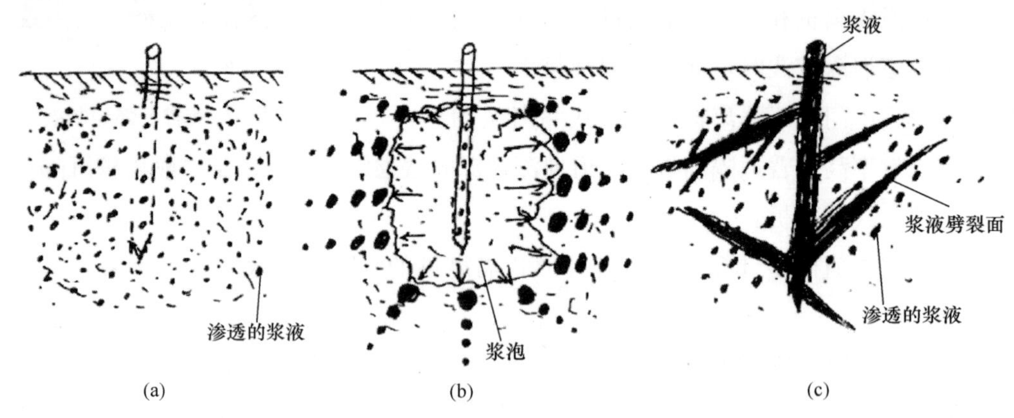

图 3-94　浆液的三种扩散形式

(a) 渗透注浆；(b) 压密注浆；(c) 劈裂注浆

3.4.1.1　渗透注浆

黏稠浆液在注浆压力作用下克服阻力而渗入工程实体中的孔隙、裂隙中，使存在的工程实体的气体和水被排挤出去，浆液代替气体和水充填孔隙或裂隙，从而形成较为密实的实体，达到灌浆加固的目的。注浆压力越大，吸浆量及浆液扩散范围就越广。渗透注浆理论是假定在注浆过程中，所用的注浆压力相对较小，工程实体的结构不受到灌浆压力的扰动和破坏。

对于粒状浆材如水泥、膨胀土等材料，仅能注入细砂及以上的土层中大于 0.1mm 的孔隙或宽度超过 0.1mm 的裂缝；对于化学浆材，仅能注入粉土及以上地层（渗透系数 $k_w=10^{-4}$ cm/s，粒径为 0.01mm）中。

3.4.1.2　压密注浆

通过钻孔向工程实体中压入浓浆，随着工程实体的压密和浆液的挤入，将在压浆点周围形成浆泡，通过浆泡挤压邻近的工程实体，使工程实体被压密，承载力得到提高。通过此方法，可用于整治一些地面建筑物不均匀沉降产生的病害。压密注浆的特点是它对于软弱土层能起到比较好的密实作用。压密注浆一般在细砂地层中应用，也可用于有充分排水条件的黏土和饱和黏性土，还可以用来在隧道开挖时对邻近土体进行加固，但其加固效果一般，加固埋深浅，只能保证 1m 至 2m 范围，且需要加固地层上面有建筑物的压力约束。

3.4.1.3 劈裂注浆

劈裂注浆是浆液在高注浆压力作用下，将岩石或土体结构进行破坏和扰动，从而使岩石或土体中原有的孔隙或裂隙扩张成为新的裂缝或孔隙，从而增加工程实体的可注性和浆液的扩散范围。通常情况下，该劈裂注浆所需压力较大。

由于劈裂注浆是通过劈裂工程实体来达到充填浆液的，浆液与工程实体的接触面增加了，因此，劈裂注浆适合于工程实体体积较大的加固，尤其是在断层带较为发育的软弱岩层中，效果最好、最为突出。

3.4.1.4 常用注浆材料的性能对比及适用条件（表 3-5）

表 3-5 常用注浆材料的性能对比及适用条件

材料名称	优点	缺点	适用范围
普通水泥单液浆	① 可注入不小于 0.5mm 的裂隙和及平均粒径大于 1mm 的砂层。 ② 凝固时间长，具有较长的可注期。注浆时能够得到较大的注浆量和注浆加固范围。 ③ 胶结体具有较高的抗压、抗剪强度，能有效地提高地层的承载能力。 ④ 材料来源广，价格便宜	① 凝固时间不好调节，初凝时间长，容易被地下水稀释，影响其强度和堵水性能，因而不宜在水压高、流速大的条件下采用。 ② 颗粒粒径大，在致密的黏土和砂层中及微小裂隙条件下渗透困难。 ③ 水泥的收缩率较大，不宜在对堵水要求很高的条件下采用	适用于节理、裂隙、溶隙发育地层、岩溶管道及中粗砂、砂砾石地层。要求在水量小、水压低、裂隙宽，砂层颗粒直径大等地质条件下注浆
普通水泥-水玻璃双液浆	① 可注入裂隙为大于 0.2mm 的裂纹或平均粒径大于 0.5mm 的砂层，可注性较好。 ② 凝固所需时间短，可灵活控制凝固时间，且早期强度高。 ③ 浆液配制简单，易于操作，价格不贵	① 胶结体后期强度低，且受水长期浸泡会分解。 ② 晶体收缩率较大，不利于堵水要求。 ③ 晶体耐久性能较差，对长期堵水和加固围岩不利。 ④ 具有轻微的腐蚀性，对施工人员带来一定危害	适用于临时堵水、加固围岩和控制注浆加固范围以及止浆墙渗漏时的快速封堵

3.4.2 注浆方式

3.4.2.1 按注浆施工时间分

注浆方式按时间先后顺序可分为预注浆和后注浆两种。

1. 预注浆

预注浆是指在地下隧道结构工程施工之前，预先进行隧道注浆加固充填裂隙，减少隧道涌水现象，加固围岩以利施工的方法，根据工作地点的不同它又可分为地面预注浆和工作面预注浆两种。

2. 后注浆

后注浆是在地下隧道结构工程开挖后，为减少渗水或涌水现象，通过充填或加固支护本身或围岩的方法以改善支护或围岩的抗渗性和强度的一种方法。

3.4.2.2 按注浆过程分

1. 分段注浆

分段注浆可分为分段前进式注浆和分段后退式注浆两种。所谓分段注浆就是在一个设计的注浆段内，分开若干段分别进行注浆。从孔口开始注浆，往里分段进行注浆，称分段前进式注浆。分段前进式注浆适用于区间排水量大而集中，地层裂隙分布不均匀，岩石破碎塌方，易产生塌孔，钻孔非常艰难的地层。而从孔底往孔口分段进行注浆，则称为分段后退式注浆。分段后退式注浆适用于水量小且分散，易成孔的地层，需要依靠止浆塞来实现。

(1) 分段前进式注浆

分段前进式注浆施工工艺就是在施工过程中，实施钻一段、注一段，再钻一段、再注一段的钻、注交替方式进行钻孔注浆施工。每次钻孔注浆分段长度 4m 左右。分段前进式注浆可采用孔口管法兰盘进行止浆。分段前进式钻孔注浆施工模式图解如图 3-95 所示。

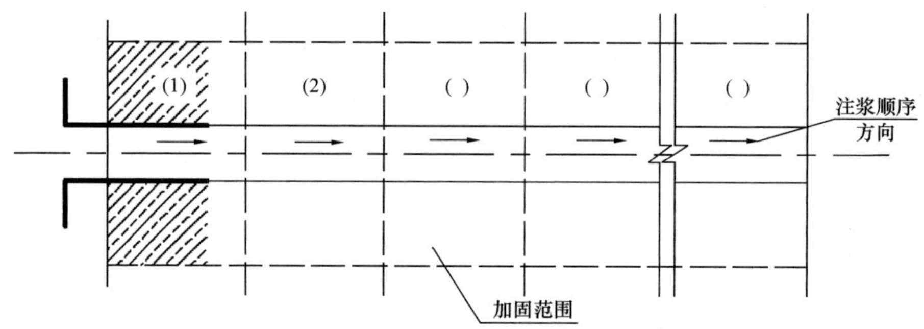

图 3-95 分段前进式钻孔注浆施工模式图

(2) 分段后退式注浆

TSS 管补充注浆施工工艺采取后退式分段注浆，TSS 管采用 ϕ42mm、δ3mm 焊接钢管加工制作而成，前端加工成尖锥状并封死，在 TSS 管周体垂直钻设 ϕ6～8mm 的溢浆孔，然后采用铣刀在溢浆孔位置铣出 ϕ10～12mm 的台阶孔，采用胶粘剂将贴片粘在溢浆孔的铣孔位置，这样形成单向袖阀管，从而满足分段后退式注浆施工工艺要求。

进行 TSS 管后退式分段注浆施工时，首先将 TS-D 止浆塞及其他配套装置放入 TSS 管中，对底部一个注浆分段段长进行注浆施工，第一分段注浆完成后，反时针旋转芯管上的 TS-C 顶杆螺母，使止浆塞恢复到原状。将芯管后退一个分段长度进行第二分段注浆，如此下去，直到将整个注浆段完成。分段后退式注浆钻孔注浆施工模式图解如图 3-96 所示。

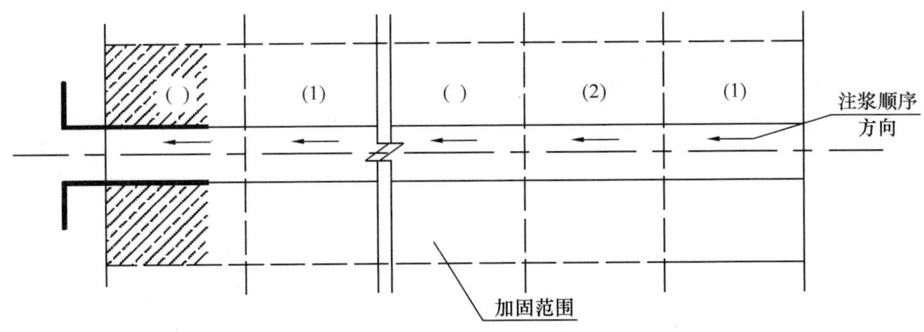

图 3-96 分段后退式钻孔注浆施工模式图

2. 全孔一次性注浆

全孔一次性注浆的机理是在设计的一个注浆段长度内，先进行钻孔作业，然后在孔口位置设置止浆设备，最后进行注浆。它的施工工艺简单，工作量较小，但作用效果不如分段式好，不易控制浆液的流动，易造成浆液在地层里的不均匀扩散。它适用于裂隙不是很剧烈，但分布均匀，含水量较小的岩层。全孔一次性注浆钻孔注浆施工模式图解如图 3-97 所示。

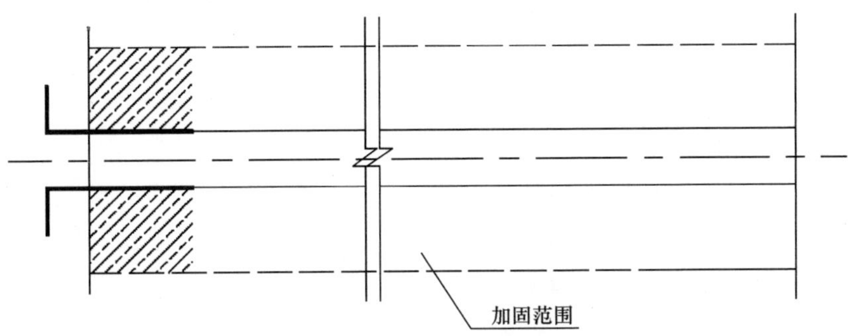

图 3-97 全孔一次性钻孔注浆施工模式图

3.4.2.3 按注浆管形状分

1. 钻杆注浆工法

钻杆注浆工法是把钻机钻孔的钻杆充当注浆管而从钻杆前端注浆的一种方法，根据钻杆的数量不同又可分为单管钻杆注浆工法和双重管钻杆注浆工法。

（1）单管钻杆注浆工法

钻杆为单层管时，在垂直注浆工程中应用较多，在水平注浆中应用较少，该注浆工法操作简便，而且效率高。通过钻孔结束后立即注浆的浆液来实现钻杆和地层间空隙充填密封，见图 3-98。

（2）双重管钻杆注浆工法

双重管钻杆在钻杆前端装置具有特殊构造的前端注浆部分，分为内外两层，钻孔

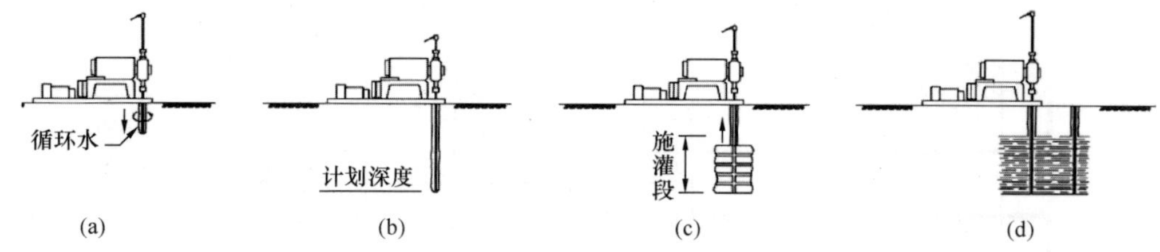

图 3-98 钻孔注浆工法示意图

（a）安装机具，开始钻孔；（b）钻孔完成，灌浆开始；（c）分段灌浆；（d）灌浆完成，冲洗、移动

时，可通过内外管的使用同时起到两种浆液的压送、混合及注浆。此法可采用双液双注式的方法，通过瞬凝浆液的速凝效果，可起到注浆管周围的密封效果改善功能，从而提升注浆效果。双重管钻杆注浆系统见图 3-99。

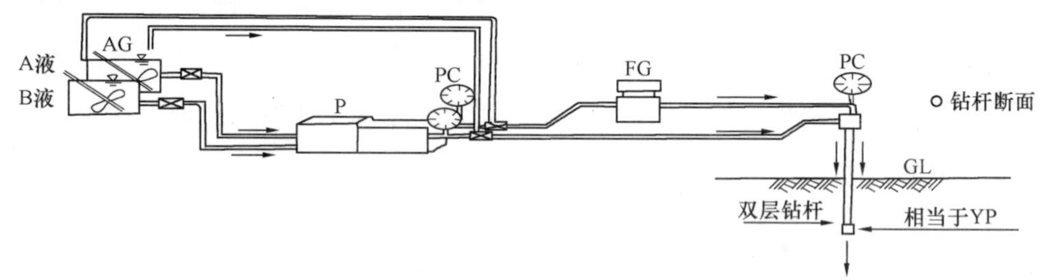

图 3-99 双重管钻杆注浆系统

2. 双层管双环塞注浆工法

该法是在钻孔成形后，拔出钻杆撤走钻机，然后向钻孔中插入一根套管。该套管每隔 40cm 左右开一个小孔即注浆孔。孔口外侧用起单向阀作用的橡胶圈包好。注浆时把两端都装有密封栓塞的注浆芯管插入外管内，在外界注浆压力作用下浆液从两组栓塞的中间经小孔胀开橡胶圈进入地层，慢慢提升或下降芯管，可实现逐段分层注浆。双层管双环塞注浆原理见图 3-100，双层管双环塞注浆工法施工顺序见图 3-101。

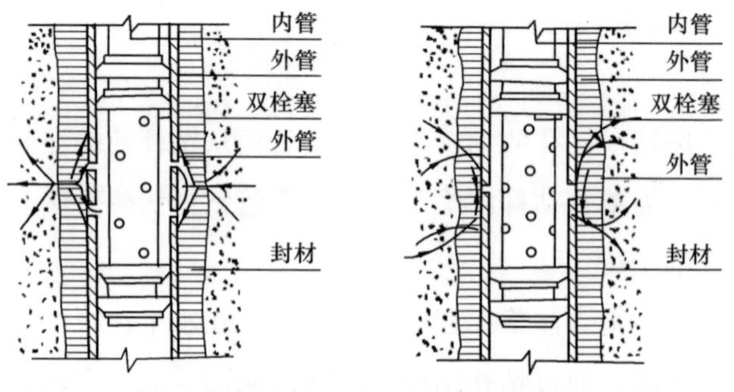

图 3-100 双层管双环塞注浆原理

3. 花管注浆

花管注浆是在钻孔成形后，取出钻杆，插入一端为尖状，管壁上开有许多小孔的注

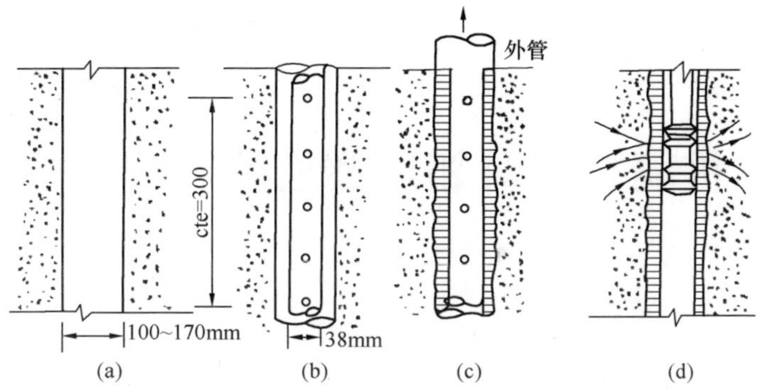

图 3-101　双层管双环塞注浆工法施工顺序

（a）钻孔插入上管；（b）插入外管；（c）注入封材引援外管（随后养生）；

（d）插入双栓塞注入开始

浆管，然后进行注浆的方法，见图 3-102。

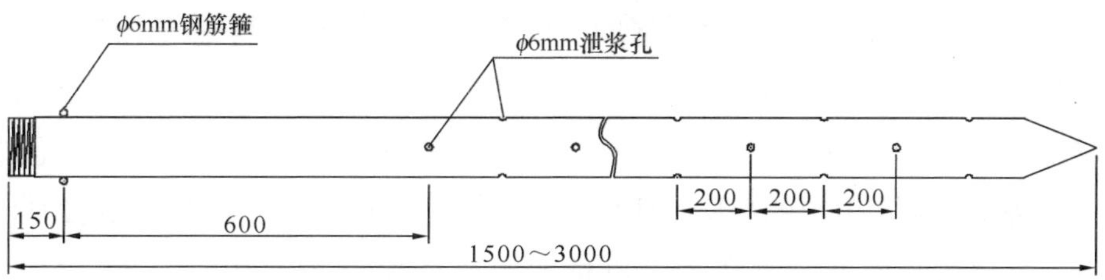

图 3-102　注浆花管示意图

4　桩墙施工对邻近隧道的影响及控制

4.1　钻孔灌注桩

4.1.1　实测分析

1. 工程概况

在宁波世纪大道站～海晏北路站区间（以下简称世～海区间）隧道附属工程隔离桩项目中，为减小某二层地下室深基坑施工对宁波市轨道交通 1 号线世～海区间隧道的影响，在基坑外 5m 处设置桩径 1.2m，桩长 50m 的隔离桩共 70 根。在项目实施过程中，对其中单根隔离桩施工引起的深层土体位移进行跟踪监测。监测点埋设深度约自然地坪以下 35m。在监测断面上监测孔与隔离桩的距离分别为 2m、10m、26m（对应编号 CX1、CX2、CX3），如图 4-1 所示。场地主要土层分布见图 4-2。

2. 数据分析

从钻孔灌注桩成孔阶段相关数据看，成孔钻入速度随深度的增加而减慢，一般每钻入 10m 的时间在 1h 至 1h20min，分别在桩基钻入 10m、20m、30m，混凝土灌入后进行监测读数，得到测斜数据。距离隔离桩最近的 CX1 孔的水平位移曲线见图 4-3（a）（图中 H 表示深度，S 代表位移）。由于施工因素影响，CX1 孔 20m 深度以下的监测点无法读数，但并不影响各施工阶段相关变形规律的得出。

由图 4-3 可知：钻孔 10m 时，土体朝向桩孔方向变形，最大值发生在顶部，而 10m 以下土体侧移很小，这是由于成孔卸荷的初始阶段产生的孔壁内缩。钻孔 20m 时，上部土体朝向桩孔方向变形进一步增大。钻孔 30m 时，土体整体反向桩孔方向变形，10m 深度处变形最大。由于本工程场地中软土重度很小，成孔卸荷后土体对于孔壁的侧压力可能小于泥浆对孔壁的侧压力；另外，软土层还受钻杆钻入时的挤压与振动等扰动影响，软土段孔壁的实际变形朝向孔外。混凝土灌注完成后，土体反向桩孔的变形进一步增大。综上可见，桩基施工期间引起的深层土体位移随工况变化，混凝土灌注后土体往孔外位移达到最大。

CX2 孔的深层水平位移曲线如图 4-3（b）所示。由图可知，各施工阶段的桩周土

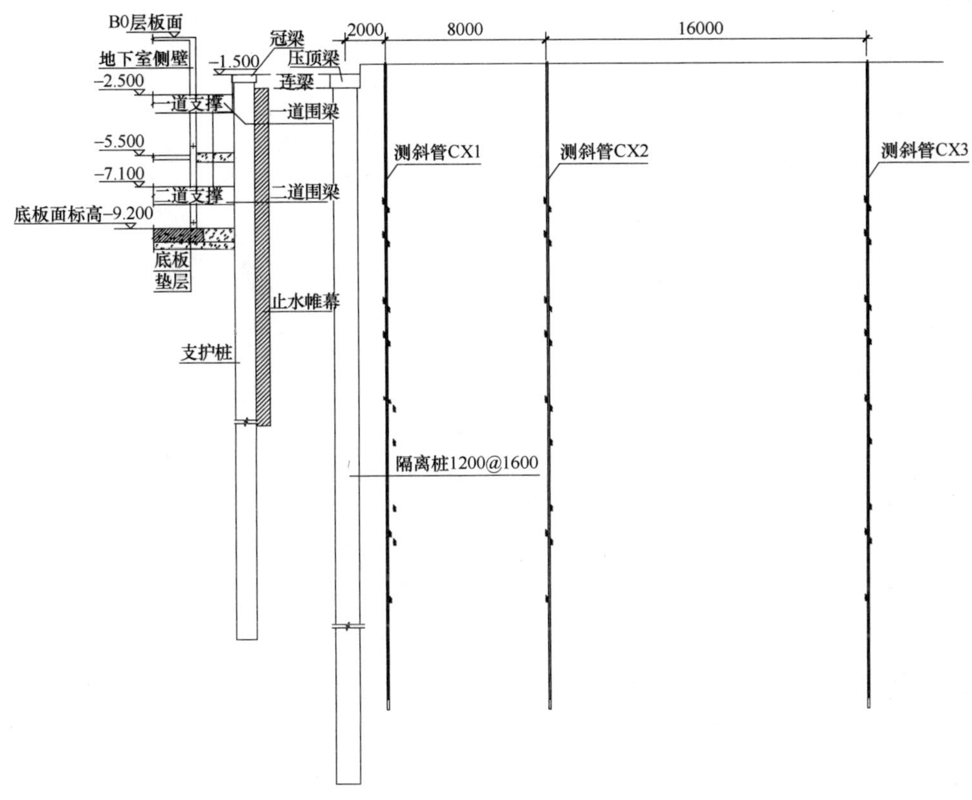

图 4-1 钻孔灌注桩施工影响监测剖面

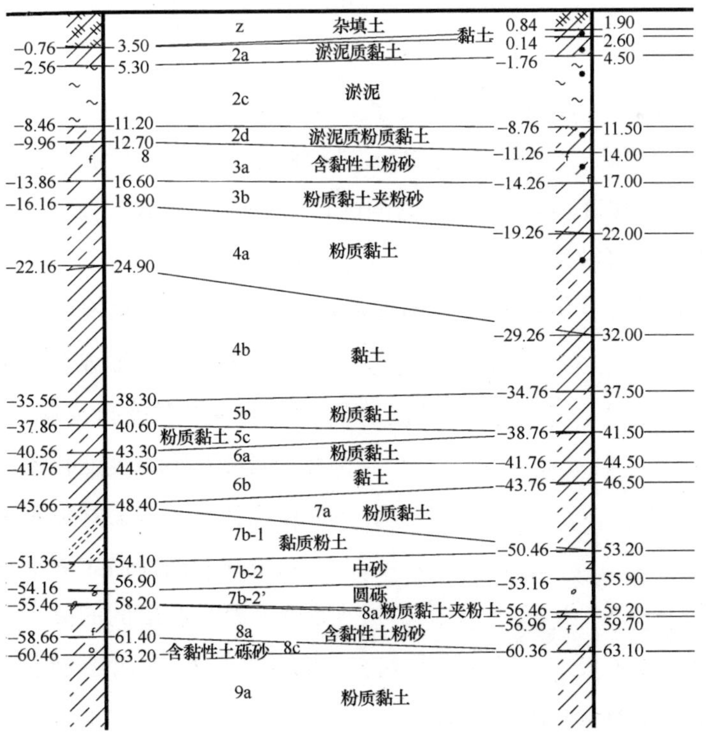

图 4-2 钻孔灌注桩施工场地土层分布

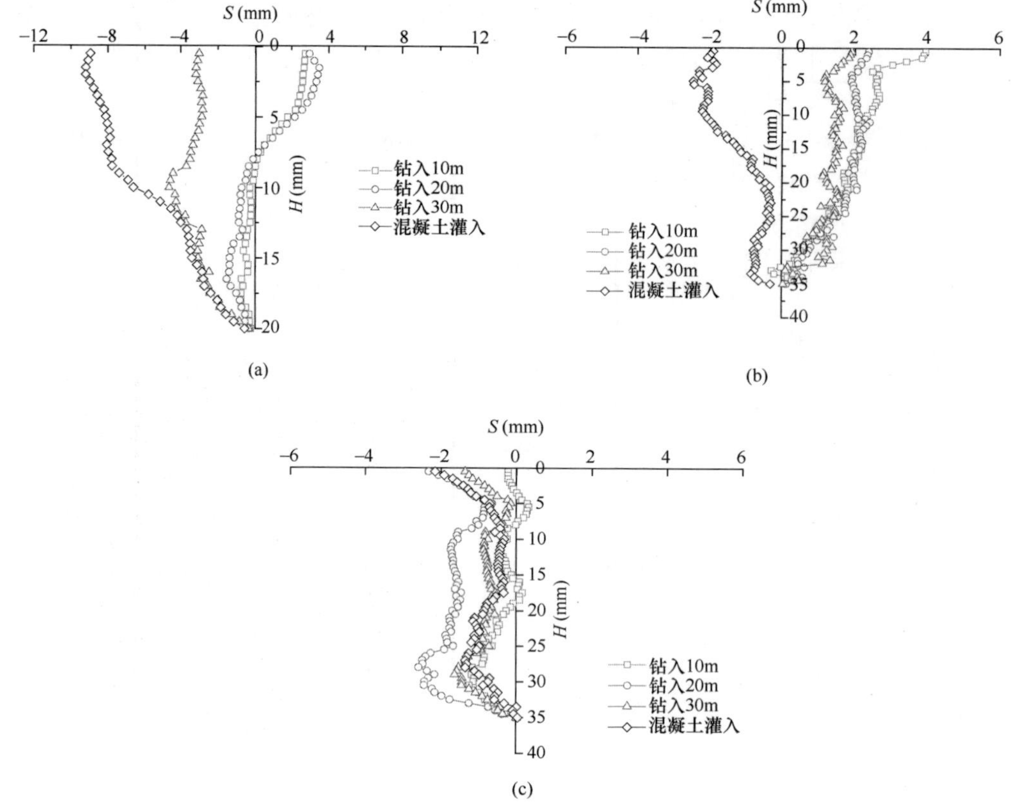

图 4-3 钻孔灌注桩施工引起的深层土体水平位移

(a) CX1；(b) CX2；(c) CX3

体水平位移变化规律与 CX1 孔反映的规律基本一致，泥浆护壁阶段变形大于 CX1 是因为 CX1 孔由于孔位堵塞，实际以深度 20m 进行修正。另外，钻孔灌注桩施工导致的土体沿深度变形主要发生在地表下 12m 范围内，该范围正是本工程软土层所在范围，且该范围内的水平向位移沿深度变化不大。

从图 4-3（c）可以看出，CX3 孔的深层水平位移曲线变化规律与上述两孔的变化规律相差较大，如成孔阶段即出现往孔外的变形，由于该孔离隔离桩已有较大距离，且侧移沿深度变化不明显，故认为其产生的变形主要是其他施工因素引起。

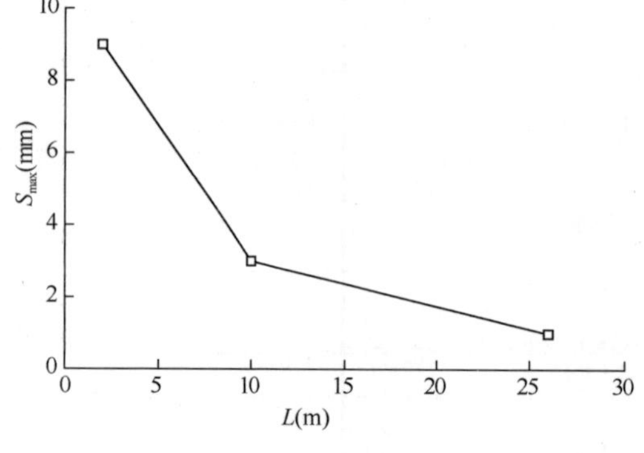

图 4-4 钻孔灌注桩施工引起土体最大水平位移与距离关系

混凝土灌注后，离桩孔的距离与土体最大水平位移之间的关系能够反映单桩施工的影响范围，绘制两者关系曲线如图 4-4 所示。由图可知，距离在一半桩长（25m）时，单桩施工影响已较小。其中，距桩中心10m范围内，水平位移相对较大且衰减较快，可认为是主要影响区域；距桩中心10～25m范围内，土体水平位移较小，可认为是次要影响区域。

4.1.2 数值分析

1. 模型构建与验证

根据4.1.1节宁波世～海区间隧道附属隔离桩工程情况构建桩基施工三维有限元模型，见图4-5。模型中单根桩长50m，桩径1.2m；模型尺寸为50m×50m×80m，模型总计8998单元，4277节点。模型几何边界条件为标准边界，底边全约束，地表自由边界，竖向侧边为水平约束。

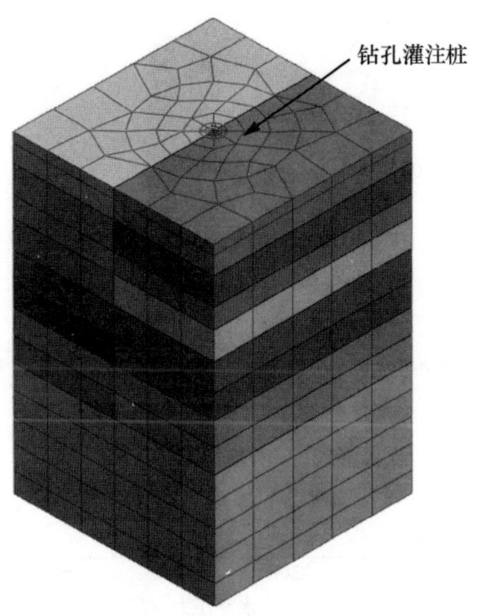

图4-5 钻孔灌注桩施工三维有限元模型

整个钻孔灌注桩施工模拟过程以及涉及的土体参数、泥浆护壁参数、新鲜混凝土参数、硬混凝土参数等说明如下：土体本构模型选用HS模型，土体参数根据项目地勘报告并参考第1章中关于软弱土HS模型参数相关研究成果取值，具体见表4-1。固化后的混凝土需要弹性模型模拟，弹性模量取值28GPa，泊松比0.2。

表4-1 钻孔灌注桩施工模拟中的土体计算参数

土层编号	土层	γ (kN/m³)	c (kPa)	φ (°)	E_{oed}^{ref} (MPa)	E_{50}^{ref} (MPa)	E_{ur}^{ref} (MPa)
1	黏土	18.1	23.0	12.1	3.87	3.87	11.61
2c	淤泥	16.7	11.4	7.9	2.33	2.33	6.99
3b	粉质黏土夹粉砂	19.3	11.5	19.8	7.16	7.16	21.48
4a	粉质黏土	18.5	13.0	11.1	4.12	4.12	12.36
4b	黏土	17.8	22.4	11.9	6.2	6.2	18.6
5	粉质黏土	19.3	38.6	17.8	7.09	7.09	42.54

钻孔灌注桩施工模拟步骤如下：

第一阶段：模拟钻孔灌注桩成孔。将土体单元移除的同时，施工泥浆压力。参照文献[87-88]，泥浆护壁过程等效为静水压力等效荷载，静水压力采用$\gamma_b = 12\text{kN/m}^3$实现。随深度线性分布施加在开挖暴露面上。

第二阶段：灌注液态混凝土，通过改变加载开挖暴露面的压力来模拟。

根据文献[89-90]计算新鲜混凝土压力σ_h，混凝土$\gamma_b = 24\text{kN/m}^3$，假定临界深度$h_c$为

1/3 桩长，泥浆护壁下钻孔灌注桩施工中新鲜混凝土水平压力的包络线见图 4-6，计算公式见式（4-1）。

$$\sigma_h = \begin{cases} \gamma_c z & (z \leqslant h_c) \\ (\gamma_c - \gamma_b) h_c + \gamma_b z & (z > h_c) \end{cases} \tag{4-1}$$

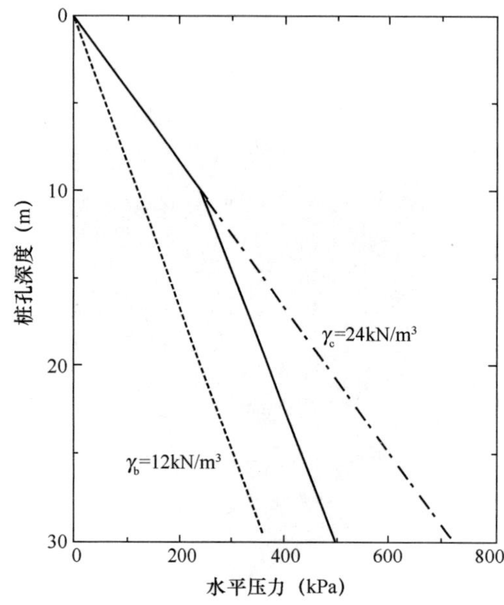

图 4-6　新鲜混凝土水平压力包络线示意

第三阶段：混凝土硬化，通过生成相应的混凝土单元来模拟，同时去掉所有压力。

取有限元模型中桩孔外 2m 和 10m 处节点的深层土体位移值与 4.1.1 节实测的深层水平位移比较，正值为土体水平位移朝向钻孔灌注桩，见图 4-7。由图可知，有限元计算得到距离桩孔 2m 处的土体深层水平位移为背向桩孔方向，随着钻孔灌注桩成孔深度增大水平位移表现为不规则变化，水平位移第一个峰值为 8.0mm，发生在孔深约 10m 处，第二个峰值为 7.2mm，发生在孔深约 20m 处，而这两个位置对应于两层土性较差土层的中部位置，随下部好土层的深度增加，水平位移值逐渐减小。根据计算得到的水平位移曲线可知，土层分布对水平位移影响较大。有限元计算得到距离桩孔 10m 处的土体深层水平位移为背向桩孔方向，水平位移曲线随深度增加变化较小，最大水平位移值为 2.3mm。

实测得到距离桩孔 2m 处土体深层水平位移为背向桩孔方向，最大水平位移值约为

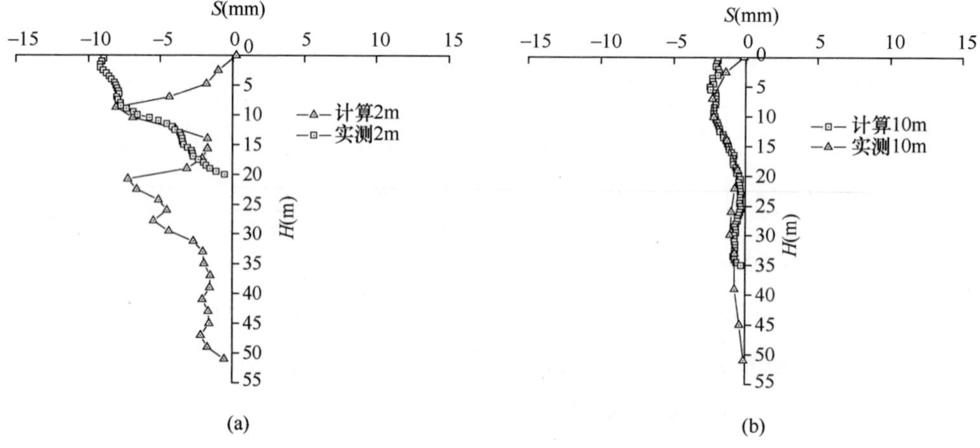

图 4-7　钻孔灌注桩外深层水平位移计算值和实测值对比

（a）桩外 2m；（b）桩外 10m

9.2mm，发生在地表附近，这可能是因为浅部土层易受施工扰动影响，而向孔外发展。实测得到距离桩孔 10m 处土体深层水平位移为背向桩孔方向，受施工等因素影响，最大水平位移值发生在地表附近，约为 2.45mm。排除实际工程中桩孔浅部土层的扰动影响，数值计算得到的土体深层水平位移可基本包络实测值，故本节中三维有限元模型钻孔灌注桩是合理的。

2. 模型试验分析

1）试验方案

为研究钻孔灌注桩不同桩径、桩长、桩数及土层压缩模量对周边隧道的影响，表 4-2给出了隧道距离钻孔灌注桩 5m 时建模方案。同时，为了研究钻孔灌注桩施工影响范围，在建模过程中又分别对距离钻孔灌注桩 5m、10m、15m、20m、30m、40m 的隧道进行计算分析，因此共建立了 60 个三维有限元模型。土体本构模型采用 HS 模型，土层参数信息见表 4-3，其中土层压缩模量等于 2MPa 和 5MPa 代表宁波地区典型软土压缩模量的取值范围，土层压缩模量等于 10MPa 代表宁波地区典型粉砂土压缩模量。钻孔灌注桩施工模拟步骤及其他施工参数同上，模型中隧道埋深 16m，外径 6.2m，隧道衬砌厚度为 350mm。图 4-8 为最终建立的三维有限元模型之一，模型尺寸为 160m×160m×100m，模型总计 47531 单元，21947 节点。隧道水平位移以远离钻孔灌注桩方向为正，竖向位移以重力相反方向为正。

表 4-2　钻孔灌注桩数值试验建模方案

模型	桩径（mm）	桩长（m）	土层压缩模量（MPa）	桩数（根）
模型一	600	25	5	1
模型二	800	25	5	1
模型三	1000	25	5	1
模型四	1200	25	5	1
模型五	800	15	5	1
模型六	800	35	5	1
模型七	800	45	5	1
模型八	800	25	2	1
模型九	800	25	10	1
模型十	800	25	5	100

表 4-3　钻孔灌注桩数值试验土体参数

土层分类	γ (kN/m^3)	c (kPa)	φ (°)	E_{oed}^{ref} (MPa)	E_{50}^{ref} (MPa)	E_{50}^{ref} (MPa)
1	16.7	11.4	7.9	2	2	6
2	18.5	13.0	11.1	5	5	15
3	18.7	7.2	30.6	10	10	30

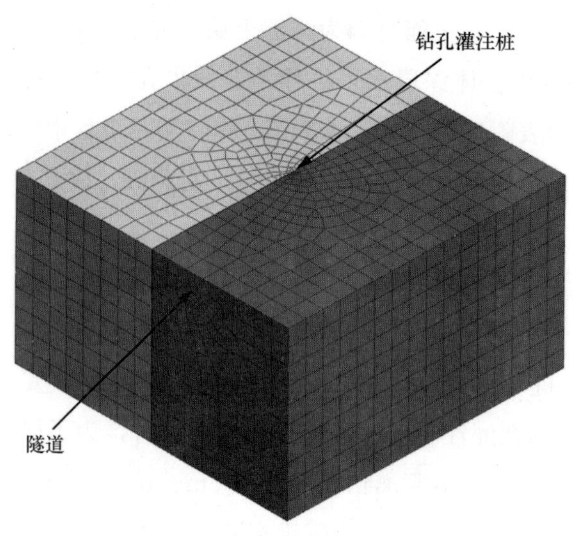

图 4-8 钻孔灌注桩数值试验三维有限元模型

2）施工影响分析

（1）钻孔灌注桩桩径变化对周边隧道影响规律（模型一、模型二、模型三、模型四对比）

不同桩径与距离情况下隧道最大水平位移见图 4-9。由图可知，随着隧道和桩的距离增加，不同桩径的钻孔灌注桩施工引起隧道的最大水平位移值逐渐减小，且变化规律逐渐趋于收敛，桩径越大，隧道最大水平位移减小得越快；隧道与桩距离相同时，隧道最大水平位移值随桩径基本呈线性增大，隧道与桩距离越小，增大得越快。

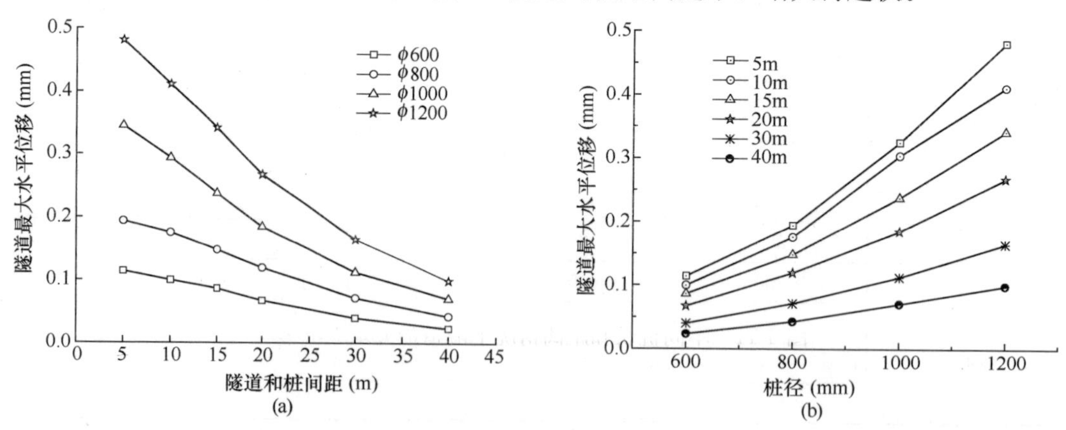

图 4-9 不同桩径与距离情况下隧道最大水平位移

不同桩径与距离情况下隧道最大沉降见图 4-10。由图可知，随着隧道和桩的距离增加，不同桩径的钻孔灌注桩施工引起隧道的最大沉降值逐渐减小，且变化规律逐渐趋于收敛，桩径越大，隧道最大沉降减小得越快；隧道与桩距离相同时，隧道最大沉降值随桩径增加而增大，隧道与桩距离越小，增大得越快。

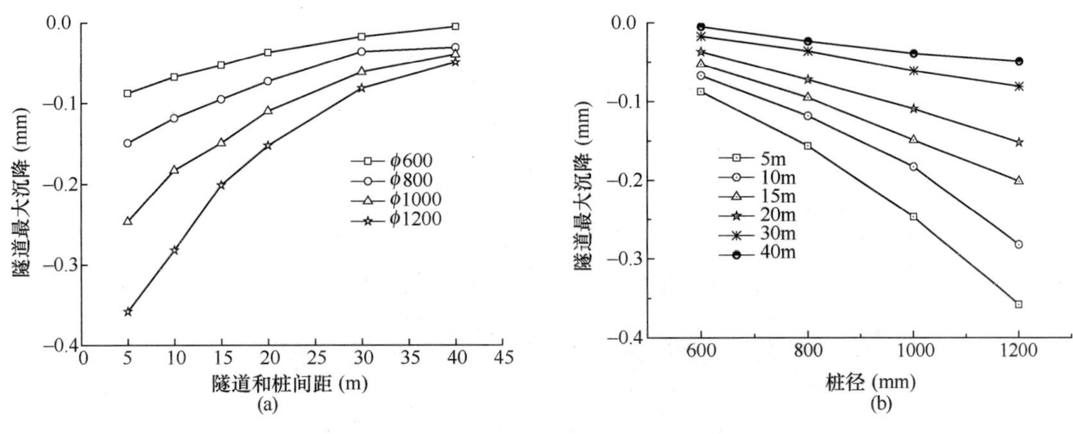

图 4-10　不同桩径与距离情况下隧道最大沉降

（2）钻孔灌注桩桩长变化对周边隧道影响规律（模型二、模型五、模型六、模型七对比）

不同桩长和距离情况下隧道最大水平位移见图 4-11。由图可知，随着隧道和桩的距离增加，不同桩长的钻孔灌注桩施工引起隧道的最大水平位移值呈线性减小，桩长越长，隧道最大水平位移减小得越快；隧道与桩距离相同时，隧道最大水平位移值随桩长增加呈线性增长，隧道与桩距离越小，增长速率越大。

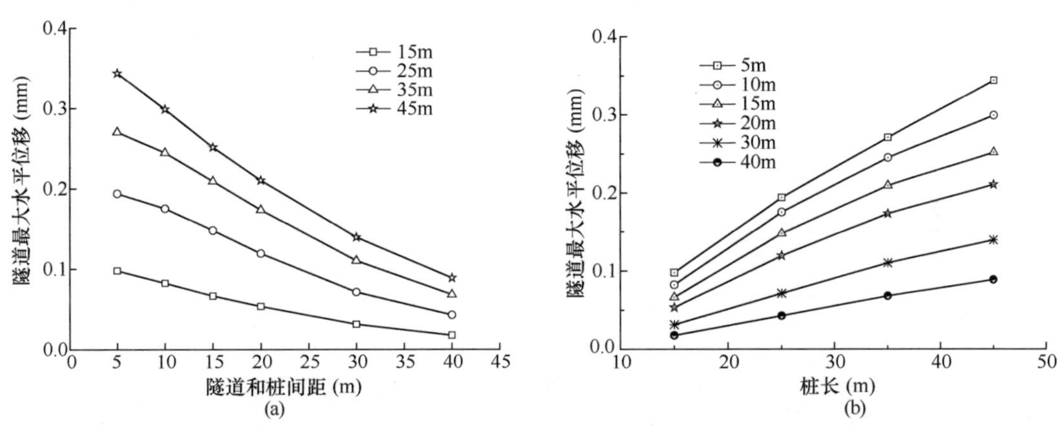

图 4-11　不同桩长和距离情况下隧道最大水平位移

不同桩长和距离情况下隧道最大沉降见图 4-12。由图可知，随着隧道和桩的距离增加，不同桩长的钻孔灌注桩施工引起隧道的最大沉降值逐渐减小，且变化规律逐渐趋于收敛，桩长越长，隧道最大沉降减小得越快；隧道与桩距离相同时，隧道最大沉降值随桩长增加而增大，隧道与桩距离越小，增长速率越大。

（3）土层模量对周边隧道影响规律（模型二、模型八、模型九对比）

土层不同模量和距离情况下隧道最大水平位移见图 4-13。由图可知，随着隧道和

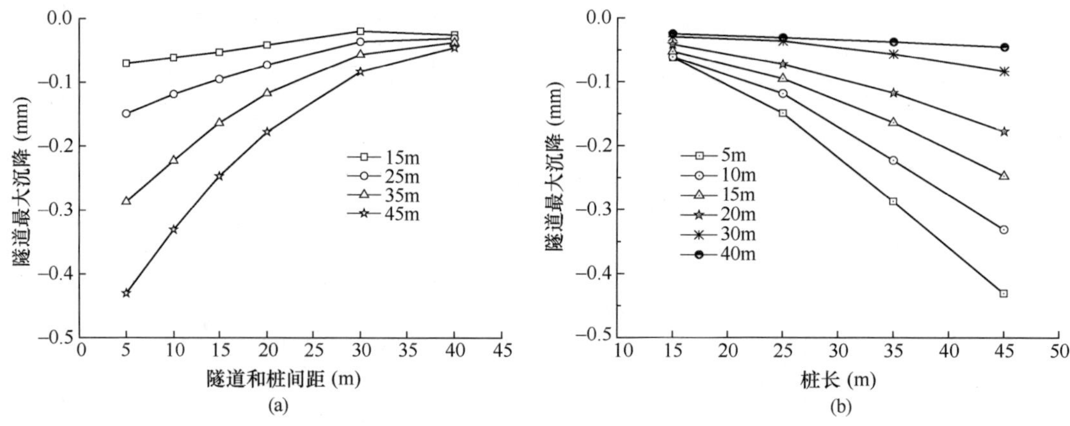

图 4-12　不同桩长和距离情况下隧道最大沉降

桩的距离增加，不同土层模量的钻孔灌注桩施工引起隧道的最大水平位移值均逐渐减小，且变化规律逐渐趋于收敛，土层模量越小，隧道最大水平位移减小得越快；隧道与桩距离相同时，隧道最大水平位移值随土层模量增加而减小，隧道与桩距离越小，减小速率越大。

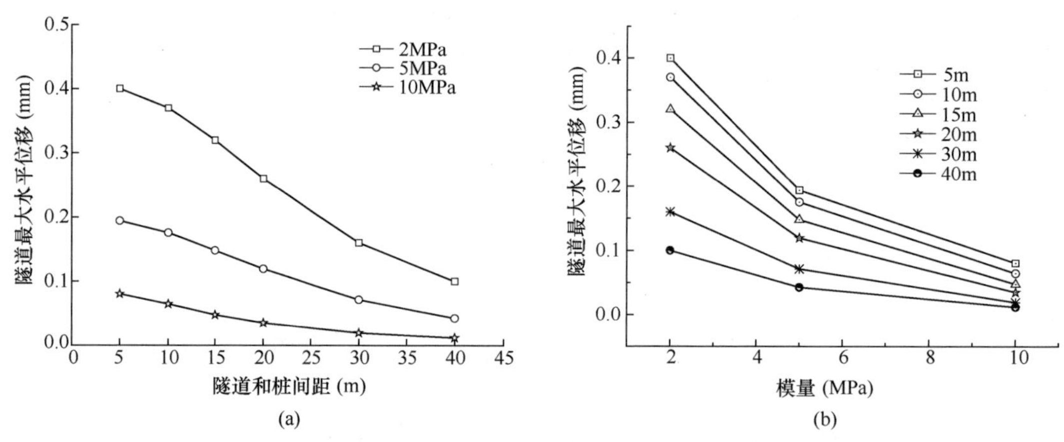

图 4-13　土层不同模量和距离情况下隧道最大水平位移

不同土层模量和距离情况下隧道最大沉降见图 4-14。由图可知，随着隧道和桩的距离增加，不同土层模量的钻孔灌注桩施工引起隧道的最大沉降值均逐渐减小，且变化规律逐渐趋于收敛，土层模量越小，隧道最大沉降减小得越快；隧道与桩距离相同时，隧道最大沉降值随土层模量增加而减小，隧道与桩距离越小，减小速率越大。

（4）钻孔灌注桩桩数对周边隧道影响规律（模型十）

钻孔灌注桩与隧道不同距离情况下隧道最大变形与桩数关系见图 4-15。由图可知，随着桩数的增加，钻孔灌注桩施工引起隧道的最大水平位移和最大沉降逐渐增加，且变化规律逐渐趋于平缓。

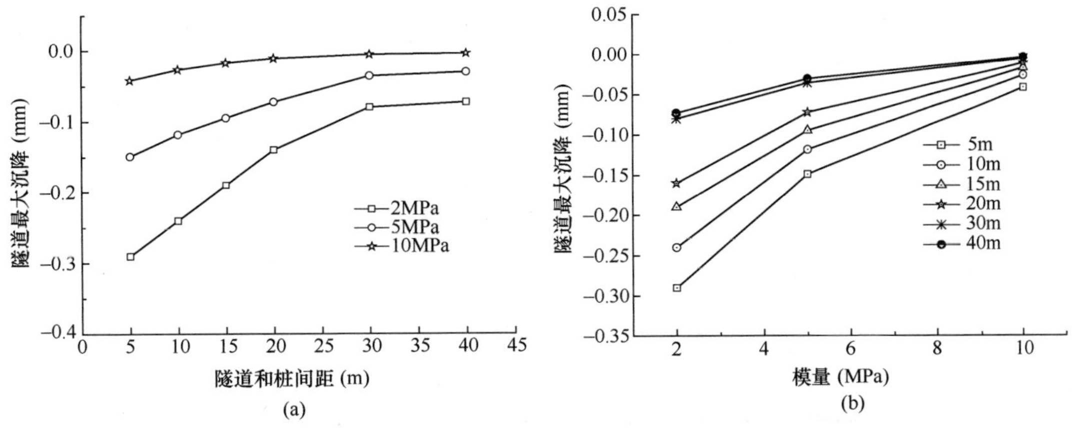

图 4-14　土层不同模量和距离情况下隧道最大沉降

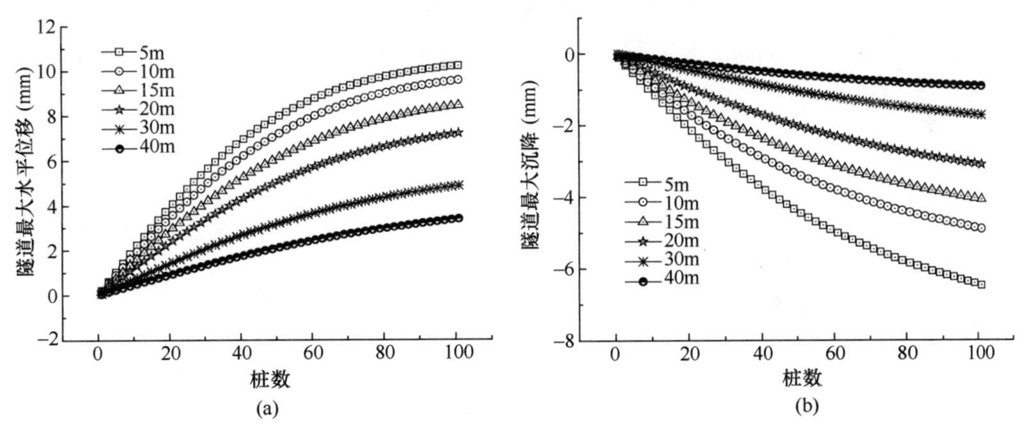

图 4-15　不同距离和桩数情况下隧道最大变形

4.1.3　净距控制

由 4.1.2 节分析可知，钻孔灌注桩施工对隧道的影响随着两者距离的增加而迅速减小，虽然单根桩施工对隧道的影响相对较小，但若是大范围的围护桩施工，其造成的隧道变形则相当可观。故从工程实用角度出发，应考虑设置围护桩的净距控制管理值，约束保护区内近距离钻孔灌注桩作业。本节分析计算不同桩径、桩长、土层模量情况下(其中桩径和桩长分别根据当前软弱土地区一层、两层、三层地下室围护桩设计情况确定)，钻孔灌注桩距离隧道距离不同时的隧道总位移，分析方案见表 4-4，土体和钻孔灌注桩本构模型同 4.1.2 节。

表 4-4　钻孔灌注桩净距控制值分析建模方案

模型	桩径（mm）	桩长（m）	土层压缩模量（MPa）
模型一	600	20	2

续表

模型	桩径（mm）	桩长（m）	土层压缩模量（MPa）
模型二	800	25	2
模型三	1000	35	2
模型四	600	20	5
模型五	800	25	5
模型六	1000	35	5
模型七	600	20	10
模型八	800	25	10
模型九	1000	35	10

图 4-16 为隧道和桩间距与隧道最大总位移的关系，给出了不同模量、桩径及桩长情况下隧道总位移随距离变化曲线。在此基础上，针对钻孔灌注桩施工阶段隧道变形控制指标分别为 1～5mm 的情况编制表 4-3，可为盾构隧道外钻孔灌注桩施工净距控制管理值的确定提供参考。

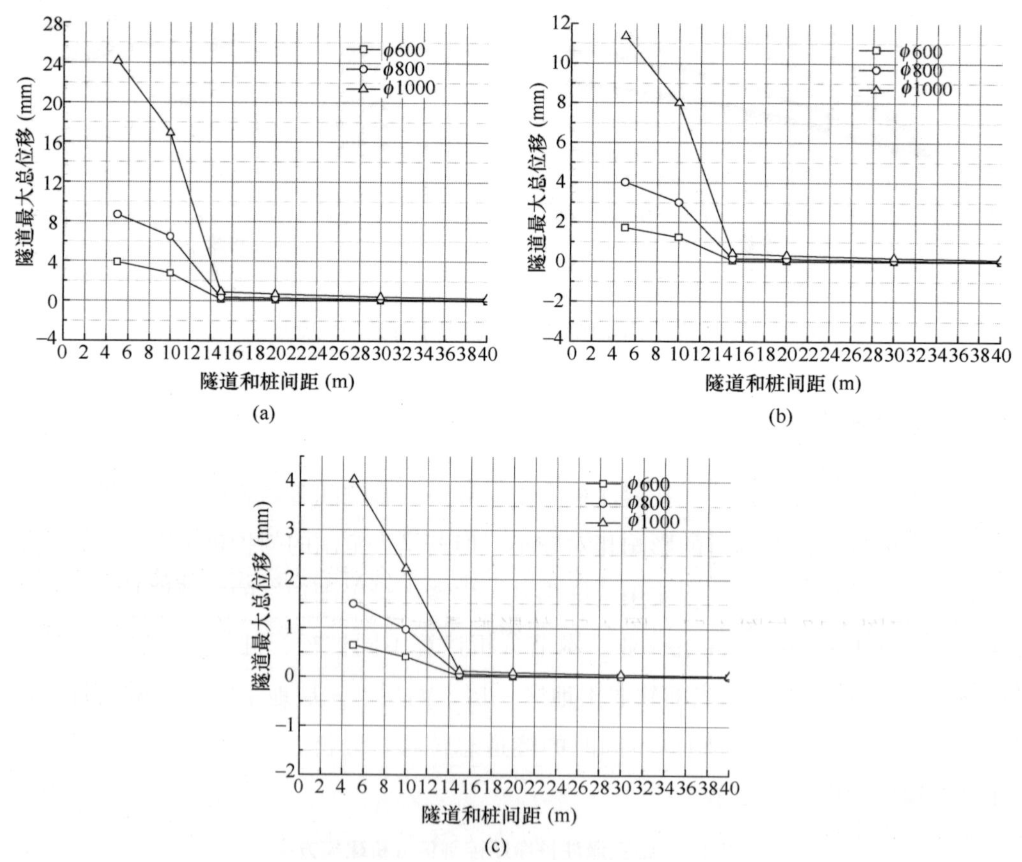

图 4-16　隧道和桩间距与隧道最大总位移的关系（无止水帷幕）

（a）2MPa；（b）5MPa；（c）10MPa

综上，不同土层模量、桩径情况下钻孔灌注桩的净距控制值见表 4-5。

表 4-5　钻孔灌注桩施工净距控制建议值

隧道变形控制指标	桩径	2MPa	5MPa	10MPa
1mm	ϕ600	12.5	11.0	5.0
	ϕ800	14.5	13.5	10.0
	ϕ1000	15.5	14.5	13.0
2mm	ϕ600	11.5	5.0	5.0
	ϕ800	13.5	12.0	5.0
	ϕ1000	15.0	14.0	10.5
3mm	ϕ600	9.0	5.0	5.0
	ϕ800	13.0	10.0	5.0
	ϕ1000	14.5	13.0	7.0
4mm	ϕ600	5.0	5.0	5.0
	ϕ800	12.0	5.0	5.0
	ϕ1000	14.0	12.5	5.0
5mm	ϕ600	5.0	5.0	5.0
	ϕ800	11.0	5.0	5.0
	ϕ1000	13.5	12.0	5.0

考虑到实际轨道交通控制保护区内基坑止水帷幕施工要先于钻孔灌注桩施工，而止水帷幕的存在可一定程度上减小钻孔灌注桩施工对隧道的影响，因此在以上模型中增加止水帷幕（水泥土相关参数见第 4.3 节，一层、两层、三层地下室止水帷幕长度分别为 10m、15m、20m），同样给出不同模量、桩径及桩长情况下隧道总位移随距离变化曲线，见图 4-17。

对比图 4-16 和图 4-17 可知，止水帷幕的存在减小了钻孔灌注桩施工导致的隧道位移，但土层模量越大或桩径越小时，止水帷幕对减小隧道变形的效果减小。前者是因为土层本身刚度就较大，而后者是因为小桩径时本身施工影响就较小，以至于水泥土的隔断效果难以体现。需要指出的是，止水帷幕的施工亦会对邻近隧道产生影响（见第 4.3 节），故应将图 4-17 与图 4-51～图 4-55 的影响叠加后判断围护桩施工的综合影响。尤其是对于土层模量较大和桩径较小的情况，必要时应采用微扰动的搅拌桩技术进行止水帷幕施工。

需要指出的是，以上分析及结果均是基于规范的施工条件以及仅考虑孔壁加卸载影响的情况下得出的，实际钻孔灌注桩施工中由于不规范的施工、孔壁的坍塌以及变形的时间效应等施工因素引起的邻近隧道变形难以预测，应通过采取必要的施工措施加以控制，具体见 4.1.4 节。

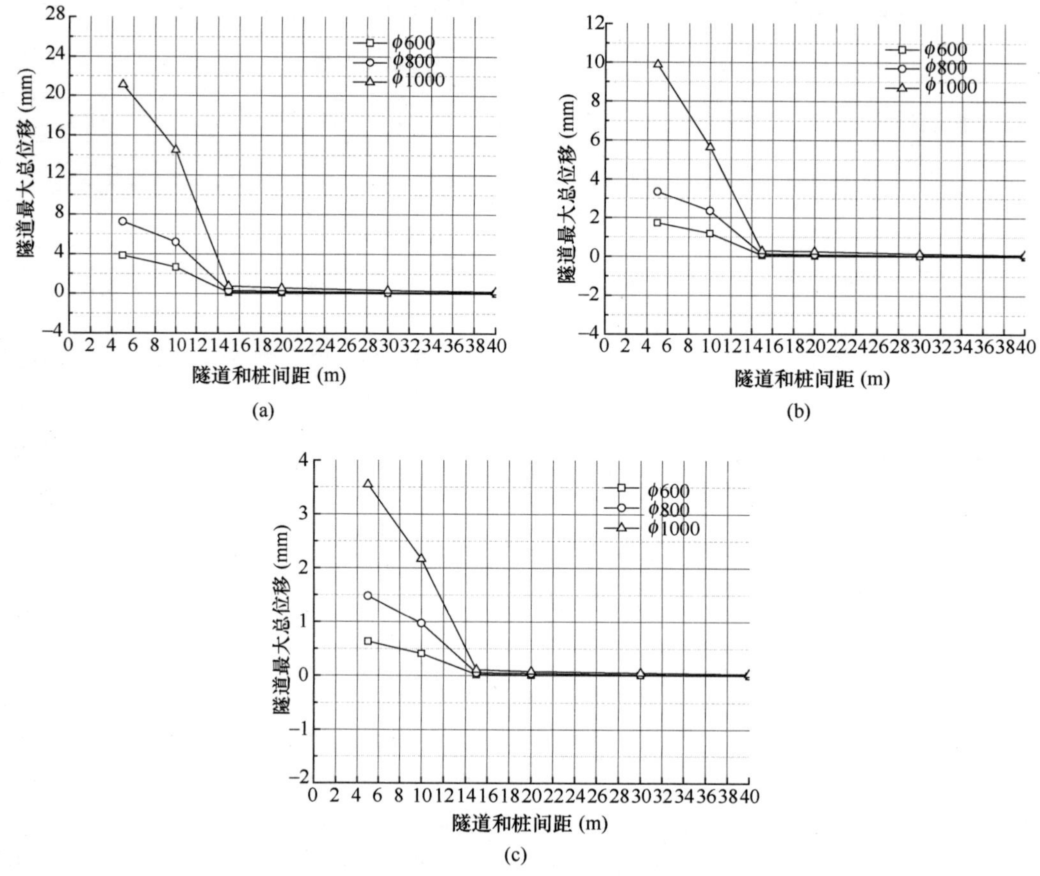

图 4-17 隧道和桩间距与隧道最大总位移的关系（有止水帷幕）

（a）2MPa；（b）5MPa；（c）10MPa

4.1.4 其他措施

钻孔灌注桩施工工艺流程包括钻孔、清孔、泥浆护壁、混凝土浇筑与硬化等多个环节，施工过程引起周边土体的扰动，进一步引起盾构的隧道的变形。邻近地铁施工钻孔灌注桩，需改变常规的施工方法，改进施工工艺和参数，如减缓施工速度、改变施工排序、调整泥浆配比、设置套管，确保后续的围护结构施工对周边待保护的建（构）筑物的扰动最小。主要工艺措施如下：

（1）考虑到桩基施工中上部土体最易受施工扰动影响，且桩基施工中混凝土从隧道深度浇筑至地坪这一过程导致的隧道变形是整个施工过程产生变形的主要部分，在桩基施工中可采用微扰动施工技术，比如一定深度内套管的护壁，套管深度应超过隧道底埋深一定距离，可有效减小桩基施工导致的隧道变形，见 3.4.4 节。

（2）泥浆性能直接影响钻孔灌注桩施工时孔壁的稳定性，提高泥浆重度可有效减小孔壁侧向变形，控制钻孔灌注桩成孔施工引起的变形。提高泥浆液面可以折算为泥浆重度的提高，也可以有效控制成孔施工的变形。在实际施工中，泥浆相对密度应经试验确定，施工过程中控制在 1.05～1.15 之间，不能过小也不宜过大。同时应选用黏度大、失水量小、能形成薄而韧的泥皮的优质泥浆，并在成孔过程中及时根据监测情况调整泥浆性能指标和泥浆液面标高，来确保孔壁稳定。泥浆性能指标主要通过泥浆中膨润土的浓度和质量来调整，泥浆液面应控制在地下水位 0.5m 以上。

（3）要合理控制钻进参数（钻速、钻压力、钻进速度要求）。钻进过程中应切实计算好钻杆和钻具长度，正确计算孔深。

（4）采用间隔施工（跳仓法）比顺序施工更有利于地基土拱效应的发挥，从而提高孔壁的稳定性。

（5）控制钻孔桩施工期间周边荷载并采取路面硬化措施扩散上部施工荷载，可有效保证孔壁稳定，限制成孔引起的变形。

（6）在施工过程中对盾构隧道和周围土体进行动态信息化监测的施工方法能较好地预警、控制施工风险。

（7）围护结构为三轴水泥搅拌桩和钻孔灌注桩时，应先施工三轴水泥搅拌桩，再施工钻孔灌注桩。

（8）应在钻孔灌注桩外侧设置可靠的截水帷幕，避免基坑开挖期间桩缝处出现水土流失。

（9）钻孔灌注桩施工期间宜采取下列措施减小成桩过程对城市轨道交通结构的影响：

① 应采取间隔成桩的施工顺序，待混凝土终凝后，再进行相邻桩的成孔施工。

② 对松散或稍密的砂土、稍密的粉土等易坍塌或流动性大的软弱土层，应采取改善泥浆性能等措施。

③ 成孔过程中出现流砂、涌泥、塌孔、缩径等异常情况时，应暂停成孔并及时采取针对性的措施进行处理，防止继续塌孔。

④ 施工中可采用套筒护壁、提高泥浆相对密度、采用优质泥浆护壁、适当提高泥浆液面高度等措施提高灌注桩成孔质量，控制孔壁坍塌，减小孔周土体变形。

4.2 地下连续墙

4.2.1 实测分析

1. 工程概况

宁波市轨道交通 4 号线翠柏路盾构工作井深基坑长度约 92.8m，标准段基坑深度

18.25～19.14m，端头井深度 19.92～20.75m，宽度 11.9～18.8m。基坑围护型式为地下连续墙，深度 40m，其中基坑西侧标准段墙厚 800mm，其余区段墙厚 1000mm。

盾构工作井位于宁波市中心城区，周边以民用住宅、学校教学楼为主，环境保护要求高。为研究地下连续墙施工对周边土体及建筑的影响，在西侧两幅地下连续墙（槽长 6.0m，宽 0.8m，深 40m）中部外侧 2m 位置各布置 1 个深层沉降和 1 个地表沉降监测点，针对试验幅开展跟踪监测。工作井基坑、周边建筑及监测点布置见图 4-18。场地主要土层分布见图 4-19。

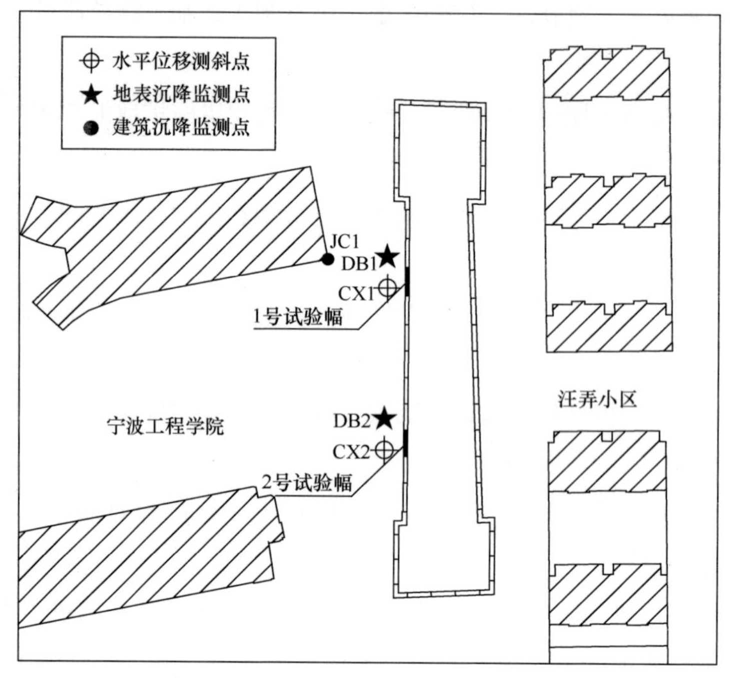

图 4-18 地下连续墙施工影响监测点布置

2. 数据分析

CX1 测斜孔在 1 号试验幅成槽阶段和混凝土灌注阶段测得的土体水平位移分别见图 4-20，图中水平位移指向地下连续墙方向为正，反之为负。

由图 4-20（a）可知，地下连续墙成槽引起的土体水平位移量较小，为－1.05～2.16mm，水平位移值沿深度先增后减，最大水平位移在深度 5m 处，这可能是因为硬壳层土体、地表混凝土面层及搅拌桩槽壁加固限制了浅部土体位移。侧移曲线 20m 以上指向地下连续墙方向，20m 以下背离地下连续墙方向，从槽壁受力角度进行分析，槽幅开挖后槽壁受向内的侧向土压力与向外的泥浆压力作用，本工程 20m 以上以软弱淤泥质土为主，侧向土压力大于泥浆压力，导致土体朝向槽内变形，20m 以上土体物理力学性质好，导致深层土体位移背向槽壁变形。在地下连续墙施工间歇期（成槽后约 8h），由于土体应力重分布及蠕变影响，土体水平位移背向地下连续墙方向发展，变形

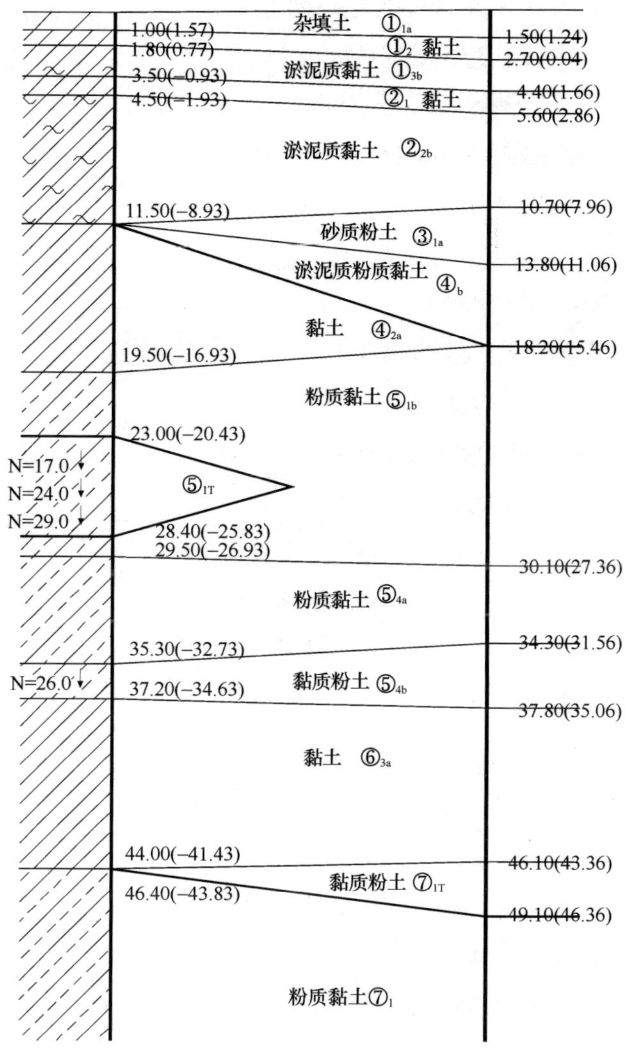

图 4-19　地下连续墙施工场地土层分布

范围为－1.79～1.43mm，且主要发生在 20m 范围以上，可见软土变形的时间效应明显。地下连续墙下钢筋笼后，土体水平位移向槽内有一定程度的回复。

由图 4-20（b）可知，地下连续墙灌注混凝土前，土体水平变形较小，变形量为－0.63～2.89mm，地下连续墙施工对周边土体的影响最大值发生在混凝土浇筑后，由于混凝土灌注对槽壁的冲击，土体沿深度方向变化幅度很大，但大部分变形为背向地下连续墙方向，变形量为－27.36～8.42mm，最大变形在深度 15m 处，即淤泥质粉质黏土层中。同样从槽壁受力角度分析，流态混凝土对于槽壁的侧向压力大于土体对槽壁的侧向压力，导致土体产生了背向地下连续墙的变形。在地下连续墙深度为 10m 和 20m 处，土体水平变形指向坑内方向，不难发现对应深度分别为砂质粉土和粉质黏土层，土体性质较好，抵抗槽壁压力下变形的能力强。在地下连续墙成墙 12h 后，由于混凝土的

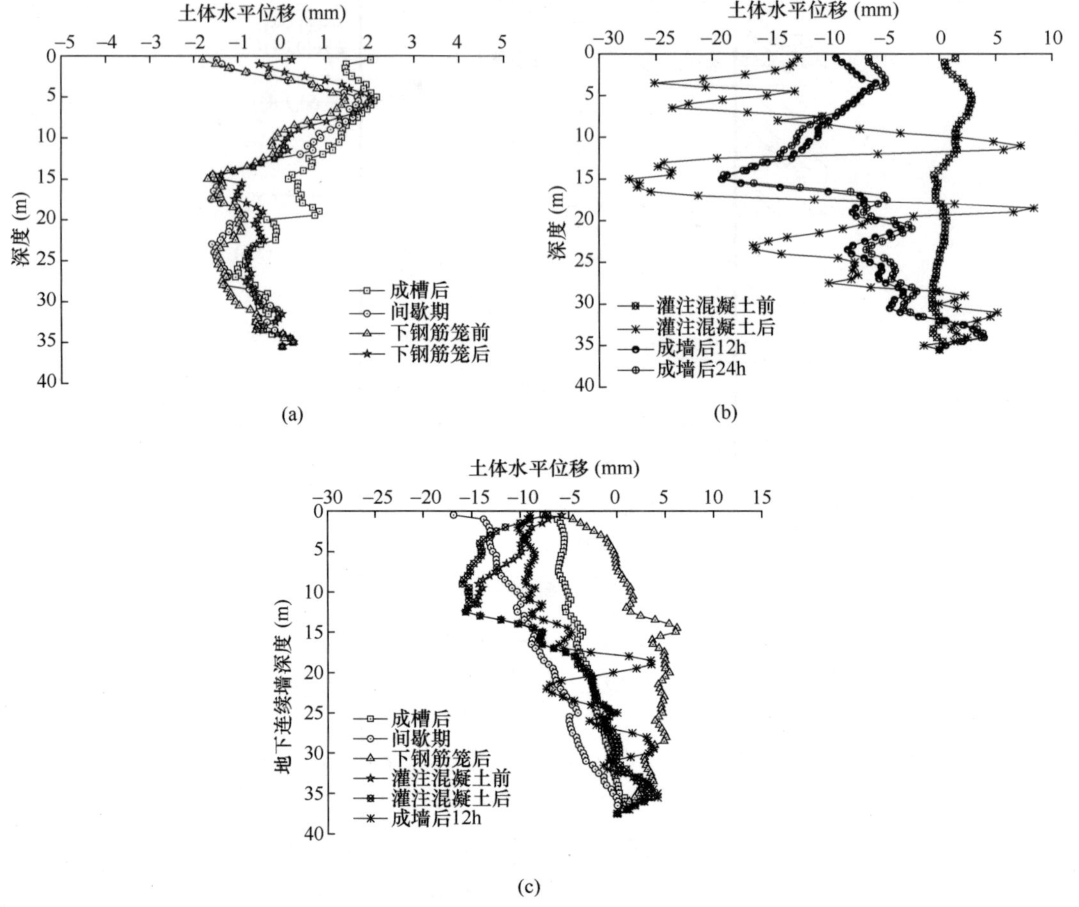

图 4-20 单幅地下连续墙施工阶段的土体水平位移

(a) CX1（泥浆护壁阶段）；(b) CX1（混凝土灌注后）；(c) CX2

硬化收缩作用，土体水平变形向槽内逐渐回复，水平变形为－19.17～3.97mm，且水平位移沿深度变化相对平缓，但最大水平变形仍位于深度 15m 处，原好土层位置的侧移增大。在地下连续墙成墙 24h 后，变形向槽内仍有微量回复，水平变形为－19.08～3.85mm，沉降曲线与地下连续墙成墙 12h 时相似，可见地下连续墙在成墙 12h 后，土体水平变形已趋于稳定。

图 4-20（c）为 CX2 测斜孔在 2 号试验幅成槽阶段和混凝土灌注阶段测得的土体水平位移。与 CX1 孔的数据不同，该侧土体在成槽后即发生了朝向槽壁外的变形，最大值－7.66mm 位于顶部，考虑到 CX1 孔与 CX2 孔位置土层分布情况变化不大，故认为造成两孔数据差异的原因在于成槽施工对土体的扰动。文献[91]指出成槽阶段机械的碰撞、泥浆冲击槽壁及施工引起的负孔压等因素都可能导致土体向槽壁外发展。在地下连续墙施工间歇期（灌注混凝土前），土体朝向槽壁外的变形进一步增大，但最大位移从顶部下移至约 13m 处。灌注混凝土后，13m 以上土体水平位移增加显著，而 13m 以下

变化较小，水平变形为－15.99～3.51mm，这与该墙幅混凝土灌注期间减慢灌注速率有关。在地下连续墙成墙12h后，土体水平变形向槽内回复，水平变形为－10.26～4.17mm。从以上分析可知，除成槽阶段土体变形方向存在差异外，CX1孔与CX2孔反映的地下连续墙施工对邻近土体的影响规律基本一致。

图4-21为所有地下连续墙施工完毕后CX1孔与CX2孔获得的土体水平位移曲线。由图可知，所有地下连续墙施工完毕后的土体水平位移曲线与单幅地下连续墙施工后的位移曲线相比变化不大，主要变形范围－16.5～11.7mm，但是深度20m处土体沉降存在朝地下连续墙方向的变形峰值。从土层分布可知，场地20m深度左右存在5-1T层，该层为宁波典型的承压水层，当混凝土硬化后，由于失去流态混凝土对该层压力的约束，承压水可能外渗进入混凝土与土体界面，由此带动该层土体朝地下连续墙方向变形。与常规认为的多幅地下连续墙施工将导致土体变形叠加的情况不同，最终的土体水平位移最大值与单幅地下连续墙导致的土体水平位移最大值相差不大。这是因为本工程为保证单幅地下连续墙施工监测数据不受其他墙幅施工影响，采取了试验幅施工期间，其两侧各两幅地下连续墙不允许施工的限制措施；另外，以上数据也反映出单幅地下连续墙施工的影响范围有限。

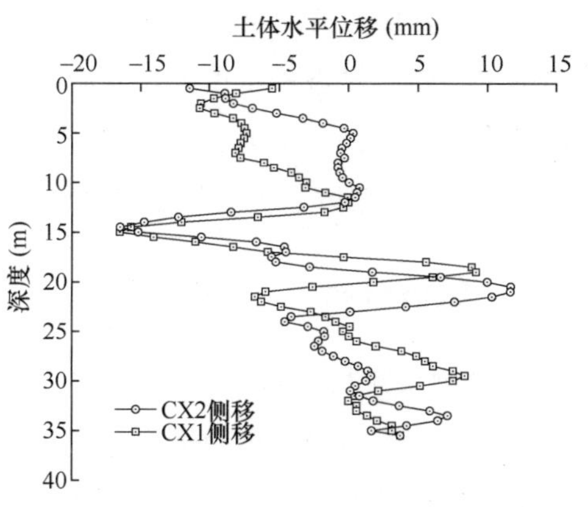

图4-21 所有地下连续墙施工完毕后的土体水平位移

距离地下连续墙2m位置的地表竖向位移随工况变化曲线如图4-22（a）所示。由图可知，测点DB1位置在地下连续墙成槽完成后产生－3.7mm的沉降；灌注混凝土后，

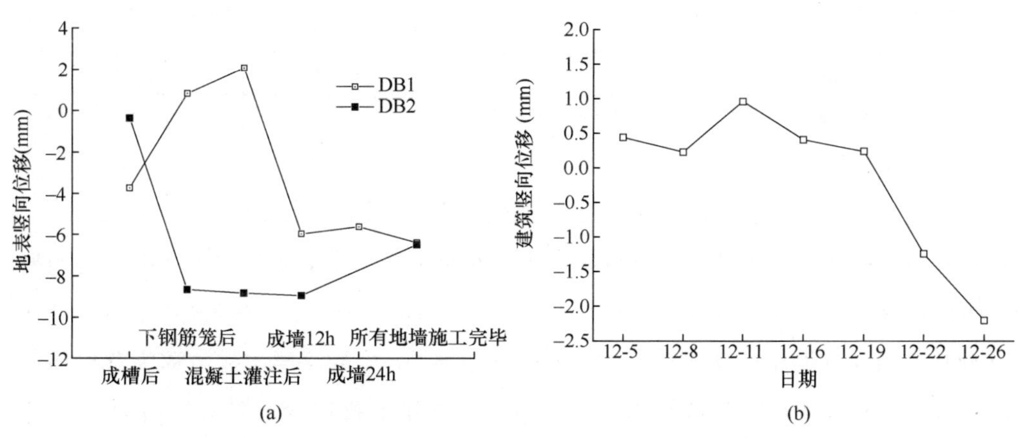

图4-22 地下连续墙施工阶段的土体与建筑竖向位移

（a）地表竖向位移；（b）建筑竖向位移

由于混凝土对槽壁的挤压，地表产生约 2mm 的隆起，但在混凝土硬化回缩后转为沉降；但 DB2 位置在地下连续墙施工期间表现为持续的沉降变形，这可能是该点靠近施工堆载区导致的。所有地墙施工完成后两点的竖向位移接近，约 6.5mm。

距离地下连续墙 14m 位置的建筑竖向位移在地墙施工期间的变化曲线如图 4-22（b）所示。由图可知，测点 JC1 在 1 号试验幅施工（12-11）之前为隆起变形，1 号试验幅施工期隆起量进一步增大，其后隆起逐渐减小并转为沉降，地下连续墙全部施工完毕后沉降量达到最大，为 2.2mm。建筑竖向位移（JC1）的变化规律同土体竖向位移（DB1）的变化规律较为一致。

4.2.2 数值分析

1. 模型构建与验证

根据 4.2.1 节宁波市轨道交通 4 号线翠柏路盾构工作井项目情况构建地下连续墙施工三维有限元模型，见图 4-23。模型尺寸为 160m×160m×100m，其中墙深 40m，墙厚 0.8m，模型总计 17454 单元，8990 节点。模型几何边界条件为标准边界，底边全约束，地表自由边界，竖向侧边为水平约束。土体本构模型为 HS 模型，土体参数见表4-6。地下连续墙施工模拟步骤及其他相关参数参照钻孔灌注桩施工模型，详见 4.1.2 节。

表 4-6　地下连续墙施工模拟中的土体计算参数

土层编号	土层	γ (kN/m^3)	c (kPa)	φ (°)	E_{oed}^{ref} (MPa)	E_{50}^{ref} (MPa)	E_{ur}^{ref} (MPa)
1	黏土	17.9	14.2	23.6	3.3	3.3	9.9
2-2b	淤泥质黏土	17.3	9.2	13.0	2.02	3.0	6.06
3	砂质粉土	19.1	20.5	11.3	8.4	8.4	25.2
5-1b	粉质黏土	19.0	19.5	36.6	4.9	4.9	29.3
5-1T	黏质粉土	18.8	24.0	12.0	6.4	6.4	38.5
5-4a	粉质黏土	18.6	18.2	27.7	4.4	4.4	26.4
5-4b	粉质黏土	19.3	25.6	12.60	8.9	8.9	53.4
6-3a	黏土	18.3	19.8	39.5	4.8	4.8	28.8

取有限元模型中地下连续墙壁外 2m 处节点的深层土体位移值与 4.2.1 节实测的深层土体位移值比较，见图 4-24。

由图可知，有限元计算得到距离地下连续墙外 2m 处的深层土体位移为背离槽壁方向，随着深度增大深层土体位移表现为先增大后变小的规律，沉降最大值为 18.3mm，发生在埋深约 13m 处，随着下部好土层的深度增加，深层土体位移值逐渐减小。根据计算得到的沉降曲线可知，土层分布对深层土体位移影响较大。实测得到墙外 2m 处最大深层土体位移约为 19.0mm，埋深约为 15m。数值计算得到的深层土体位移可基本包络实测值，故认为本节中三维有限元模型土体及地下连续墙施工参数是合理的。

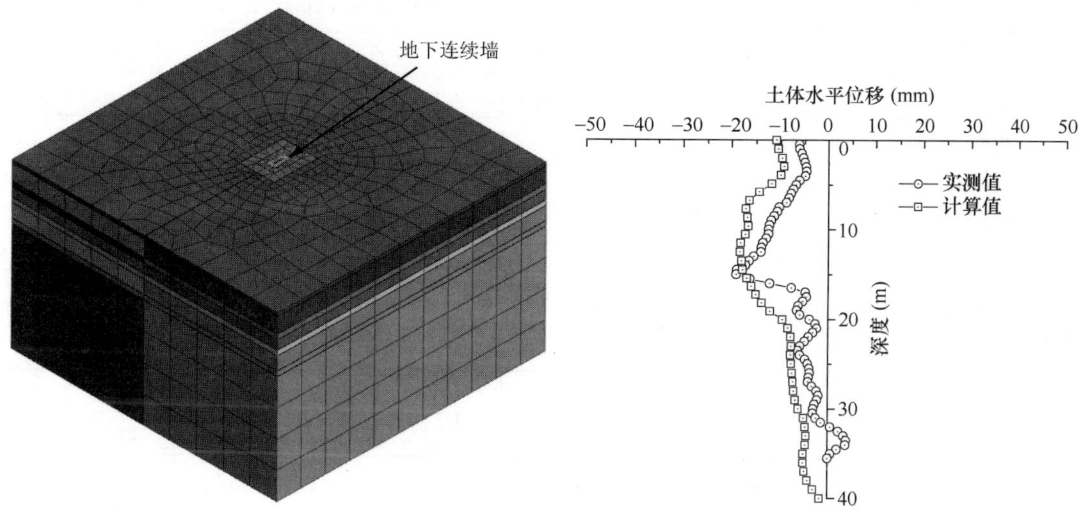

图 4-23　地下连续墙施工三维有限元模型

图 4-24　地下连续墙外深层水平位移计算值与实测值对比

2. 模型试验分析

1）试验方案

为研究地下连续墙不同墙厚、墙深、墙幅数及土层性质对周边隧道的影响，表 4-7 给出了隧道距离地下连续墙 5m 时的建模方案。同时，为了研究地下连续墙施工影响范围，在建模过程中又分别对距离地下连续墙 5m、10m、15m、20m、30m、40m 的隧道进行计算分析，因此共建立了 60 个三维有限元模型。土体本构模型采用 HS 模型，土层参数信息同表 4-3，其中土层压缩模量等于 2MPa 和 5MPa 代表宁波地区典型软土模量，土层压缩模量等于 10MPa 代表宁波地区典型粉砂土模量。地下连续墙施工模拟步骤及施工参数同上，模型中隧道埋深 16m，外径 6.2m，隧道衬砌厚度为 350mm。图 4-25 为最终建立的三维有限元模型之一，模型尺寸为 160m × 160m × 100m，模型总计 47531 单元，21947 节点。隧道水平向位移以远离地下连

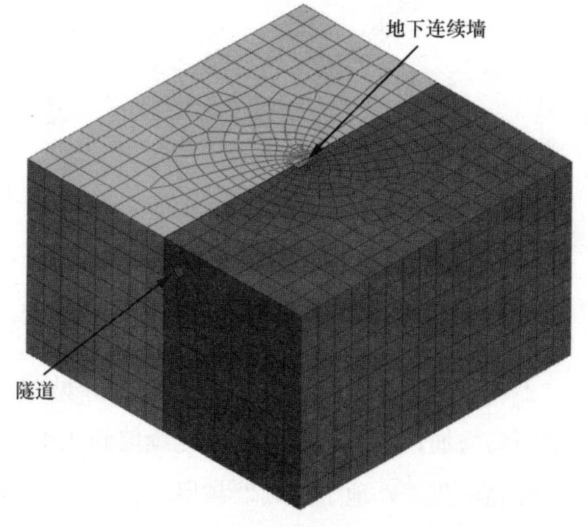

图 4-25　地下连续墙数值试验三维有限元模型

续墙方向为正，竖向位移以重力相反方向为正。

表 4-7　地下连续墙数值试验建模方案

模型	墙厚（mm）	墙深（m）	土层压缩模量（MPa）	墙幅数（幅）
模型一	600	40	5	1
模型二	800	40	5	1
模型三	1000	40	5	1
模型四	1200	40	5	1
模型五	800	30	5	1
模型六	800	50	5	1
模型七	800	60	5	1
模型八	800	40	2	1
模型九	800	40	10	1
模型十	800	40	5	21

2）施工影响分析

（1）地下连续墙墙厚变化对周边隧道影响规律（模型一、模型二、模型三、模型四对比）

不同墙厚和距离情况下隧道最大水平位移见图 4-26。由图可知，随着隧道和地下连续墙的距离增加，不同墙厚的地下连续墙施工引起隧道的最大水平位移值逐渐减小，且变化规律逐渐趋于收敛；隧道与地下连续墙距离相同时，随地下连续墙厚度增加，隧道最大水平位移增加量较小。

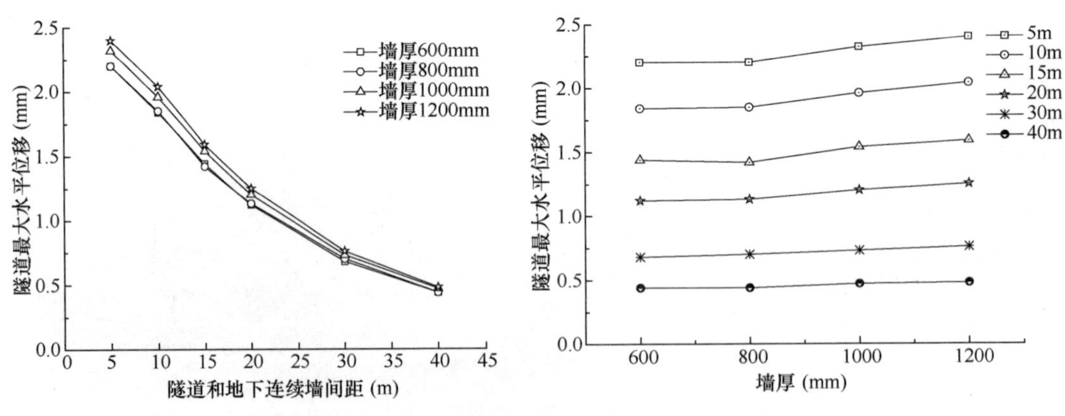

图 4-26　不同墙厚和距离情况下隧道最大水平位移

不同墙厚和距离情况下隧道最大沉降见图 4-27。由图可知，随着隧道和地下连续墙的距离增加，不同墙厚的地下连续墙施工引起隧道的最大沉降值逐渐减小，且变化规律逐渐趋于收敛，地下连续墙越厚，隧道最大沉降减小得越快；隧道与地下连续墙距离相同时，隧道最大沉降值随地下连续墙墙厚增加而增大，隧道与地下连续墙距离越小，增大得越快。

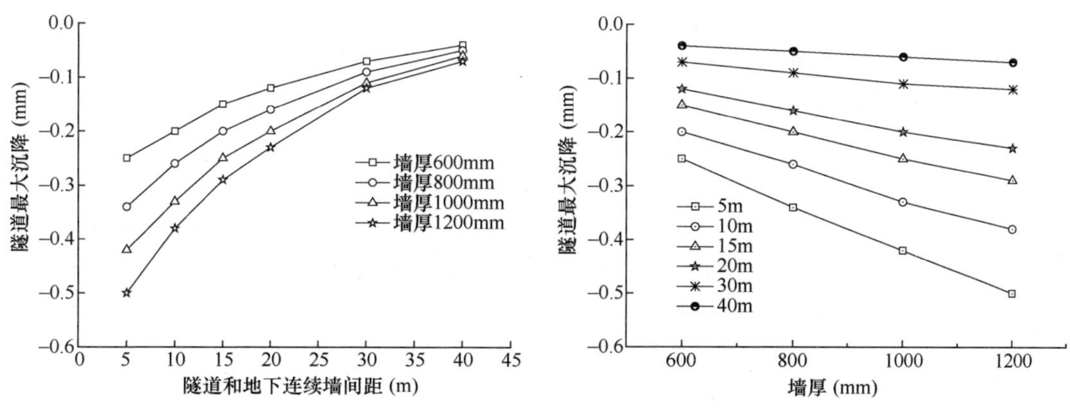

图 4-27　不同墙厚和距离情况下隧道最大沉降

（2）地下连续墙墙深变化对周边隧道影响规律（模型二、模型五、模型六、模型七对比）

不同墙深和距离情况下隧道最大水平位移见图 4-28。由图可知，随着隧道和地下连续墙的距离增加，不同墙深的地下连续墙施工引起隧道的最大水平位移值呈线性减小，墙深越深，隧道最大水平位移减小得越快；隧道与地下连续墙距离相同时，隧道最大水平位移值随墙深增加呈线性增长，隧道与桩距离越小，增长速率越大。

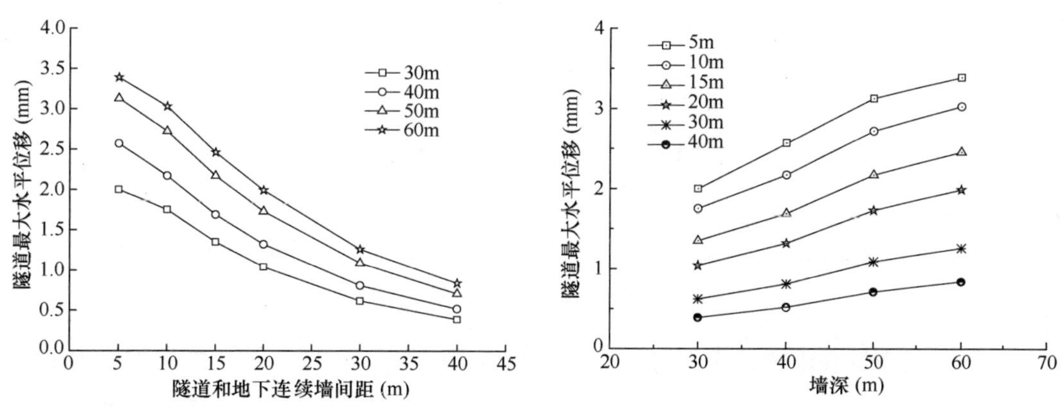

图 4-28　不同墙深和距离情况下隧道最大水平位移

不同墙深和距离情况下隧道最大沉降见图 4-29。由图可知，随着隧道和地下连续墙的距离增加，不同墙深的地下连续墙施工引起隧道的最大沉降值逐渐减小，且变化规律逐渐趋于收敛；隧道与地下连续墙距离相同时，隧道最大沉降值随墙深增加而略有增大，增加量较小，当地下连续墙深度为 50m 和 60m 时，隧道沉降值相等。可见，当地下连续墙达到一定深度时，再增加地下连续墙的深度对隧道的沉降影响较小。

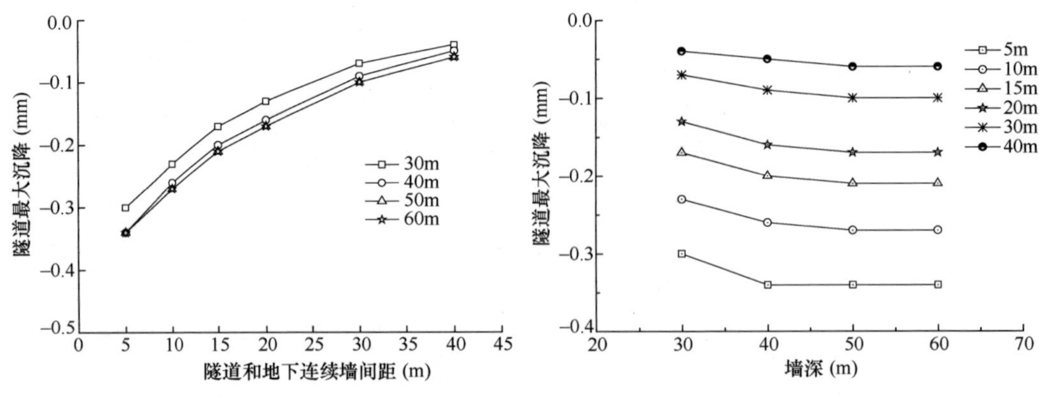

图 4-29　不同墙深和距离情况下隧道最大沉降

（3）土层模量对周边隧道影响规律（模型二、模型八、模型九对比）

不同土层模量和距离情况下隧道最大水平位移见图 4-30。由图可知，随着隧道和地下连续墙距离增加，地下连续墙施工引起隧道的最大水平位移值均逐渐减小，且变化规律逐渐趋于收敛，土层模量越小，隧道最大水平位移减小得越快；隧道与地下连续墙距离相同，隧道最大水平位移值随土层模量增加而减小，隧道与地下连续墙距离越小，减小速率越大。

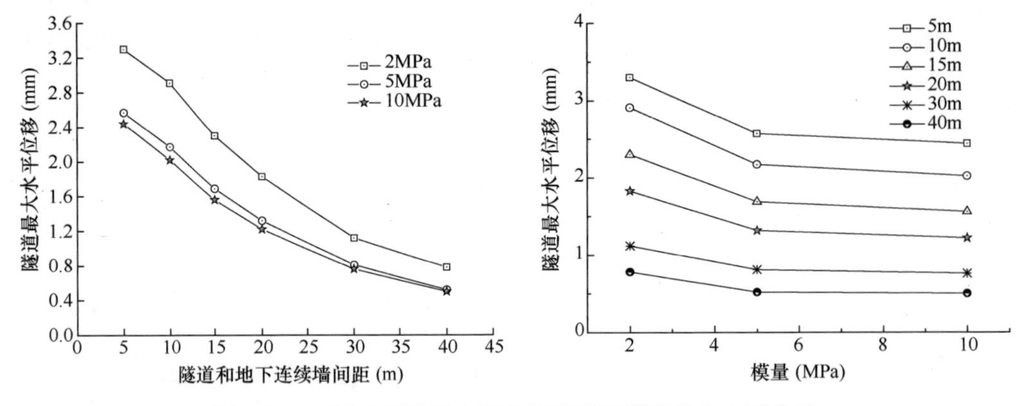

图 4-30　不同土层模量和距离情况下的隧道最大水平位移

不同土层模量和距离情况下隧道最大沉降见图 4-31。由图可知，随着隧道和地下连续墙的距离增加，不同土层模量的地下连续墙施工引起隧道的最大沉降值均逐渐减小，且变化规律逐渐趋于收敛，土层模量越小，隧道最大沉降减小得越快；隧道与地下连续墙距离相同时，隧道最大沉降值随土层模量增加而减小，隧道与地下连续墙距离越小，减小速率越大。

（4）地下连续墙幅数对周边隧道影响规律（模型十）

地下连续墙与隧道不同距离情况下隧道最大变形与墙幅数关系见图 4-32。由图可知，随着幅数的增加，地下连续墙施工引起隧道的最大水平位移和最大沉降逐渐增加，且变化规律逐渐趋于收敛。

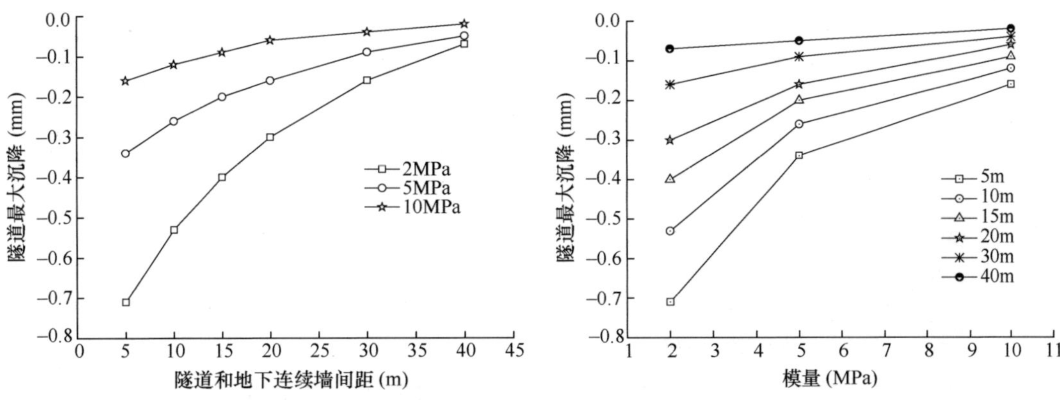

图 4-31 不同土层模量和距离情况下的隧道最大沉降

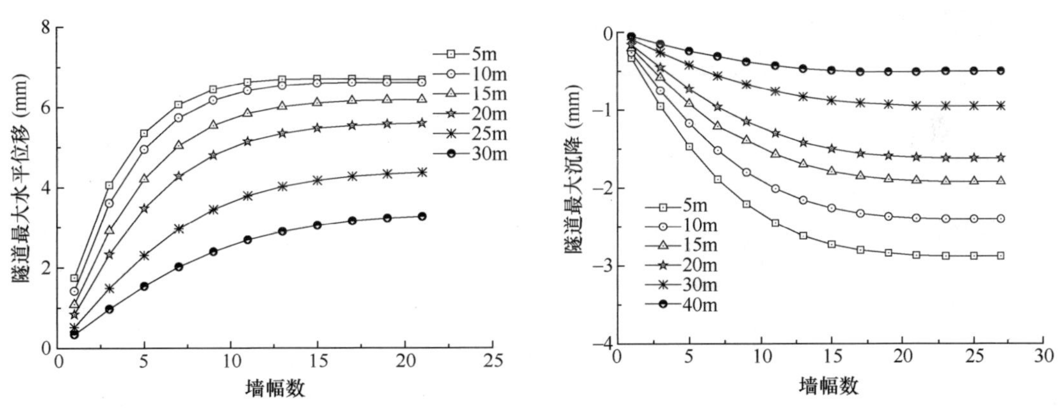

图 4-32 不同距离和幅数情况下隧道最大变形

4.2.3 净距控制

与钻孔灌注桩类似，地下连续墙施工对邻近隧道的影响程度与两者的距离密切相关。本节分析不同墙厚、墙深、土层模量情况下（其中墙厚和墙深分别根据当前软弱土地区一层、二层、三层地下室围护桩设计情况确定），地下连续墙与隧道距离不同时的隧道总位移，建模分析方案见表 4-8。土体和地下连续墙本构模型同 4.2.2 节。

图 4-33 给出了不同土层模量、墙厚及墙深情况下隧道总位移随间距变化曲线。在此基础上，针对地下连续墙施工阶段隧道变形控制指标分别为 1～5mm 的情况编制表 4-9，可为地铁隧道外地下连续墙施工净距控制管理值的确定提供参考。

表 4-8 地下连续墙施工净距控制值分析建模方案

模型	墙厚（mm）	墙深（m）	土层压缩模量（MPa）
模型一	600	20	2
模型二	800	30	2

续表

模型	墙厚（mm）	墙深（m）	土层压缩模量（MPa）
模型三	1000	40	2
模型四	600	20	5
模型五	800	30	5
模型六	1000	40	5
模型七	600	20	10
模型八	800	30	10
模型九	1000	40	10

表 4-9　地下连续墙施工净距控制建议值

隧道变形控制指标	墙厚（mm）	2MPa	5MPa	10MPa
1mm	600	20	19.0	19.0
	800	28	26.0	25.0
	1000	30	28.0	28.0
2mm	600	15.5	12.0	10.0
	800	21.5	19.0	18.0
	1000	25.5	22.0	21.0
3mm	600	5.0	5.0	5.0
	800	17.5	15.0	13.5
	1000	21.0	18.0	17.5
4mm	600	5.0	5.0	5
	800	14.5	5.0	5
	1000	18.5	15.5	13.5
5mm	600	5.0	5.0	5
	800	10.5	5.0	5
	1000	17.0	9.0	5

考虑到实际轨道交通控制保护区内地下连续墙槽壁加固深度往往会穿透软土层，而加长的槽壁加固的存在可一定程度上减小地下连续墙施工对隧道的影响，因此在以上模型中增加槽壁加固（水泥土相关参数见第 4.3 节，一层、二层、三层地下室止水帷幕长度分别为 10m、15m、20m），同样给出不同模量、墙厚及墙深情况下隧道总位移随距离变化曲线，见图 4-34。

对比图 4-33 和图 4-34 可知，槽壁加固的加长减小了地下连续墙施工导致的隧道位移，但土层模量越大或墙厚越小时，槽壁加固的加长对减小隧道变形的效果减小。前者是因为土层本身刚度就较大，而后者是因为小墙厚时本身施工影响就较小，以至于水泥土的隔断效果难以体现。需要指出的是，槽壁加固加长施工亦会对邻近隧道产生影响

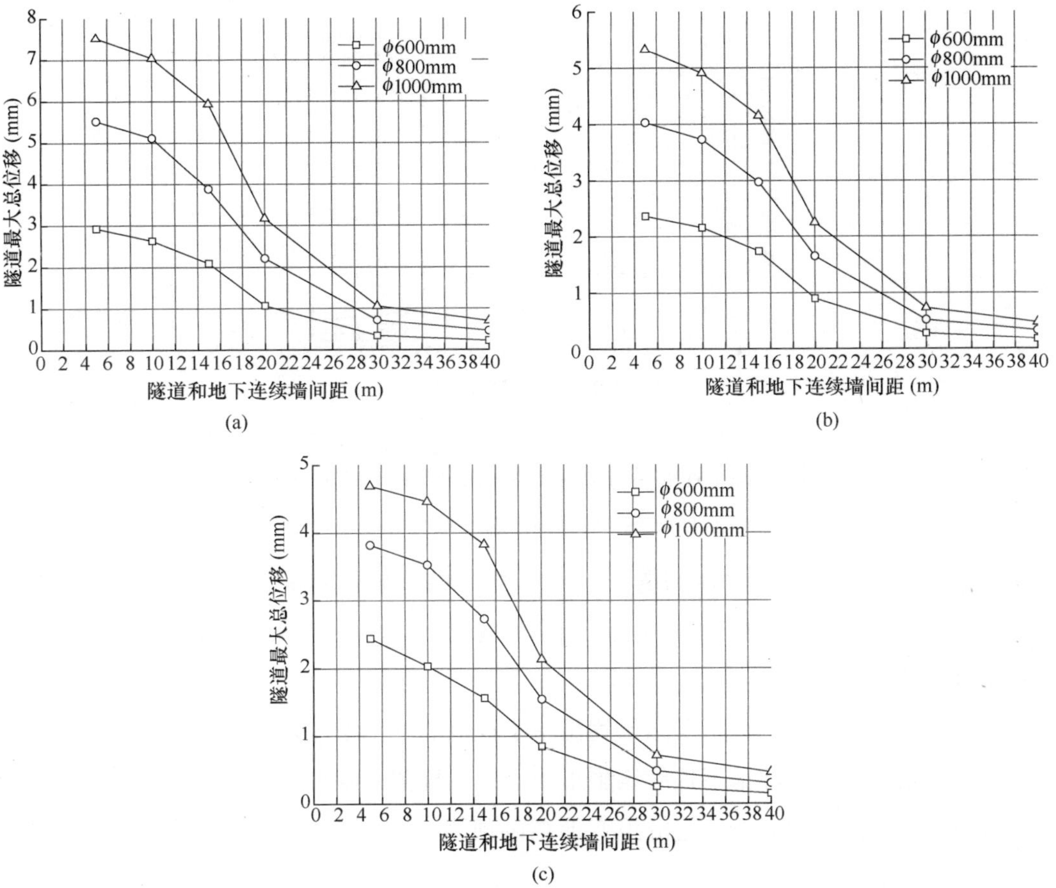

(a)

(b)

(c)

图 4-33　隧道和地下连续墙间距与隧道最大总位移的关系（常规槽壁加固）

(a) 2MPa；(b) 5MPa；(c) 10MPa

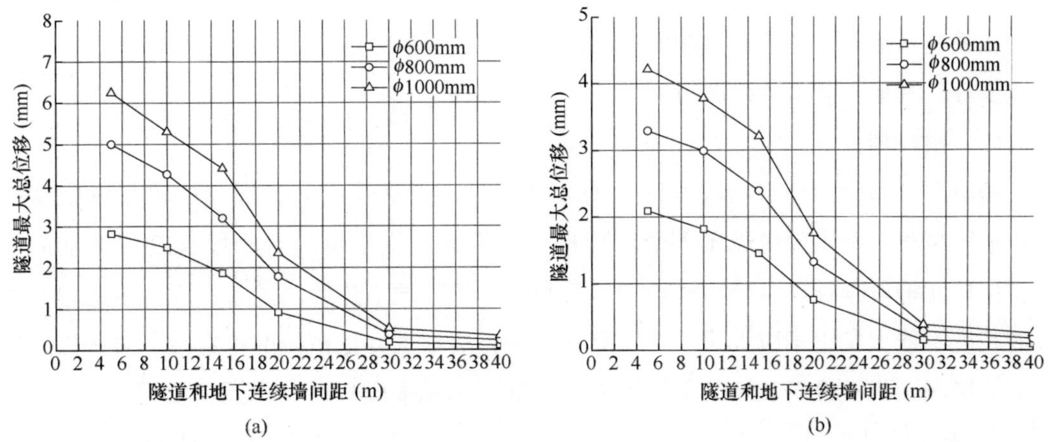

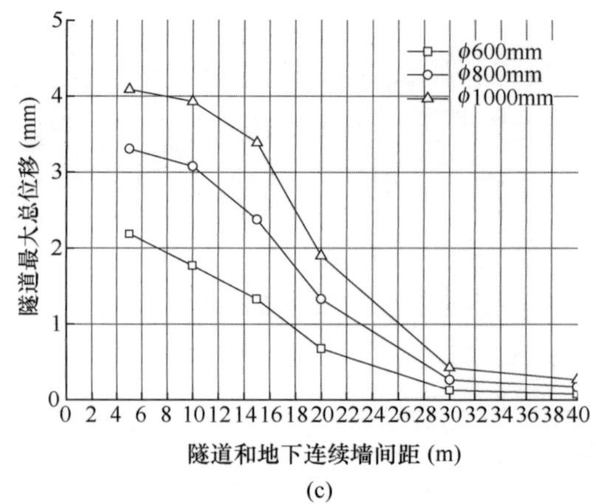

图 4-34　隧道和地下连续墙间距与隧道最大总位移的关系（加长槽壁加固）

（a）2MPa；（b）5MPa；（c）10MPa

（见第 4.3 节），故应将图 4-34 与图 4-51～图 4-55 的影响叠加后判断围护墙施工的综合影响。尤其是对于土层模量较大和墙厚较小的情况，必要时应采用微扰动的搅拌桩技术进行止水帷幕施工。

需要指出的是，以上分析及结果均是基于规范的施工条件以及仅考虑槽壁加卸载影响的情况下得出的，实际地下连续墙施工中由于不规范的施工、槽壁的坍塌以及变形的时间效应等施工因素引起的邻近隧道变形难以预测，应采取必要的施工措施加以控制，见 4.2.5 节。

4.2.4　其他措施

1. 工艺措施

地下连续墙施工与钻孔灌注桩施工有相似之处，故在施工工艺上同样可采取 4.1.4 节的相关技术措施，包括：控制泥浆相对密度、间隔跳开施工、缩短静置时间、控制浇筑速度等。其他工艺上的措施有：

（1）槽段划分

槽段划分即合理确定槽段长度。槽段开挖时，土拱效应的发挥与槽段长度密切相关，槽段越长，土拱效应越不明显，成槽开挖引起的变形也随着槽段长度的增加而增大。但单元槽段越长，可减小槽段的接头数量，增加地下连续墙的整体性，因此单元槽段的长度不能太长也不应太短。在实际施工中，应根据开挖槽段的稳定性、对邻近地铁设施的影响、机械设备和施工条件等因素来确定单元槽段长度，单元槽段尺寸宜为 4～6m。成槽开挖过程中还可以通过采用间隔施工进一步发挥土拱效应，从而提高槽壁的稳定性，减小成槽开挖引起的土体变形。

（2）导墙施工

导墙可以有效约束其深度范围内槽壁的侧向变形及槽段附近的地面沉降，有助于浅层槽壁的稳定；混凝土地坪可以利用其刚度扩散地面荷载，进而控制槽壁顶部的侧向变形及槽段附近的地面沉降。在实际工程中，导墙形式的确定应综合考虑表层土、地面超载、地下水位变化等情况。导墙要有足够的深度，开挖过程中泥浆液面不得低于导墙底以下，同时，也可适当提高导墙的标高来提高泥浆液面的标高。

（3）槽壁加固

地下连续墙成槽开挖施工前对槽壁进行加固，提高槽壁土体的强度，可以有效起到保护槽壁稳定和限制土体变形的作用。一般在地下连续墙成槽前施工，加固措施可采用三轴水泥土搅拌桩、TRD 水泥搅拌墙等。

槽壁加固宽度和深度都对减少隧道水平位移有明显效果。在实际施工中，要根据具体地层情况和施工条件，选择合适的槽壁加固工艺。槽壁加固的范围及位置根据地下连续墙深度及场地条件综合确定，为保证后续地下连续墙的施工垂直度的控制，应控制好加固体的垂直度。

（4）地下连续墙施工动态措施

采用地下连续墙施工前，根据监测原则，围护结构施工前需设置土体位移观测点和轨道交通设施的变形观测点，以实时监控地下连续墙施工对地铁设施的影响，以便施工单位根据位移动态监测结果调整施工方案。

（5）周边限载

槽段周边的地面超载如大型机械设备和工程车辆等会使得槽段浅层发生较大的侧向变形，影响槽壁稳定性，并在槽段周围产生较大的地面沉降。地面超载大小和作用面积的增加都会使得成槽开挖变形增大；地面超载距槽段越近，引起槽壁上部侧移也越大。鉴于地下连续墙成槽施工中，浅层失稳发生的比重较大，因此，控制槽段周边荷载可有效保证槽壁稳定，限制成槽开挖引起的变形。实际施工中，要对开挖槽段周边限载，尽量使大型设备远离槽段，施工机械在同一个位置的振动时间不能太长，并严禁在槽段周围堆放较重的施工材料。施工时要在槽段边铺设路基钢板来扩散地面超载，从而控制槽壁浅层侧向变形及地面沉降。

2. 地下连续墙设计与施工要点

（1）竖向支护体采用地下连续墙时，宜优先考虑地下连续墙与主体结构外墙贴合的形式，以减小因后期回填不密实造成的影响。

（2）地下连续墙施工前可采用槽壁预加固、调整泥浆配比、适当提高泥浆液面高度等措施；同时可适当缩短地下连续墙单幅槽壁宽度，以减少槽壁坍塌的可能性，并加快单幅槽段施工速度。

（3）地下连续墙一字形槽段宽度不应大于 6m。

（4）采用搅拌桩对槽壁进行加固，加固深度宜超过邻近的城市轨道交通隧道、车站结构的底部，并穿越淤泥、淤泥质土、砂土等易塌槽的土层。

（5）根据工程施工情况选择合适的具有较大刚度形式的导墙，如“⅂ ⌈”或“コ ⊏”。

（6）选用黏度大、失水量小、形成护壁泥皮薄而韧性强的优质泥浆，并且在成槽过程中，实时监测槽壁的变化情况，及时补浆、调整泥浆性能指标或添加外加剂。

（7）成槽机、履带吊、土方车及混凝土泵车等大型设备宜远离正在施工的地下连续墙，严禁在槽段周边堆放钢筋等施工材料。

（8）严格控制地下连续墙从成槽到混凝土浇筑完成的时间。对于常规深度地下连续墙，累计槽壁暴露时间不应超过 24h；对于超深地下连续墙，槽壁加固深度以下范围成槽到混凝土浇筑完成时间不应超过 12h。

（9）先后施工的两个槽段应尽量隔开一定的距离，以减少各槽段成槽之间的相互影响，避免槽壁坍塌。

（10）地下连续墙两个墙幅之间应采取可靠措施防止水土流失，必要时采用防水接头。

4.3 水泥搅拌桩

4.3.1 实测分析

1. 工程概况

宁波市生态走廊二期工程（惊驾东路～中山东路）项目是一条人工挖掘的人工景观河，河道位于宁波轨道交通 1 号线一期福庆北路站至盛莫路站之间正上方，所处位置对应区间里程上行线 K18＋675～K18＋696。河段常水位 1.300m，高水位 1.570m，低水位 0.870m，河底标高－1.370m。河道开挖前对隧道一定范围内土体进行加固，加固措施采用 ϕ850@600 三轴搅拌桩，加固平面范围为 688m^2，其中地面以下 9.143m 范围采用水泥搅拌桩满堂弱加固，其余部分水泥搅拌桩门式强加固，隧道与周边加固土体净间距为 4m，隧道上方加固土体厚度为 4m，隧道两侧加固土体厚度为 3m，加固设计平面图、剖面图分别见图 4-35 和图 4-36。

福庆北路站至盛莫路站区间地质主要分布地层为：①$_{1-1}$杂填土：大约厚度为 2.6m；①$_2$层黄灰色黏土：中压缩性，大约厚度为 0.8m；①$_3$层灰色淤泥质黏土：高压缩性，

N
1.3m水面线
1.3m水面线
规划景观河
X=104727.084
Y=611965.730
X=104722.639
Y=611986.588
搅拌桩加固范围
左线盾构区间
右线盾构区间
32.2
21.42
X=104697.467
Y=611950.215
X=104693.454
Y=611970.948
规划景观河
1.3m水面线
1.3m水面线
-0.60河底线

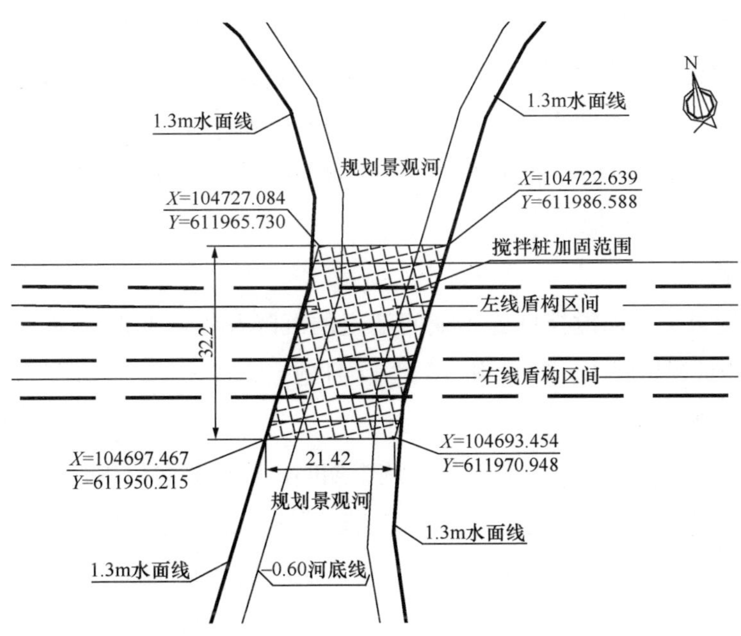

图 4-35　挖河区隧道保护加固设计平面图

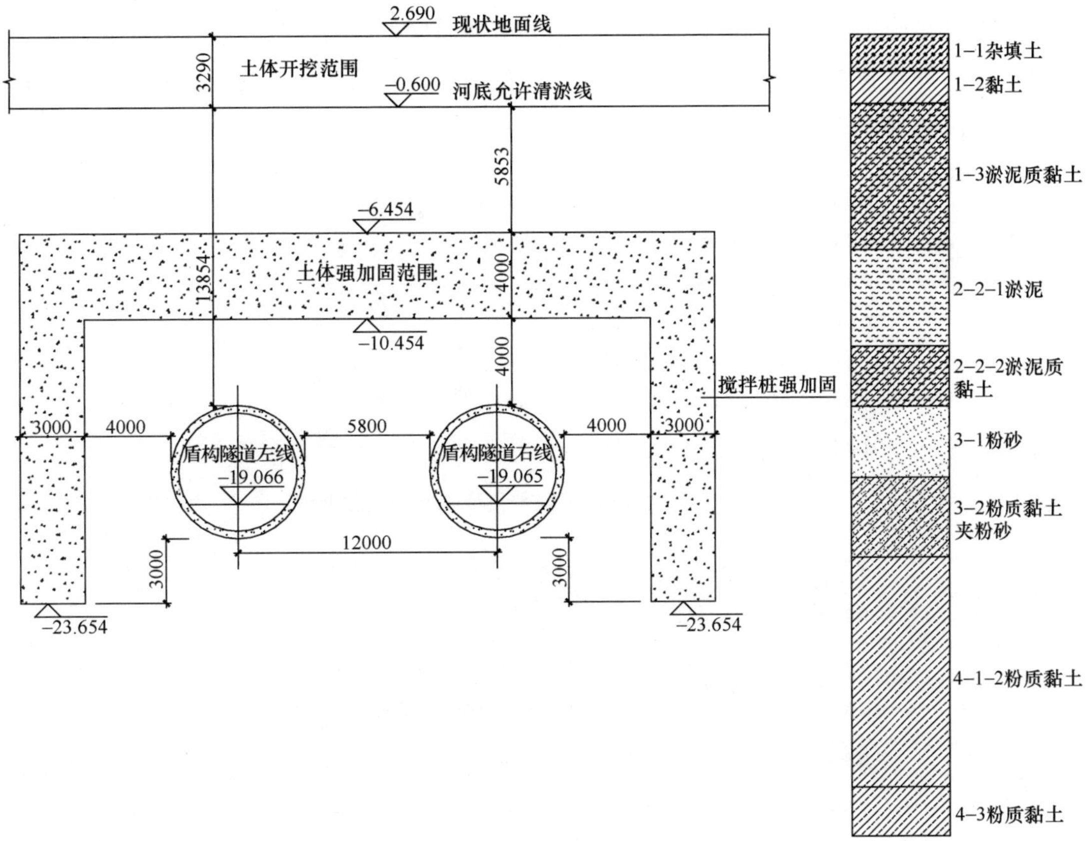

2.690
现状地面线
土体开挖范围
3290
-0.600
河底允许清淤线
5853
-6.454
土体强加固范围
13854
4000
-10.454
4000
搅拌桩强加固
3000
4000
5800
4000
3000
盾构隧道左线
-19.066
盾构隧道右线
-19.065
12000
3000
3000
-23.654
-23.654
1-1杂填土
1-2黏土
1-3淤泥质黏土
2-2-1淤泥
2-2-2淤泥质黏土
3-1粉砂
3-2粉质黏土夹粉砂
4-1-2粉质黏土
4-3粉质黏土

图 4-36　挖河区隧道保护加固设计剖面图

高灵敏度，大约厚度为 4.6m；②$_{2-1}$灰色淤泥：高压缩性，高灵敏度，大约厚度为 2.0m；②$_{2-2}$层灰色淤泥质黏土：高压缩性，高灵敏度，大约厚度为 2.7m；③$_1$层灰色粉砂：中压缩性，大约厚度为 5.3m；③$_2$层粉质黏土加粉砂；④$_{1-2}$粉质黏土。区间隧道穿越地层主要为：上部②$_{2-2}$层淤泥质黏土、③$_1$ 层粉砂；隧道底部③$_1$ 层粉砂、③$_2$ 层粉质黏土加粉砂、④$_{1-2}$粉质黏土。

2. 数据分析

监测数据记录了三轴搅拌桩施工期间隧道的沉降及收敛变形情况。三轴搅拌桩于 2017 年 9 月 22 日开始施工，2017 年 10 月 17 日施工完成。

(1) 隧道沉降分析

上、下行线隧道各测点在三轴搅拌桩施工期间，隧道竖向位移起伏不规则，竖向位移量在－1.2～0.8mm 范围内变化，部分测点显示隧道为隆起，部分测点显示隧道为沉降。施工完毕后，上行线隧道主要表现为沉降，沉降最大值位移为测点中部位置；下行线隧道在三轴搅拌桩施工完毕后，仍主要表现为隆起，可能与三轴搅拌桩施工顺序等因素有关。

图 4-37 和图 4-38 给出了上、下行线隧道沉降最大值随时间变形曲线，从图可知，在三轴搅拌桩施工期间，隧道沉降均随时间的增加而变大，上行线隧道近似表现为线性变化，下行线在施工前期近似可表现为线性变化，但在后期变化量较少。上、下行线隧道最终沉降值分别为－1.1mm 和－0.8mm。

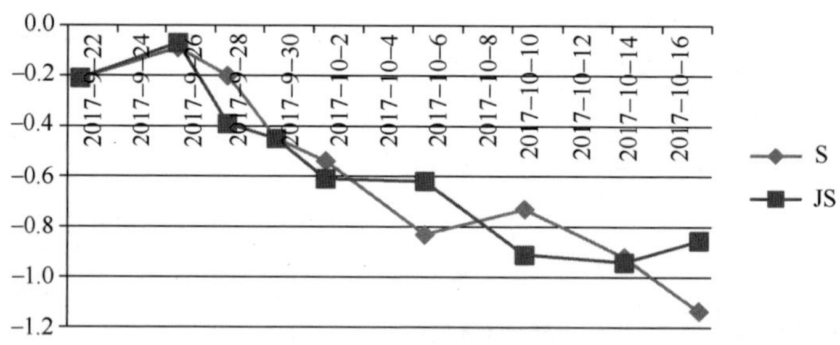

图 4-37　上行线隧道沉降最大值随时间变化曲线

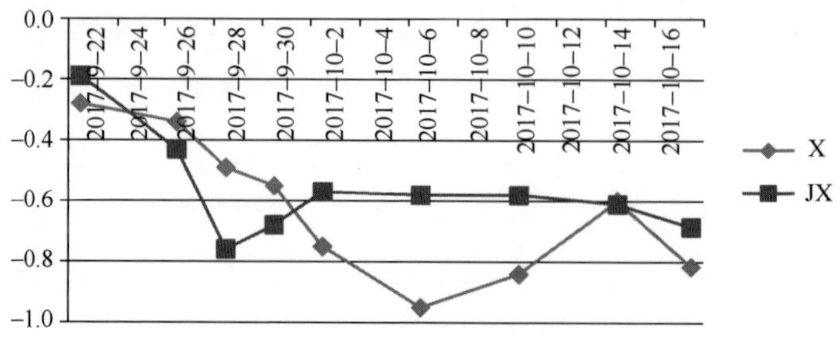

图 4-38　下行线隧道沉降最大值随时间变化曲线

（2）隧道收敛变形

上、下行线隧道横向收敛变形主要为正值，竖向收敛变形主要为负值，说明隧道的横向半径是增大的，竖向半径是减小的，隧道变形呈现为“横鸭蛋”形状；隧道各测点横向和竖向收敛变形均不规则。

图 4-39 和图 4-40 为上、下行线隧道收敛变形最大值随时间变化曲线，可见横向、竖向收敛变形最大值均随时间增加不断增大。上行线最终横向收敛变形为 0.8mm，最终竖向收敛变形为－0.7mm。下行线最终横向收敛变形为 1.1mm，最终竖向收敛变形为－1.1mm。

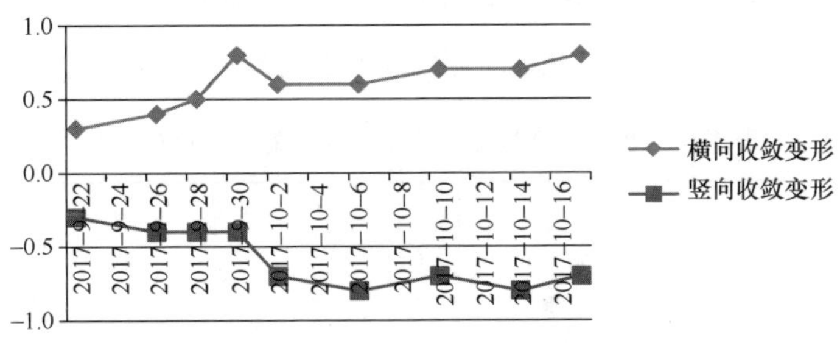

图 4-39　上行线隧道收敛变形最大值随时间变化曲线

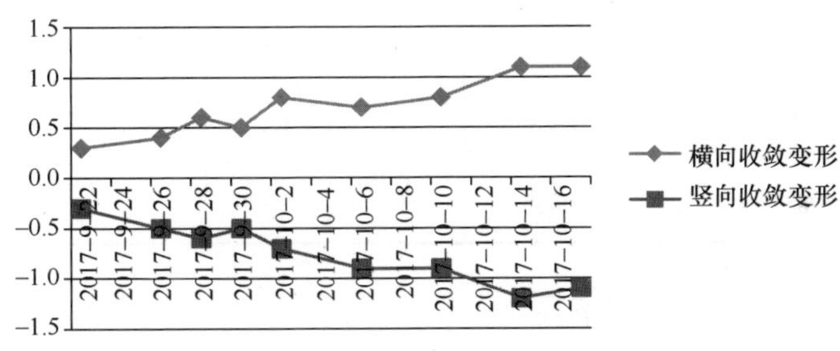

图 4-40　下行线隧道收敛变形最大值随时间变化曲线

4.3.2　数值分析

1. 模型构建与验证

有限元分析实例详见 4.3.1 节工程案例，二维有限元模型见图 4-41，采用 ϕ850@600 三轴搅拌桩进行门架式加固，桩长 17.2m，隧道与周边加固土体净间距为 4m，隧道上方加固土体厚度为 4m，隧道两侧加固土体厚度为 3m。模型尺寸范围为水泥搅拌桩外侧延伸 100m，水泥搅拌桩底部延伸 50m，模型总计 4839 单元，4967 节点。模型几何边界条件为标准边界，底边全约束，地表自由边界，竖向侧边为水平约束。整个施工模拟过程中涉及的土体参数见表 4-10。

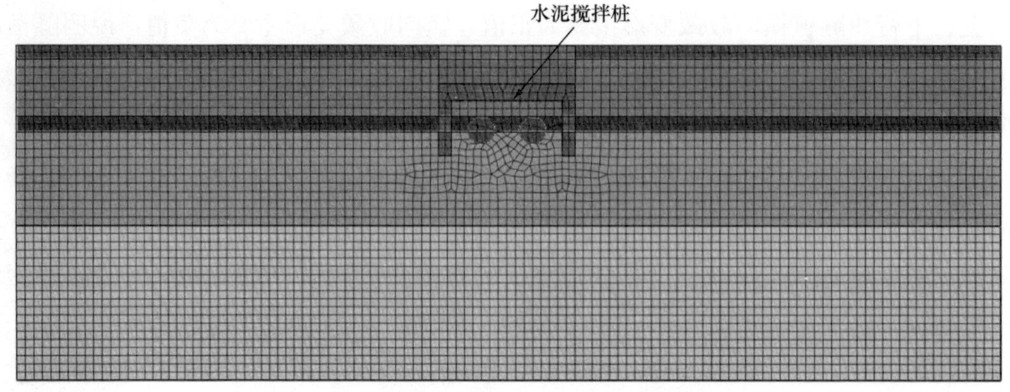

图 4-41 搅拌桩施工影响二维有限元模型

表 4-10 水泥搅拌桩上方施工模拟中的土体计算参数

土层编号	土层	γ (kN/m³)	c (kPa)	φ (°)	E_{oed}^{ref} (MPa)	E_{50}^{ref} (MPa)	E_{ur}^{ref} (MPa)
①$_2$	黏土	18.4	20.0	10.5	2.30	2.30	6.90
①$_3$	淤泥质黏土	17.0	8.2	13.0	2.41	2.41	7.23
③$_1$	粉砂	19.2	5.0	30.0	11.06	11.06	55.30
④$_{1\text{-}2}$	粉质黏土	19.3	17.0	15.0	10.0	10.0	50.00
⑦$_1$	粉质黏土	19.0	21.5	11.7	16.5	16.5	82.50

水泥搅拌桩施工模拟步骤如下：

第一阶段：模拟隧道施工。将隧道内土移除，同时施工隧道衬砌结构，此过程中将位移清零。

第二阶段：模拟水泥搅拌桩施工，本阶段考虑门架式搅拌桩的一次性施工。

根据现场实测结果，上、下行线隧道最终沉降值分别为－1.1mm 和－0.8mm。图 4-42显示，当取 K 为 45kPa/m 时，有限元计算得到隧道衬砌竖向位移表现为沉降，最大值为－1.1mm，发生在远离水泥搅拌桩侧的拱顶附近，其与实测结果较为吻合，故认为本节中二维有限元模型土体及水泥搅拌桩施工参数是合理的。

2. 模型试验分析

1）槽壁加固（止水帷幕）施工影响分析

（1）数值模拟试验方案

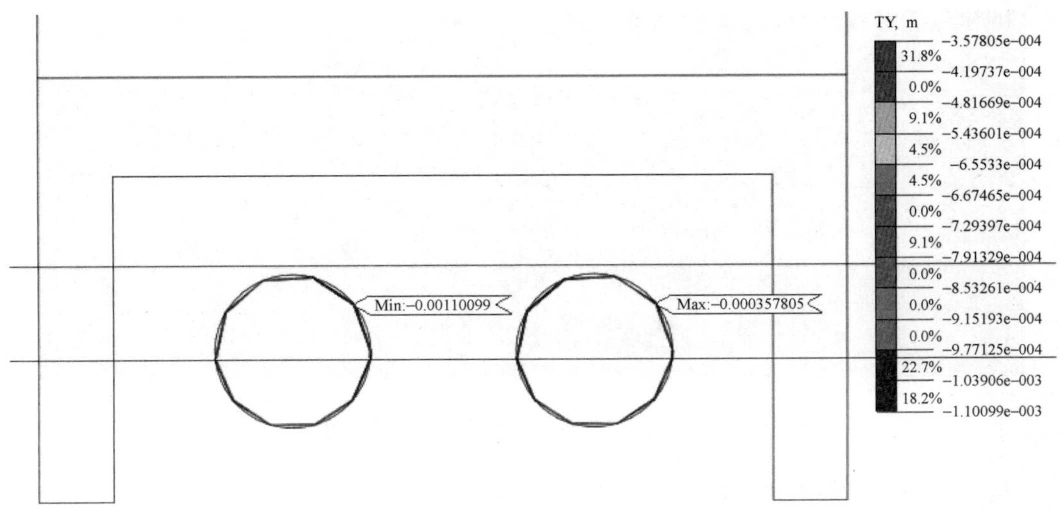

图 4-42　搅拌桩施工引起的隧道衬砌竖向位移

为研究水泥搅拌桩不同宽度、不同桩长及土层压缩模量对周边隧道的影响，表 4-11给出了隧道距离水泥搅拌桩 4m 时建模方案。同时，为了研究水泥搅拌桩施工影响范围，在建模过程中又分别对距离水泥搅拌桩 4m、9m、14m、19m、29m、39m 的隧道进行计算分析，因此共建立了 66 个有限元模型。有限元模型见图 4-43，土层参数信息见表 4-3。模型中隧道埋深 16m，外径 6.2m，隧道衬砌厚度为 350mm，模型尺寸为 160m×60m。隧道水平位移以远离水泥搅拌桩方向为正，竖向位移以重力相反方向为正。

表 4-11　水泥搅拌桩侧方施工数值试验建模方案

模型	宽度（mm）	桩长（m）	土层压缩模量（MPa）
模型一	650	20	5
模型二	850	20	5
模型三	1000	20	5
模型四	850	10	5
模型五	850	30	5
模型六	850	20	2
模型七	850	20	10

（2）有限元计算结果分析

① 水泥搅拌桩宽度变化对周边隧道影响规律

不同加固宽度下隧道最大水平位移和最大沉降与间距关系曲线见图 4-44。由图可知，随着水泥搅拌桩加固宽度增大，隧道水平位移和沉降都逐渐增大，隧道表现为明显的“竖鸭蛋”形状。

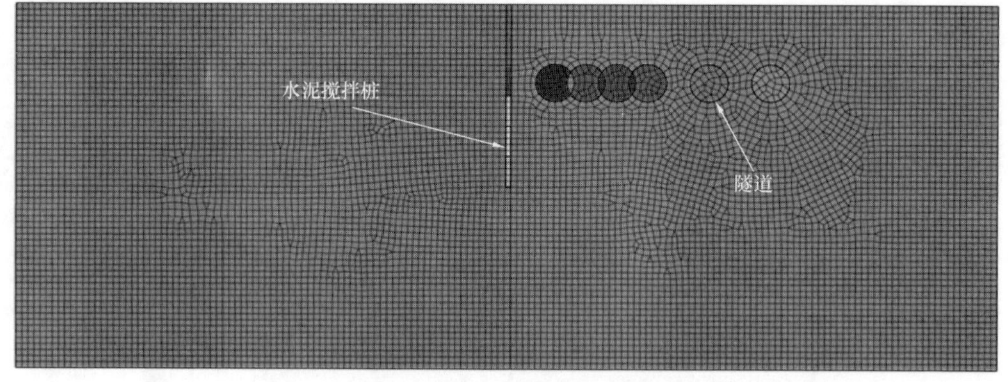

图 4-43　搅拌桩侧方施工数值试验有限元模型

随着隧道与桩的距离增加，不同宽度的水泥搅拌桩施工引起隧道的最大水平位移和沉降逐渐减小，且变化规律逐渐趋于收敛。宽度越大，隧道最大水平位移和沉降减小得越快；隧道与桩距离相同时，隧道最大水平位移和沉降随宽度增加而增大，隧道与桩距离越小，增大得越快。

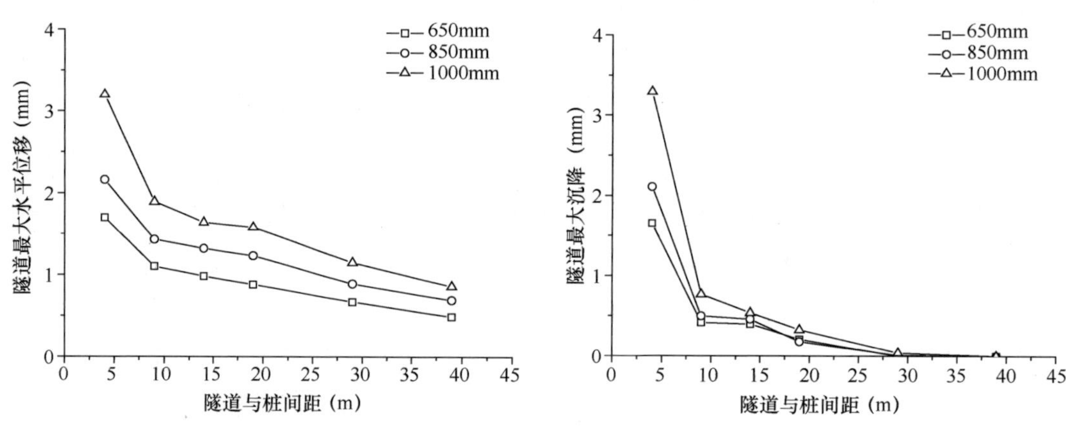

图 4-44　不同加固宽度和距离情况下的隧道最大位移

② 水泥搅拌桩桩长变化对周边隧道影响规律

不同桩长情况下，隧道最大水平位移和沉降与间距关系曲线见图 4-45。由图可知，随着水泥搅拌桩桩长增加，隧道水平位移和沉降逐渐增大。桩长为 10m 且隧道距离桩较近时，隧道远离搅拌桩侧水平位移大于靠近搅拌桩侧，横向内径增大明显，隧道表现为“横鸭蛋”形状；桩长为 30m 且隧道距离桩较近时，隧道沉降较大，竖向内径减小明显，亦表现为“横鸭蛋”形状；其他情况下，隧道表现为“竖鸭蛋”形状。

随着隧道和桩的距离增加，不同桩长水泥搅拌桩施工引起隧道的最大水平位移和沉降呈线性减小，桩长越长，隧道最大水平位移减小得越快；隧道与桩距离相同时，隧道最大水平位移随桩长增加呈线性增长，隧道与桩距离越小，增长速率越大。隧道最大沉

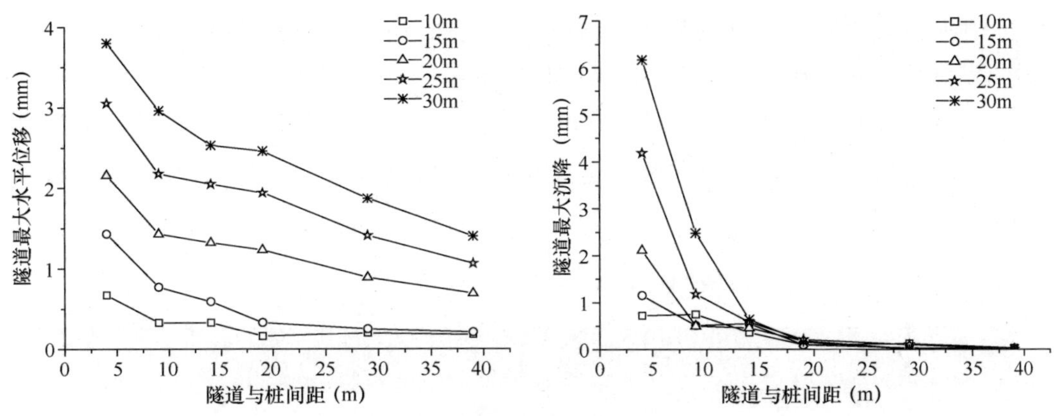

图 4-45 不同桩长和距离情况下隧道最大位移

降值与桩长非线性相关，当隧道距离搅拌桩较近时，若隧道竖向位置处于 0.5 倍搅拌桩桩长，隧道沉降最小；若隧道竖向位置处于 0.5 倍搅拌桩桩长下方，隧道沉降最大。当隧道距离搅拌桩较远时，不同桩长下的隧道最大沉降值变化不大。

③ 土层模量对周边隧道影响规律

土层不同模量情况下隧道最大水平位移和最大沉降与间距关系曲线见图 4-46。由图可知，随着土体模量增加，隧道的最大水平位移和沉降均逐渐减小；随着隧道和桩的距离增加，不同土层模量水泥搅拌桩施工引起隧道的最大水平位移和沉降均逐渐减小，且变化规律逐渐趋于收敛。土层模量越小，隧道最大水平位移和沉降减小得越快；隧道与桩距离相同时，隧道最大水平位移和沉降随土层模量增加而减小，隧道与桩距离越小，减小速率越大。

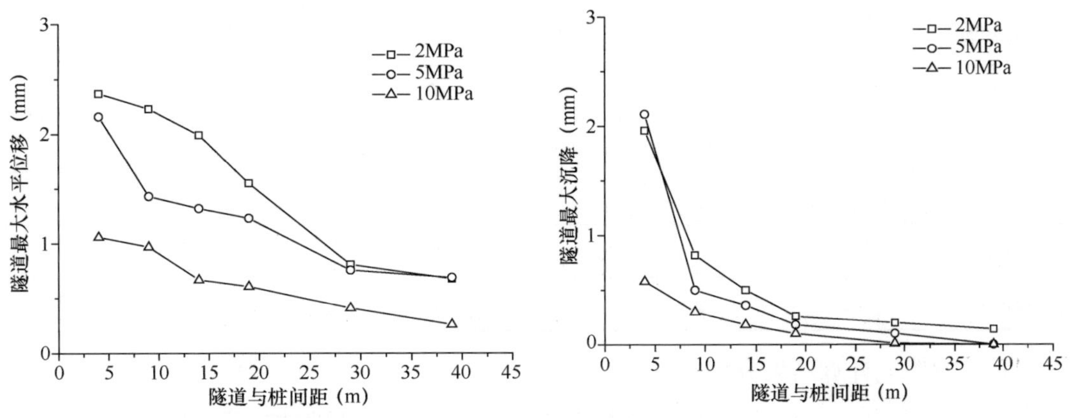

图 4-46 不同土层模量和间距情况下隧道最大位移

2）隧道上方加固施工影响分析

（1）数值模拟试验方案

为研究水泥搅拌桩与隧道不同竖向净距及土层压缩模量对周边隧道的影响。

表 4-11给出了建模方案，搅拌桩加固厚度为 4.0m，水平向加固范围为隧道外 6.0m。搅拌桩共建立了 9 个有限元模型。有限元模型见图 4-47，水泥搅拌桩上方施工数值试验建模方案见表 4-12。模型中隧道埋深 16m，外径 6.2m，隧道衬砌厚度为 350mm，模型尺寸为 230m×80m。隧道水平位移以远离水泥搅拌桩方向为正，竖向位移以重力相反方向为正。

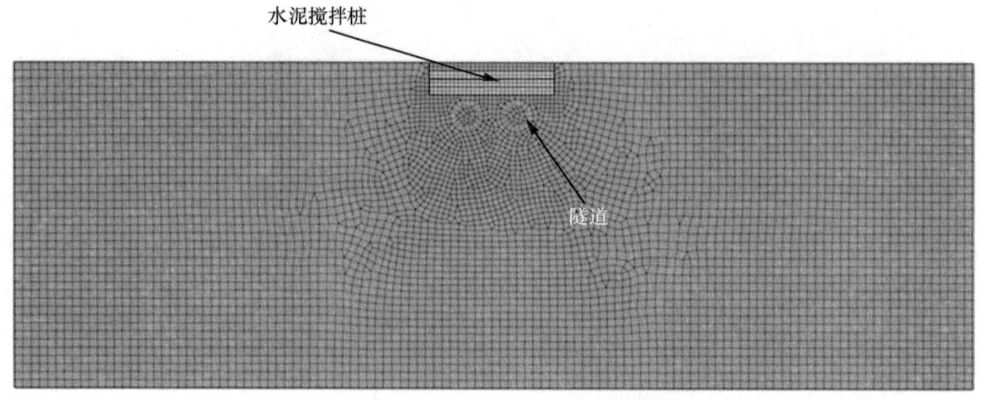

图 4-47　搅拌桩上方施工数值试验有限元模型

表 4-12　水泥搅拌桩上方施工数值试验建模方案

模型	隧道与搅拌桩竖向净距（m）	加固厚度（m）	土层压缩模量（MPa）
模型一	2	4	2
模型二	2	4	2
模型三	2	4	2
模型四	4	4	5
模型五	4	4	5
模型六	4	4	5
模型七	6	4	10
模型八	6	4	10
模型九	6	4	10

（2）有限元计算结果分析

图 4-48 和图 4-49 分别为土体模量为 5MPa 时，隧道与搅拌桩不同竖向间距情况下桩周土体及隧道水平位移及竖向位移云图。不同土体模量下隧道最大水平位移和最大沉降与竖向间距关系曲线见图 4-50。如图所示，桩周土体水平位移呈左右对称向远离水泥搅拌桩方向变化；土体水平位移最大值约发生在加固土体底部位置，最大值均靠近搅拌桩。桩周土体竖向位移表现为沉降，最大值位于加固搅拌桩中部，接近于地表。

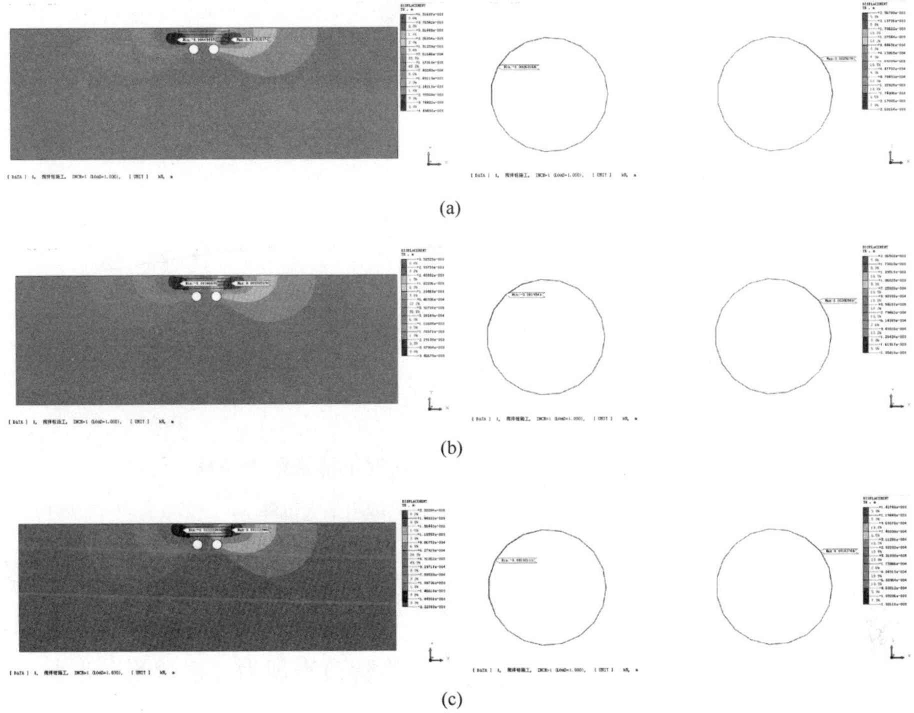

(a)

(b)

(c)

图 4-48　不同间距情况下桩周土体及隧道水平位移

(a) 间距 2m；(b) 间距 4m；(c) 间距 6m

(a)

(b)

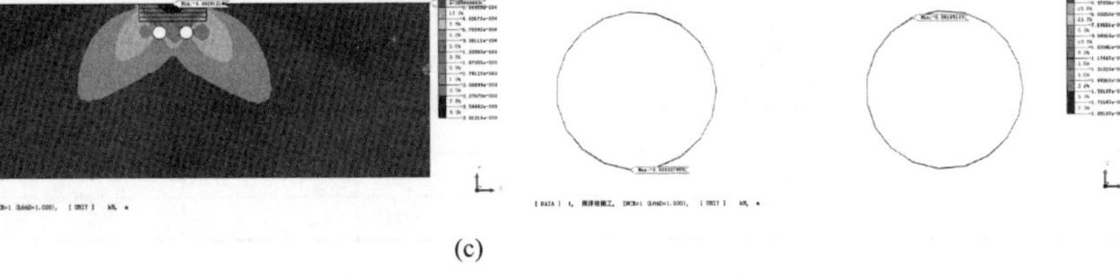

(c)

图 4-49　不同间距情况下桩周土体及隧道竖向位移

(a) 间距 2m；(b) 间距 4m；(c) 间距 6m

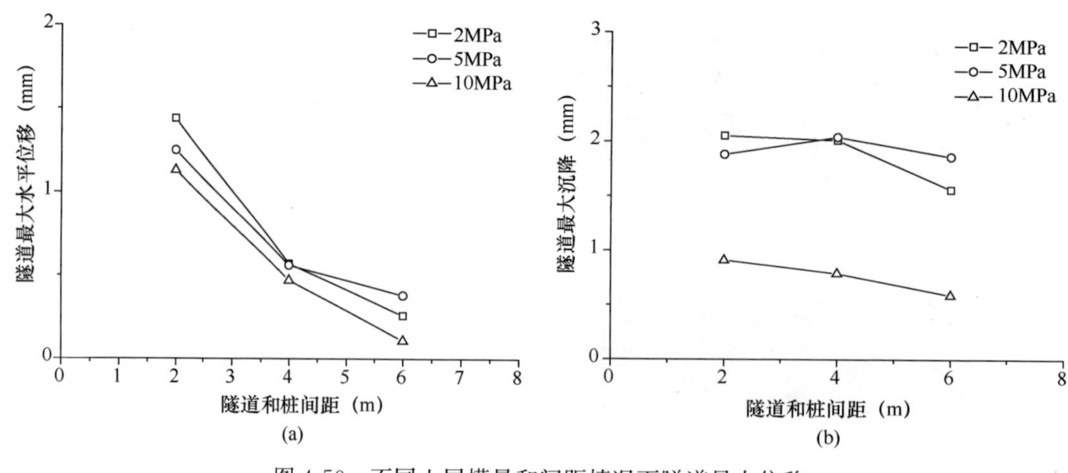

图 4-50　不同土层模量和间距情况下隧道最大位移

（a）隧道最大水平位移；（b）隧道最大沉降

在隧道上方有搅拌桩加固时，隧道将产生远离两隧道中心方向的水平位移及沉降。隧道远离两隧道中心侧位移大，近中心侧位移小，因此隧道横向内径减小；隧道顶部沉降大，底部沉降小，因此隧道竖向内径较小，最终隧道表现为“横鸭蛋”形状。

随着搅拌桩与隧道竖向净距加大，隧道水平位移和沉降均逐渐减小，隧道水平位移的减小更加明显。随着土体模量逐渐增加，隧道水平位移和沉降总体表现为逐渐减小，隧道沉降的减小更为明显。

4.3.3　净距控制

1. 槽壁加固（止水帷幕）施工影响分析

分析计算不同搅拌桩宽度、桩长、土层模量情况下，搅拌桩与隧道距离不同时的隧道总位移。桩长分别取为 10m、15m、20m、25m 和 30m，共建立 45 个分析模型，桩长为 10m 时的建模分析方案见表 4-13。土体和水泥搅拌桩本构模型同第 4.3.2 节。

表 4-13　水泥搅拌桩净距控制值分析建模方案

模型	宽度（mm）	桩长（m）	土层压缩模量（MPa）
模型一	650	10	2
模型二	850	10	2
模型三	1000	10	2
模型四	650	10	5
模型五	850	10	5
模型六	1000	10	5
模型七	650	10	10
模型八	850	10	10
模型九	1000	10	10

图 4-51～图 4-55 给出了不同桩长、不同模量及不同加固宽度下隧道总位移随间距变化曲线。

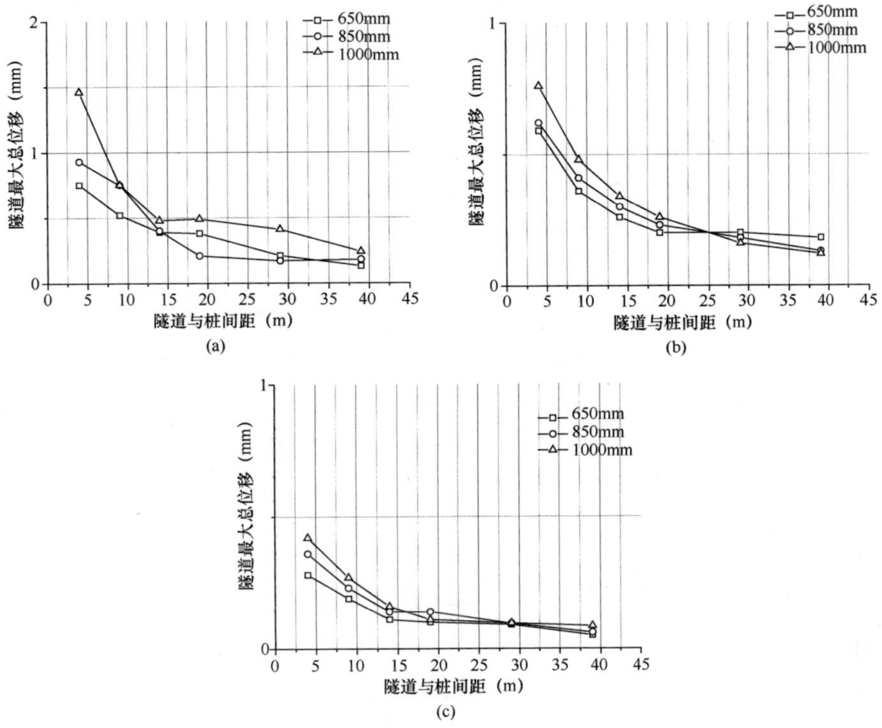

图 4-51　桩长 10m 情况下隧道最大总位移与间距关系

（a）2MPa；（b）5MPa；（c）10MPa

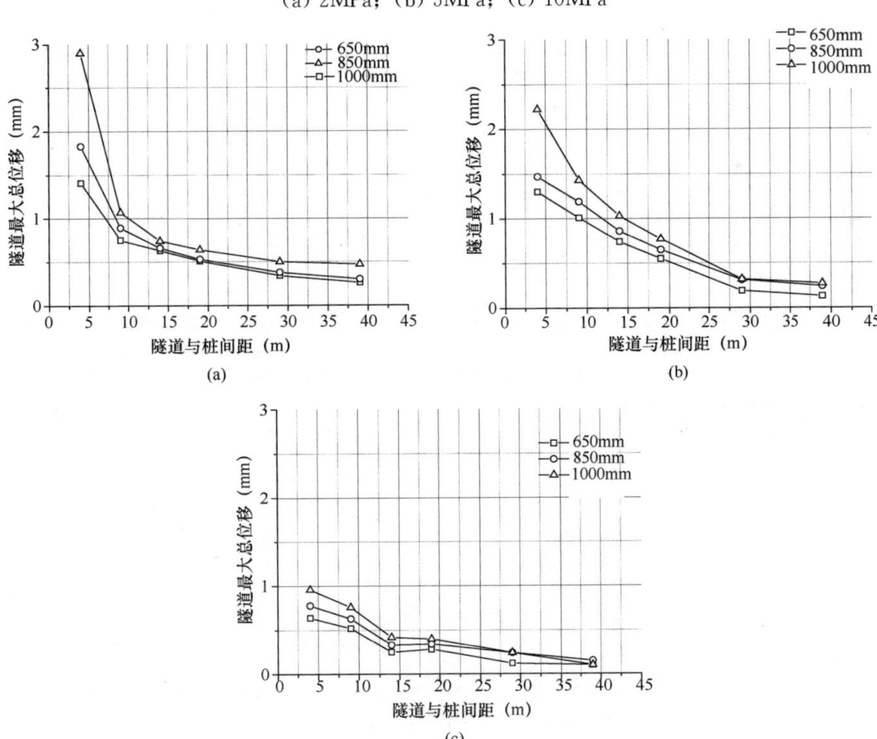

图 4-52　桩长 15m 情况下隧道最大总位移与间距关系

（a）2MPa；（b）5MPa；（c）10MPa

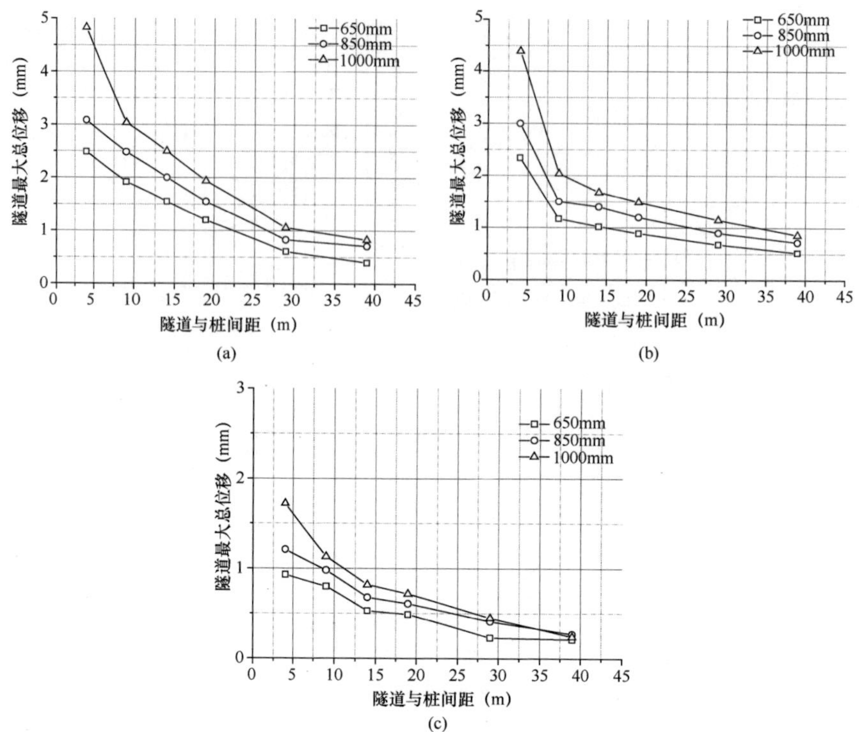

图 4-53　桩长 20m 情况下隧道最大总位移与间距关系

（a）2MPa；（b）5MPa；（c）10MPa

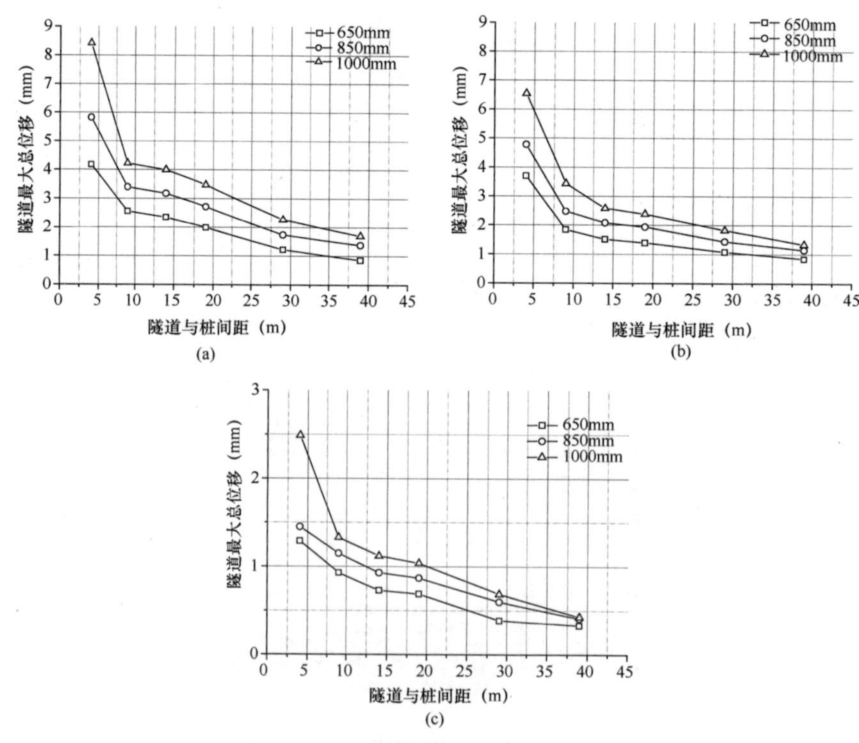

图 4-54　桩长 25m 情况下隧道最大总位移与间距关系

（a）2MPa；（b）5MPa；（c）10MPa

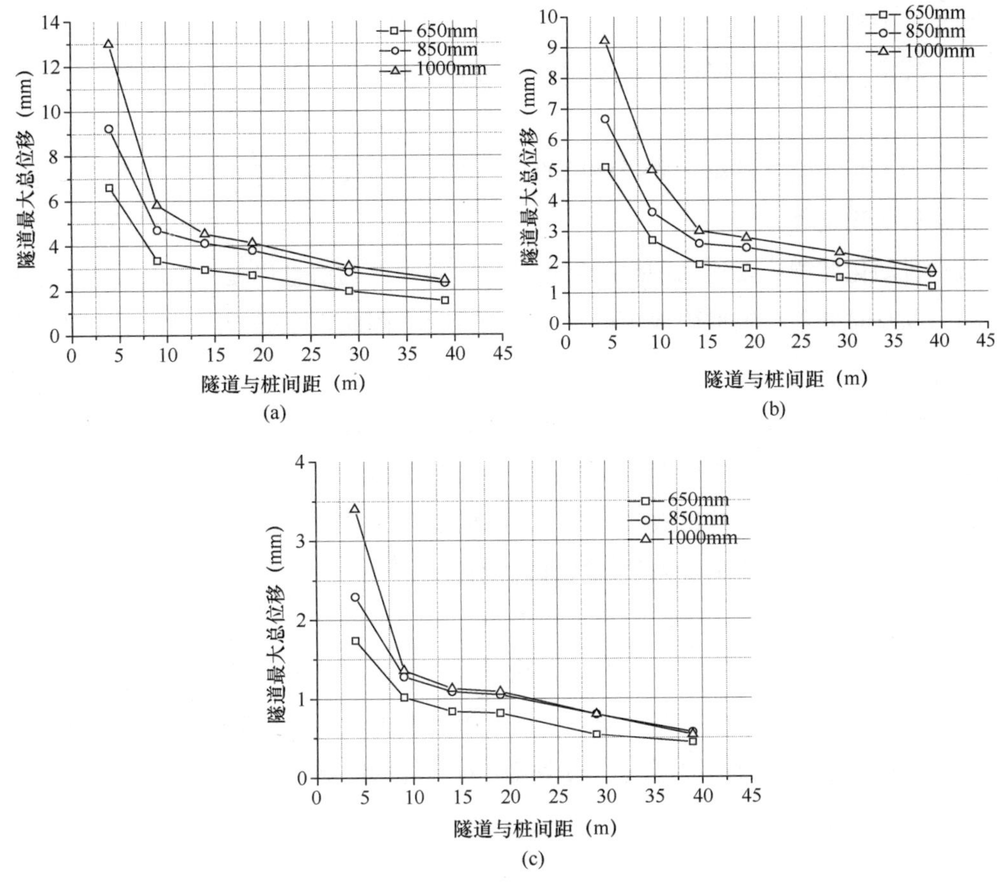

图 4-55 桩长 30m 情况下隧道最大总位移与间距关系

（a）2MPa；（b）5MPa；（c）10MPa

2. 隧道上方加固施工影响分析

分析计算不同上方加固搅拌桩与隧道净距、不同土层模量情况下的隧道总位移。共建立 9 个分析模型，如图 4-56 所示。土体和水泥搅拌桩本构模型同 4.3.2 节。

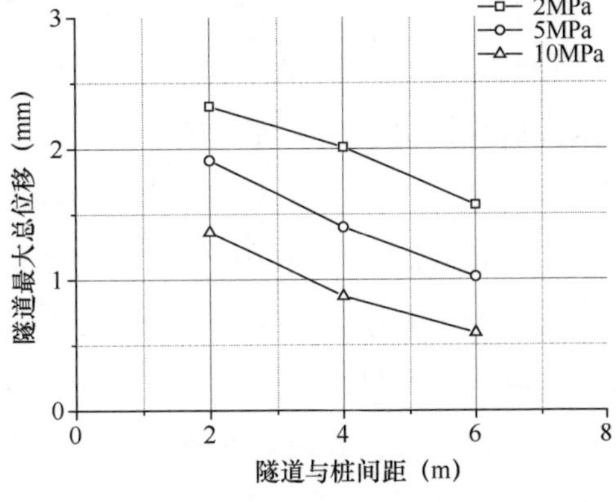

图 4-56 隧道最大总位移与竖向间距关系

4.3.4 其他措施

由 4.3.2 节的分析可知，水泥搅拌桩施工对周边环境的影响不容忽视。对临近敏感环境、变形控制要求高的深基坑工程，有必要采取有效措施，以减小其施工对周边环境的影响。

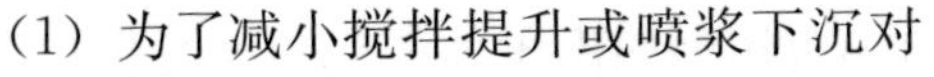

（1）为了减小搅拌提升或喷浆下沉对周边地层的扰动，施工前应通过试成桩确定搅拌提升速度、搅拌下沉速度及水泥浆液水

灰比等工艺参数。

（2）确定合理的成桩时间，必要时可添加早强剂等外加剂，确保搅拌桩及时到达设计强度。

（3）为了减小搅拌桩施工周边地层的侧向挤压，应设定合理的喷浆压力，并保证侧向压力喷射的稳定性。

（4）自动化监测。要达到理想的保护效果，必须做到信息化施工，以对施工过程中出现的问题及时处理，较准确地预测下一步的变化。因此，在隧道内设置了自动沉降测点，实时监控。

（5）合理安排打桩顺序。三轴水泥搅拌桩宜采用跳打方式施工，跳打的间隔时间应根据监测结果动态调整。先行施工搅拌桩对后行施工搅拌桩的挤土效应有阻碍作用，背向保护对象施工搅拌桩时挤出效应小[92]，对于临近地铁基坑，可先施工近距离搅拌桩，如止水帷幕搅拌桩，再施工坑内被动去加固搅拌桩。

（6）减小孔隙水压力、采取应力扩散措施。搅拌桩成桩过程中，会使孔外土体产生孔隙水压力，对于深厚的淤泥质土地区，孔隙水压力消散较慢，成桩引起的土体位移更大，且变形恢复更慢。因此，在淤泥质土层，可采取设置应力扩散孔、对淤泥质土预处理等措施增加孔隙水压力消散速度，减小成桩对环境的影响。

4.4 其他桩墙

4.4.1 高压旋喷桩

1. 影响机理分析

高压旋喷桩是通过高速喷射流切割土体并使水泥与土搅拌混合，形成的水泥土体加固桩。目前，高压旋喷桩在地基处理、已建结构物加固、深基坑土体加固、深基坑止水帷幕以及盾构进出口加固等领域都有广泛应用。普通高压旋喷桩根据施工工艺包括单管法、二管法和三管法。其成桩通常分为两个阶段：

（1）成孔阶段，采用钻孔的方法使喷射头达到预定深度。一般采用钻机预成孔或者驱动喷射管和带有横向喷嘴的特制喷射头进行成孔。单管法和二管法喷射管较细，通常不预先成孔，直接借助喷射管本身喷射。三重管有时需预先钻孔，然后置入三喷射管。

（2）喷射阶段，利用水泥浆或其他材料作为硬化剂，以15MPa以上的压力，通过喷射管由彭射头上直径约2mm的横向喷嘴向土中喷射。同时，喷射管一边旋转一边向上提升。具有强大切削能力的高压细喷射流，一边切削四围土体，一边与之搅拌混合，并最终形成圆柱状的水泥与土混合的高压旋喷桩加固土。

高压喷射流对土体的切削作用主要包括喷射流的动压力作用、喷射流的脉冲压力、水块的冲击力以及“水楔”效应等。

在成桩过程中，高压喷射流冲击土体，会在土体内部形成很大的动压作用，破坏土体结构；高压喷射流对土体的切割，也会破坏土体结构，使切割下来的土体颗粒与水泥浆混合成絮状混合体，形成重塑区后向外劈裂挤压土体。随着注浆的持续时间增加，土体应力逐渐增大，当增大至临界值后，土体应力迅速衰减，表明土体颗粒发生破坏，即发生劈裂效应。喷射压力高于地内应力，才能破坏土体结构，受到附加压力的土层，将产生不同程度的位移。另外，土体结构的破坏将使原土处于非稳定状态，也会在一定程度上减小土体强度，周边土体可能需产生位移才能重新恢复稳定。

由于高压旋喷桩强大的喷射压力，最终将导致桩周土体产生远离桩孔方向的位移，同时地表土体产生向上隆起。

2. 影响程度分析

高压喷射桩挤土作用的发生及影响大小与喷射压力、喷射流量、喷嘴形式、土体的物理力学性质以及注浆的持续时间等因素均有复杂的关系。另外，高压旋喷桩桩径、桩长以及连续施工的桩数不同，挤土作用也不同。

喷射压力越大，土体内劈裂缝隙越密集，劈裂发生的时间越快速，土体内部劈裂缝隙范围也更大。喷射压力越大，桩周土体侧移越大，地表隆起越明显。当喷射压力在20MPa以上时，喷射压力增大对桩周土体影响更大。

不同土性条件，相同喷射压力下，高压旋喷桩挤土效应也不相同。桩周土体的侧向位移和挤土影响范围一般在软土层的最大，砂土中次之，黏土中更小。软土中产生的超孔隙水压力消散过程更久，在超孔隙水压力消散固结过程中会引起土体较大变形。

高压旋喷桩桩径越大、桩长越大，注浆的持续时间越久，挤土影响的范围和程度均越大。随着旋喷桩施工数量和排数的增加，挤土效应也会更加明显，桩周土体的侧移会更大，挤土影响范围也会更大。在多排搅拌桩施工，施工顺序不同时，挤土影响程度也不同。当采用背向保护对象向外推进、适当跳打的施工工艺时，会有效减小挤土影响。

因此，为了减小旋喷桩施工对周边环境的影响，有必要采取一些控制措施，如采用控制喷浆压力在合理的范围内、控制搅拌提升速率、控制日成桩量、优化施工顺序、适当跳打、设置应力释放孔等措施将旋喷桩施工挤土效应减小到最低限度。当临近重要保护对象时，建议采用对周边环境影响小的新型工法。

4.4.2 咬合桩

1. 影响机理分析

钻孔咬合桩是采用全套管灌注桩机施工形成的桩与桩之间相互咬合排列的一种基坑

支护结构，通常采用钢筋混凝土桩与素混凝土桩交叉排列形式。

咬合桩的排列形式为一个素混凝土桩与一个钢筋混凝土桩间隔，施工工艺流程为 A_1—A_2—B_1—A_3—B_2—A_4—B_3……（图 4-57）。A 桩为素混凝土桩，B 桩为钢筋混凝土桩。A 桩采用超缓凝型混凝土先期浇筑，在 A 桩混凝土初凝前，利用套管钻机的切割能力切割掉相邻 A 桩相交部分的混凝土，然后浇筑 B 桩，实现相邻桩的咬合。

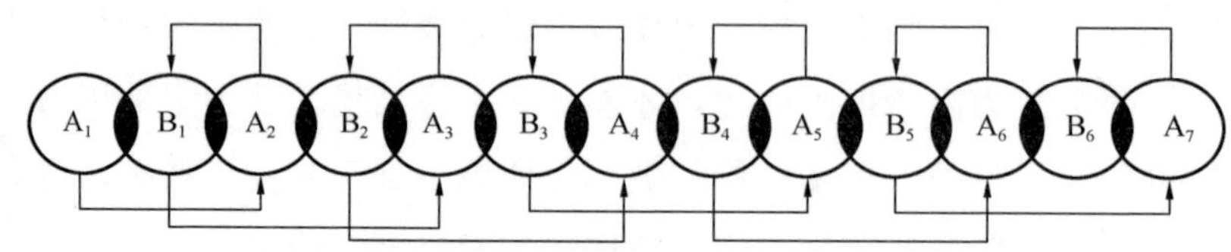

图 4-57　咬合桩施工流程

单根咬合桩施工工艺流程为：

（1）护筒钻机就位：先行施工定位导墙，待导墙有足够强度后，用吊车移动钻机就位，并使柱基抱管器中心对应定位于导墙孔位中心。

（2）单桩成孔：首先压入第一节护筒，冲抓斗随即从护筒内取土，一边抓土一边继续下压护筒，待第一节全部压入后检测垂直度，合格后，接第二节护筒，如此循环至压到设计桩底标高。

（3）吊放钢筋笼：对于 B 桩，成孔检查合格后安放钢筋笼。

（4）灌注混凝土。

（5）拔筒成桩：一边浇筑混凝土一边拔护筒，并保持护筒底低于混凝土面不小于 2.5m。

虽然咬合桩采用全钢套管施工，但其施工仍会引起周边土层扰动，其影响机理主要表现在以下几个方面。

（1）冲抓斗振动对土层的扰动。

咬合桩冲抓斗为自由落体取土，重量约三吨，每施工一根桩，抓斗自由落体击地的次数为 80～100 次。虽然冲抓斗在钢套管内冲击取土，但其仍会对土体产生动荷载。自由式冲抓斗冲击土体处可视为震源，其产生强大的能量作用于地基土中，且向深处扩散，能量也在一定范围内的地基中释放，并被地基土吸收，引起周围持续较高的孔隙水压力。在透水性差的软黏土中，超孔隙水压力难以消散，将引起周边土体产生较大的沉降，且沉降具有长期性和滞后性。

（2）成桩过程中的孔底隆起。

咬合桩成桩过程中，桩底土处于暴露状态，土体处于卸载状态，因此桩底土将产生回弹。在钢套管的超前支护长度足够大时，由于套管的隔断作用，土层损失总量受卸载作用影响很小，可以忽略。但实际过程中，钢套管超前支护长度与工程地质和地下水条件关系密切，常根据工程经验确定。当钢套管超前支护长度预估不足或冲抓斗超挖土方时，将引起周边土层损失，即导致孔底隆起。

（3）成桩过程中的水土损失。

当套管外地下水位较高而钢套管超前支护长度插入不足时，孔底容易发生隆起、涌砂，造成水土流失。此外，套管有一定的厚度，套管最后拔出过程中形成管壁厚度的空隙，同时套管拔出时会有少量泥土带出，进而导致水土流失。

因此，在咬合桩成桩过程中，会不可避免地导致桩周土体产生水平位移以及沉降。

2. 影响程度分析

钻孔咬合桩施工过程中，土体将产生向桩孔外侧的水平位移，水平位移最大值位于咬合桩顶以下一定深度，随着距离桩体位置逐渐增大，土体水平位移逐渐减小。钻孔咬合桩施工过程中，周边土体也会产生较大沉降。前一咬合桩施工时，对周围土体产生了明显的扰动，使得土体强度一定程度地降低，进而导致后一咬合桩施工时土体变形增量较大。

咬合桩施工对周边土体的扰动程度与桩径、桩长、钢套管超前支护长度、冲抓斗取土过程及土层性质密切相关。咬合桩桩径越大、桩长越大，对周边土体扰动越强。当钢套管超前支护长度不足时，桩孔外土体受扰动程度大，土体侧向位移及沉降都会显著增大。当冲抓斗抓土过快、超挖土体或孔底暴露时间长时，土体受扰动程度也会增大。软土中超孔隙水压力消散慢，咬合桩完工较长时间后仍易导致长期的沉降。在透水性强的砂性土中，孔底易产生隆起、涌砂等现象，导致水土流失，进而导致桩孔外土体沉降。

施工过程中应采取措施降低对土层的扰动，如适当增大钢套管超前支护长度、改进成孔取土方式、接近孔底时放慢抓斗速度、缩短孔底暴露时间以及适当放慢套管拔出速度等。

4.4.3　压灌桩

1. 影响机理分析

压灌桩（或称长螺旋钻孔压灌桩）是在长螺旋钻孔灌注桩基础上发展的一种新型桩型。其采用长螺旋钻机成孔，成孔后通过长螺旋钻钻杆中心向内压力灌注混凝土，随后插入钢筋笼，并振捣成桩。长螺旋钻孔压灌桩具有成桩质量好、施工效率高、单桩承载力高及适用性强等优点，目前已在较多的建筑工程中得到应用。

压灌桩的施工工艺如图 4-58 所示，其关键施工工艺为：

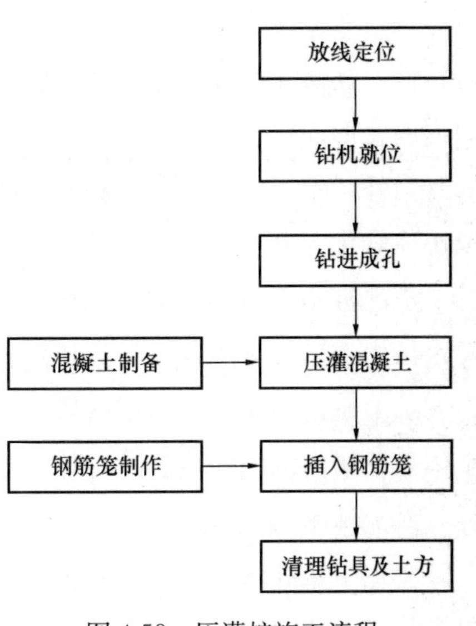

图 4-58　压灌桩施工流程

（1）钻进成孔：长螺旋钻机定位并经桩位复验后，开孔下钻。开孔时下钻速度应缓慢，钻进过程中不宜反转或提升钻杆。

（2）压灌混凝土：钻进至设计深度后，即进行提钻和压灌混凝土，提升钻具的同时孔内压灌混凝土。桩身混凝土的压灌应连续进行，钻机移位时，混凝土泵斗内的混凝土应连续搅拌。应保证钻具提升速度和混凝土泵送速度相一致，避免扩径或缩径。

（3）压入钢筋笼：混凝土压灌结束后，立即利用插筋器振动式将钢筋笼插至设计深度，且振动式拔出插筋器的传力钢管。下笼过程中须先用钢筋笼自重压入，当钢筋笼下放速度逐渐放缓时，应开启振动锤使钢筋笼振动压入至设计标高。

在压灌桩钻孔、压灌混凝土及压入钢筋笼等施工环节中，桩周土体经历了复杂的加载、卸载过程，导致桩周土体应力状态随桩基施工而不断变化。

（1）在成孔阶段，桩孔中土体的取出导致径向卸载，并向孔内发生位移；孔周土体应力状态发生变化，导致应力重分布，当应力超过土体屈服强度后，孔周土体将产生屈服破坏、强度降低并导致塑性变形。同时，长螺旋钻机钻机过程中也会破坏土体，导致土体切削破坏。

（2）在压灌混凝土阶段，孔壁上将作用有流态混凝土压力。由于混凝土重度很大，其对孔壁的向外压力一般大于土体对孔壁的向内的土压力；另外，下压灌注混凝土时，对孔壁土体也会产生径向的压力，故该阶段为径向加载状态，孔壁主要表现为向外的变形。

（3）在钢筋笼压入阶段，插筋器将钢筋笼振动插入设计深度时，会对液态混凝土直接产生动荷载，在液态混凝土内未完全消散的能力将会传至孔周土体，进而使孔周土体受到径向荷载，孔壁表现为向外的变形。

（4）在混凝土硬化阶段，原流态混凝土逐渐转变为固态混凝土。由于混凝土材料自身特性，其硬化往往伴随着体积的缩小，故该阶段变为径向卸荷状态，孔壁主要表现为向内的变形。

另外，施工的扰动（如钻孔机械或混凝土快速灌注对孔壁的冲击）、桩周水分迁移及土体软化、多桩施工叠加的影响等也会进一步增大或促进土体变形。

压灌桩施工会引起周边土体的扰动，使桩周土体内产生超孔隙水压力。软土中超孔隙水压力消散较为缓慢，导致压灌桩施工后桩周土体仍会产生长期的变形。

综上所述，压灌桩施工阶段及工后桩周土体发生了位移，当临近地铁设施时，位于土体位移场内的隧道也会随土体的变形而变形。

2. 影响程度分析

类似于钻孔灌注桩，压灌桩施工时，桩周土体将产生位移，桩长、桩径、土体性质以及施工工艺不同，土体位移大小也会不同。

压灌桩桩长越长、桩径越大、连续施工的桩数越多，则土体受扰动程度越大，位移也就越大。在软土地层中，土体强度低、压缩性高，受扰动后，土体变形大，且超孔隙水压力消散较为缓慢，导致压灌桩施工后桩周土体仍会产生较大的变形。

因此，为了减小压灌桩施工对周边环境的影响，有必要采取一些控制措施，如控制钻机钻进速度，控制混凝土压灌速度，控制日成桩量、优化施工顺序、适当跳打，设置应力释放孔，在地下水位高的粉土、砂土层中采用全套管施工工艺等措施减小压灌桩施工对周边土体的扰动。

4.5 微扰动桩墙施工新技术

4.5.1 护壁套管钻孔灌注桩

由传统钻孔灌注桩研究可知，作为非挤土桩的钻孔灌注桩，当其在临近隧道施工时仍可能造成隧道变形超过控制要求。另外，考虑实际施工中可能出现的塌孔和缩颈等问题，钻孔灌注桩的使用应更为慎重。目前，隧道外部的桩基施工作业更多地采用护壁套管（护筒）的技术，以尽可能减少，近距离钻孔灌注桩施工的影响。文献[93]指出，若套管（护筒）采用预钻孔埋设，施工效率低，成本高，且预钻孔孔径会稍大于钢套管外径，导致一定程度的地层损失，加大对既有地铁隧道的影响；若采用钢套管边跟进边取土的工法施工，钢套管在钻孔灌注桩的混凝土浇筑时若再次拔出，将对地铁隧道造成二次影响；若钢套管不再拔出，施工成本将大幅度增加。

桩基施工中混凝土从隧道深度浇筑至地坪这一过程导致的隧道变形是整个施工过程产生变形的主要原因。因此，减小该深度范围内混凝土对孔周土体的挤压，可有效降低桩基施工对隧道的影响。相比于全套管护壁技术，采用一定深度内套管的护壁技术，是提高效费比的一种途径。

为了对护壁套管的埋设深度进行分析，基于 4.1.2 节的数值模型，在钻孔桩四周建立钢套管二维单元，分析单桩情况下护壁套管的埋设深度对邻近隧道的影响，考虑模型中钻孔桩桩径为 1200mm，桩长为 45m，地基简化为均质土层，土层压缩模量取 5MPa，钢套管直径 1200mm，壁厚 14mm，建模方案见表 4-14。

表 4-14 不同长度护壁套管分析建模方案

模型	钢套管埋设深度（m）
模型一	无套管
模型二	隧道底 0
模型三	隧道底 1

续表

模型	钢套管埋设深度（m）
模型四	隧道底 2
模型五	隧道底 3
模型六	隧道底 4
模型七	隧道底 5
模型八	隧道底 6

图 4-59 为隧道水平位移随套管超出隧道底长度变化曲线，由图可知，随着套管超出隧道底长度的增加，隧道水平位移呈线性减小。套管底位于隧道底标高时，隧道水平位移为 0.42mm，位移比未采用套管施工减少了 52%，套管底超出隧道底标高 6m 时，隧道水平位移为 0.19mm，位移减少了 78%。可见，采用一定深度的护壁套管能有效减少隧道水平位移。随着套管超出隧道底长度的增加，隧道沉降值基本保持不变。由分析可知，隧道沉降主要是由于支护桩混凝土重度大于原状土重度产生的，故钢套管对减少邻近隧道沉降的效果不明显。

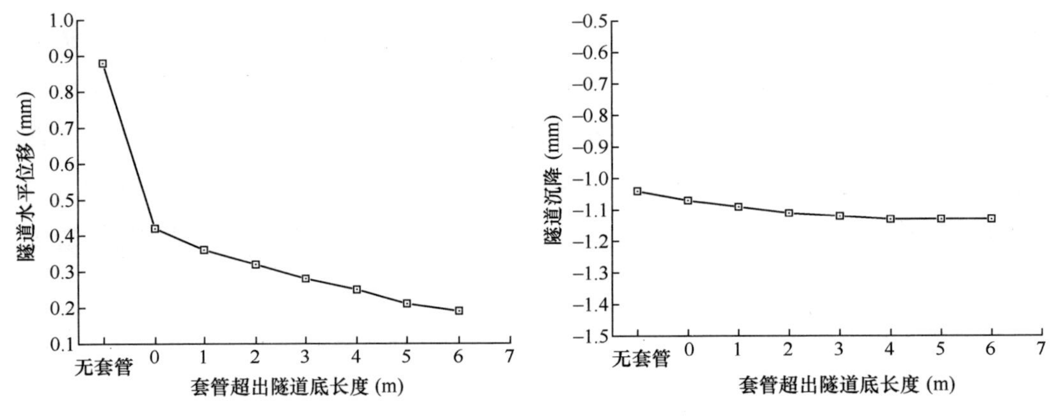

图 4-59　套管长度与隧道最大位移的关系

4.5.2　渠式切割水泥土连续墙

TRD 工法通过水平横向运动成墙，可形成没有接口的等厚连续墙体，其止水防渗效果远优于柱列式地下连续墙和柱列式搅拌桩加固，其主要特点是环境污染小、成墙连续、表面平整、厚度一致、墙体均匀性好、防渗性能好、施工安全，与传统柱列式地下连续墙相比隔渗，经济性好。TRD 工法水泥土连续墙作为止水帷幕的可靠性随着在国内多项重要工程的成功应用而逐渐被广泛接受[94-95]。

尽管 TRD 设备标称具有在卵砾石地层中的施工能力，然而已完成项目大多处于粉砂土地层中，少数涉及卵石地层，见诸报道的仅有武汉航运中心大厦项目[96]。该项目切割的是中细砂夹卵砾石层，虽然施工单位通过改进刀具和施工方法完成了任务，但是设备磨损非常严重。因此，开展卵砾地层中 TRD 工法水泥土墙施工方法的研究很有意义。

TRD 工法的成墙原理[97]是将链锯式刀具插入土体中，通过刀具的切割沿水平方向掘削前进，在土体中形成连续的沟槽，同时固化液从刀具端部喷出并与土体在原地搅拌混合，形成水泥土地下连续墙，如图 4-60 所示。切削刀头向上挤压地基土，而切削下来的土体借助刀具回转和泥水流动向上运动，并从切削沟槽壁与箱式刀具链节的间隙向后方流动。

刀具在做向上切削的同时，主机做横向水平移动，被切削下来的细松散土体与固化液在原位置进行混合。充分搅拌可以使固化液与原位土均匀混合，在砂砾地层中可大幅度提高抗渗性能，黏性土层成墙体中不会出现泥土团块，其优越的止水性能可以用于垃圾填埋场防止渗滤液污染地下水，建造大坝防渗墙防止坝体渗透破坏。

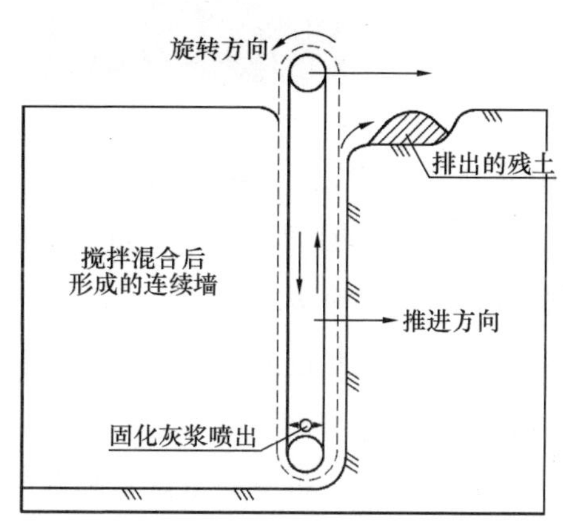

图 4-60 TRD 工法成墙原理示意

在不同的地层中选择合适的刀头有利于提高工效，降低磨损，卵砾石层、软岩地层宜使用齿形刀头。刀具并不能将卵砾石粉碎，只是负责把卵砾石带到地面。当卵石粒径较大或者密实时，刀具和固定螺栓的磨损会很大，甚至出现链条断开后深埋在土体的严重事故。因而卵砾石地层成墙需要其他辅助手段来清除土体中的卵砾成分，如利用旋挖钻机提前引孔。

对深埋密实卵石夹层而言，TRD 的困难是无法竖向切割，旋挖钻机的作用是在卵石面形成“突破口”。对深厚圆砾地层而言，TRD 同时存在竖向和横向的切割困难，旋挖钻机必须将卵石取出，并将细颗粒成分回填，必要时还要添加膨润土。

4.5.3 全方位高压喷射注浆技术

全方位高压喷射工法又称 MJS 工法（Metro Jet System）。MJS 工法在传统高压喷射注浆工艺的基础上，采用了独特的多孔管（图 4-61）和前端造成装置（习惯称之为 Monitor），实现了孔内强制排浆和地内压力监测，并通过调整强制排浆量来控制地内压力，使深处排泥和地内压力得到合理控制，使地内压力稳定，也就降低了在施工中出现地表变形的可能性，大幅度减少了对环境的影响，而地内压力的降低也进一步保证了成桩直径[98]。和传统旋喷工艺相比，MJS 工法降低了施工对周边环境的影响。

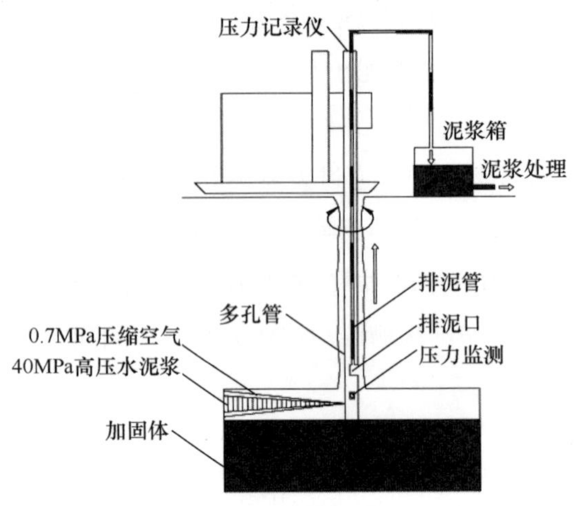

图 4-61　MJS 多孔钻杆

MJS 工艺具有以下几个特点：

（1）可以“全方位”进行高压喷射注浆施工：MJS 工法可以进行水平、倾斜、垂直各方向和任意角度的施工。特别是其特有的排浆方式，使得在富水土层、需进行孔口密封的情况下进行水平施工变得安全可行。

（2）桩径大，桩身质量好：喷射流初始压力达 40MPa，流量为 90～130L/min，使用单喷嘴喷射，每米喷射时间 30～40min（平均提升速度 2.5～3.3cm/min），喷射流能量大，作用时间长，再加上稳定的同轴高压空气的保护和对地内压力的调整，使得 MJS 工法成桩直径较大，可达 2～2.8m（砂土 $N<70$，黏土 $C<50$）。由于直接采用水泥浆液进行喷射，其桩身质量较好，强度指标大于 1.5MPa。

（3）对周边环境影响小，超深施工有保证：高压喷射注浆工艺产生的多余泥浆是通过土体与钻杆的间隙，在地面孔口处自然排出。这样的排浆方式往往造成地层内压力偏大，导致周围地层产生较大变形、地表隆起。同时，在加固深处的排泥比较困难，造成钻杆和高压喷射枪四周的压力增大，往往导致喷射效率降低，影响加固效果及可靠性。MJS 工法通过地内压力监测和强制排浆的手段，对地内压力进行调控，可以大幅度较少施工对周边环境的扰动，并保证超深施工的效果。

（4）泥浆污染少：MJS 工法采用专用排泥管进行排浆，有利于泥浆集中管理，施工场地干净。同时，对地内压力的调控也减少了泥浆“窜”入土壤、水体或是地下管道的现象。

（5）自动化程度高：转速、提升、角度等均为提前设置，并实时记录施工数据，尽可能地减少了人为因素造成的误差。

4.5.4 渠式切割装配式地下连续墙

1. 工法简介

渠式切割装配式地下连续墙简称为TAD工法（Trench cutting Assembled Diaphragm wall），该工法涉及在渠式切割水泥土连续墙（或双轮铰成墙）从水泥土墙中间插入预应力榫卯结构（锁扣）钢筋混凝土预制墙板，形成装配式地下连续墙的一种施工工艺。

TAD工法具有以下几个特点：

（1）节约用地：在水泥土连续墙中间插入预制墙板，相比传统地下连续墙建造工艺，无须在接幅的外侧施工止水桩，占用空间减少，节约了建设用地。

（2）质量可靠：由于是装配式的结构，可以按照规格进行成品预制（在工厂加工制作），在现场装配施工，质量有保障。

（3）施工省时：与传统的混凝土地下连续墙比较，无须现场制作钢筋笼及浇筑钢筋混凝土连续墙的混凝土的养护，可以节省施工工期一半左右。

（4）绿色环保：因采用了预制构件，只需现场装配，不会产生泥浆外运，有利于环境的保护。

（5）适应性强：由于是预制构件装配，不需要在场内绑扎钢筋骨架，更能适应在有限（狭窄）场地施工。

（6）两墙合一：在建筑前期起到止水挡土功能，同时有效减少施工时间和施工成本。

2. 设计与施工

1）设计

（1）墙体

TAD墙适用的地基条件同TRD墙，随着渠式切割机的性能改进以及施工工艺进步，目前国内TRD墙施工深度已达到90m，结合旋挖组合施工工艺，已能在深厚碎石土层以及存在深层地下障碍物的复杂地层施工。TAD墙的平面布置应充分考虑TRD墙的施工工艺特点，平面形状尽量简单、规则，宜采用直线布置，减少转角，圆弧段的曲率半径不宜小于60m；在转角处，为防止由于链状刀具的垂直度偏差以及边缘部位搅拌不充分等问题导致的搭接不良，双向适当延伸施工，延伸长度不宜小于2m，实际工程出现的少许渗漏水问题大多发生在转角部位。

渠式切割水泥土连续墙厚度宜取600～850mm，其设计应符合现行国家行业标准《渠式切割水泥土连续墙技术规程》（JGJ/T 303）的相关规定；混凝土预制板材应全截面位于水泥土墙内，板材外单侧水泥土厚度不应小于70mm，水泥土墙及其内插混凝土预制板材垂直度偏差不应大于1/300，且平面允许偏差不应大于30mm，墙顶标高偏差不应大于50mm。

TAD墙宜与内支撑相结合形成支护结构，支护结构计算和验算应符合现行国家行业标准《建筑基坑支护技术规程》（JGJ 120）的有关规定，抗渗流稳定性按水泥土地下连续墙的深度验算，其余各项稳定性验算仅考虑混凝土预制板材的作用，不计入水泥土的影响；作用于TAD墙的弯矩、剪力全部由混凝土预制板材承担，据此验算TAD墙的抗弯强度和抗剪强度；TAD墙墙体有效截面和强度应满足工作状态下强度、变形和防渗要求。

两墙合一时，TAD墙可按单一墙或复合墙模式设计，预制板材及连接尚应满足结构抗震和耐久性能，墙体竖向变形应与地下结构协调一致，可在混凝土预制板材底端设置型钢支腿；防水设计时，可在墙内侧设置钢筋混凝土或砌体衬墙，并采用涂贴防水材料、设置排水管、排水沟、集水井等防水、排水措施；墙体与基础底板、顶板等连接部位可根据地下结构的防水要求，设置刚性止水片、遇水膨胀止水条、预埋注浆管等。

（2）混凝土预制板材

混凝土预制板材通常是在工厂采用离心法工艺制作，常用的混凝土强度等级C80，预应力钢筋采用预应力混凝土用钢棒，非预应力钢筋采用热轧带肋钢筋，箍筋采用低碳钢热轧圆盘条或混凝土制品用冷拔低碳钢丝。按照通用化、模数化、标准化的要求，以少规格、多组合的原则，实现混凝土预制板材及其连接件的系列化和多样化。预制板材的长度不宜超过14m，横截面形状宜为矩形，截面型式如图4-62所示，宽度不宜小于600mm，厚度不宜小于300mm，采用离心工艺制作时，最小有效壁厚不应小于60mm。常用规格的宽度B(mm)×厚度H(mm)为：600×320、700×350、800×380、900×400、1000×430、1200×470、1300×500；为减少自重，宜中间留洞，内径为200～340mm。混凝土预制板材的混凝土保护层厚度不应小于35mm，当用于永久结构时不应小于40mm。基坑转角部位应设置异型截面预制板材，异型截面预制板材应与相邻混凝土预制板材相适应。混凝土预制板材竖向连接时应在端部设置端板，端板钢材采用Q235B，端板最小厚度不应小于20mm。混凝土预制板材两侧设置凹榫，相邻墙幅的凹榫对齐，其形成的空腔通过高压灌浆填实以提高接头防水性能。在预制板材上生产制作时应设置与混凝土腰梁或钢腰梁连接的预埋钢板、与主体结构构件连接所需的预埋件。

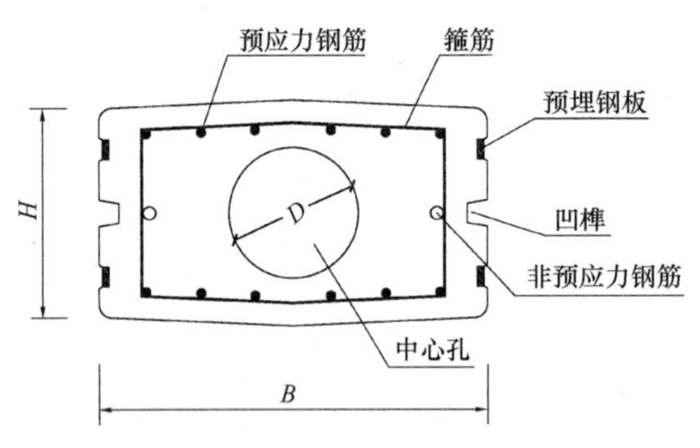

图4-62　混凝土预制板材截面

(3) 连接及构造

混凝土预制板材的竖向接头强度应满足墙体性能要求，可采用板材端部外包钢圈、设置锚固钢筋的端板焊接、端头设置预埋套筒等连接方式。混凝土预制板材的竖向接头位置宜设置于墙身受力较小位置，相邻板材接头位置在竖向应相互错开，错开距离不宜小于 1m，并满足墙体受力性能要求。

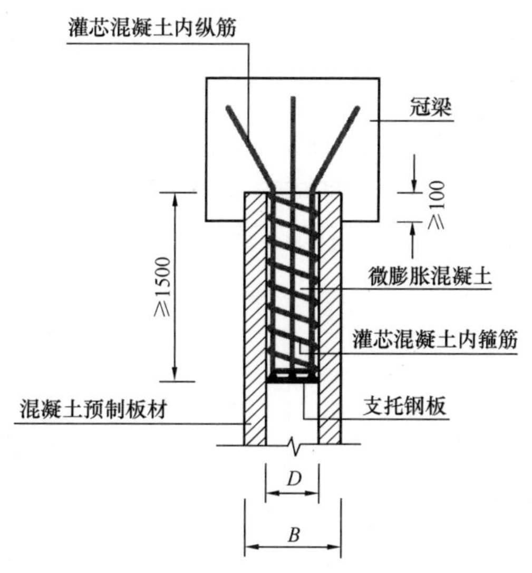

图 4-63 混凝土预制板材与冠梁连接构造

混凝土预制板材顶部设置封闭的钢筋混凝土冠梁以增强墙体整体性，离心形成的混凝土孔应适当灌芯，灌芯混凝土的纵筋锚入冠梁的长度应满足受拉锚固要求。混凝土预制板材与冠梁连接构造如图 4-63 所示。

混凝土预制板材与内支撑通过腰梁连接时，腰梁应与内支撑形成整体，混凝土预制板材与混凝土腰梁、钢腰梁的连接构造如图 4-64 所示。

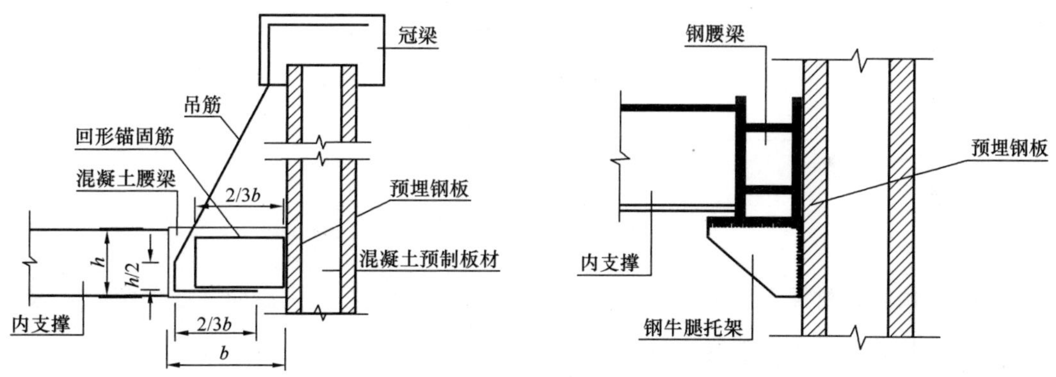

图 4-64 混凝土预制板材与混凝土腰梁连接构造

TAD 墙与主体结构楼板、底板交接处宜设置贯通的边梁，与主体结构构件可通过墙内预埋钢筋、锚板、剪力槽等方式连接。

2) 施工

TAD 墙施工前应调查场地条件、环境条件以及地下障碍物情况，正式施工前应进行试成墙试验，并据此确定施工设备、施工工艺和施工参数。施工前应进行场地平整，场地地基承载力应满足设备作业的要求，必要时应进行地基处理。TAD 墙施工流程如图 4-65 所示。

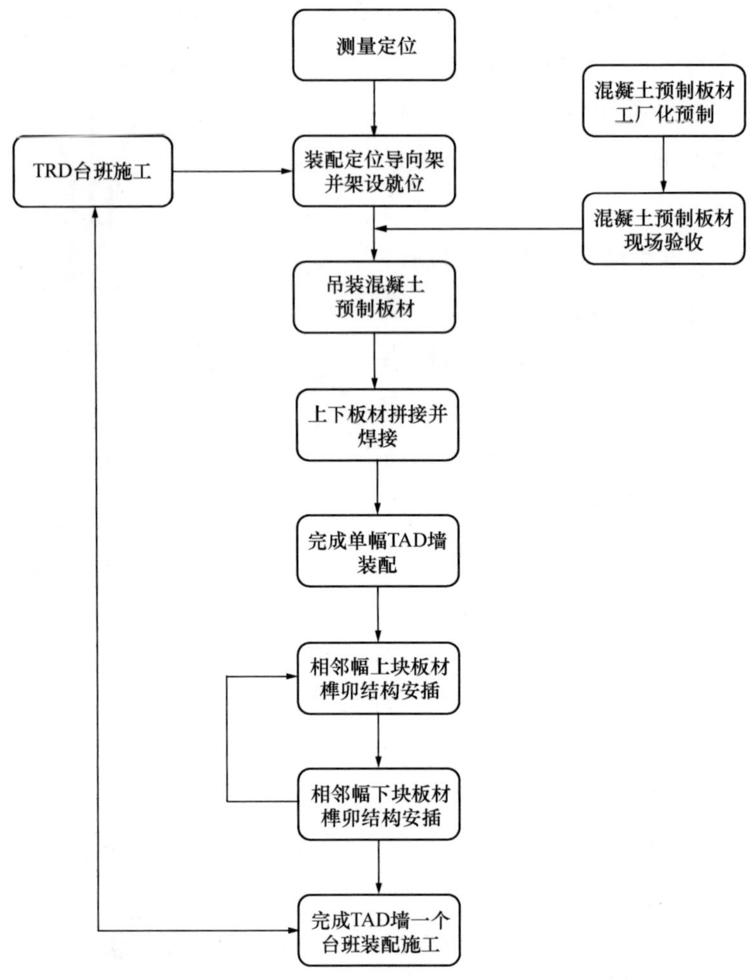

图 4-65　TAD 墙施工流程

混凝土预制板材插入水泥土连续墙应采用定位导向架，插入后应采取固定措施保证墙顶标高满足设计要求，混凝土预制板材起吊应满足构件抗裂要求。

TAD 墙成墙、基坑开挖和地下结构施工过程中，应对支护结构和周边环境进行监测。施工产生的废弃泥浆和置换土应在自然固结或掺加化学物质后外运，掺加的化学物质应满足环保要求。

4.5.5　微扰动深层搅拌桩

微扰动深层搅拌桩工法也称为 IMS 工法，该工法采用的搅拌桩机由日本 YBM (Yoshida Boring Machine) 公司生产，自 1997 年以来不断改进，形成 GI 系列搅拌桩机，在日本国内市场占有率较高，并以 GI-130C 型为最新一代代表。GI-130C 搅拌桩机具有功率大、重量轻、施工空间小、施工效率高、对土体扰动小等显著优点。该设备主机尺寸为 8.8m(长)×2.6m(宽)×3.0m(高)，相比同类设备尺寸较小，如图 4-66 所示，最大施工质量仅为 24.45t，最大扭矩可达 71.2kN·m，加固深度超过 25m，常用钻头包括五种不同直径（800mm、1000mm、1200mm、1400mm 和 1600mm），可满足不同高标准施工要求。

该桩机采用中心孔式主轴与三重组合钻头连接，如图 4-67 所示。主轴长 10.7m，行程为 2.0m，钻杆长度超过 23.5m。钻头自下而上由切削叶片、自由叶片和搅拌叶片组成。不同于一般搅拌桩机采用的螺旋钻头，其切削叶片为锯齿状，增大了掘进能力。喷浆口设置在切削叶片中间；当成桩直径大于 1.2m 时，切削叶片端部另设置喷浆口，通过喷浆或喷水措施，降低施工过程叶片端部的土体强度。自由叶片和钻杆套接，不跟随钻杆和搅拌土体运动，既提高了切削能力，又可有效防治黏土黏附钻孔和泥球的形成。搅拌叶片主要用于提高土体搅拌质量。此外，钻杆与叶片连接范围为圆形，上部通过切割工艺在外表面形成三个直面，目的是利于搅拌浆液从多边形与圆形的空隙外排。

图 4-66 GI-130C 搅拌桩机

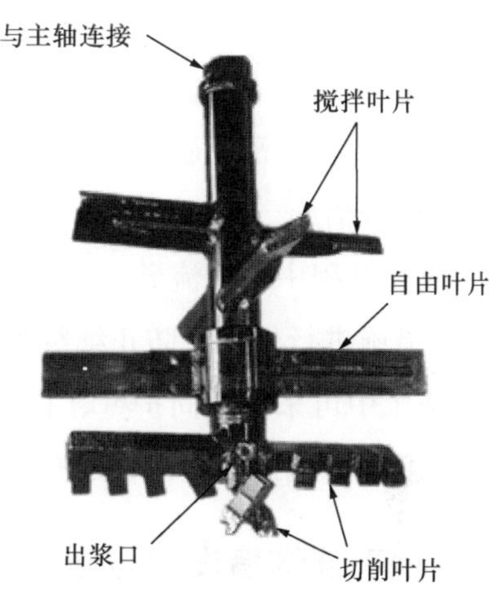

图 4-67 IMS 三重组合钻头

通过对钻头的不断改进，相比传统水泥搅拌桩，IMS 工法桩对周边环境的影响可显著减小。其微扰动特性主要体现在以下五个方面：

（1）切削和搅拌能力强，减少了对周边土体的拖带作用，原理如同隐形钢护筒。

（2）钻杆侧壁留置自然排浆通道，可使搅拌过程中的浆液压力与地层压力平衡，避免了浆液压力不断增大而对周边地层产生较大侧压。

（3）垂直度高，可达 1/200，进而减小搅拌阻力和对周边地层的扰动。

（4）喷浆压力可控，不需要空气压力辅助。

（5）设备自重轻，钻头底端下压压力可全程数控，主机与钻杆在地面形成的超载远小于三轴搅拌桩机，与 MJS 工法桩机相当，约 14kPa。钻头下压压力取决于搅拌深度和土体强度，当下部有盾构隧道等保护对象时，可保证附加荷载控制在 15kPa 之内。

IMS工法桩施工与传统水泥搅拌桩有所区别。由于机械功率大，在正常施工前，桩机可在合适土层先进行干作业。为了保证质量和均匀性，搅拌桩的顶部和底部要求复搅。

4.6 轨道交通控制保护区基坑围护桩（墙）施工阶段控制要点

4.6.1 排桩设计与施工要点

（1）排桩不应采用挤土型桩或其施工工艺对环境有较大振动影响的桩，宜选取抗弯和抗剪性能强的桩型。

（2）应在排桩外侧设置可靠的截水帷幕，避免基坑开挖期间桩缝处出现水土流失。

（3）钻孔灌注桩施工期间宜采取下列措施减小成桩过程对城市轨道交通结构的影响：

① 应采取间隔成桩的施工顺序，待混凝土终凝后，再进行相邻桩的成孔施工。

② 对松散或稍密的砂土、稍密的粉土等易坍塌或流动性大的软弱土层，应采取改善泥浆性能等措施。

③ 成孔过程中出现流砂、涌泥、塌孔、缩径等异常情况时，应暂停成孔并及时采取针对性措施进行处理，防止继续塌孔。

④ 施工中可采取套筒护壁、提高泥浆相对密度、采用优质泥浆护壁、适当提高泥浆液面高度等措施提高灌注桩成孔质量、控制孔壁坍塌、减小孔周土体变形。

4.6.2 地下连续墙设计与施工要点

（1）当竖向支护体采用地下连续墙时，宜优先考虑地下连续墙与主体结构外墙贴合的形式，以减少因后期回填不密实造成的影响。

（2）地下连续墙施工前可采用槽壁预加固、调整泥浆配比、适当提高泥浆液面高度等措施；同时可适当缩短地下连续墙单幅槽壁宽度，以减少槽壁坍塌的可能性，并加快单幅槽段施工速度。

（3）地下连续墙一字形槽段宽度不应大于6m。

（4）采用搅拌桩对槽壁进行加固，加固深度宜超过邻近的城市轨道交通隧道、车站结构的底部，并穿越淤泥、淤泥质土、砂土等易塌槽的土层。

（5）根据工程施工情况选择合适的具有较大刚度形式的导墙，如“ㄱ厂”或“コ 匚”。

（6）选用黏度大、失水量小、形成护壁泥皮薄而韧性强的优质泥浆，并且在成槽过程中，实时监测槽壁的情况变化，及时补浆、调整泥浆性能指标或添加外加剂。

（7）成槽机、履带吊、土方车及混凝土泵车等大型设备宜远离正在施工的地下连续墙，严禁在槽段周边堆放钢筋等施工材料。

（8）严格控制地下连续墙从成槽到混凝土浇筑完成的时间。对于常规深度地下连续墙，累计槽壁暴露时间不应超过 24h；对于超深地下连续墙，槽壁加固深度以下范围成槽到混凝土浇筑完成时间不应超过 12h。

（9）先后施工的两个槽段应尽量隔开一定的距离，以减少各槽段成槽之间的相互影响，避免槽壁坍塌。

（10）地下连续墙两个墙幅之间应采取可靠措施防止水土流失，必要时采用防水接头。

4.6.3　型钢水泥土搅拌墙设计与施工要点

（1）应结合型钢水泥土搅拌墙的深度、土质条件及环境条件等因素预估型钢回收的可行性。

（2）型钢拔出后形成的空隙应及时采用注浆等方法填充。

（3）控制保护区内应适当增加型钢插入密度，并在基坑转角周边 2m 范围及平面形状复杂处作特殊加强。

（4）根据型钢间距，对型钢之间的水泥土进行抗剪分析。

4.6.4　水泥搅拌桩和高压旋喷桩设计与施工要点

（1）搅拌桩施工过程中应通过控制施工速度、优化施工流程，以减少搅拌桩的挤土效应。

（2）控制保护区基坑外侧应严格控制高压旋喷桩的施工，其深度不宜超过城市轨道交通结构埋深。

5　地铁保护区工程实践一 ——华茂广场项目

5.1　工程概况

宁波华茂广场项目位于宁波市江东区中山东路以南，桑田路以西。工程场地北侧毗邻已建轨道交通1号线樱花公园站至福明路站区间段隧道约115m。场地卫星照片如图5-1所示。

图5-1　场地卫星图

5.1.1　主体工程概况

本工程总用地面积约12796.7m^2，总建筑面积约64398.6m^2，其中地下建筑面积约19673.47m^2，地上建筑面积约44725.13m^2，主要由1幢16～17层（高度70m）的高层建筑、4层裙楼组成，整个场地设有一座二层地下车库，详见图5-2及表5-1。工程桩桩基采用钻孔灌注桩。

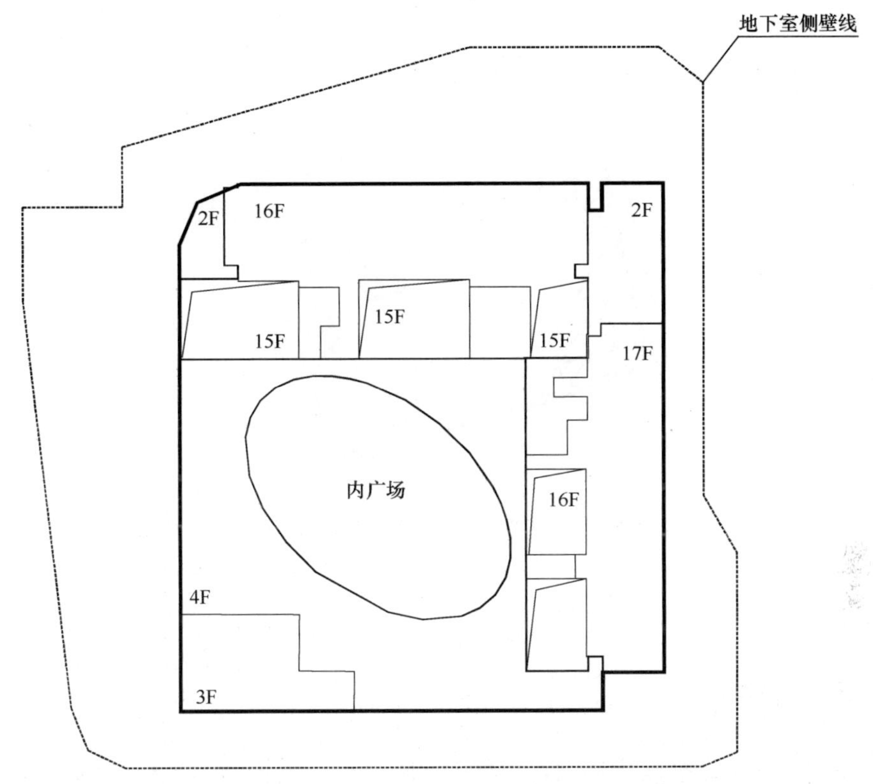

图5-2 华茂广场地上主要建筑分布图

表5-1 经济技术指标

拟建建筑物	幢数	层数	总用地面积（m^2）	建筑面积（m^2）
高层建筑	1	16～17F	12796.7	地上约44725.13m^2，总建筑面积约64398.6m^2
裙楼房	1	4F		
地下室	1	−2F		

5.1.2 基坑工程概况

华茂广场开挖面积约11030m^2，支护结构总延长米约540m；裙楼地下室区域底板面相对标高−9.200m，厚1000mm，底板底标高−10.200m；主楼地下室区域筏板面相对标高−9.200m，板厚1600mm，底板底标高−10.800m，开挖深度为10.50～11.95m。华茂广场项目基坑总平面图如图5-3所示。

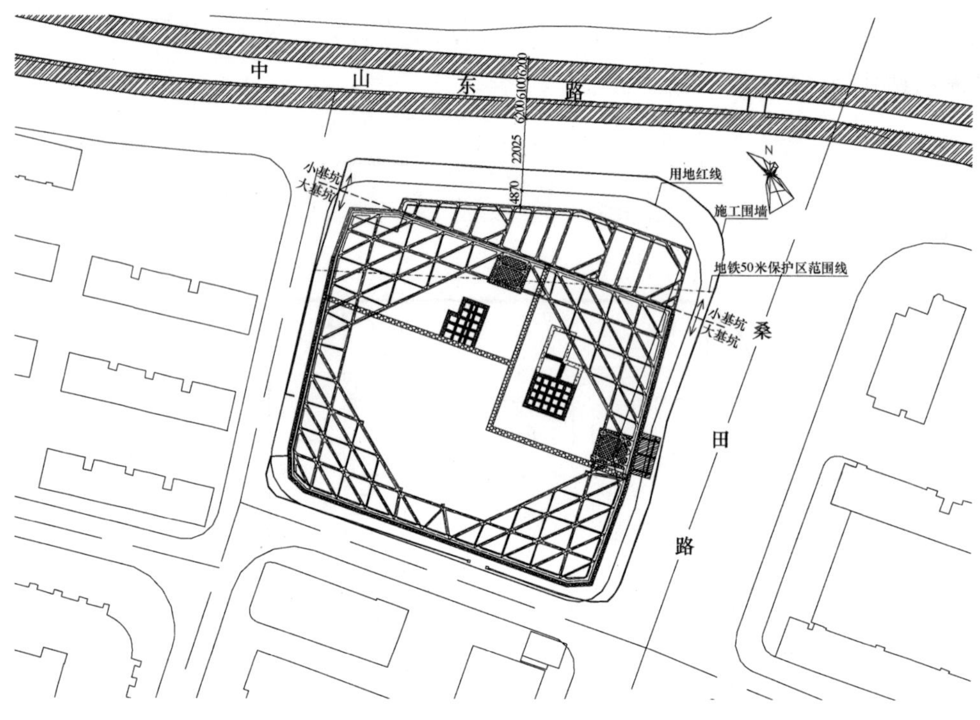

图 5-3　华茂广场项目基坑总平面图

5.1.3　地下室特点

（1）地下室基坑开挖面积较大，单层约 11030m²，支护结构延长米约 540m。

（2）开挖深度较深，基坑四周挖深在 10.5～11.95m。

（3）基坑形状比较规则，有利于支撑体系的布置。

（4）工程桩为钻孔灌注桩，对基坑开挖比较有利。

5.1.4　周边环境特点

本工程地下室侧壁距离周圈用地红线较近，场地较为紧张（图 5-4）。

（1）基坑北侧：地下室侧壁距离红线最近处约 6.7m，红线外侧 6.4m 为中山东路，中山东路上车流量比较大，路面宽度约为 42m，路面标高约为黄海高程 2.700m。中山东路下方埋设有轨道交通 1 号线樱花公园站至福明路站区间段，区间段顶部埋深15～16m，距离地下室侧壁最近处约 28.3m，距离基坑边最近处约 21.4m。地铁区间段采用盾构施工，盾构线路为左右两条，外径 6.2m，两线之间净间距为 5～7.5m。

（2）基坑东侧：地下室侧壁距离用地红线最近处约 6.1m，红线外侧 3.5m 为桑田路，桑田路上车流量比较大，路面宽度约为 35m，路面标高约为黄海高程 2.700m。

（3）基坑西侧：地下室侧壁距离用地红线最近处约 6.7m，红线外侧为现状道路，路面宽度约为 12m，路面标高约为黄海高程 2.700m。

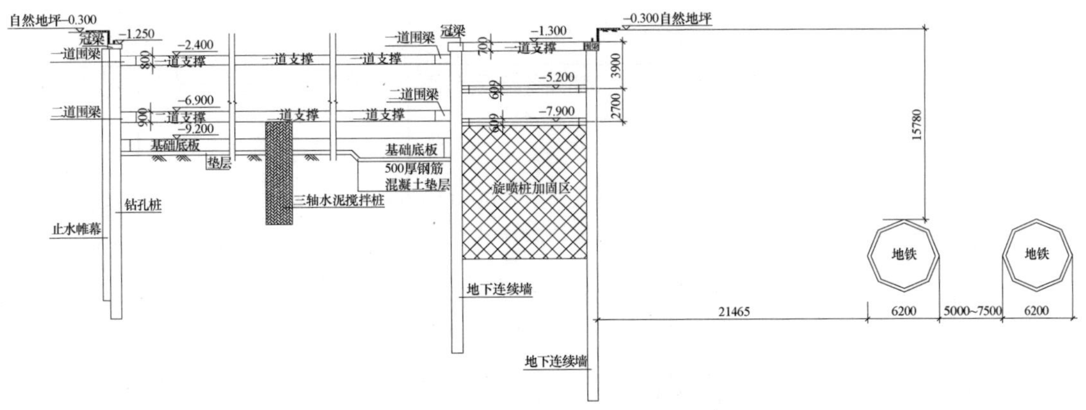

图 5-4 华茂广场项目与隧道的位置情况

（4）基坑南侧：地下室侧壁距离用地红线最近处约为 6.3m，红线外侧为现状道路。现状道路路面宽度约为 12m，路面标高约为黄海高程 2.700m。

5.1.5 工程地质特点

（1）基坑开挖及围护影响范围内的土层分布较为均匀，主要为 1-0 层杂填土、1-1 层黏土、2 层淤泥质黏土、4 层粉质黏土、5-1 层粉质黏土、5-2 层粉土、6 层粉质黏土（表 5-2、图 5-5）。

（2）2 层淤泥质黏土的物理力学指标较差，埋深约 2.0m，层厚约 12.0m，局部区域达到 15.0m 左右，坑底均位于 2 层淤泥质黏土中。

（3）4 层粉质黏土土性较好，靠近基坑北侧区域埋深约 17.5m，层厚 4.0m 左右；靠近基坑南侧区域埋深约 13.0m，层厚 7.0m 左右。

（4）5 层（5-1 和 5-2 层）土性较好，埋深为 19.5～21.5m，靠近基坑北侧区域 5-1 层缺失。

表 5-2 工程地质参数表

层号	土层名称	重度 γ (kN/m³)	W (%)	c (kPa)	φ (°)
1-0	杂填土	18.5	—	5	15
1-1	黏土	17.9	38.8	26.8	13.7
2	淤泥质黏土	17.1	48.7	15.2	7.5
4	粉质黏土	18.8	29.9	28.3	14.0
5-1	粉质黏土	18.9	30.8	34.3	15.5
5-2	粉土	18.8	31.7	16.1	24.2
6	粉质黏土	18.3	35.7	27.4	13.2

注：杂填土层参数为经验取值，其余为地质报告提供的标准值。

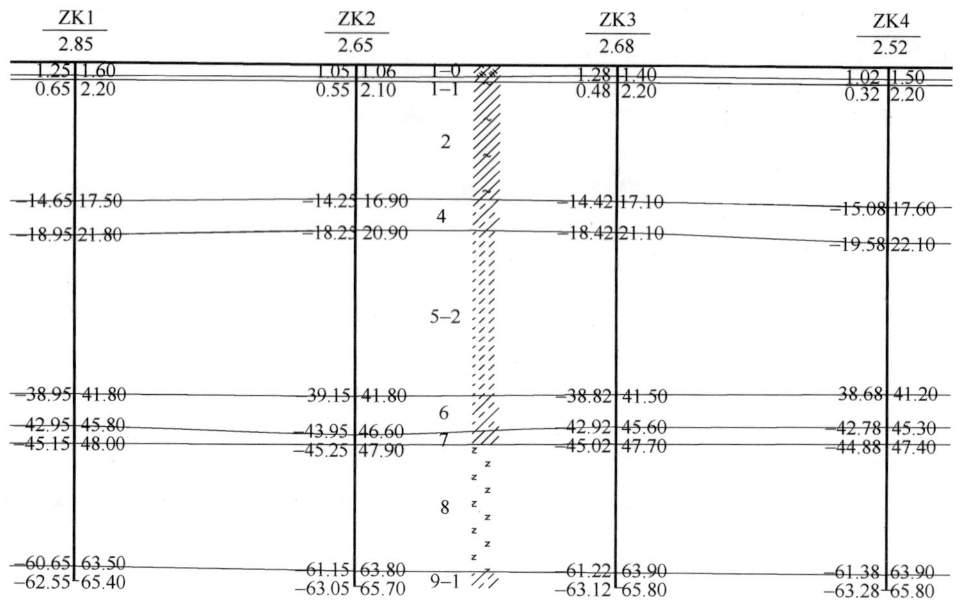

图 5-5　典型工程地质剖面图

5.1.6　本工程的重点及难点

（1）本工程地下室开挖面积大，开挖深度深，基坑施工周期长。

（2）基坑周边场地紧张，施工道路及材料堆场的设置受到较大限制，可能会影响工程进度。

（3）本工程处于软土地区，作用在基坑支护结构上的水土压力大。

（4）本工程周边环境复杂，基坑东侧桑田路、南侧现状道路及建筑物、西侧现状道路及住宅小区、北侧中山东路及地铁隧道需要重点保护。

（5）由于北侧地铁隧道在本基坑开挖期间已完成铺轨，且与本基坑距离较近，如何控制隧道的变形在允许范围之内，是本工程的重中之重。

（6）根据已完成施工的地铁隧道周边基坑的实测情况，基坑开挖对地铁影响较大，因而对本基坑下一步的设计、施工、监测监控、管理等各项工作提出了很高的要求。

5.2　设计方案

本基坑工程采取的分坑措施为：在基坑北侧划分出一个宽为 4～19m 的长条形基坑，又将该基坑划分三个小基坑，在施工工序上先施工远离隧道的大基坑，再施工距离隧道近的小基坑，且需等前一基坑±0.000 顶板施工完毕后方能施工后一基坑。大基坑采用钻孔桩结合两道钢筋混凝土支撑形式，小基坑采用地下连续墙结合一道钢筋混凝土支撑和两道钢支撑形式。小基坑内采用了“裙边＋抽条”加固方式，加固范围为二道支撑底以下 9m。在施工过程中严格遵守“大基坑小开挖、先远后近、先大后小、先两边后中间”原则。

5.2.1 大基坑支护结构设计

大基坑采用的是“钻孔灌注桩＋两道内支撑”方案（与小基坑共用的竖向支护体采用地下连续墙）。

5.2.1.1 平面支护体系

由于基坑平面形状比较规则，因此支撑体系采用宁波地区非常经典的角撑体系，尽可能减少了支撑覆盖面积，方便挖土施工和后期拆撑。该体系各向受力明确，控制变形能力强，且可根据施工进度分区分块拆撑。支护结构平面图如图 5-6 所示。

在具体设计中考虑了以下几点：

（1）基坑平面支护体系应尽量拉直边线，减少阳角，在支撑体系的布置中应合理布撑，尽量减少支撑覆盖面积，以方便挖土施工。

（2）支撑布置过程中应尽量考虑支撑节点与工程桩桩位靠近以利用工程桩作为立柱，节省造价。

（3）角撑的支撑体系可以分区拆撑，为流水施工创造了条件，确保施工工期不受拆撑影响。

大基坑施工顺序：

（1）一道支撑以下土方，按照①—②—③的顺序进行分区分块开挖施工，待前一块土方开挖至二道支撑底，且二道围梁及支撑混凝土强度达到 60％标准值，方能开挖下一区块土方，直至二道围梁支撑全部施工完毕。

（2）二道支撑以下土方，按照①1—①2—②—③的顺序进行分区分块开挖施工，待前一块土方开挖基础底标高，且底板混凝土强度达到 80％标准值，方能开挖下一区块土方，直至底板全部施工完毕。

5.2.1.2 竖向支护体系

为了提高围护结构的安全性，尽可能减小围护桩的桩身内力及围护结构变形，降低造价，同时利用周边场地，冠梁面设置在自然地坪以下 1.0m，一道围梁及支撑面标高降到自然地坪以下 2.1m 处；二道围梁及支撑面标高降到自然地坪以下 6.6m 处。这样做可尽量减少坑边荷载，改善桩身内力分布，减少桩身变形，也给挖土施工作业提供足够的空间，同时也提高了围护结构的安全性，降低了造价。竖向支护结构剖面图如图 5-7所示。

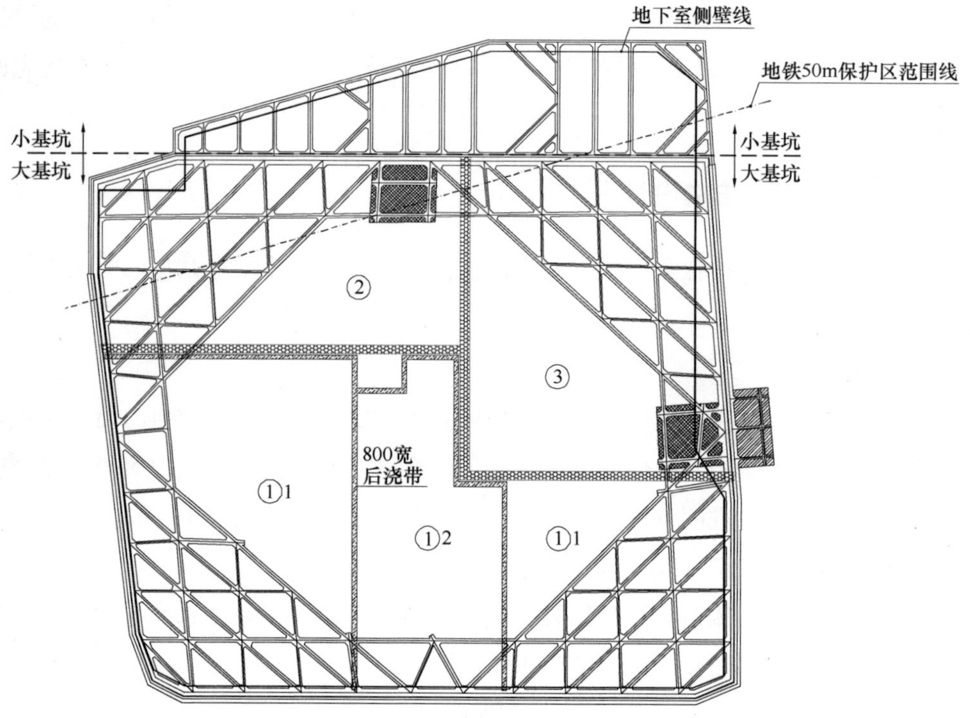

图 5-6　支护结构平面图

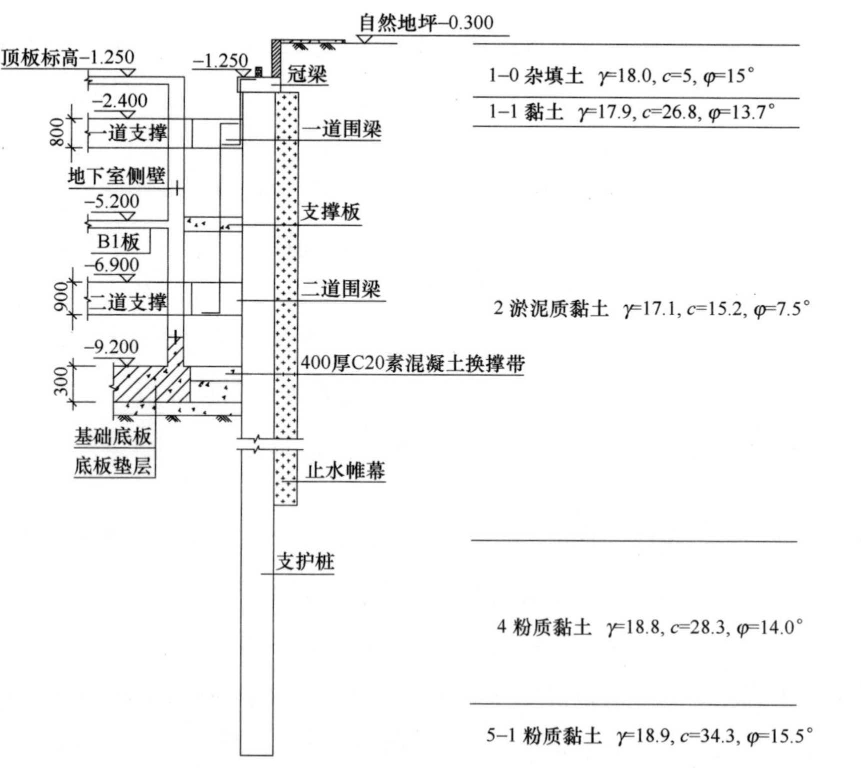

图 5-7　大基坑竖向支护结构剖面图

5.2.1.3 支护桩

支护桩采用 ϕ850～ϕ950 的钻孔灌注桩，地铁 50m 保护范围内（与小基坑共用的围护桩）采用地下连续墙，支护桩主要以 4 层为主要的嵌固层。为防止桩底踢脚现象的发生，适当增加了支护桩的桩长。支护桩分布详见表 5-3。

表 5-3 支护桩分布一览表

桩型	布置区域	桩径（mm）	桩间距（mm）	排列形式
钻孔灌注桩	东侧	900	1100	单排
	南侧	850	1050	单排
	西侧	850	1050	单排
	东侧冷冻机房区域	950	1150	单排
地下连续墙	北侧	800 厚		单排

大基坑内采用 3 排 ϕ650@450 三轴搅拌桩重力式挡墙进行软分割，三轴搅拌桩的桩底进入 4 层粉质黏土；大、小基坑采用 800 厚地下连续墙进行分割，地下连续墙墙底进入 5 层土大于 4m。

5.2.1.4 立柱桩

（1）为节省造价，立柱优先利用工程桩。本工程约有 60％的立柱桩可直接利用工程桩（施工图阶段进行补充）。

（2）新增立柱桩主要采用 ϕ800 钻孔桩，上部为 4L125×12 型格构柱，截面为 460mm×460mm，格构柱插入立柱桩中 2.0m。

（3）立柱桩的设计承载力特征值为 1000～1300kN。

5.2.1.5 止水帷幕及坑中坑处理

基坑周圈设置 ϕ650@400 三轴水泥搅拌桩止水挡漏土帷幕，桩底进入 4 号土层约 1.0m，以防止桩间土水土流失。

电梯井坑中坑考虑采用 2 排 ϕ700@500 高压旋喷桩进行围护。

5.2.2 小基坑支护结构设计

5.2.2.1 平面支护体系

由于距离地铁较近，将北区再分成三个小区块进行施工。支撑体系采用对撑结合角撑的体系，尽可能减少了支撑覆盖面积，方便挖土施工和后期拆撑。该体系各向受力明确，控制变形能力强，且可根据施工进度分区分块拆撑。北区的支撑为三道，其中第一道为钢筋混凝土支撑，第二、三道为钢支撑，支护结构平面图如图 5-8、图 5-9 所示。

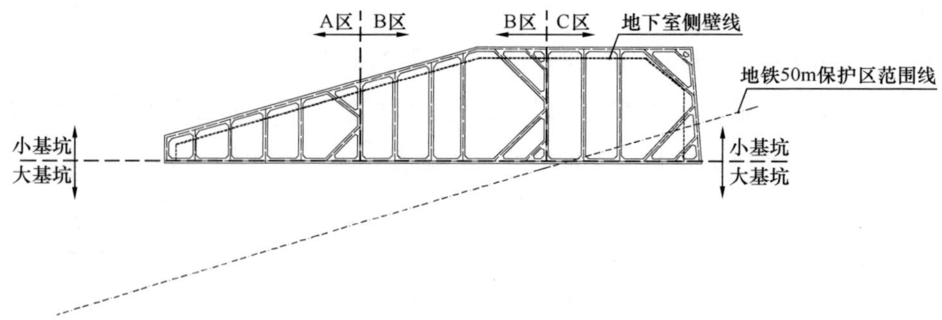

图 5-8　第一道支护结构平面图（钢筋混凝土支撑）

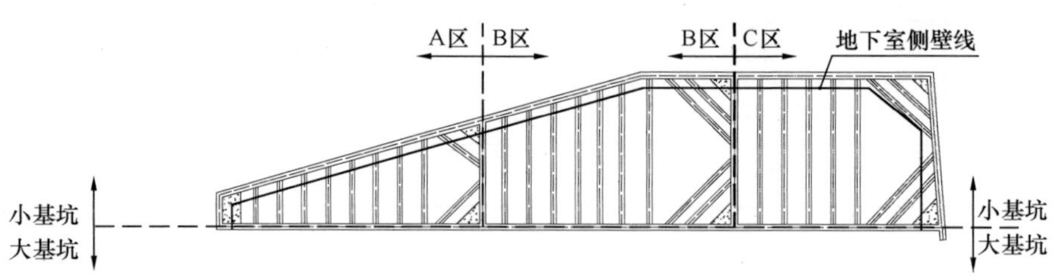

图 5-9　第二、三道支护结构平面图（钢支撑）

5.2.2.2　竖向支护体系

北侧小基坑第一道为钢筋混凝土支撑，第二、三道为钢支撑，随挖随撑，并施加预应力，从而有效减小基坑变形。为提高加载预应力的效果，控制北侧基坑变形，钢支撑的预应力加载系统采用自动加载伺服系统。竖向支护结构剖面图如图 5-10 所示。

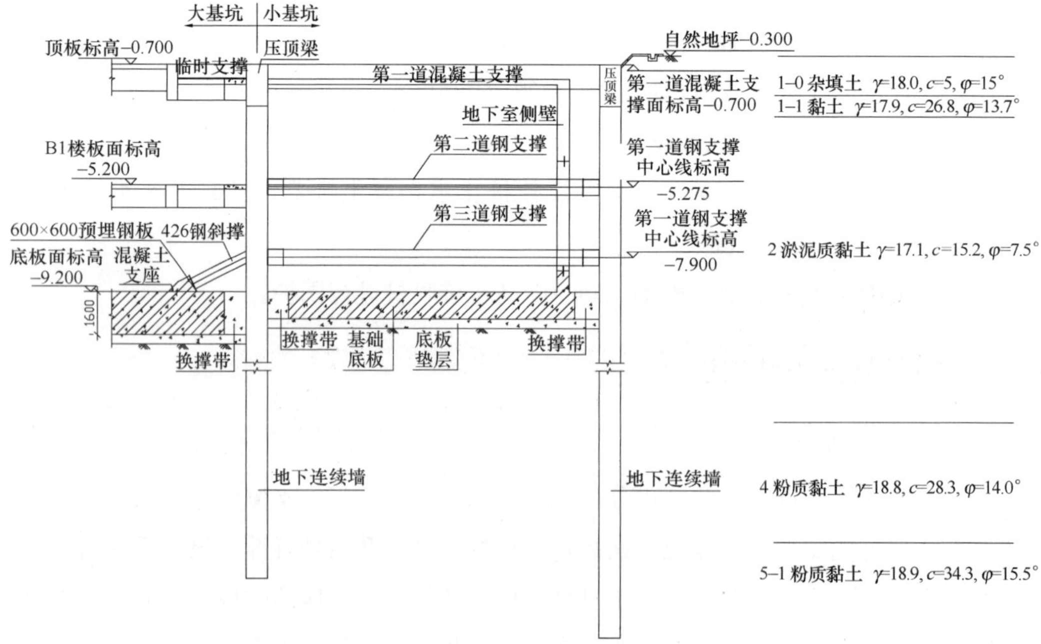

图 5-10　小基坑典型竖向支护结构剖面图

5.2.2.3　支护桩

（1）小基坑竖向支护体全部采用800mm厚地下连续墙。

（2）小基坑（20m左右范围）内采用高压旋喷桩和三轴搅拌桩进行“裙边＋抽条”加固方式，加固范围为二道支撑底以下9m。加固平面布置图如图5-11所示。

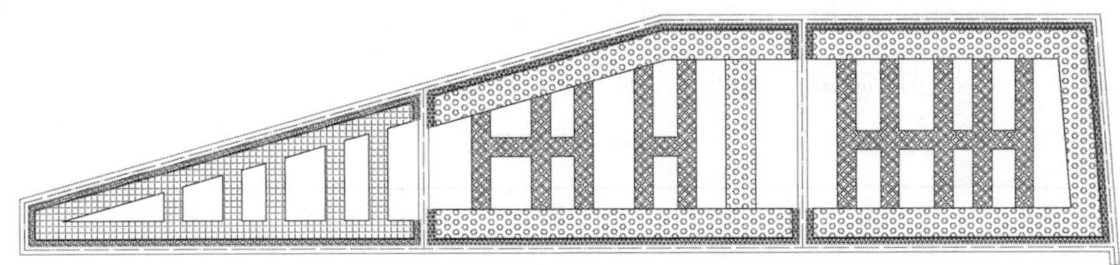

图5-11　加固平面布置图

5.2.2.4　止水帷幕

地下连续墙外设置ϕ650@400三轴水泥搅拌桩槽壁加固，三轴搅拌桩桩长17m，兼作止水帷幕，确保地墙接口不渗水。

5.3　模拟与实测分析

5.3.1　基本假定

建模时的基本假定与2.2.2相同。结合本项目基坑周边的环境情况，确定了三维数值模拟分析的对象是东西向长度320m、南北向长度320m的区域，模型高度为60m。约束有限元模型底部的竖向位移，模型各侧面的法向位移。建好的三维有限元模型如图5-12和图5-13所示。

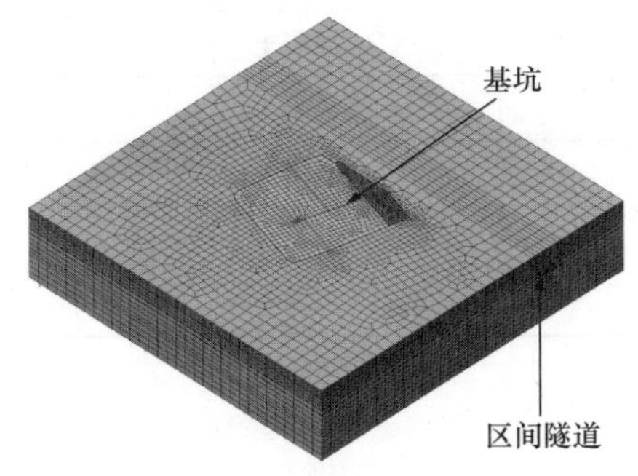

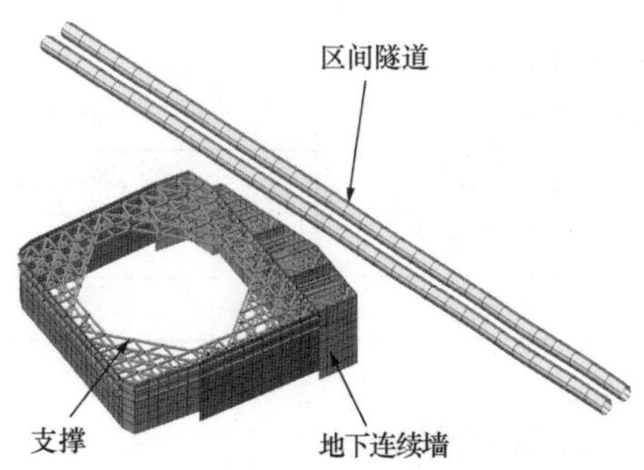

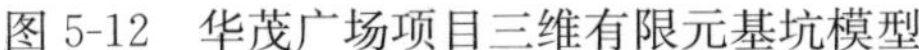

图5-12　华茂广场项目三维有限元基坑模型　　图5-13　区间隧道与基坑空间位置关系

5.3.2 土层、支护结构和车站结构计算参数

土体采用实体单元，本构模型采用 HS 模型，土层参数部分根据勘察报告获得，部分根据本文第 2 章的参数反分析获得，土层参数信息见表 5-4。地下连续墙、围护桩、隧道衬砌均采用板单元模拟，混凝土围梁、内支撑采用梁单元模拟，隧道衬砌和支护结构本构模型均采用弹性模型，截面尺寸等参数见表 5-5。

表 5-4　土层参数

参数	0 杂填土	1-1 黏土	2 淤泥质黏土	4 粉质黏土	5-2 粉土
重度 γ（kN/m^3）	18.5	17.9	17.1	18.8	18.8
黏聚力 c（kPa）	5	26.8	15.2	28.3	16.1
内摩擦角 φ（°）	10	13.7	7.5	14	24.2
泊松比 υ	0.42	0.38	0.42	0.35	0.33
切线刚度 E_{oed}^{ref}（kPa）	2000	3300	2210	4630	8190
割线刚度 E_{50}^{ref}（kPa）	3000	3300	3315	4630	8190
卸载/加载刚度 E_{ur}^{ref}（kPa）	6000	9900	9945	13890	49100

表 5-5　区间隧道及支护结构参数

结构名称	截面尺寸（mm）	材料	备注
地下连续墙	800	C30 混凝土	—
钻孔桩 1	900	C25 混凝土	等效厚度 0.70m
钻孔桩 2	850	C25 混凝土	等效厚度 0.65m
被动区加固土	—	水泥土	—
大基坑一道围梁	1400×800	C30 混凝土	—
大基坑二道围梁	1400×900	C35 混凝土	—
小基坑一道围梁	800×1550	C30 混凝土	—
大基坑一道支撑	800×800	C30 混凝土	—
大基坑二道支撑	900×900	C35 混凝土	—
小基坑一道支撑	800×900	C30 混凝土	—
小基坑钢支撑	609×16	钢材	—
隧道衬砌	350	C50 混凝土	—

5.3.3 计算步骤

计算模拟步骤均按照实际施工工况设置，具体见表 5-6。由于在基坑施工前，隧道已经施工完成，因此，在本次计算分析得到的位移场为基坑开挖引起的位移场，不包括土体在历史固结过程中和隧道施工产生的位移场。

表 5-6　计算步骤

步骤	工况	备注（标高均为相对标高）
Step1	土体初始应力场计算	
Step2	隧道施工	本工况一次性施工隧道
Step3	施工地连墙、支护桩	
Step4	坑底加固	
Step5	大基坑开挖首层土体	开挖至－3.2m
Step6	大基坑施工第一道混凝土支撑，开挖第二层土体	开挖至－7.8m
Step7	大基坑施工第二道混凝土支撑，开挖至基底	开挖至－11.2m
Step8	大基坑施工底板、底板换撑，拆除二道支撑	
Step9	大基坑施工 B_1 楼板，拆除一道支撑	
Step10	大基坑施工 B_0 楼板	
Step11	小基坑开挖首层土体	开挖至－1.5m
Step12	小基坑施工第一道混凝土支撑	
Step13	小基坑 A 区开挖第二层土体	开挖至－5.9m
Step14	小基坑 A 区施工第一道钢支撑，开挖第三层土体	开挖至－8.3m
Step15	小基坑 A 区施工第二道钢支撑，开挖至基底	开挖至－10.5m
Step16	小基坑 A 区施工底板、底板换撑，拆除一、二道钢支撑	
Step17	小基坑 A 区施工 B1 楼板，拆除一道混凝土支撑	
Step18	小基坑 A 区施工 B0 楼板	
Step19	小基坑 B 区开挖第二层土体	开挖至－5.9m
Step20	小基坑 B 区施工第一道钢支撑，开挖第三层土体	开挖至－8.3m
Step21	小基坑 B 区施工第二道钢支撑，开挖至基底	开挖至－10.5m
Step22	小基坑 B 区施工底板、底板换撑，拆除一、二道钢支撑	
Step23	小基坑 B 区施工 B1 楼板，拆除一道混凝土支撑	
Step24	小基坑 B 区施工 B0 楼板	
Step25	小基坑 C 区开挖第二层土体	开挖至－5.9m
Step26	小基坑 C 区施工第一道钢支撑，开挖第三层土体	开挖至－8.3m
Step27	小基坑 C 区施工第二道钢支撑，开挖至基底	开挖至－10.5m
Step28	小基坑 C 区施工底板、底板换撑，拆除一、二道钢支撑	
Step29	小基坑 C 区施工 B1 楼板，拆除一道混凝土支撑	
Step30	小基坑 C 区施工 B0 楼板	

5.3.4　有限元计算结果和实测数据比较

图 5-14～图 5-16 分别是底板施工完毕后，围护墙水平位移云图、土体竖向位移云图和隧道位移云图。从结果可知，在大基坑开挖阶段，大基坑邻近隧道侧的地下连续墙水平位移最大值为 22.1mm，最大地表沉降值为－6.2mm。在小基坑开挖阶段，小基坑

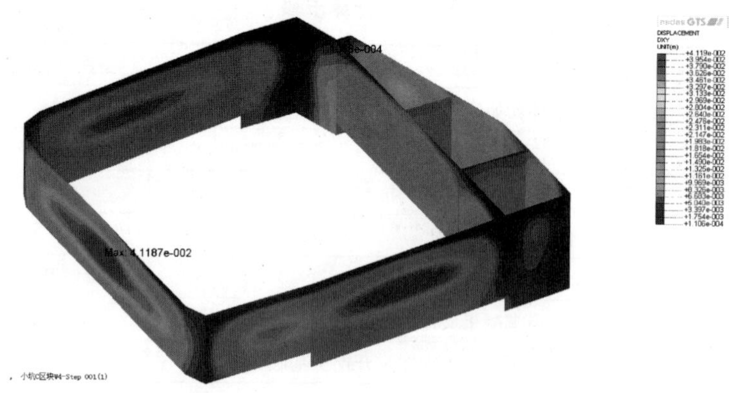

图 5-14　华茂广场围护墙（桩）水平位移云图

图 5-15　华茂广场坑外土体竖向位移云图

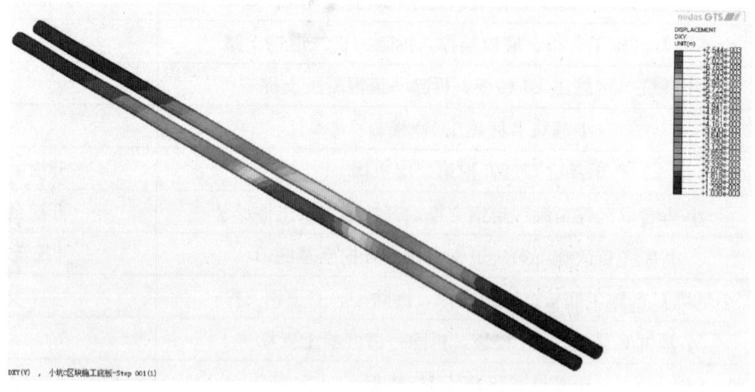

图 5-16　华茂广场隧道位移云图

邻近隧道侧的地下连续墙水平位移最大值为 19.0mm，隧道上方地表最大沉降为 −8.0mm。

大、小基坑开挖阶段，不同工况下围护墙水平位移的计算值和实测值如图 5-17 所示。通过计算值和实测值的比较可得，在大基坑开挖阶段，围护墙的最大水平位移计算

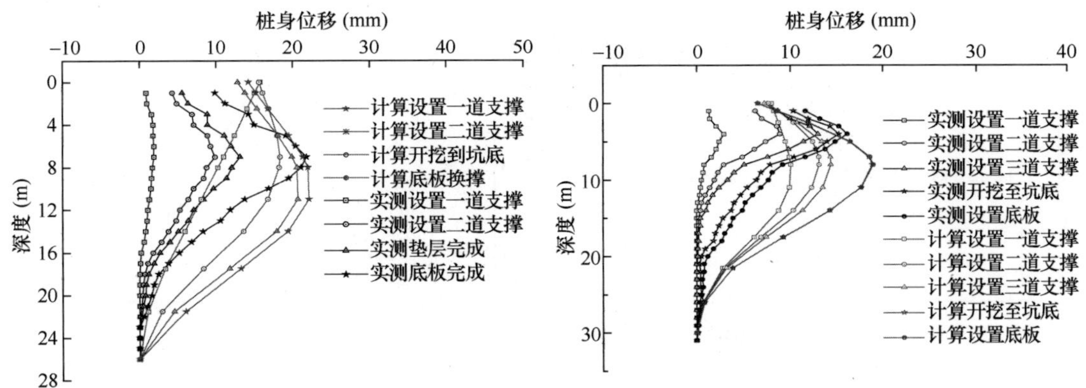

图 5-17　华茂广场大基坑墙身水平位移实测与计算结果对比

(a) 大基坑；(b) 小基坑

值和实测值分别为 22.1mm 和 21.8mm，相对差值为 1.4%；在大基坑开挖阶段，围护墙的最大水平位移计算值和实测值分别为 19mm 和 16.2mm，相对差值为 17.2%。

图 5-18 表示在大、小基坑开挖阶段，不同工况下的地表沉降有限元计算结果和实测结果，从图中对比可知，有限元计算结果略大于实测值。随着开挖深度的不断增加，地表沉降也逐渐增大，地表沉降最大值发生在距离基坑 1h 的位置；由于受其他因素的影响，实测的沉降值没有一定的规律性，但实测值均在有限元计算沉降曲线包络范围内。

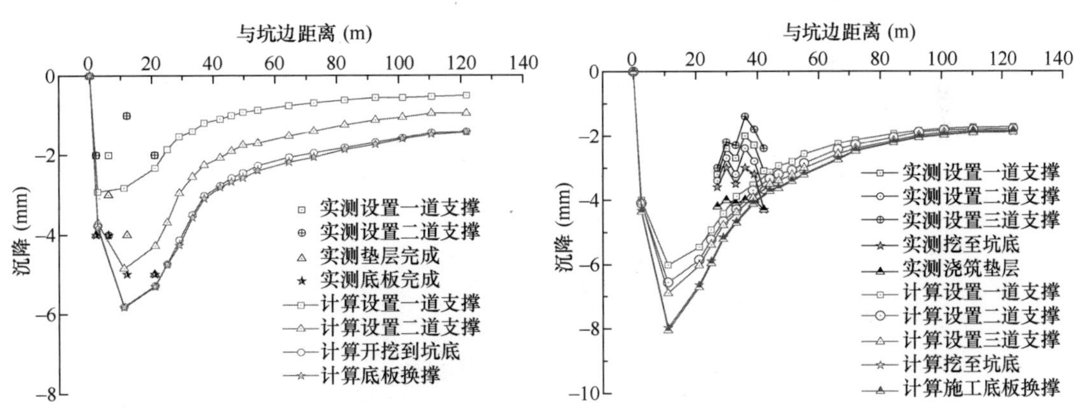

图 5-18　华茂广场坑外地表沉降实测与计算结果对比

(a) 大基坑；(b) 小基坑

从图 5-19 的有限元计算结果可知，基坑开挖对邻近隧道的影响表现为斜向坑底的位移，位移主要以水平位移为主，隧道最大水平位移约 5mm，发生在基坑中部位置；隧道沉降约为－1mm，但是实测得到的隧道竖向位移为上抬变形，约 1.5mm。

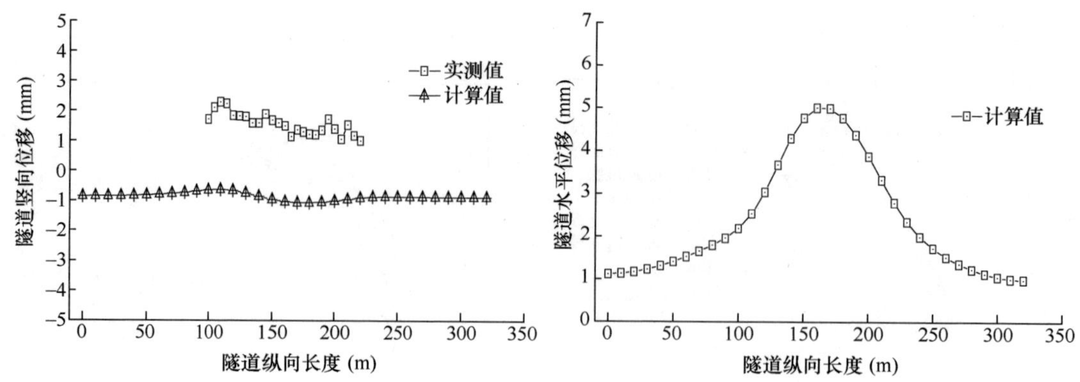

图 5-19　华茂广场隧道位移实测与计算结果对比

（a）竖向位移；（b）水平位移

6 地铁保护区工程实践二——宁波市东部新城 C1-5 地块

6.1 工程概况

宁波东部新城 C1-5 地块位于宁波市东部新城宁穿路以北，河清路以西，工程场地南侧毗邻已建轨道交通 1 号线海晏路站至福庆路站区间段隧道约 150m。场地卫星照片如图 6-1 所示。

图 6-1 场地卫星图

6.1.1 主体工程概况

本工程总用地面积约为 17000m²，总建筑面积约为 82302.8m²，其中地下建筑面积约为 29452.8m²，地上建筑面积约为 52875m²，主要由 2 幢 18 层（高度 70m）、3 幢 16 层（高度 50m）高层建筑、3 层裙楼及 2～4 层商业用房组成，整个场地设有二层地下车库，详见图 6-2 及表 6-1。桩基采用直径 700、800 钻孔灌注桩。

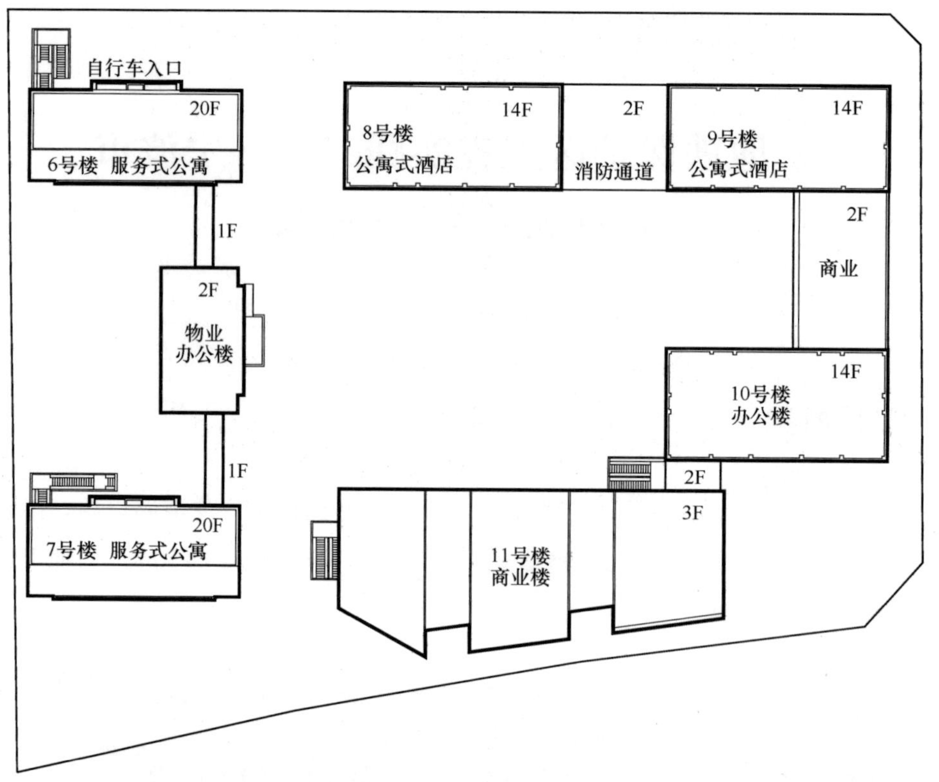

图 6-2 C1-5 地块地上主要建筑分布图

表 6-1 经济技术指标

拟建物名称	幢数	层数及高度	总用地面积（m^2）	建筑面积（m^2）
服务式公寓：6 号楼、7 号楼	2	20F，建筑物高度：71.8m	17000	地上约 52875 地下约 29452.8
公寓式酒店：8 号楼，9 号楼	2	14F，建筑物高度：49.2m		
办公楼：10 号楼	1	14F，建筑物高度：49.2m		
商业楼：11 号楼	1	3F，建筑物高度：13.9m		
物业办公室	1	2F，建筑物高度：9.8m		

6.1.2 基坑工程概况

宁波东部新城 C1-5 地块开挖面积约 13100m^2，支护结构总延长米约 495m；地下室底板面标高－9.400（局部区域为－10.400），裙房区域的底板厚度 700mm，H 轴以南区域的筏板厚度为 1200mm，西侧 6 号楼和 7 号楼的筏板厚度为 1900mm。地下一层楼板面标高－5.000，基础承台的高度均为 1900mm。开挖深度为 10.6～13.5m。东部新城 C1-5 基坑总平面图如图 6-3 所示。

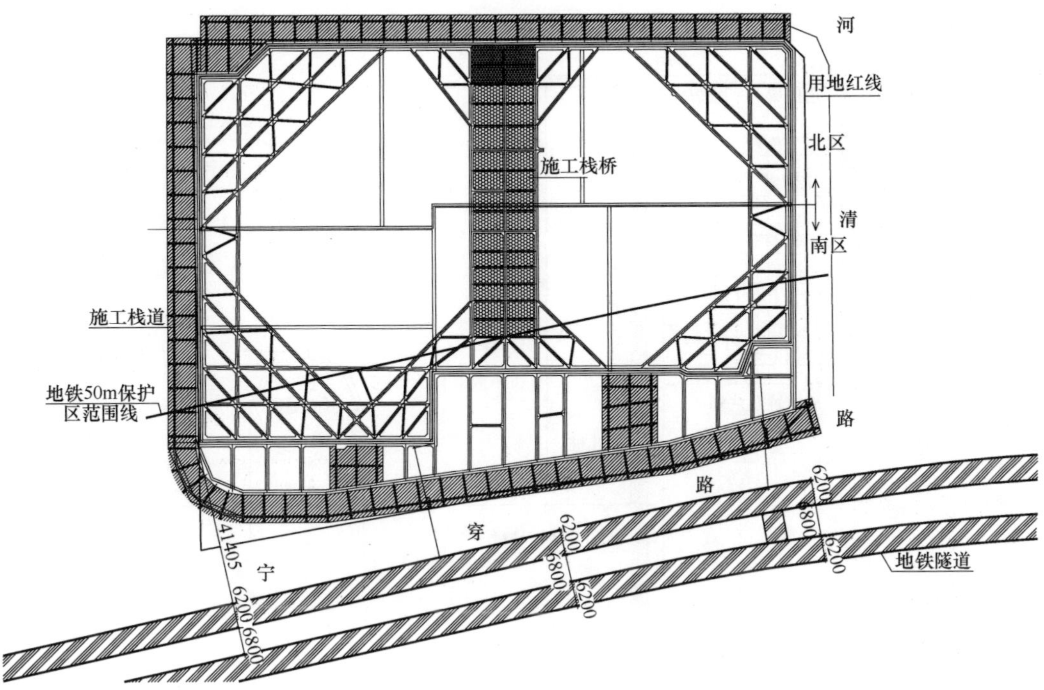

图 6-3 C1-5 地块项目总平面图

6.1.3 地下室特点

（1）地下室基坑开挖面积较大，单层约 13100m²，支护结构延长米约 495m。

（2）地下室基坑周圈开挖深度较深，达到 10.6～13.5m。

（3）基坑形状比较规则，有利于支撑体系的布置。

（4）工程桩为直径 700、800 的钻孔灌注桩，对基坑开挖比较有利。

6.1.4 周边环境特点

（1）基坑南侧：地下室侧壁距离红线最近处约 15.0m，红线外侧即为宁穿路。宁穿路下方埋设有轨道交通 1 号线海晏路至福庆路区间段：区间段顶部埋深 15～16m，距离基坑边 25～45m。地铁区间段采用盾构施工，盾构线路为左右两条，外径 6.2m，两线之间净间距为 6.8m，详见图 6-4。

（2）基坑东侧：地下室侧壁距离用地红线最近处约 2.6m，红线外侧即为河清路，路面标高约为 3.600m。

（3）基坑西侧：地下室侧壁距离红线最近处约 1.1m，红线外侧目前为本工程临设和施工场地，西侧 C1-6、C1-7 地块距离本地块约 50m。

（4）基坑北侧：地下室侧壁距离红线最近处约 0.5m，红线外道路另一侧为绿城

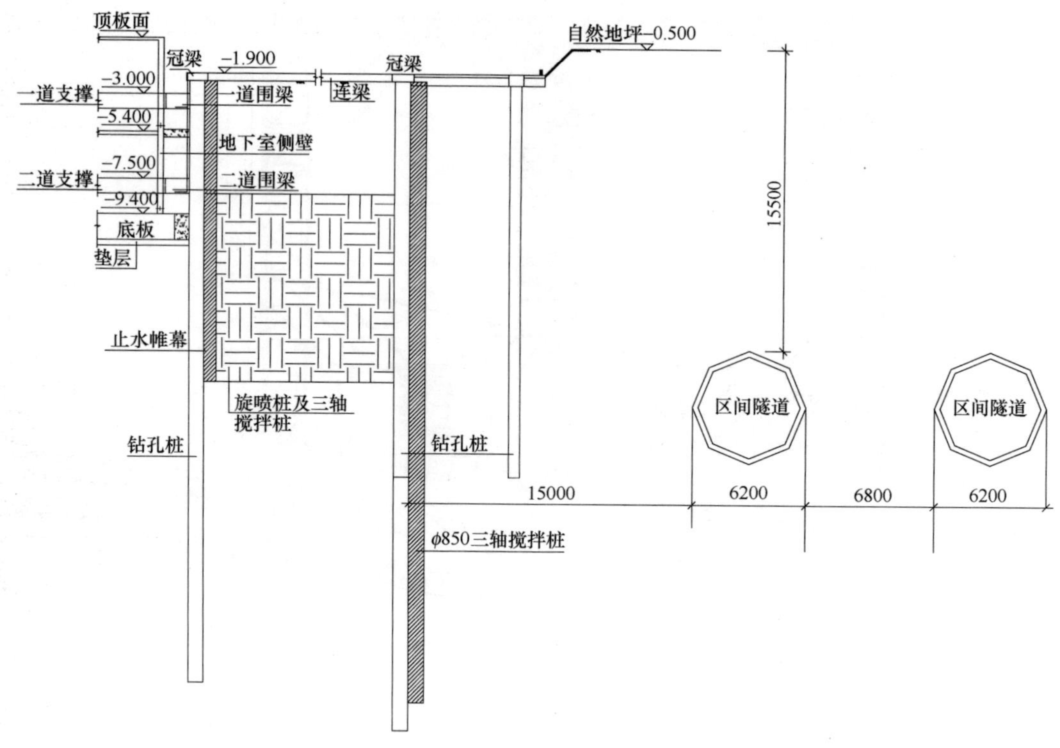

图 6-4　C1-5 地块项目与隧道的位置情况

C1-4地块，其两层地下室已施工完成（地下室距离本基坑最近距离约 20m）。

6.1.5　工程地质特点

（1）基坑开挖及围护影响范围内的土层分布较为均匀，主要为 1-1 层杂填土、1-2 层黏土、2-1 层淤泥质黏土、2-2 层淤泥质黏土、2-3 层淤泥质黏土、3 层粉土、4-1 层粉质黏土、4-2 黏土、5-1 黏土及 5-2 粉质黏土。

（2）2-1 层淤泥质黏土、2-2 层淤泥质黏土及 2-3 层淤泥质黏土的物理力学指标较差，层厚在 12.5m 左右，坑底均位于 2-3 层淤泥质黏土中。

（3）3 层粉土土性较好，透水性较好，埋深 14.0m 左右，层厚 4.0m 左右。

（4）4-1 层粉质黏土土性较好，埋深 19.0m 左右，层厚 8.0m 左右。

（5）4-2 层黏土土性一般，埋深 27.0m 左右，层厚 11.0m 左右。

（6）5 层（5-1 层和 5-2 层）土性较好，但起伏较大，大部分区域埋深较深，且根据地质报告中的 Z41 孔号（南侧）显示，5 层缺失。

工程地质参数见表 6-2。典型工程地质剖面图如图 6-5 所示。

表 6-2 工程地质参数表

层号	土 层 名 称	W（%）	重度 γ (kN/m³)	C (kPa)	φ (°)
1-1	杂填土	—	18.5	5	15
1-2	黏土	35.6	18.2	24.6	12.5
2-1	淤泥质黏土	48.4	16.9	11.8	9.1
2-2	淤泥质黏土	49.8	16.7	10.8	8.5
2-3	淤泥质黏土	50.6	16.7	11.0	8.8
3	粉土	25.0	19.4	12.0	20.6
4-1	粉质黏土	30.1	18.7	24.1	16.3
4-2	黏土	37.9	17.9	23.8	10.6
5-1	黏土	25.3	19.3	38.4	16.8
5-2	粉质黏土	32.3	18.4	24.1	16.3

注：杂填土层参数为经验取值，其余为地质报告提供的标准值。

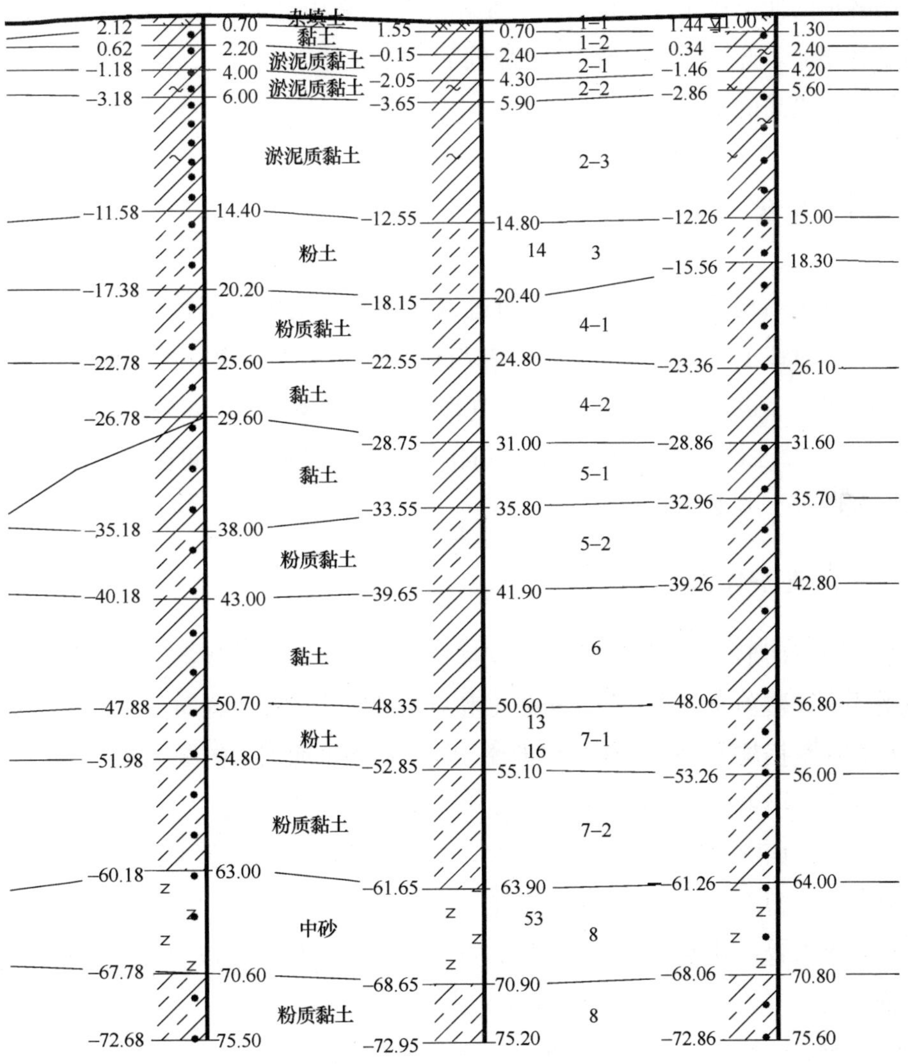

图 6-5 典型工程地质剖面图

6.1.6 本工程重点和难点

(1) 本工程地下室开挖面积大，开挖深度深，基坑施工周期长。

(2) 基坑周边场地紧张，施工道路及材料堆场的设置受到较大限制，可能会影响工程进度。

(3) 本工程处于软土地区，作用在基坑支护结构上的水土压力大。

(4) 3层粉土层顶位于基坑坑底3～4m，有可能产生坑底突涌。

(5) 5层的埋深较深，且局部缺失。

(6) 本工程周边环境复杂，基坑东侧河清路、南侧宁穿路及相关管线需要重点保护。

(7) 由于南侧地铁隧道已在2011年完成盾构推进，且与本基坑距离较近，因此，如何控制隧道的变形在允许范围之内，是本工程的重中之重。C1-5地块南侧的地铁隧道目前已处于变形开裂状态，对C1-5基坑下一步的设计、施工、监测监控、管理等各项工作提出了更高的要求。

6.2 设计方案

本基坑支护结构采用钻孔桩结合两道钢筋混凝土支撑的围护形式，在基坑的南、北、西三侧和对撑上均设有施工栈桥。基坑内部南侧局部阳角、主楼区域设有土体加固，加固范围为二道支撑底以下9.5m。在距离基坑南侧7～24m处存在一排先期施工的ϕ850的钻孔灌注桩，桩长29m。在该排围护桩和新围护桩之间进行了坑外的土体加固，加固范围为二道支撑以下9m。

6.2.1 平面支护体系

由于基坑平面形状比较规则，因此支撑体系采用宁波地区非常经典的角撑体系，尽可能减少了支撑覆盖面积，方便挖土施工和后期拆撑。该体系各向受力明确，控制变形能力强，且可根据施工进度分区分块拆撑。支护结构平面图如图6-6所示。

在具体设计中考虑了以下几点：

(1) 基坑平面支护体系尽量拉直边线，减少阳角，在支撑体系的布置中合理布撑，尽量减少支撑覆盖面积，以方便挖土施工。

(2) 支撑布置过程中尽量考虑支撑节点与工程桩桩位靠近以利用工程桩作为立柱，节省造价。

(3) 角撑的支撑体系可以分区拆撑，这为流水施工创造了条件，确保了施工工期不受拆撑影响。

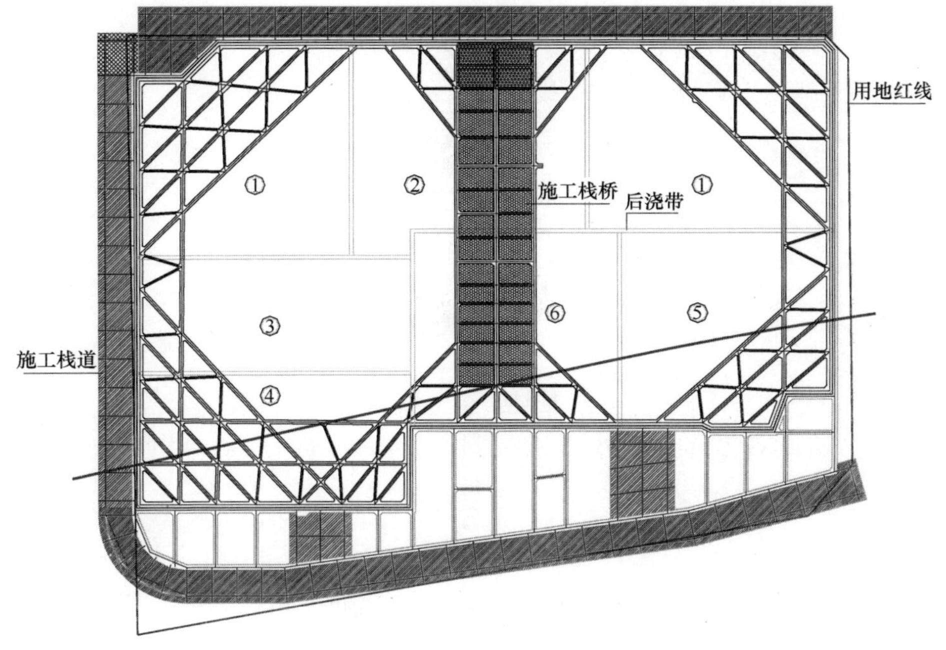

图 6-6 支护结构平面图

大基坑施工顺序：

(1) 一道支撑以下土方，按照①—②—③—④—⑤—⑥的顺序进行分区分块开挖施工，待前一块土方开挖至二道支撑底，且二道围梁及支撑混凝土强度达到 60%标准值，方能开挖下一区块土方，直至二道围梁支撑全部施工完毕。

(2) 二道支撑以下土方，按照①—②—③—④—⑤—⑥的顺序进行分区分块开挖施工，待前一块土方开挖基础底标高，且底板混凝土强度达到 80%标准值，方能开挖下一区块土方，直至底板全部施工完毕。

6.2.2 竖向支护体系

为了提高围护结构的安全性，尽可能减小围护桩的桩身内力及围护结构变形，降低造价，同时利用周边场地，冠梁面设置在自然地坪以下 1.5m，一道围梁及支撑面标高降到自然地坪以下 2.5m 处；二道围梁及支撑面标高降到自然地坪以下 7.0m 处。这样做可尽量减少坑边荷载，改善桩身内力分布，减少桩身变形，也给挖土施工作业提供了足够的空间，提高了围护结构的安全性，降低了造价。竖向支护结构剖面图如图 6-7 所示。

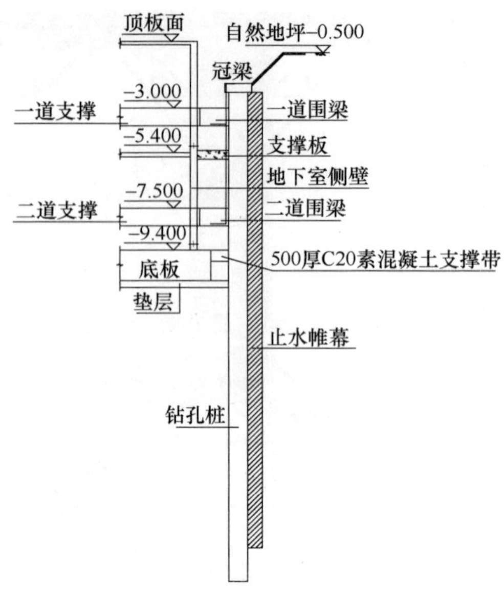

图 6-7　竖向支护结构剖面图

6.2.3　支护桩

支护桩采用 ϕ850～ϕ950 的钻孔灌注桩，支护桩主要以 4 层为主要的嵌固层，为防止桩底踢脚现象的发生，适当增加了支护桩的桩长。支护桩分布情况详见表 6-3。

表 6-3　支护桩分布一览表

桩型	布置区域	桩径（mm）	桩间距（mm）	排列形式
钻孔灌注桩	东侧	950	1100	单排
	南侧	850	1050	单排
	西侧	850	1050	单排
	北侧	850	1150	单排
	南侧基坑外先行施工	850	1050	单排

基坑内采用 3 排 ϕ650@450 三轴搅拌桩重力式挡墙进行软分割，三轴搅拌桩的桩底进入 4 层粉质黏土。

6.2.4　止水帷幕及坑中坑处理

对支护桩周圈的止水帷幕进行补强：南侧采用 ϕ850@600 三轴搅拌桩，并加长至进入 4-2 层。其余各侧采用 ϕ650@450 三轴搅拌桩加 ϕ600 嵌缝高压旋喷桩的联合止水帷幕，并确保切断透水层。基坑开挖过程中，原则上基坑内外不进行降水，避免降水引起地铁隧道发生沉降。

坑中坑二次围护采用 ϕ700@500 高压旋喷桩，高压旋喷桩切断透水层。

6.3 模拟与实测分析

6.3.1 模型几何范围和边界条件

模型建模基本假定与上节相同。结合本项目基坑周边的环境情况，确定了三维数值模拟分析的对象是东西向长度 340m、南北向长度 340m 的区域，模型高度为 65m。约束有限元模型底部的竖向位移，模型各侧面的法向位移。建好的三维有限元模型如图 6-8和图 6-9 所示。

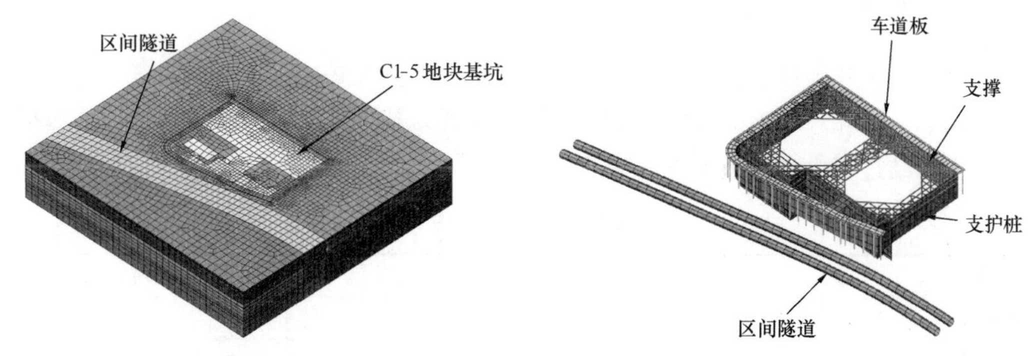

图 6-8 三维有限元基坑模型图　　图 6-9 区间隧道与基坑空间位置关系图

6.3.2 土层、支护结构和车站结构计算参数

土体采用实体单元，本构模型采用 HS 模型，土层参数部分根据勘察报告获得，部分根据本书第 2 章的参数反分析获得，土层参数见表 6-4。围护桩、隧道衬砌、栈桥均采用板单元模拟，混凝土围梁、内支撑采用梁单元模拟，车站和支护结构本构模型均采用弹性模型，截面尺寸等参数见表 6-5。

表 6-4 土层参数

参数	1-1 杂填土	1-2 黏土	2-3 淤泥质黏土	3 粉土	4-1 粉质黏土	4-2 黏土	5-2 粉质黏土	6 黏土
重度 γ (kN/m³)	18.5	18.2	16.7	19.4	18.7	17.9	18.4	18.0
黏聚力 c (kPa)	5	24.6	11	12	24.1	23.8	24.1	23.3
内摩擦角 φ (°)	10	12.5	8.8	20.6	16.3	10.6	16.3	11.4
泊松比 υ	0.42	0.38	0.42	0.33	0.35	0.34	0.34	0.34
切线刚度 E_{oed}^{ref} (kPa)	2000	3760	2340	8790	5110	3550	5900	4430
割线刚度 E_{50}^{ref} (kPa)	3000	5640	3510	8790	5110	3550	5900	4430
卸载/加载刚度 E_{ur}^{ref} (kPa)	6000	11280	10530	26370	30660	21300	35400	26580

表 6-5 区间隧道及支护结构参数

结构名称	截面尺寸（mm）	材料	备注
钻孔桩	850	C25 混凝土	等效厚度 0.65m
被动区加固土	—	水泥土	—
一道围梁	1300×800	C30 混凝土	—
二道围梁	1500×900	C30 混凝土	—
一道支撑	800×900	C30 混凝土	—
二道支撑	900×1000	C30 混凝土	—
隧道衬砌	350	C50 混凝土	—

6.3.3 计算步骤

计算模拟步骤均按照实际施工工况设置模拟，见表 6-6。由于在基坑施工前隧道已经施工完成，因此，在本次计算分析得到的位移场为基坑开挖引起的位移场，不包括土体在历史固结过程中和隧道施工产生的位移场。

表 6-6 计算步骤

步骤	工况	备注（标高均为相对标高）
Step1	土体初始应力场计算	
Step2	隧道施工	本工况一次性施工隧道
Step3	施工地连墙、支护桩	
Step4	坑底加固	
Step5	开挖首层土体	开挖至－3.8m
Step6	施工第一道混凝土支撑，开挖第二层土体	开挖至－8.4m
Step7	大基坑施工第二道混凝土支撑	
Step8	分区分块开挖至坑底	开挖至－10.9m
Step9	施工底板、底板换撑，拆除二道支撑	
Step10	施工 B_1 楼板，拆除一道支撑	
Step11	施工 B_0 楼板	

6.3.4 有限元计算结果和实测数据比较

图 6-10～图 6-12 分别表示底板施工完毕后，围护墙水平位移云图、土体竖向位移云图和隧道位移云图。从结果可知，邻近隧道侧的围护墙水平位移最大值为 22.0mm，最大地表沉降值为－16.2mm；隧道最大水平位移为 7.7mm，最大沉降值为－3.3mm。

不同工况下围护墙水平位移计算值和实测值如图 6-13 所示。随着基坑开挖的不断进行，围护墙的水平变形不断增大，直至开挖完成后趋于稳定；通过计算值和实测值的比较可得，计算的墙身水平位移发展趋势和实测结果基本一致，围护墙的最大水平位移

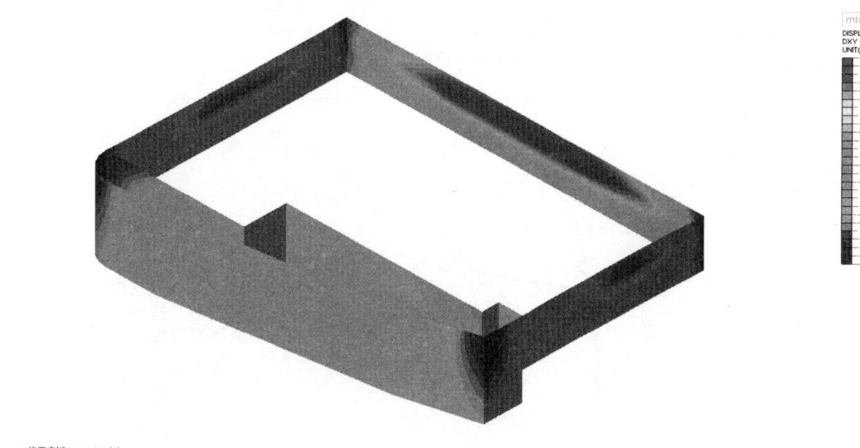

图 6-10 C1-5 地块围护墙水平位移云图

图 6-11 C1-5 地块坑外土体竖向位移云图

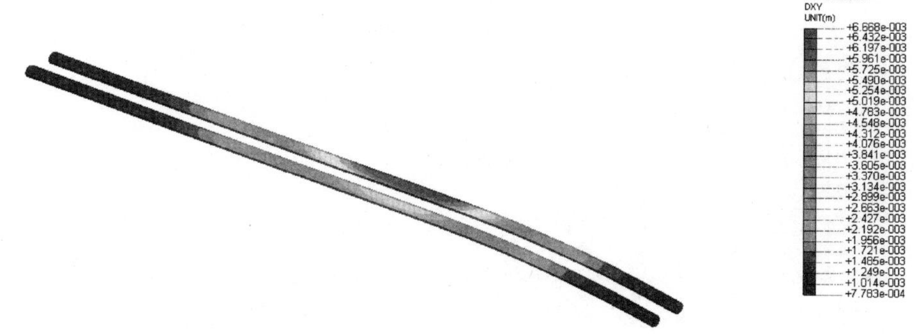

图 6-12 C1-5 地块隧道位移云图

计算值和实测值分别为 22.0mm 和 18.2mm，两者较为接近。

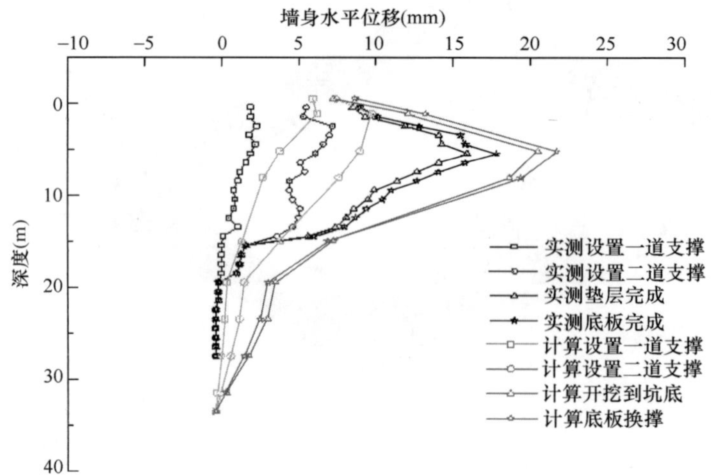

图 6-13　C1-5 地块墙身水平位移实测与计算结果对比

由图 6-14 和图 6-15 可知，基坑开挖对邻近隧道的影响表现为斜向坑底的位移，位移以水平位移为主。有限元计算得到的隧道最大水平位移约为 7.4mm，隧道沉降约为 −3.3mm，且都发生在基坑中部位置，并略大于实测值。

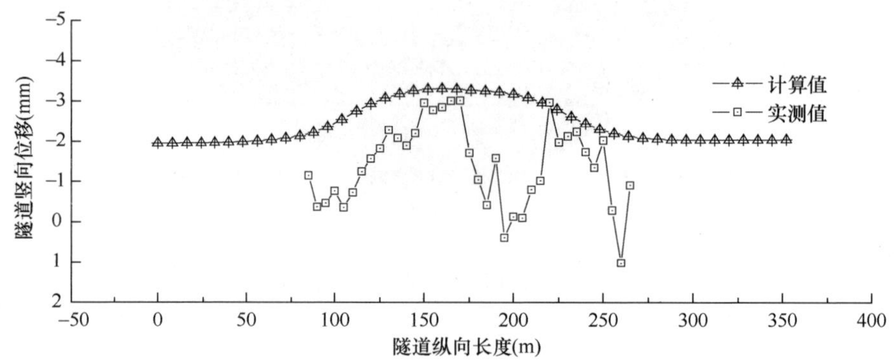

图 6-14　C1-5 地块隧道竖向位移实测与计算结果对比

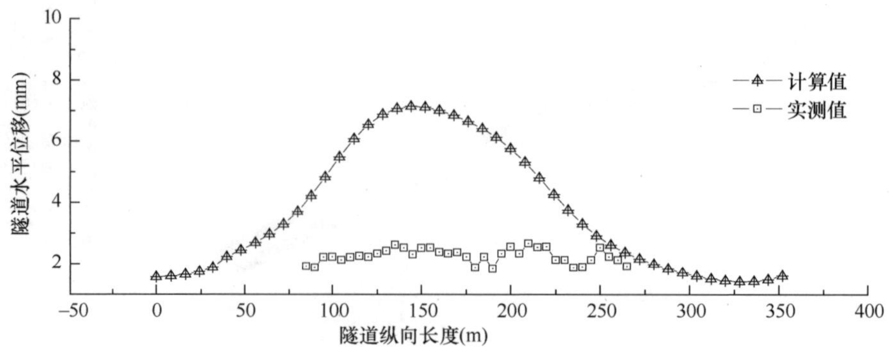

图 6-15　C1-5 地块隧道水平位移实测与计算结果对比

7 地铁保护区工程实践三——宁波绿地中心项目

7.1 工程概况

宁波绿地中心项目位于宁波市大庆南路以东、惊驾路以南、人民路以西。工程场地毗邻已建大庆南路轨道交通 2 号线区间隧道约 100m，毗邻在建轨道交通 2 号线外滩大桥站约 80m，场地照片如图 7-1 所示。

图 7-1 场地照片

7.1.1 主体和基坑工程概况

拟建建筑主要包括 5 幢高层办公楼及公寓楼，由四个地块组成，划分为 10 个子基坑施工（图 7-2）：1 号地块包括 1 幢商业及办公楼 18 层（结构高度约 100m）；2 号地块包括 1 幢商业及办公楼 24 层（结构高度约 160m）；3 号地块包括 1 幢商业及服务式公寓楼 21 层（结构高度约 100m），1 幢商业及办公楼 30 层（结构高度约 160m）；4 号地块包括 1 幢商业、办公及服务式公寓楼 55 层（结构高度约 250m）。整体设置三层地下室，层高分别为 7.55m、3.65m、3.90m。本工程基坑面积约 41000m^2，延长米约 885m，开挖深度为 15.9～16.4m，绿地中心项目基坑总平面图如图 7-3 所示。

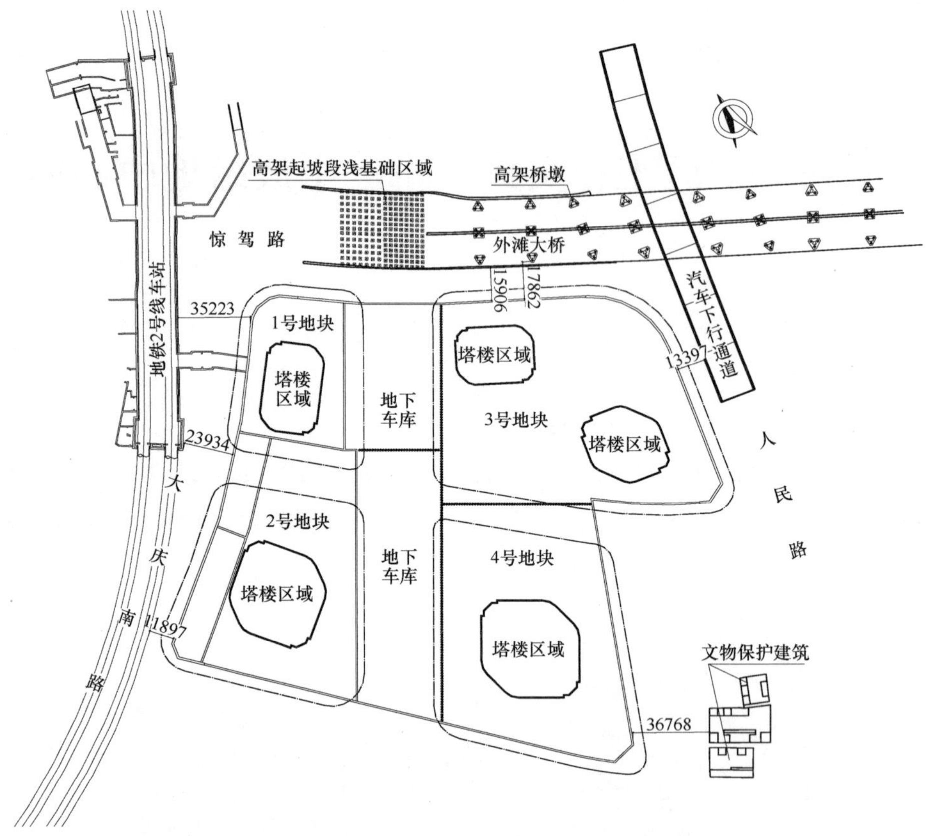

图 7-2　宁波绿地中心项目总平面图

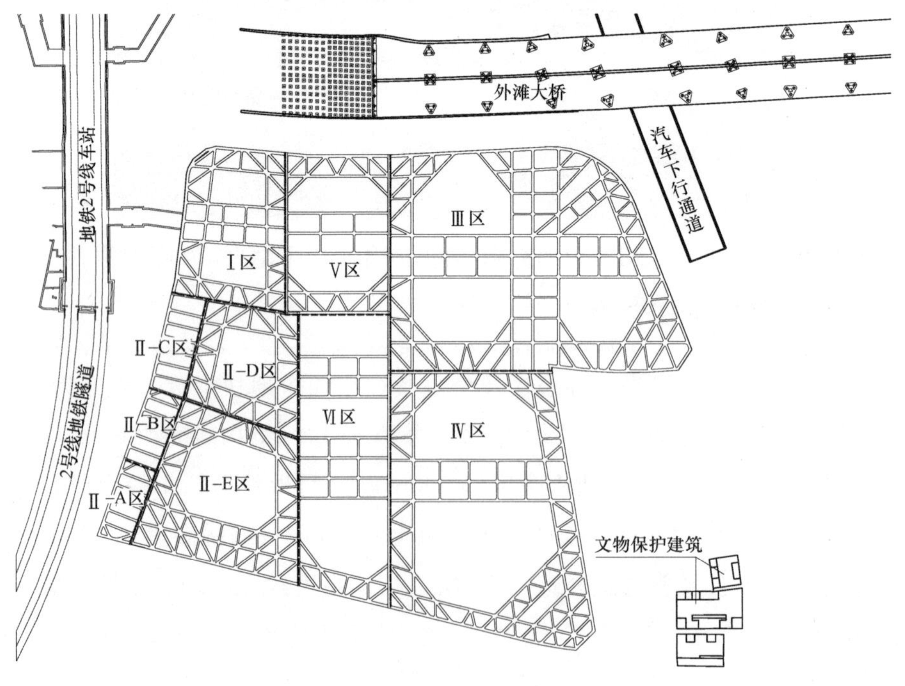

图 7-3　宁波绿地中心基坑总平面图

7.1.2 周边环境特点

（1）基坑西侧：地下室侧壁距离红线最近处约 5.0m，红线外侧即为大庆南路。大庆南路下方埋设有轨道交通 2 号线鼓楼至外滩大桥区间段及外滩大桥地铁车站。区间隧道直径为 6.2m，中心距为 13.8m，隧道顶埋深约 9m，底埋深约 15.2m，地铁隧道距离本工程地下室最近距离约 11.5m。车站为地下二层结构，车站顶埋深约为 2.7m，底埋深约为 17.6m，底板厚度 1000mm。车站采用明挖法施工，周边设置 800 厚地下连续墙，地下连续墙埋深约为 40m，地铁车站距离本工程地下室最近约 23.5m，车站的主体结构已施工完成，详见图 7-4 和图 7-5。

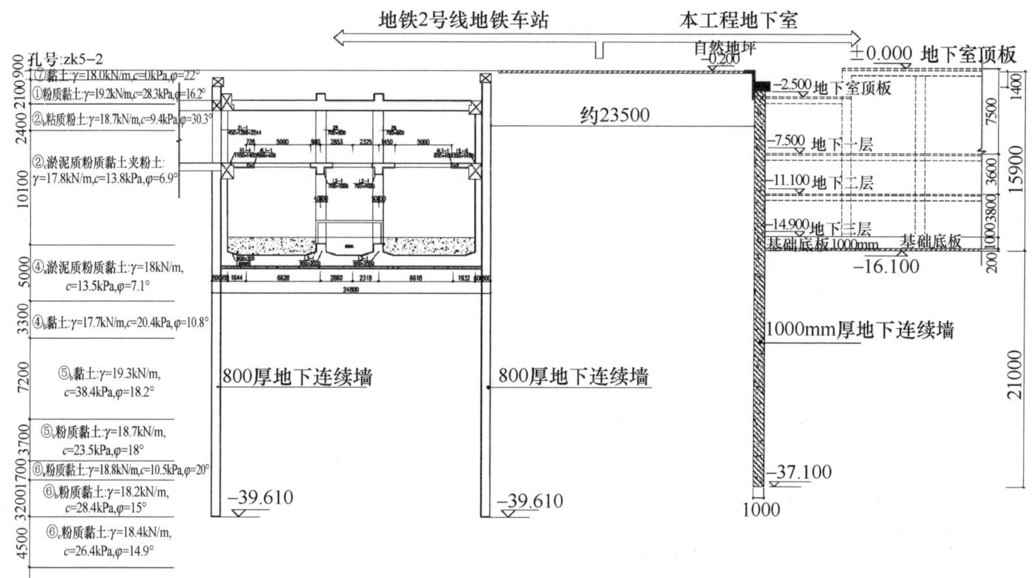

图 7-4 基坑西侧与外滩大桥站的位置情况

（2）基坑东侧：地下室侧壁距离红线最近处约 5.0m，红线外侧即为人民路，道路宽 26.8m。基坑东侧存在汽车下行通道，距离地下室侧壁最小距离为 13m。

（3）基坑东南角：地下室侧壁距离红线最近处约 9.1m，东南角为文物保护建筑板桥街建筑群，与本工程地下室最近距离约 35m。

（4）基坑北侧：地下室侧壁距离红线最近处约 5.0m，红线外侧为惊驾路，北侧外滩大桥距离地下室侧壁 17.4m。

7.1.3 工程地质特点

场地属于滨海淤积平原区，地形平坦，为典型的宁波软土地层，主要由分层的饱和淤泥质粉质黏土、粉质黏土和黏土等组成。对本工程基坑开挖有影响的土层信息见表 7-1。

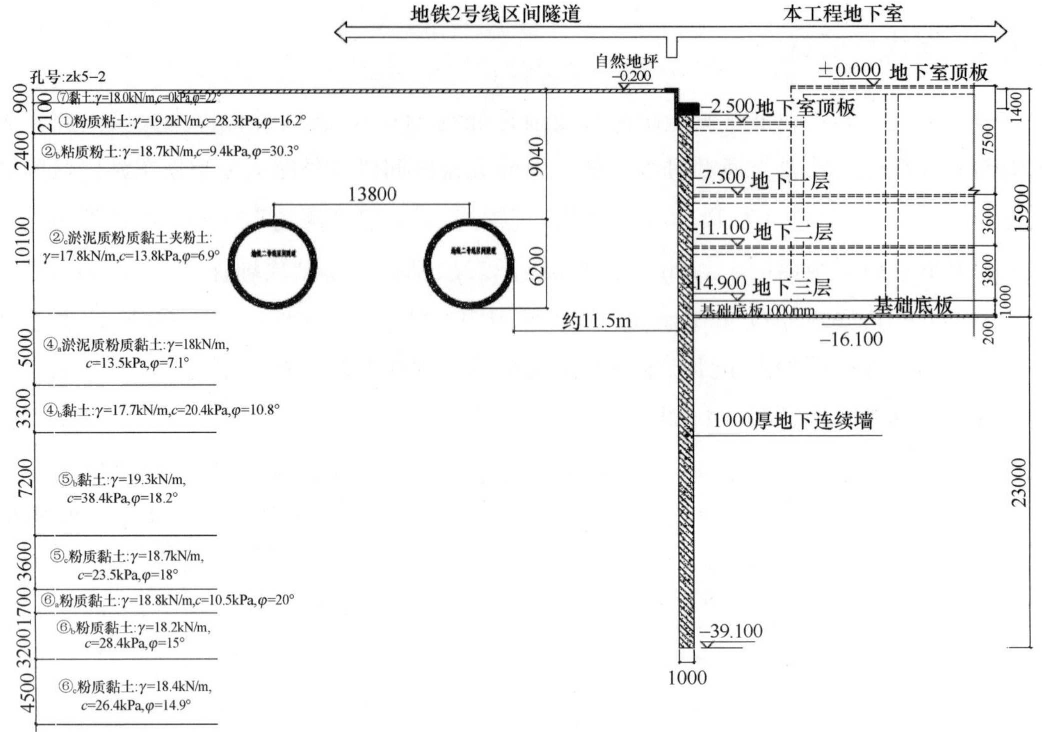

图 7-5　基坑西侧与区间隧道的位置情况

表 7-1　土层参数

参数	0 杂填土	1-1 粉质黏土	2-1 粘质粉土	2-2 淤泥质粉质黏土	4 淤泥质黏土	6 粉质黏土	7 粉质黏土	8-1 粉砂
重度 γ（kN/m³）	18.5	19.1	18.8	17.7	17.5	18.7	20.2	20.3
黏聚力 c（kPa）	5	29.8	12.6	15.7	22.2	28.9	35.9	11.5
内摩擦角 φ（°）	10	13.7	25.3	8.9	10.2	12.9	16.5	28.8
泊松比 υ	0.42	0.38	0.35	0.42	0.4	0.35	0.34	0.3
压缩模量 E_s（MPa）	—	4.64	6.26	2.66	3.17	4.44	8.61	11.23

本工程场地土层地质特点是基坑浅层分布有较厚的②$_c$层淤泥质粉质黏土夹粉土和④$_a$淤泥质粉质黏土，该两层土属高压缩性、高含水量、流塑的软土，物理力学性质较差，基坑开挖深度范围内以这两层土为主，在基坑支护设计及施工时应予以重视。

7.2　设计方案

考虑到工期和邻近地铁隧道等因素，本工程采用“化整为零、分区实施”的设计原则[11，99-103]：

（1）根据业主提供的相关信息，本工程各地块的先后开发顺序为 1 号地块—3 号地块—2 号地块—4 号地块。

（2）1 号地铁西侧邻近地铁车站，地铁车站采用明挖法施工，地下室结构为钢筋混凝土箱体结构，结构整体性好，抗变形能力较强，且与本工程地下室距离较远，最近距离约 25m，超过 1 倍基坑开挖深度；原地铁车站围护体采用 800mm 厚地下连续墙，插入坑底以下深度较深，本工程基坑施工时亦可作为“隔离体”，以减小基坑开挖对地铁隧道的影响。相对地铁区间隧道，地铁车站的保护要求较低。本工程将 1 号地块单独划为一个小基坑单独实施（Ⅰ区）。

（3）2 号地块西侧邻近地铁区间隧道，该隧道直径 6.2m，隧道顶埋深约 9m，底埋深 15m，隧道中心距约 13.8m，与本工程地下室的距离为 11.5～25.0m，地铁区间隧道位于流塑状的淤泥质粉质黏土层中，对邻近基坑变形的反应较为敏感。为保护地铁隧道，本工程基坑分区时在 2 号地块邻近基坑隧道侧单独划分出一个宽约 15m 的狭长型基坑，再将该区细分为多个小基坑。首先实施Ⅱ-A、Ⅱ-B、Ⅱ-C 区狭长型小基坑，且在地铁隧道正式铺轨前完成该区地下室结构施工，再进行Ⅱ-D、Ⅱ-E 区大基坑的施工。

（4）由于本工程 4 个地块的施工进度不尽相同，根据相关项目信息，本工程 1 号和 3 号地块的进度会快于 2 号和 4 号地块，为实现 1 号和 3 号地块首先开挖，本工程将 3 号和 4 号地块分别划分为一个分区（Ⅲ区和Ⅳ区），且 1 号和 3 号地块以及 2 号和 4 号地块之间分别设置缓冲带（Ⅴ区和Ⅵ区），以减少相邻地块施工的相互影响和制约。

（5）综合考虑后，施工工况如下：

工况一：进行Ⅰ区、Ⅲ区和Ⅱ-E 区基坑的施工；

工况二：待Ⅰ区、Ⅲ区和Ⅱ-E 区地下室结构施工完成后，进行Ⅱ-A 区、Ⅱ-D 区、Ⅳ区以及Ⅴ区基坑的施工；

工况三：待Ⅱ-A 区地下室结构施工完成后，即可进入Ⅱ-B 区基坑的施工；

工况四：待Ⅱ-B 区和Ⅳ区地下室结构施工完成后，即可进入Ⅱ-C 区和Ⅵ区基坑的施工。

为有效保护地铁，确保基坑顺利施工，对地铁隧道和车站采取以下保护措施：

（1）基坑支护分区、分期施工

本工程采用分区分期实施方案，将基坑划分成邻近地铁隧道的狭长型基坑和远离地铁隧道的大基坑，并对大基坑进一步分区，充分利用时空效应保护地铁隧道。先施工邻近地铁隧道的小基坑，待该区域地下室结构施工完成后再施工大基坑。小基坑施工时，由于其基坑面积小，施工速度快，基坑开挖对地铁隧道影响持续时间短，从时间上减小了基坑开挖对地铁隧道影响；开挖大基坑时，大基坑距离地铁隧道较远，影响相对较小，同时小基坑的围护结构及地下结构能对地铁变形起到“隔离作用”，可从空间上减小基坑开挖对地铁隧道的影响。

（2）地下连续墙厚度及插入深度改变

本工程基坑周边开挖深度为15.90m，相较于普遍区域基坑地下连续墙厚度800mm，基坑西侧邻近地铁车站及隧道区域地下连续墙厚度都增大到了1000mm。此外，普遍区域基坑地连墙插入深度18.0m，基坑西侧地铁车站区域和地铁隧道区域的地下连续墙插入深度分别增加到了21.0m和23.0m。

（3）支撑体系的选择和支撑道数改变

普遍区域基坑整体设置三道钢筋混凝土支撑体系，采用“对撑＋角撑”的布置形式会使各个区域相对独立，可实现分区分块开挖，并能跟进及时浇筑对撑，可有效控制基坑变形。每个分块支撑形成并达到一定设计强度后即可继续向下开挖，无须等支撑整体形成，从而大大加快了整体施工进度。

邻近地铁区间隧道的Ⅱ-A、Ⅱ-B、Ⅱ-C区基坑面积较小，且形状较规则，采用无围檩钢支撑体系施工方便，支撑形成速度快，无须养护，缩短了基坑无支撑暴露时间，能有效控制基坑变形，从而减小对地铁隧道及车站的影响。该区域基坑支撑体系采用一道钢筋混凝土支撑结合四道水平钢支撑支撑体系。此外，第一道混凝土支撑可兼作施工栈桥。

（4）轴力自动补偿装置

邻近地铁隧道区域的小基坑面积较小，支撑体系采用可实时附加预应力的轴力自动补偿钢支撑体系[104-105]。该系统实现了基坑钢支撑轴力自动复加和自动控制，对钢支撑轴力的控制和监测实现24h不间断数据传输，使工程始终处于可控和可知状态，从而有效减小和控制围护体的变形，减小基坑开挖对地铁隧道的影响。

（5）三轴水泥搅拌桩槽壁加固

相关研究表明[106]，地铁车站地下连续墙施工导致的邻近建筑变形占整个基坑工程施工引起的变形的30%以上；若地下连续墙施工不当，其造成的建筑变形很可能超过挖土施工引起的变形。因此，地下连续墙施工期间的变形控制的重要性不亚于基坑开挖期间的变形控制。

为减小地下连续墙成槽对地铁隧道及地铁车站的影响，本工程在基坑西侧邻近地铁的地下连续墙两侧设置ϕ850@600三轴水泥搅拌桩，顶底标高－0.400～－22.100，超过地铁隧道底≥6m。实测表明，地下连续墙施工期间对地铁隧道和地铁车站的影响较小。

（6）坑底加固

本工程基坑坑底及地铁隧道均位于流塑性的淤泥质粉质黏土层中，该土层力学性质较差，基坑开挖阶段围护体变形较难控制。在邻近地铁侧基坑内设置ϕ850@600三轴水泥搅拌桩对坑内土体加固，改善坑底土体力学性质，提高土体强度，降低回弹变形量，从而减小地铁隧道的竖向和水平位移。

基坑普遍区域和邻近地铁车站侧均采用三轴水泥搅拌桩栅格状加固，而邻近地铁隧道侧采用三轴水泥搅拌桩满堂加固。基坑普遍区域加固范围为二道支撑底至坑底以下6m，坑底以上水泥掺量为10%，坑底以下水泥掺量为20%；基坑西侧邻近地铁车站区域加固范围为一道支撑底至坑底以下6m，坑底以上水泥掺量为15%，坑底以上水泥掺量为20%；西侧邻近地铁隧道区域加固范围也为一道支撑底至坑底以下6m，坑底以下水泥掺量为20%，坑底以上水泥掺量10%、20%间隔布置。坑内加固与槽壁加固之间采用ϕ600@400高压旋喷桩进行加固。

（7）隔离桩措施

本工程基坑周边环境复杂，为减小基坑开挖对基坑西侧地铁车站及隧道的影响，在地铁车站及隧道与本工程间设置隔离桩，并在隔离柱与地下连续墙间设置跟踪注浆。隔离桩采用ϕ600@750钻孔灌注桩，桩长约30.5m，隔离桩顶底标高为－1.350～－32.000，隔离桩离基坑边5～8m，呈波浪形布置，如图7-6所示。隔离柱顶部设置800mm×700mm压顶梁。

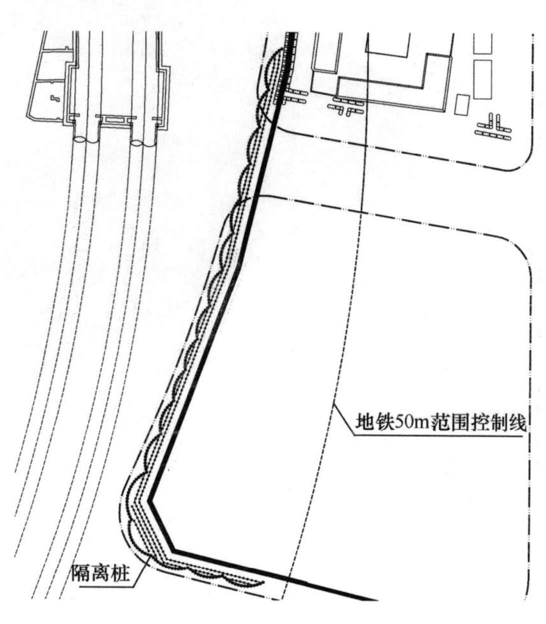

图7-6 隔离桩平面布置图

7.3 模拟与实测分析

7.3.1 模型几何范围和边界条件

建模基本假定参见2.2.2。基坑分析范围边线距离基坑边的距离应大于5h，其中h为基坑开挖深度。结合本项目基坑周边的环境情况，确定了三维数值模拟分析的对象是东西向长度520m、南北向长度480m的区域，模型高度为100m。约束有限元模型底部的竖向位移和模型各侧面的法向位移。最终建立的三维有限元模型如图7-7和图7-8所示。

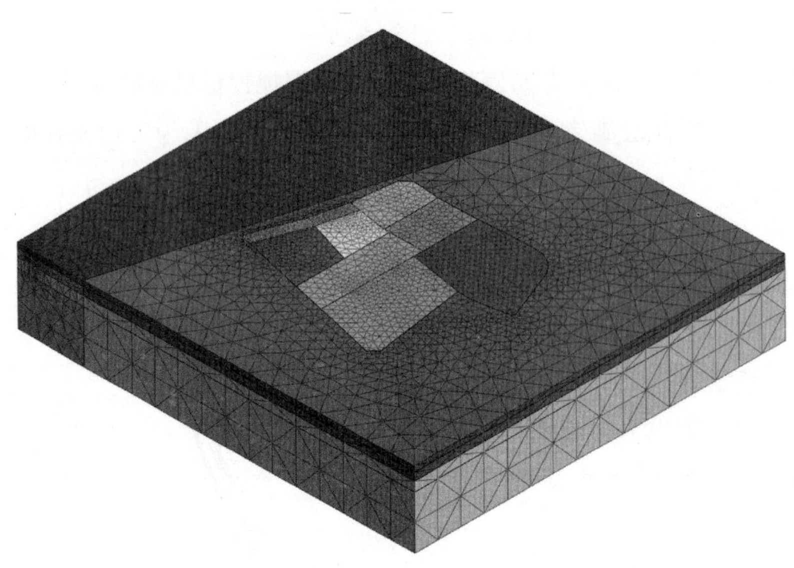

图 7-7　三维有限元基坑模型

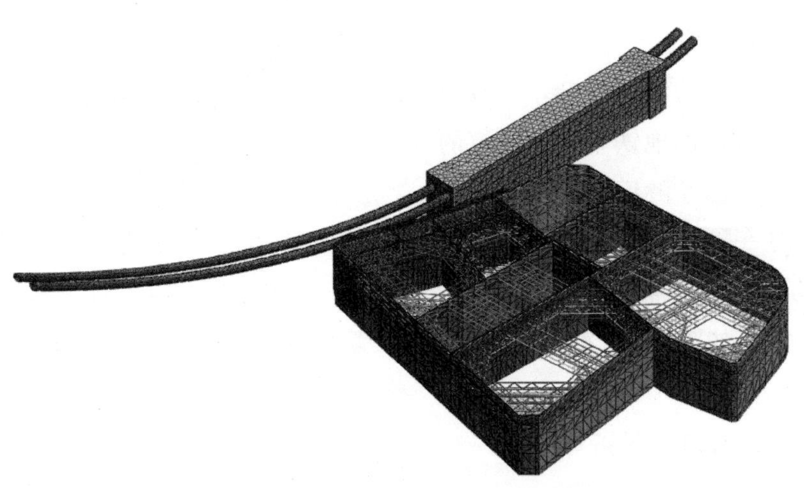

图 7-8　地铁车站、隧道与基坑空间位置关系图

7.3.2　土层、支护结构和车站、隧道结构计算参数

土体采用实体单元，本构模型采用 HS 模型，土层参数部分根据勘察报告获得，部分根据本书 2.2 节的参数反分析获得，土层参数信息见表 7-2。地下连续墙、地铁车站、隧道均采用板单元模拟，混凝土围梁、内支撑及地铁车站中柱采用梁单元模拟，车站、隧道和支护结构材料的本构模型均采用弹性模型，截面尺寸等参数见表 7-3。

计算模拟步骤均按照实际施工工况设置，具体见表 7-4。由于在基坑施工前地铁站和隧道已经施工完成，因此，在本次计算分析得到的位移场为基坑开挖引起的位移场，不包括土体在历史固结过程中和车站施工产生的位移场。

表 7-2 土层参数

参数	0 杂填土	1-1 粉质黏土	2-1 黏质粉土	2-2 淤泥质粉质黏土	4 淤泥质黏土	6 粉质黏土	7 粉质黏土	8-1 粉砂
重度 γ(kN/m^3)	18.5	19.1	18.8	17.7	17.5	18.7	20.2	20.3
黏聚力 c(kPa)	5	29.8	12.6	15.7	22.2	28.9	35.9	11.5
内摩擦角 φ(°)	10	13.7	25.3	8.9	10.2	12.9	16.5	28.8
泊松比 υ	0.42	0.38	0.35	0.42	0.4	0.35	0.34	0.3
切线刚度 E_{oed}^{ref} (kPa)	2000	4650	6730	2910	3360	4480	7730	10600
割线刚度 E_{50}^{ref} (kPa)	3000	4650	6730	4360	5040	4480	7730	10600
卸载/加载刚度 E_{ur}^{ref} (kPa)	6000	13950	20190	8730	10080	26880	46380	63600

表 7-3 车站及支护结构参数

结构名称	截面尺寸(mm)	材料	备注
基坑周边地连墙	1000	C35 混凝土	—
基坑中间隔断墙	800	C30 混凝土	—
基坑与地铁隧道中间隔离桩	600@750	C30 混凝土	—
被动区加固土	—	水泥土	—
围梁 1	1100×700	C35 混凝土	—
围梁 2	1300×900	C40 混凝土	—
围梁 3	1300×900	C40 混凝土	—
围梁 4	1300×800	C40 混凝土	—
支撑 1	1000×700	C35 混凝土	—
支撑 2	1200×800	C40 混凝土	—
支撑 3	1200×800	C40 混凝土	—
支撑 4	1100×800	C40 混凝土	—
钢支撑	609 钢管	—	—
车站结构	底板：1000	C50 混凝土	—
	楼板：400	C50 混凝土	—
	顶板：900	C50 混凝土	—
	侧墙：1400	C50 混凝土	—
区间隧道	管片厚度 350	C50 混凝土	—

7.3.3 计算步骤

表 7-4 计算步骤

步骤	工况	备注(标高均为相对标高)
1	初始应力场计算	本工况是岩土工程分析的第一步，在整个分析模型内只有岩、土体
2	地铁隧道施工计算	本工况不再考虑地铁车站及隧道的多步开挖的施工过程，一次性开挖地铁车站及整条隧道并施工所有衬砌
3	支护桩、隔离桩及加固土体施工	施工基坑周圈地连墙、钻孔桩、隔离桩以及被动区土体加固
4	第一阶段第一次开挖	Ⅱ-E区、Ⅰ区及Ⅲ区基坑开挖至第二道围梁、支撑底标高，并施工第一道围梁、支撑
5	第一阶段第二次开挖	Ⅱ-E区、Ⅰ区及Ⅲ区基坑开挖至第三道围梁、支撑底标高，并施工第二道围梁、支撑
6	第一阶段第三次开挖	Ⅱ-E区、Ⅰ区及Ⅲ区基坑开挖至第四道围梁、支撑底标高，并施工第三道围梁、支撑
7	第一阶段第四次开挖	Ⅱ-E区、Ⅰ区及Ⅲ区基坑开挖至坑底标高，并施工第四道围梁、支撑
8	第一阶段第五次开挖	Ⅱ-E区、Ⅰ区及Ⅲ区地下结构施工完成
9	第二阶段第一次开挖	Ⅱ-D区、Ⅴ区及Ⅳ区基坑开挖至第二道围梁、支撑底标高，并施工第一道围梁、支撑
10	第二阶段第二次开挖	Ⅱ-D区、Ⅴ区及Ⅳ区基坑开挖至第三道围梁、支撑底标高，并施工第二道围梁、支撑
11	第二阶段第三次开挖	Ⅱ-D区、Ⅴ区及Ⅳ区基坑开挖至第四道围梁、支撑底标高，并施工第三道围梁、支撑
12	第二阶段第四次开挖	Ⅱ-D区、Ⅴ区及Ⅳ区基坑开挖至坑底标高，并施工第四道围梁、支撑
13	第二阶段第五次开挖	Ⅱ-D区、Ⅴ区及Ⅳ区地下结构施工完成
14	第三阶段第一次开挖	Ⅱ-A区、Ⅱ-B区、Ⅱ-C区及Ⅵ区基坑开挖至第二道围梁、支撑底标高，并施工第一道围梁、支撑
15	第三阶段第二次开挖	Ⅱ-A区、Ⅱ-B区、Ⅱ-C区及Ⅵ区基坑开挖至第三道围梁、支撑底标高，并施工第二道围梁、支撑
16	第三阶段第三次开挖	Ⅱ-A区、Ⅱ-B区、Ⅱ-C区及Ⅵ区基坑开挖至第四道围梁、支撑底标高，并施工第三道围梁、支撑
17	第三阶段第四次开挖	Ⅱ-A区、Ⅱ-B区、Ⅱ-C区及Ⅵ区基坑开挖至坑底标高，并施工第四道围梁、支撑
18	第三阶段第五次开挖	Ⅱ-A区、Ⅱ-B区、Ⅱ-C区及Ⅵ区地下结构施工完成

7.3.4 有限元计算结果和实测数据比较

图 7-9～图 7-12 分别表示基坑施工完毕后，地下连续墙水平位移云图以及车站隧道水平和竖向位移云图。从结果可知，西侧地下连续墙水平位移最大值位于 1 号地块位置，大小为 36.6mm；西侧坑外地表沉降最大值距离坑边 0.6h，大小为 22.2mm；车站和隧道主要表现为水平位移，最大水平位移值为 9.7mm，最大沉降值 4.8mm，发生在隧道位置。

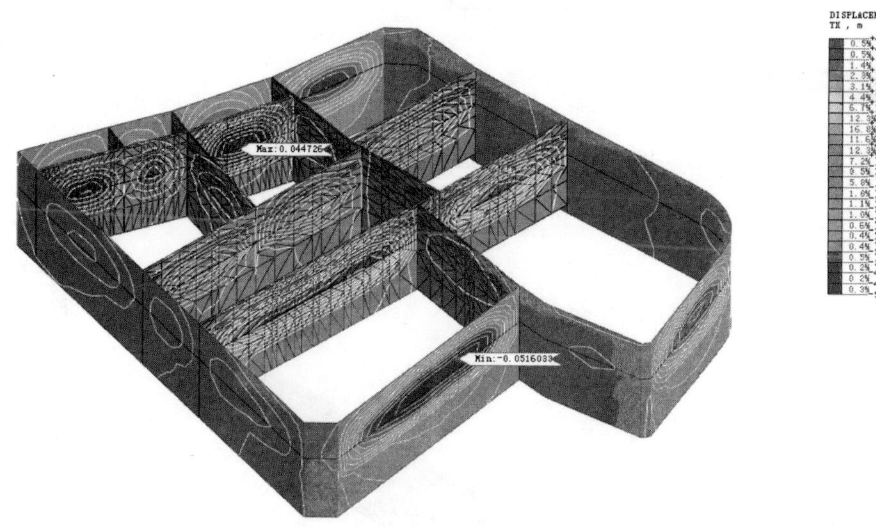

图 7-9 地下连续墙东西方向水平位移云图

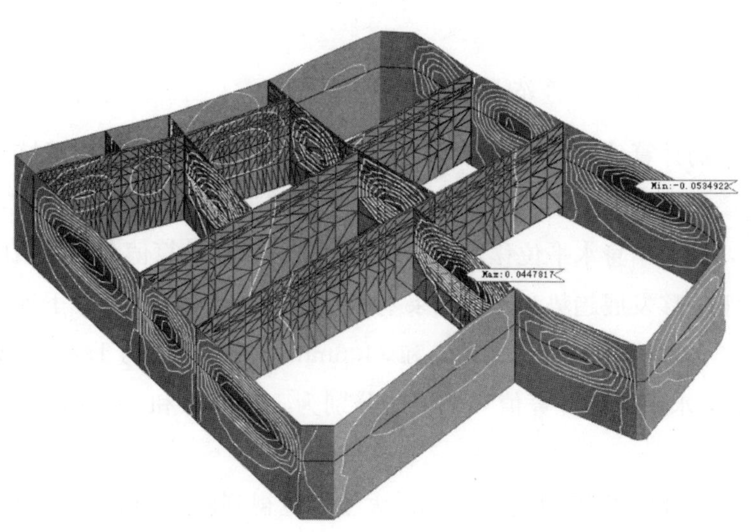

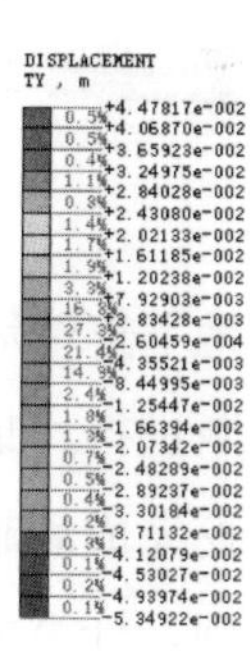

图 7-10 地下连续墙南北方向水平位移云图

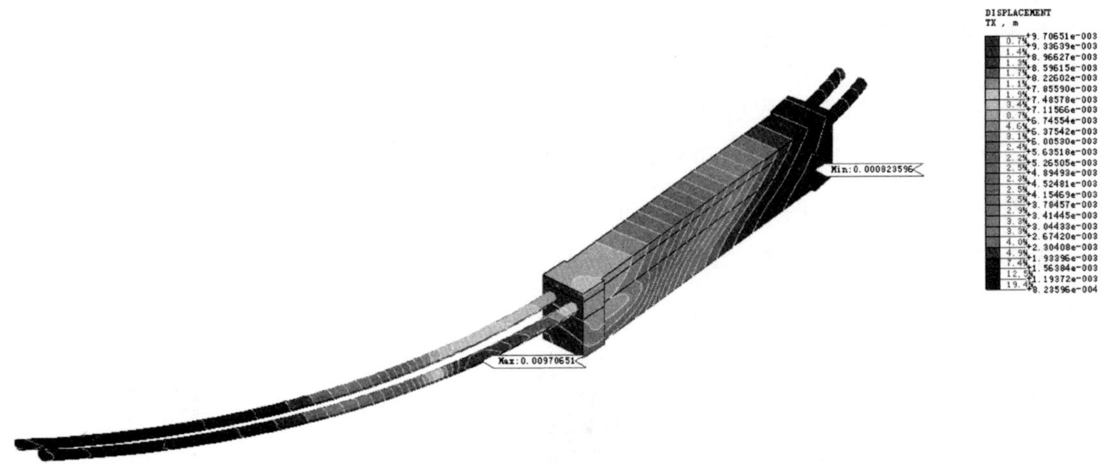

图 7-11　车站隧道水平位移云图

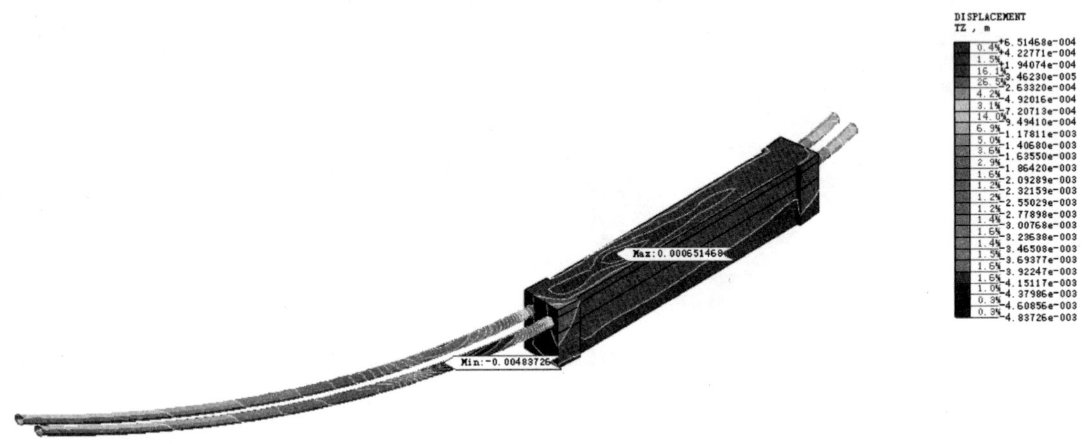

图 7-12　车站隧道竖向位移云图

地下连续墙水平位移的计算值和实测值如图 7-13 所示。由图可知，随着基坑开挖的不断进行，地下连续墙的水平变形不断增大，墙身水平位移最大值位置逐渐下移，直至开挖完成后趋于稳定，最大墙身水平位移发生在坑底位置。通过计算值和实测值的比较发现，计算的墙身水平位移发展趋势和实测结果基本一致。测点 CX11 处地下连续墙的最大水平位移计算值和实测值分别为 35.2mm 和 34.6mm，相对差值为 1.7%；测点 CX22 处地下连续墙的最大水平位移计算值和实测值分别为 11.4mm 和 11.1mm，相对差值为 2.7%，两者基本吻合。

图 7-14 表示隧道最终沉降实测值为 11.6mm，大于计算得到的 4.8mm。原因可解释为，隧道位于软土地基中，基坑开挖过程中，隧道处于初始试运营状态，隧道沉降值包括列车振动引起隧道地基固结沉降值和基坑开挖引起的隧道沉降值。因此，当基坑旁存在初始运营状态的区间隧道时，应进一步提高基坑的变形控制措施，以减少区间隧道

的附加沉降值。

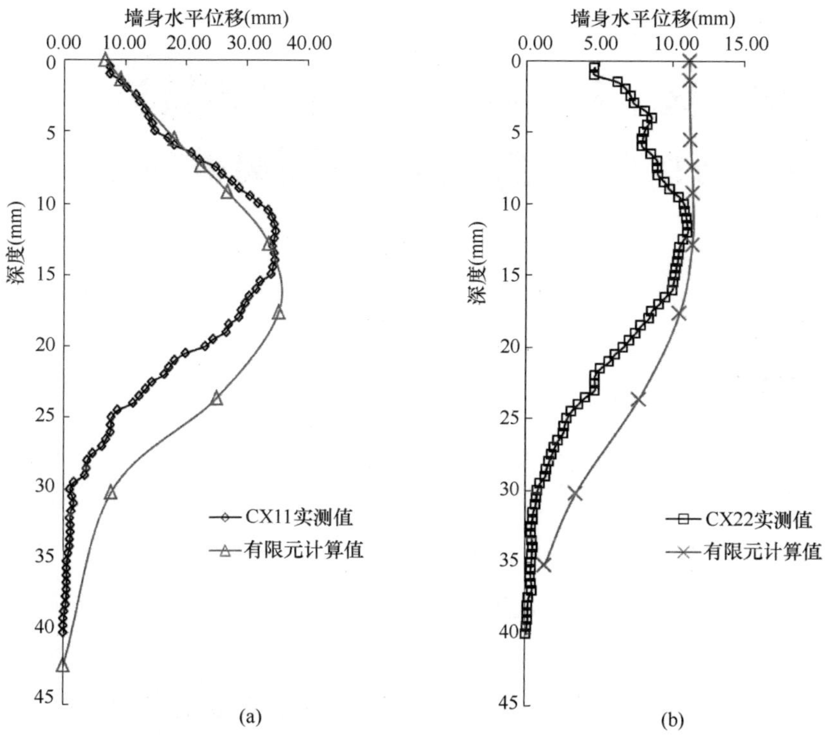

图 7-13 地下连续墙有限元结果与实测结果对比

(a)CX11 实测值与有限元计算值对比；(b)CX22 实测值与有限元计算值对比

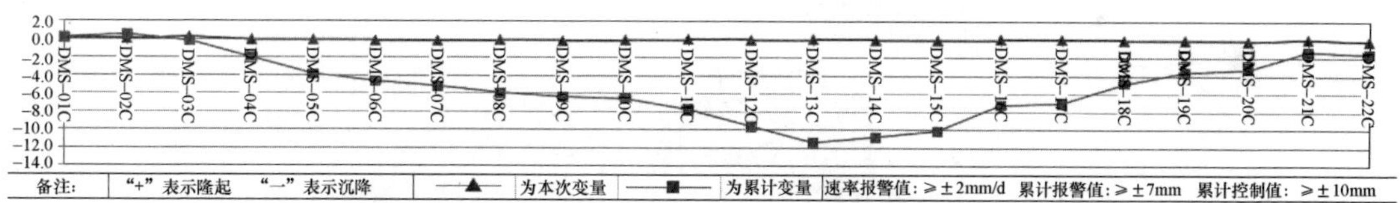

图 7-14 隧道沉降实测值

8　地铁保护区工程实践四——宁波市轨道交通 1 号线世～海区间隧道附属工程隔离桩项目[107]

8.1　工程概况

8.1.1　项目背景

宁波市门户区 3 号地块基坑(以下简称宏泰基坑)距宁波市轨道交通 1 号线世～海区间隧道最近约 40m。为减小宏泰基坑施工对轨道交通的影响，宁波市轨道交通集团有限公司出资在基坑外设置隔离桩并开展相关测试工作。本项目所涉及的工程主体由东部新城门户区 3 号地块基坑、世～海区间隧道和隔离桩三部分组成，其相对位置关系如图 8-1 所示。

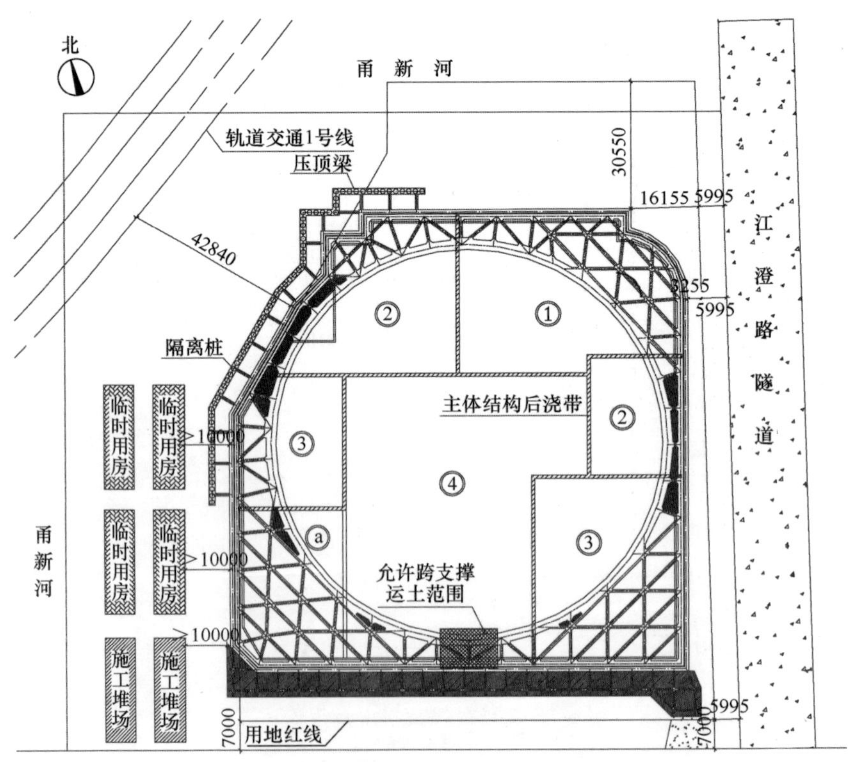

图 8-1　宏泰基坑项目总平面图

8.1.2　主体和基坑工程概况

本工程总占地面积约 15388m^2，总建筑面积约 66256m^2，其中地上建筑面积约 46416m^2，地下建筑面积约 19840m^2。拟建建筑物为 1 幢连体主体建筑及其裙楼。其中，南侧主楼为 34 层，建筑高度 129.6m，北侧主楼为 23 层，建筑高度为 86.4m，裙楼为 2 层，建筑高度为 16.2m。整个地块设两层地下车库。基坑开挖面积约 11000m^2，支护结构延长米约 405m。地下室基坑周圈开挖深度达 10m。

8.1.3　区间隧道概况

宁波市轨道交通 1 号线一期工程，起于高桥镇，沿望春路向东南方向延伸，经芦港、徐家漕后进入中山西路，于江厦桥北侧穿过奉化江后沿中山东路一直向东穿行，并于世纪大道折向东北并沿宁穿路一直向东延伸直抵天童庄综合基地，全长约 21.30km。

本项目对应宁波市轨道交通 1 号线世～海区间，其为盾构区间，线间距约 15m，隧道覆土约 14m。管片采用宁波市轨道交通盾构隧道通用环管片，环宽 1.2m，壁厚 350mm，内径 5.5m，每环由 1 块封顶块、2 块邻接块和 3 块标准块组成，主要为衬砌环间错缝拼装。基坑—隔离桩—隧道剖面图如图 8-2 所示。

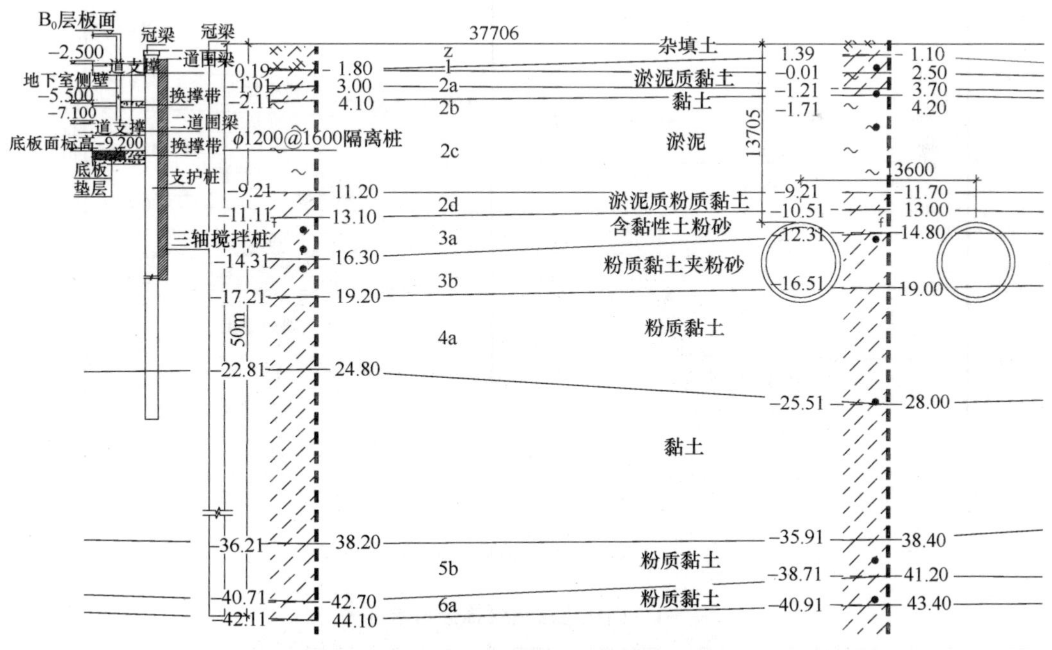

图 8-2　基坑—隔离桩—隧道剖面图

世海区间隧道临近东部新城门户区南区 3 号地块，最近处约 40m。因此，需重视该地块开发中的大型基坑及地上工程施工对隧道的不利影响，确保隧道结构安全和线路正常运营。

8.1.4 工程地质概况

基坑开挖及围护影响范围内主要为z层杂填土、1层黏土、2a层淤泥质黏土、2b层黏土、2c层淤泥、2d层淤泥质黏土、3a层含黏性土粉砂、3b层粉质黏土夹粉砂、4a层粉质黏土、4b层黏土和5b层粉质黏土层、5c层粉质黏土层、6a层粉质黏土层、6b层黏土层、7a层粉质黏土层、基坑地下室底板一般位于2c层内，围护桩桩端嵌入4b层，隔离桩嵌入7a层粉质黏土层大于3m。

影响范围内的各土层埋藏分布情况详见图8-3，各土层土性描述与特征如表8-1所示，地基土设计参数建议值见表8-2。

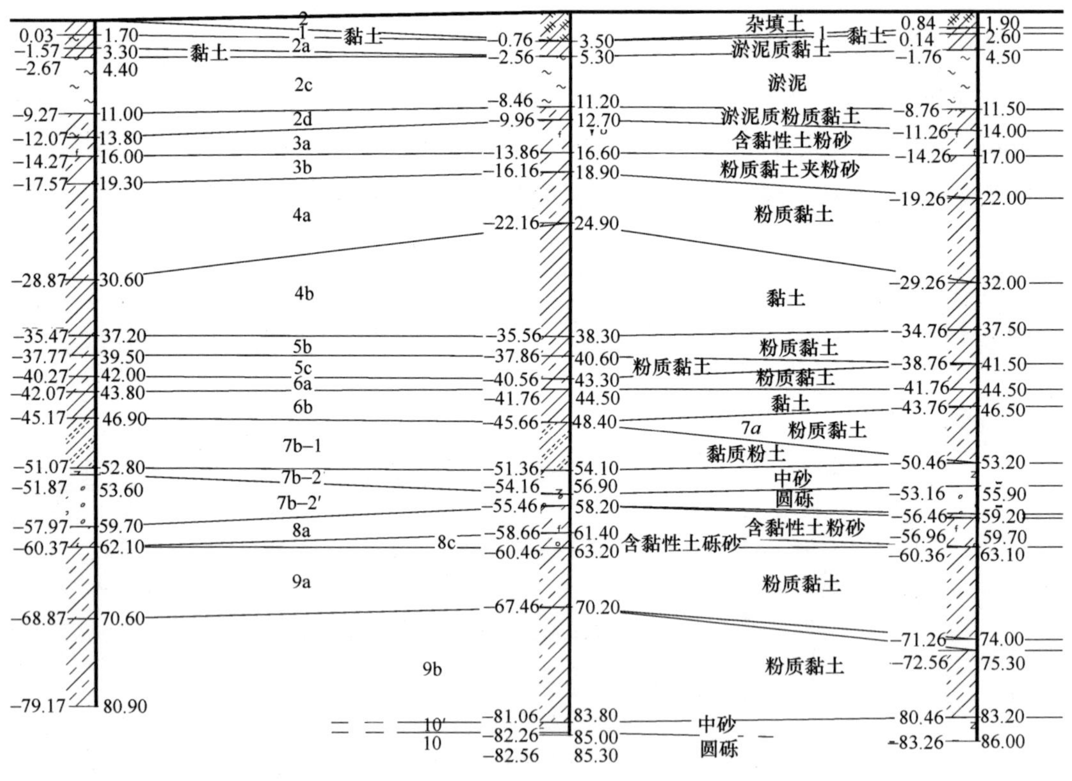

图8-3　工程地质剖面图

表8-1　相关土层土性描述与特征表

地层编号	地层名称	地层特征
z	杂填土	杂色～灰色，结构松散，成分以碎石、碎砖、黏性土等建筑垃圾为主，土质极不均匀

续表

地层编号	地层名称	地层特征
1	黏土	灰黄色～黄灰色，软可塑～软塑，厚层状，中等～高等压缩性，土质不均，干强度高，韧性高
2a	淤泥质黏土	灰色，流塑，厚层状，高压缩性，含少量有机质条带及粉土团块，土质不均，局部为淤泥质粉质黏土
2b	黏土	灰色，软塑，厚层状，高压缩性，土质均匀。干强度高，韧性强
2c	淤泥	灰色，流塑，厚层状，高压缩性，局部含少量有机质条带，土质不均一
2d	淤泥质粉质黏土	灰色，流塑，厚层状，高压缩性，土质不均，局部为淤泥质黏土
3a	含黏性土粉砂	灰色，松散～稍密，饱和，厚层状，中等偏低压缩性，土质不均
3b	粉质黏土夹粉砂	灰色，流塑 松散，中等偏高压缩性，厚层状，土质不均
4a	粉质黏土	灰色，流塑，厚层状，高压缩性，含少量粉土、粉砂条带，土质不均
4a′	粉质黏土夹粉砂	灰色，流塑～软塑稍密，略带层状，中等～高压缩性，含少量粉土、粉砂条带、团块，土质不均
4b	黏土	灰色，软塑，细鳞片状，高压缩性，土质不均
5b	粉质黏土	绿灰色～灰黄色，硬可塑为主，局部可软塑，厚层状，土质不均
6a	粉质黏土	灰色，软塑为主，局部为软可塑，厚层状，中等压缩性，含少量粉土条带，土质不均
6b	黏土	灰色，软可塑为主，局部软塑，厚层状，中等压缩性，含少量植物腐殖质及粉土条带，土质不均，局部为粉质黏土
7a	粉质黏土	兰灰色、绿灰色，硬塑～硬可塑，厚层状，中等压缩性，含少量铁质渲染物及粉土条带，土质不均，局部为黏土
7b-1	粉质黏土	灰色，中密，湿～很湿，厚层状，中等偏低压缩性，含少量粉砂条带，土质不均
7b-2	中砂	灰色，密实，厚层状，饱和，中等偏低压缩性，砂质较纯，矿物成分以石英、长石为主，含少量黏性土、粉砂团块，土质不均，局部混少量粒径 2mm 以上的砾石

表 8-2 地基土设计参数建议值表

层号	土层名称	w (%)	ρ (kN/m^3)	e	W_L (%)	I_P	I_L	a_{1-2} (MPa^{-1})	Es_{1-2} (MPa)	固结快剪		静探试验		地基土承载力特征值 f_{ak} (kPa)
										c (kPa)	φ (°)	q_c (MPa)	f_s (kPa)	
1	黏土	38.9	18.1	1.120	43.1	20.8	0.80	0.55	3.87	23.0	12.1	0.80	35.68	75
2a	淤泥质黏土	48.7	17.2	1.382	41.8	19.9	1.35	0.91	2.65	13.0	8.3	0.36	9.81	55
2b	黏土	40.3	18.0	1.150	43.2	20.5	0.86	0.60	3.61	19.5	11.6	0.40	11.14	60
2c	淤泥	54.0	16.7	1.538	43.6	20.8	1.50	1.14	2.33	11.4	7.9	0.41	9.51	50
2d	淤泥质粉质黏土	41.5	17.9	1.159	35.2	14.4	1.43	0.70	3.24	12.0	9.6	0.51	8.55	55
3a	含黏性土粉砂	26.2	19.4	0.747				0.19	9.47	11.9	29.0	1.87	25.14	140
3b	粉质黏土夹粉砂	28.3	19.3	0.797	28.2	11.2	1.19	0.26	7.16	11.5	19.8	1.26	16.64	100
4a	粉质黏土	34.5	18.5	0.978	31.9	12.7	1.22	0.49	4.12	13.0	11.1	0.92	12.72	80
4a′	粉质黏土夹粉砂	30.5	19.0	0.864	30.2	10.9	1.02	0.35	6.13	10.6	13.5	2.62	42.69	120
4b	黏土	42.2	17.8	1.209	46.2	22.5	0.82	0.60	3.82	22.4	11.9	1.18	22.44	90
5b	粉质黏土	27.7	19.3	0.808	35.4	15.5	0.51	0.26	7.09	38.6	17.8	2.38	65.88	180
5c	粉质黏土	30.4	19.1	0.868	35.6	14.8	0.65	0.28	6.78	33.5	17.3	2.25	59.46	160
5c′	黏质粉土	28.4	19.3	0.808	28.8	8.9	0.95	0.19	9.90	14.1	28.9	3.69	127.33	200
6a	粉质黏土	34.0	18.5	0.974	37.2	15.6	0.79	0.37	5.50	26.9	15.4	1.47	33.00	150
6b	黏土	35.1	18.3	1.023	40.0	18.3	0.73	0.39	5.27	25.0	12.7			140
7a	粉质黏土	25.6	19.7	0.733	33.4	13.3	0.41	0.23	7.78	40.1	19.7			230

8.2　设计方案

8.2.1　基坑支护设计

根据“东部新城门户区南区3号地块基坑支护结构设计方案”，地下室基坑开挖面积约11000m²，支护结构延长米约405m。地下室基坑周圈开挖深度达10m，按浙江省标准《建筑基坑工程技术规程》(DB33/T 1096—2014)，根据基坑重要性，确定其安全等级为一级。基坑支护结构采用钻孔灌注桩＋二道钢筋混凝土水平内支撑支护形式。支护结构平面布置图如图8-4所示。

1. 平面支护体系

平面支护体系为圆环结合角撑的支撑形式，具体信息如下：

第一道：围梁截面尺寸为1400mm×900mm；圆环截面尺寸为2200mm×900mm；典型的支撑截面尺寸为700mm×800mm，800mm×800mm。

第二道：围梁截面尺寸为1500mm×900mm；圆环截面尺寸为2400mm×900mm；典型的支撑截面尺寸为800mm×900mm，700mm×900mm。

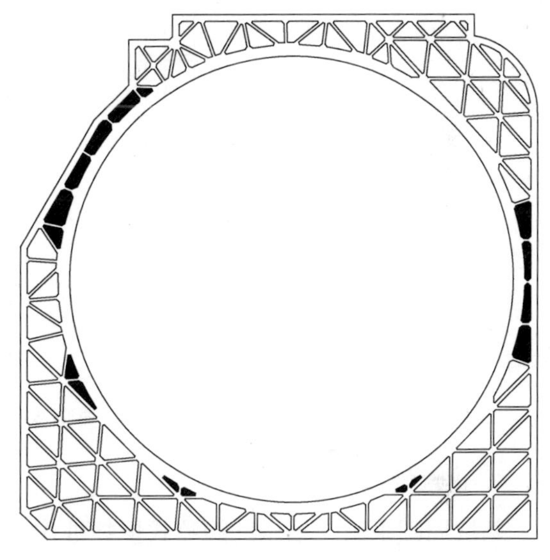

图8-4　支护结构平面布置图

2. 竖向支护体系

竖向支护体系采用围梁下挂式支护形式，如图8-5所示。冠梁面设置在自然地坪以下0.5m处，一道围梁及支撑面标高降到自然地坪以下1.5m处；二道围梁及支撑面标高降到自然地坪以下6.1m处。

3. 支护桩

支护桩采用ϕ900～ϕ1000的钻孔灌注桩，西北侧的支护桩以4b层为主要的嵌固层；其余区域的支护桩以4a层为主要嵌固层；支护桩分布详见表8-3。

表8-3　支护桩一览表

桩型	布置区域	桩径(mm)	桩间距(mm)	桩长(mm)	排列形式
钻孔灌注桩	西北侧	1000	1200	28.0	单排
	东侧	950	1150	25.0	单排
	其余区域	900	1100	23.0	单排

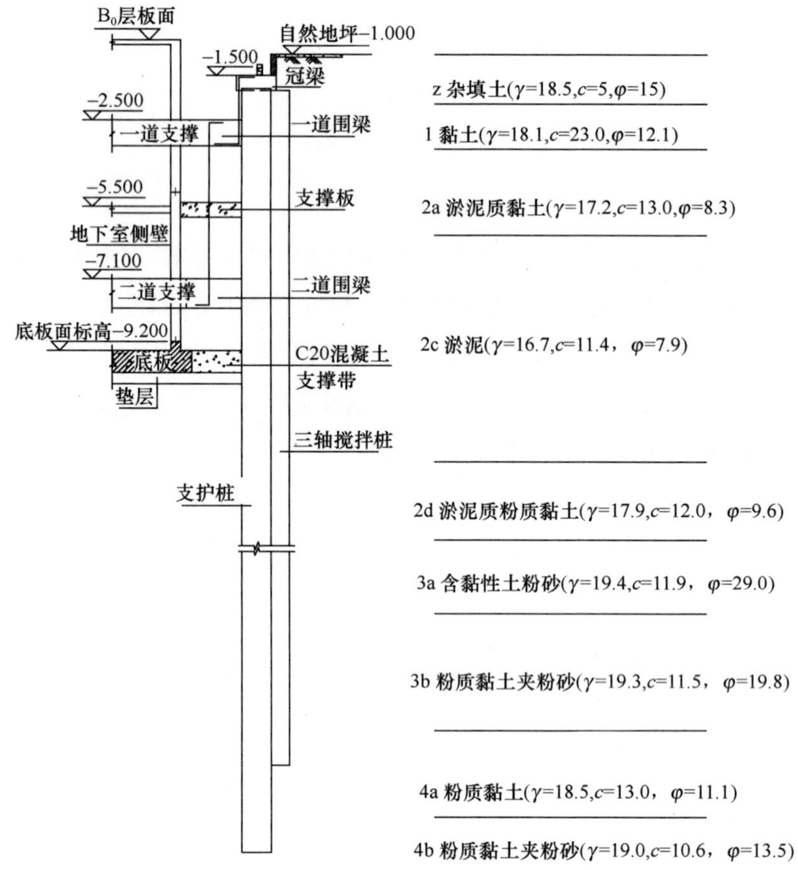

图 8-5　典型支护结构剖面图

4. 止水帷幕

基坑周圈采用三轴压气旋喷式搅拌桩作为止水帷幕，三轴压气旋喷式搅拌桩采用普通 42.5 级水泥，水灰比为 1.5，水泥掺量为 20%。由于基坑影响范围内的土层主要为淤泥质土，其渗透系数数量级为 10^{-7}cm/s，3a 层含黏性土粉砂，渗透系数 k 为 2.1×10^{-3}cm/s，坑外止水帷幕均考虑切断 3a 层，以防止开挖坑中土方时出现冒水、冒砂等现象，确保基坑的安全。

8.2.2　隔离桩设计

根据“世海区间隧道附属工程隔离桩项目施工设计”，隔离桩 70 枚，桩径 1200@1600，桩长 50m，桩身混凝土 C30，钢筋 HRB400，隔离桩距 3 号地块大型基坑约 5.0m，距世海区间隧道边缘约 35.0m，隔离桩顶通过连梁与基坑围护桩进行连接，形成门架式结构，如图 8-6 所示。

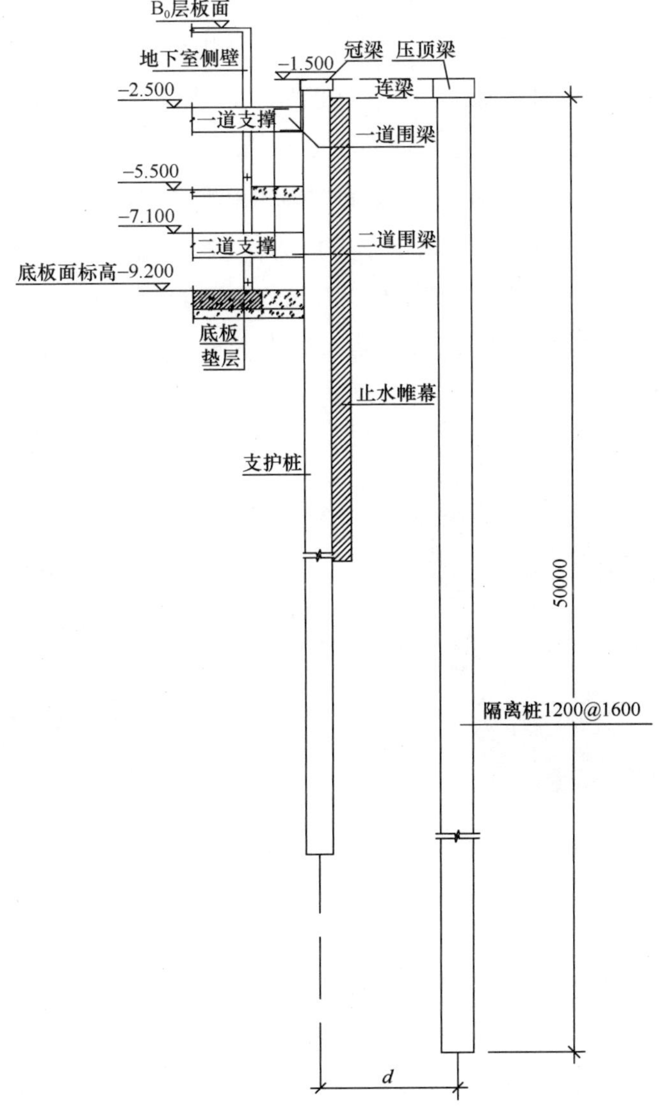

图 8-6　门架式隔离桩剖面图

8.3　模拟与实测分析

8.3.1　数值模拟模型

考虑本工程中宏泰基坑以及区间隧道的空间关系，建立了三维有限元模型。模型包括基坑支护桩、隔离桩、土体加固、支撑体系以及区间隧道。建模中依据方案设计提供的施工流程，对整个基坑的开挖过程进行了模拟。

1. 模型尺寸与单元划分

根据已有的经验以及相关的研究成果，基坑分析范围边线距离基坑边的距离为 $3H \sim 5H$，其中 H 为基坑开挖深度。在上述前提下，结合本项目基坑周边的环境情况，确定了三维数值模拟分析的对象是东西向长度 306m、南北向长度 303m 的区域，标高范围 2.700～－47.30m(黄海高程)。模型底边界约束水平和竖直方向位移，左右侧边约束水平位移，顶部边界自由。模型以水平方向为 x 轴、y 轴正向，竖直向上为 z 轴正向，如无特殊说明，计算结果中位移单位为“mm”，应力单位为“kPa”，且以受拉为正。整体模型共有 58230 个单元，23825 个节点。图中不同的颜色代表不同的单元组，如土层单元组、支护结构单元组(图 8-7、图 8-8)。

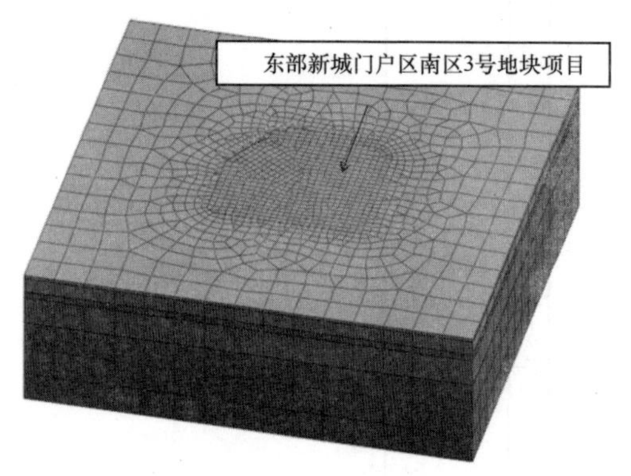

图 8-7　基坑及区间隧道区域三维有限元模型

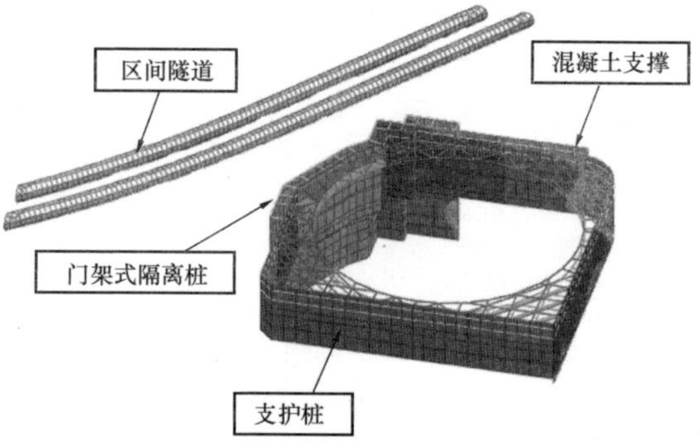

图 8-8　基坑支护结构和区间隧道放大图

2. 基本假定

(1) 土体为弹塑性材料，假定开挖过程历时较短，采用总应力法分析，因分析对象为软黏土，基坑施工速度较快，故不考虑土的固结和渗流的影响；

(2) 支护结构、支撑以及隔离桩均为连续、均质、各向同性的线弹性材料；

(3) 初始应力仅考虑土体自重，不考虑支护桩和隔离桩施工对地基初始应力场的影响。

3. 计算参数

土体及加固土本构关系采用 HS 模型。模型土层分布根据勘察报告中地质剖面图确定，最终模型中的简化土层主要包括：1 层黏土、2c 层淤泥、3b 层粉质黏土夹粉砂、4a 层粉质黏土、5b 层黏土。各参数根据岩土工程勘察报告并参考宁波地区类似工程的反演数据取值，具体参见表 8-4。

模型中支护桩、隔离桩采用线弹性混凝土材料模拟，弹性模量取值 28GPa，泊松比 0.2。支护桩和隔离桩采用板单元近似模拟，板厚按照抗弯等效的原则确定。

表 8-4 土体物理力学参数

土层编号	土层	层厚 (m)	γ (kN/m³)	c (kPa)	φ (°)	E_{oed}^{ref} (MPa)	E_{50}^{ref} (MPa)	E_{ur}^{ref} (MPa)	G_0^{ref} (MPa)	$\gamma_{0.7}/10^{-3}$	e
1	黏土	2.45	18.1	23.0	12.1	3.87	3.87	15.5	46.4	0.1	1.12
2c	淤泥	10.5	16.7	11.4	7.9	2.33	2.33	11.6	23.3	0.1	1.54
3b	粉质黏土夹粉砂	5.1	19.3	11.5	19.8	7.16	7.16	21.5	85.9	0.1	0.80
4a	粉质黏土	20.2	18.5	13.0	11.1	4.12	6.18	24.7	74.2	0.1	0.98
5b	黏土	61.75	19.3	38.6	17.8	7.09	10.6	31.9	127.6	0.2	0.81

4. 开挖过程的模拟

（1）计算初始地应力场；

（2）区间隧道施工；

（3）生成支护桩和隔离桩；

（4）开挖土体至第一道支撑底；

（5）设置第一道支撑，开挖土体至第二道支撑底；

（6）设置第二道支撑，开挖土体至坑底；

（7）底板施工完成，拆除第二道支撑；

（8）B_1 板施工完成，拆除第一道支撑。

8.3.2 计算结果分析

1. 计算结果与实测对比

提取计算模型中支护桩、坑外土体沿深度的变形分布曲线以及区间隧道的水平位移和沉降，与实测数据对比，验证计算模型中土层参数的合理性。

图 8-9 和图 8-10 为基坑开挖至坑底工况下，支护桩外侧 JCX12 测点和 JCX13 测点与对应位置有限元计算结果的对比曲线。由对比曲线可知，基坑开挖至坑底时，支护桩最大水平位移为 23～25mm，最大值位于基坑开挖面附近，有限元计算结果与实测曲线较为吻合。

图 8-11 为基坑开挖至坑底工况下，支护桩外侧 15m 处 CX3 测点与对应位置有限元计算结果的对比曲线。由对比曲线可知，基坑开挖各工况下，支护桩外侧 15m 处土体变形曲线为“悬臂型”，最大值位于浅层地表附近；开挖至一道支撑底时，土体最大侧移为 9mm 左右；开挖至二道支撑底时，土体最大侧移为 20mm 左右；开挖至三道支撑底时，土体最大侧移为 23mm 左右。开挖至二道支撑底和三道支撑底时，实测数据在 5m 深度处存在异常波动，根据分析可能是受土层分布以及周边施工荷载的影响，但总体来说有限元计算结果与实测曲线较为吻合。

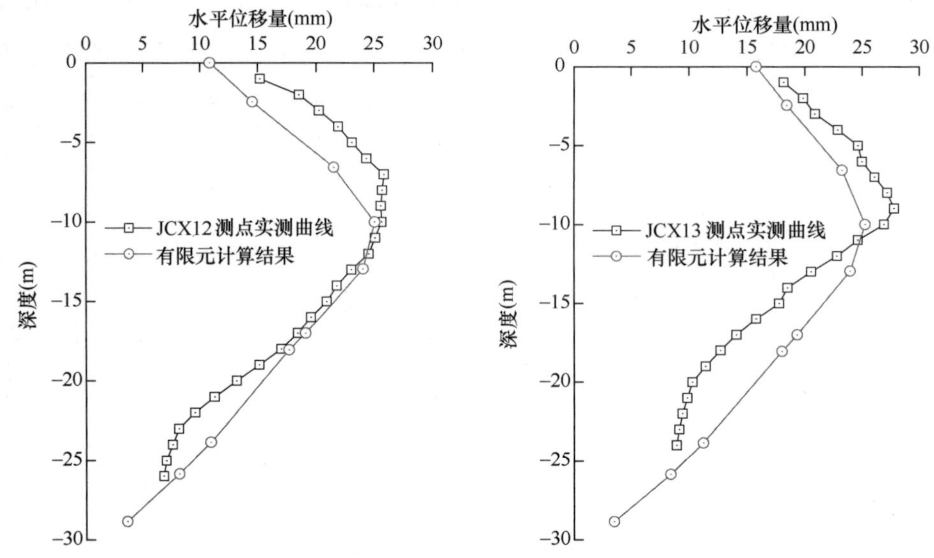

图 8-9　支护桩侧向位移沿深度的分布一　　图 8-10　支护桩侧向位移沿深度的分布二

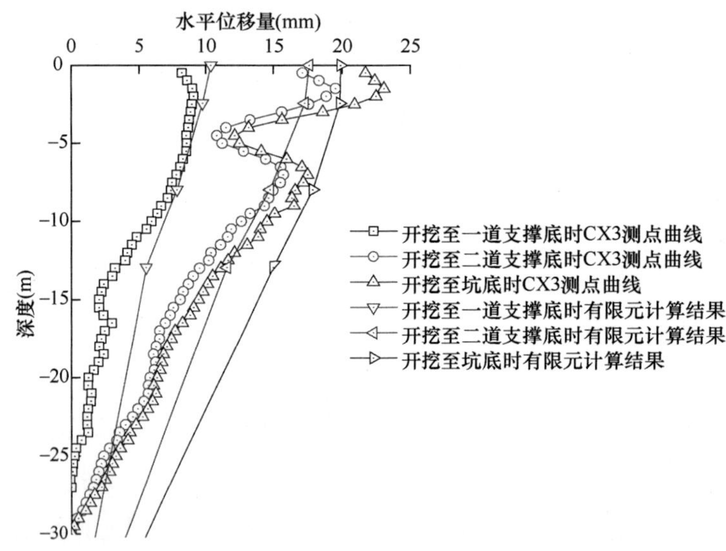

图 8-11　坑外 15m 处土体侧向位移沿深度的分布

图 8-12 和 8-13 为基坑开挖至坑底时，区间隧道实测最大变形与有限元计算结果的对比曲线。由对比曲线可知，区间隧道水平位移和沉降变形规律的有限元计算结果与实测曲线基本一致，变形最大值较为吻合。

图 8-14 和 8-15 为基坑各施工工况下，区间隧道实测最大变形与有限元计算结果的对比曲线，其中工况 1 为基坑开挖至一道支撑底；工况 2 为基坑开挖至二道支撑底；工况 3 为基坑开挖至坑底；工况 4 为拆除二道支撑；工况 5 为拆除三道支撑。由区间隧道

水平位移对比曲线可知，区间隧道水平位移随着开挖工况不断增加；开挖至坑底时区间隧道水平位移实测值与有限元计算值较为吻合；但拆撑工况下，区间隧道水平位移实测值持续增长，而有限元计算结果趋于稳定；在有限元计算中，拆撑工况对区间隧道变形影响较小，但是实际施工中换撑措施的施工对拆撑工况下区间隧道的变形影响较大。由区间隧道沉降对比曲线可知，区间隧道沉降实测值随基坑开挖工况波动变化，有限元计算随基坑开挖工况逐步递增且在拆撑工况下趋于稳定。区间隧道沉降受运营荷载的影响可能产生波动变化，有限元计算结果仅显示基坑开挖对区间隧道变形的影响。

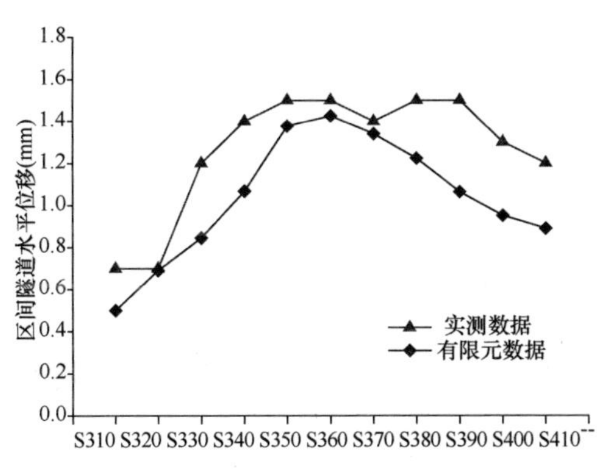

图 8-12　区间隧道水平位移分布

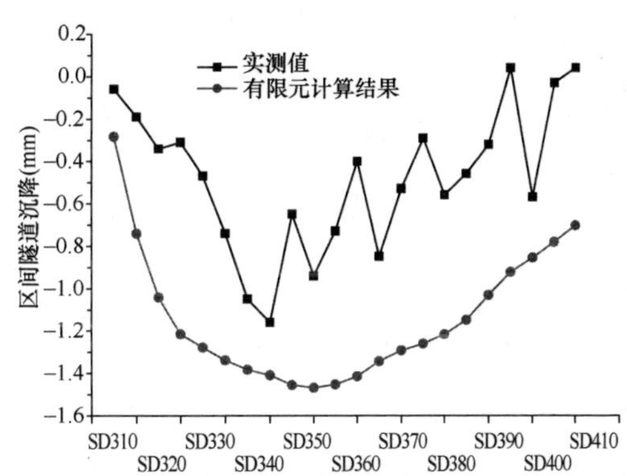

图 8-13　区间隧道沉降分布

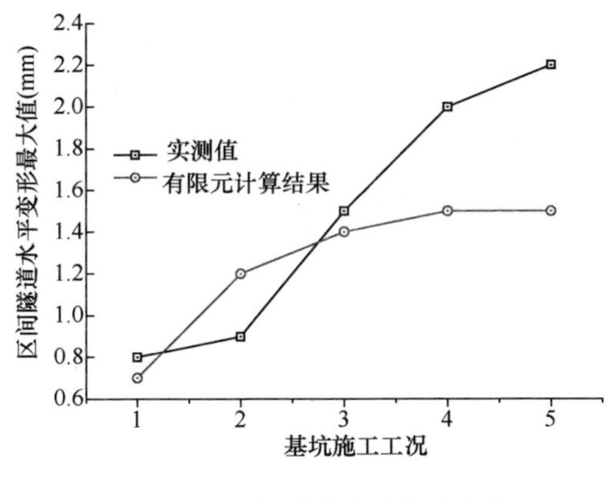

图 8-14　区间隧道水平位移变化

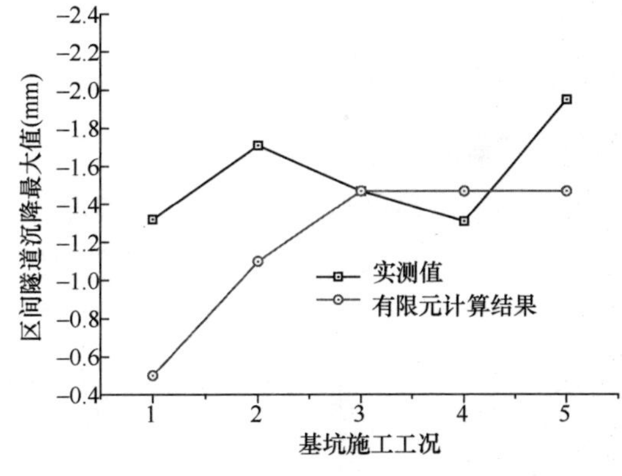

图 8-15　区间隧道沉降变化

2. 门架式隔离桩对基坑外土体位移的影响

为研究门架式隔离桩对基坑外土体位移的影响，在上节有限元模型的基础上，计算模型中选择设置隔离桩和不设置隔离桩两种支护形式，选取隔离桩侧剖面，提取两种支护形式下支护桩、支护桩外 10m 土体、支护桩外 20m 土体的侧移。

图 8-16 为设置门架式隔离桩和未设置门架式隔离桩两种情况下，支护桩桩身变形沿深度的分布。由图可知：设置门架式隔离桩和未设置门架式隔离桩，桩身变形规律均

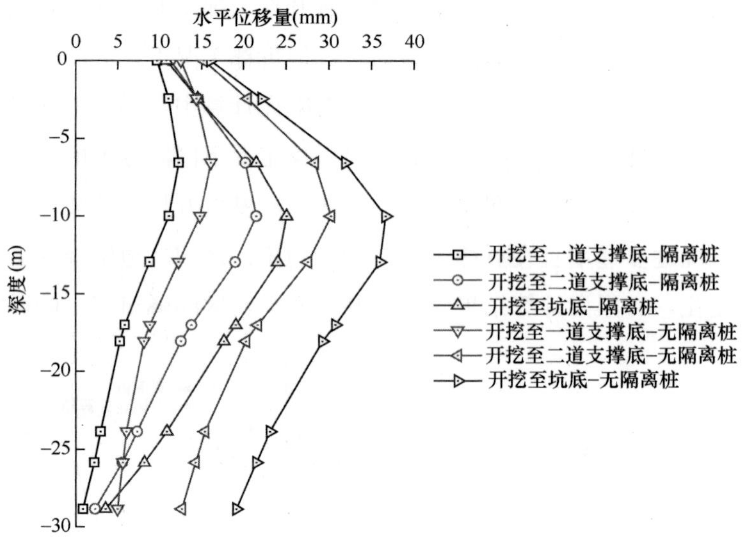

图 8-16　支护桩桩身变形沿深度的分布

为“鼓肚型”分布形式；门架式隔离桩可有效控制支护桩桩身变形；设置门架式隔离桩后，支护桩桩身变形最大值减小 30%，桩顶变形减小 37.5%。

图 8-17 和图 8-18 为设置隔离桩和未设置隔离桩情况下，支护桩外 10m 和 20m 处土体的侧向位移沿深度的分布。由图可知：(1) 门架式隔离桩对支护桩外 10m 处土体变形形态的分布范围产生影响，未设置门架式隔离桩条件下，支护桩外 10m 处土体变形规律为“悬臂型”，而设置门架式隔离桩后，支护桩外 10m 处土体变形规律隔离桩影响产生“鼓肚型”变形形态；(2) 设置门架式隔离桩后，对支护桩外 10m 和 20m 处土体深层水平位移均小于无隔离桩的情况。

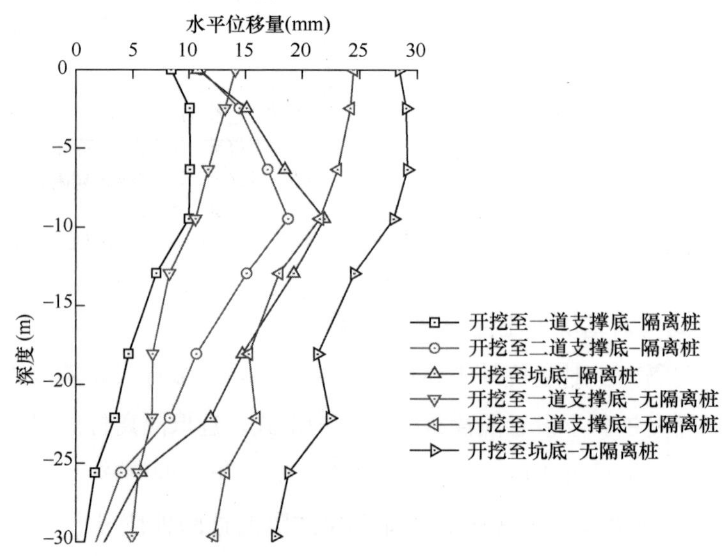

图 8-17　支护桩外 10m 处土体侧向位移沿深度的分布

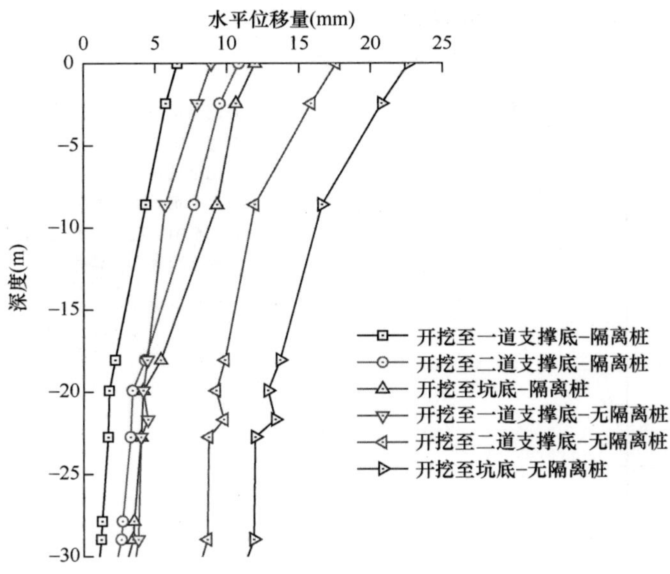

图 8-18 支护桩外 20m 处土体侧向位移沿深度的分布

由图 8-19 和图 8-20 可知：(1) 隔离桩设置后对竖向位移的隔离作用均为正效果；(2) 开挖至一道支撑底时，隔离桩对土体竖向位移影响微弱；(3) 开挖至二道支撑底和开挖至坑底时，隔离桩对土体竖向位移的变形控制效果显著；(4) 隔离桩对基坑 10m 处竖向位移隔离作用显著，对坑外 20m 处土体竖向位移隔离作用随距离的增大而减弱。

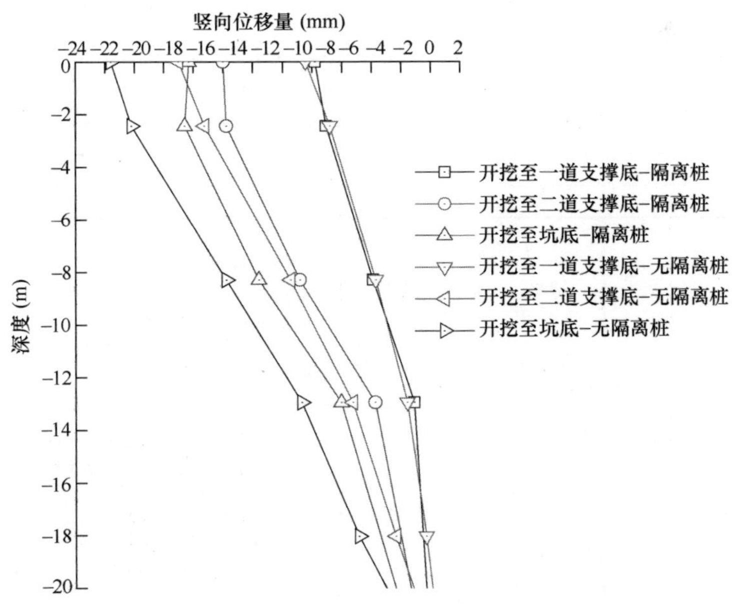

图 8-19 支护桩外 10m 处土体竖向位移沿深度的分布

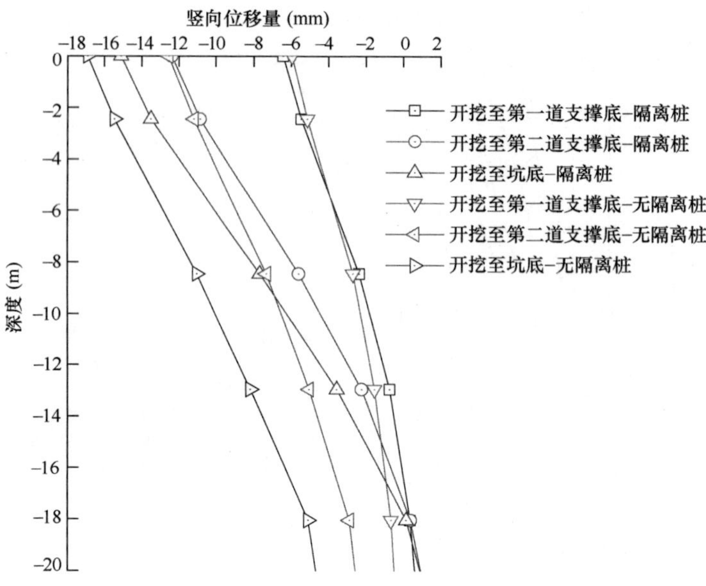

图 8-20 支护桩外 20m 处土体竖向位移沿深度的分布

3. 门架式隔离桩对基坑外区间隧道变形控制的效果分析

分别提取设置隔离桩和未设置隔离桩两种支护形式下区间隧道水平位移和沉降值，见表 8-5。

表 8-5 区间隧道位移

工况	设置隔离桩		未设置隔离桩		备注
	水平位移(mm)	沉降(mm)	水平位移(mm)	沉降(mm)	
工况一	0.7	−0.5	1.9	−1.1	开挖至一道支撑底
工况二	1.2	−1.1	3.9	−2.54	开挖至二道支撑底
工况三	1.4	−1.5	5.2	−3.7	开挖至坑底
工况四	1.5	−1.5	5.2	−3.7	拆除二道支撑
工况五	1.5	−1.5	5.2	−3.7	拆除一道支撑

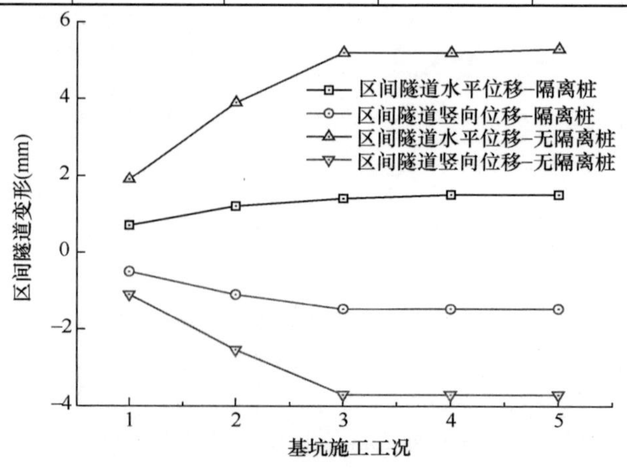

图 8-21 区间隧道变形对比

由图8-21可知，门架式隔离桩对区间隧道水平位移和沉降影响显著。基坑开挖至一道支撑底时，门架式隔离桩水平控制效率为63.1%，沉降控制效率为54.5%；基坑开挖至二道支撑底时，门架式隔离桩水平控制效率为69.2%，沉降控制效率为56.7%；基坑开挖至坑底时，门架式隔离桩水平控制效率为71.1%，沉降控制效率为59.5%。

综上所述，尽管本工程基坑离隧道较远，基坑开挖对隧道影响较小，但从实测与数值模拟结果可知，设置门架式隔离桩后，支护桩、坑外土体及隧道变形规律同3.3节基本一致，门架式隔离桩对于隧道变形的控制效率在50%以上，效果良好。

参考文献

[1] B P R. Deep excavation and tunneling in soft ground[Z]. Mexico City：1969.

[2] Y O C，G H P，C C D. Characteristic of ground surface settlement during excavation[J]. Canadian Geotechnical Journal，1993，30：758-767.

[3] G H P，Y O C. Shape of ground surface settlement profiles caused by excavation[J]. Canadian Geotechnical Journal，1998，35：1004-1017.

[4] 欧章煜．深基坑工程分析设计理论与实务[M]．台北：科技图书股份有限公司，2002.

[5] 简艳春．软土基坑变形估算及其影响因素研究[D]．南京：河海大学，2001.

[6] 唐孟雄，赵锡宏．深基坑周围地表任意点移动变形计算及应用[J]．同济大学学报(自然科学版)，1996：55.

[7] 徐方京．影响基坑变形的因素及坑外地层移动影响的范围[J]．岩土工程学报，1992，23(1)：30-35.

[8] M S，C K G T，H J C. Simplified model for evaluating damage potential of buildings adjacent to a braced excavation[J]. Journal of Geotechnical and Geoenvironment Engineering，2009，135(12)：1823-1835.

[9] 白云，刘千伟．软土深基坑外侧土体位移场的经验解析[J]．地下工程与隧道，1995：9-15.

[10] 郑刚，邓旭，刘畅．不同围护结构变形模式对坑外深层土体位移场影响的对比分析[J]．岩土工程学报，2014，36(2)：273-285.

[11] 刘国彬，王卫东．基坑工程手册[M]．北京：中国建筑工业出版社，2009.

[12] 覃海婴，杨晓贞．考虑卸载扰动与土流变特性的基坑性状的分析[J]．福州大学学报(自然科学版)，2001，29(1)：78-82.

[13] 张伟，茜平一，陈晓平，等．流变理论在深基坑开挖中的应用探讨[J]．武汉大学学报(工学版)，2003，36(2)：92-96.

[14] Gw C，Jm D. Finite element analyses of retaining wall behavior[J]. Journal of the Soil Mechanics and Foundations Division，ASCE，1971，97(12)：1657-1673.

[15] 陈洋．软黏土深基坑开挖的粘弹塑性流变分析[J]．工业建筑，2000，30(9)：42-45.

[16] 应宏伟，谢康和，潘秋元，等．软黏土深基坑开挖时间效应的有限元分析[J]．计算力学学报，2000，17(3)：349-354.

[17] 姜朋明，蒋志勇，黄海滨．饱和软土地区深基坑变形时间效应的研究[J]．华东船舶工业学院学报，1998：101-107.

[18] T N，M S H，N I. 3D effects in excavation problems：Model tests and numerical simulations[Z]. Kyoto，Japan：2005.

[19] H L F，Y Y K，Q K C N. Effect of corners in strutted excavations：field monitoring and case histories[J]. Journal of Geotechnical and Geoenvironmental Engineering，1998，124(4)：339-349.

[20] Y O C，Y S B. Analysis of the corner effect on excavation behavior[J]. Canadian Geotechnical Journal，1998，35：532-540.

[21] T B J，J F R. Three-dimensional effects observed in an internally braced excavation in soft clay [J]. Three-dimensional effects observed in an internally braced excavation in soft clay，2007，133 (11)：1364-1373.

[22] 陆培毅，余建星，肖健．深基坑回弹的空间性状研究[J]. 天津大学学报，2006，39(3)：301-305.

[23] 俞建霖，龚晓南．软土地基基坑开挖的三维性状分析[J]. 浙江大学学报(自然科学版)，1998：42-47.

[24] 杨雪强，刘祖德．论深基坑支护的空间效应[J]. 岩土工程学报，1998，20(2)：74-78.

[25] 况龙川．深基坑施工对地铁隧道的影响[J]. 岩土工程学报，2000，22(3)：284-288.

[26] 刘国彬，黄院雄，侯学渊．基坑工程下已运行地铁区间隧道上抬变形的控制研究与实践[J]. 岩石力学与工程学报，2001，20(2)：202-206.

[27] 刘国彬，侯学渊．软土基坑隆起变形的残余应力法[J]. 地下工程与隧道，1996(2)：2-7.

[28] 刘国彬，侯学渊．软土的卸荷模量[J]. 岩土工程学报，1996，18(11)：18-23.

[29] 王卫东，沈健，翁其平，等．基坑工程对邻近地铁隧道影响的分析与对策[J]. 岩土工程学报，2006，28(S)：1340-1345.

[30] 蒋洪胜，侯学渊．基坑开挖对临近软土地铁隧道的影响[J]. 工业建筑，2002，32(5)：53-56.

[31] 杨学清．邻近地铁旁的深基坑施工[J]. 施工技术，2001，30(1)：7-9.

[32] 毛朝辉，刘国彬．基坑开挖对下方近距离隧道的保护[J]. 浙江工业大学学报，2005，33(5)：534-537.

[33] 王卫东，李进军．紧邻地铁区间隧道深基坑工程的设计和实践[J]. 铁道工程学报，2011(11)：104-111.

[34] 丁勇春，戴斌，王建华，等．某邻近地铁隧道深基坑施工监测分析[J]. 北京工业大学学报，2008，34(5)：492-497.

[35] 吉茂杰．地铁隧道上方基坑施工响研究[D]. 上海：同济大学，2000.

[36] 陈郁，李永盛．基坑开挖卸荷引起下卧隧道隆起的计算方法[J]. 地下空间与工程学报，2005，1(1)：91-94.

[37] 伍尚勇，杨小平，刘庭金．双侧深基坑施工对紧邻地铁隧道变形影响的分析[J]. 岩石力学与工程学报，2012，31(z1)：3452-3458.

[38] 张俊峰，王建华，陈锦剑．跨运营地铁隧道超大基坑开挖的土体参数反分析[J]. 上海交通大学学报，2012，46(1)：42-46，52.

[39] 高广运，吴勇，张先林，等．深基坑开挖与邻近隧道相互影响的分析[Z]．上海：2011：114-117.

[40] 戚科俊，王旭东，蒋刚．邻近地铁隧道的深基坑开挖分析[J]．岩石力学与工程学报，2005，24(S2)：5485-5489.

[41] 汪小兵，贾坚．深基坑开挖对既有地铁隧道的影响分析及控制措施[J]．城市轨道交通研究，2009，12(5)：52-57.

[42] 张治国，张谢东，王卫东．邻近基坑施工对地铁隧道影响的数值模拟分析[J]．武汉理工大学学报，2007，9(11)：93-97.

[43] 王涛．紧邻地铁区间隧道的深基坑施工变形研究[D]．广州：广州大学，2007.

[44] 姚燕明，周顺华，陈力．深基坑开挖对既有地铁车站影响的计算模式分析[J]．建筑结构，2003，33(10)：57-59.

[45] S S J，M H A，J Z. Effect of large excavation on deformation of adjacent MRT tunnels[J]. Tunneling and Underground Space Technology，2001，16：93-98.

[46] M D. Tunnel complex unloaded by a deep excavation[J]. Computers and Geotechnics，2001，28(3)：469-493.

[47] T C C，W S C，W D S. Response of a Taipei Rapid Transit System(TRTS) tunnel to adjacent excavation[J]. Tunneling and Underground Space Technology，2001，16(3)：151-158.

[48] Iame. Relations between process of cutting and uniqueness of solutions[J]. Soils and Foundations，1970，10(3)：50-65.

[49] 方配芹，王建龙．宁波市工程地质图说明书[Z]. 1986.

[50] 苏伯苓．宁波软土流变规律及其工程应用[J]．河北地质学院学报，1990，13(2)：111-120.

[51] 杨林德．岩土工程问题的反演理论与工程实践[M]．北京：科学出版社，1996.

[52] 茹忠亮，冯夏庭，李洪东，等．大型地下工程三维弹塑性并行有限元分析[J]．岩石力学与工程学报，2006，25(6)：1141-1146.

[53] 吴才德，章玉明，田领川，等．基于改进神经网络的地铁车站深基坑位移反分析[J]．科技通报，2017，33(1)：142-146.

[54] 焦李成．神经网络计算[M]．西安：西安电子科技大学出版社，1993.

[55] 雷英杰，张善文，李续武．Matlab 遗传算法工具箱及应用[M]．西安：西安电子科技大学出版社，2005.

[56] 彭军龙，张学民，阳军生，等．地铁深基坑支护的遗传神经网络位移反分析[J]．岩土力学，2007，28(10)：2118-2122.

[57] 陈魁．实验设计与分析[M]．北京：清华大学出版社，1996.

[58] 王立威．人工神经网络隐层神经元数的确定[D]．重庆：重庆大学，2012.

[59] 吴兴龙，朱碧堂．深基坑开挖坑周土体变形时空效应初探[J]．土工基础，1999，13(3)：5-8.

[60] 夏冰，夏明耀．上海地区饱和软土的流变特性研究及基坑工程的流变时效分析[J]．地下工程与隧道，1997：11-18.

[61] A V P, P N H. A soft soil model that accounts for creep. Beyond 2000 in computational geotechnics: 10 years of PLAXIS International[Z]. Amsterdam: 1999.

[62] 吴才德，曾婕，成怡冲，等．深基坑开挖空间效应对周围土体及邻近隧道的影响研究[J]. 建筑结构，2016，46(2)：91-95.

[63] O E, L B. Stability of strutted excavation in clay[J]. Geotechnique, 1956, 6(1): 32-47.

[64] 中华人民共和国住房和城乡建设部．城市轨道交通结构安全保护技术规范：CJJ/T 202—2013[S]. 北京：中国建筑工业出版社，2013.

[65] 吴才德，许成承，成怡冲，等．软土地区基坑开挖引起的邻近隧道变形预测[J]. 城市轨道交通研究，2016，19(10)：28-31.

[66] 李亚．基坑周围土体位移场的分析与动态控制[D]. 上海：同济大学，1999.

[67] 杨国伟．深基坑及其邻近建筑保护研究[D]. 上海：同济大学，2000.

[68] 吴才德，曾婕，成怡冲，等．紧邻地铁车站的深基坑位移控制措施效果分析[J]. 城市轨道交通研究，2017，20(5)：117-121.

[69] 曾婕，龚迪快，成怡冲，等．软土地区深基坑变形控制措施对减小临近隧道变形的效果分析[J]. 工程勘察，2018，46(5)：14-21.

[70] 丁勇春．软土地区深基坑施工引起的变形及控制研究[D]. 上海：上海交通大学，2009.

[71] 应宏伟，李涛，王文芳．基于三维数值模拟的深基坑隔断墙优化设计[J]. 岩土力学，2012，33(1)：220-226.

[72] 费纬．隔离桩在紧邻浅基础建筑的深基坑工程变形控制中的应用[Z]. 厦门：2010：265-270.

[73] 郑凤先．隔离桩对地铁深基坑邻近建筑物保护机理研究[J]. 城市轨道交通研究，2014，17(3)：42-46.

[74] 翟杰群，贾坚，谢小林．隔离桩在深基坑开挖保护相邻建筑中的应用[J]. 地下空间与工程学报，2010，6(1)：162-166.

[75] 何连昇，张俊．基坑开挖与临近既有隧道的相互影响[J]. 沈阳建筑大学学报(自然科学版)，2014，30(05)：826-833.

[76] 郑刚，杜一鸣，刁钰．隔离桩对基坑外既有隧道变形控制的优化分析[J]. 岩土力学与工程学报，2015，34(S1)：3499-3509.

[77] 成怡冲，龚迪快，叶俊能，等．基坑外设置隔离桩对土体水平位移的隔断效果分析[J]. 防灾减灾工程学报，2019，39(3)：478-486.

[78] 姜兆华，张永兴．基坑开挖对邻近隧道纵向位移影响的计算方法[J]. 土木建筑与环境工程，2013，35(1)：7-11，39.

[79] 张治国，张孟喜，王卫东．基坑开挖对临近地铁隧道影响的两阶段分析方法[J]. 岩土力学，2011，32(7)：2085-2092.

[80] 廖少明，余炎，陈亮．由基坑挡墙位移推算地层位移场及其影响[J]. 岩土工程学报，2005，27(7)：800-803.

[81] D M R. Force at a point in the interior of a semi-infinite solid[J]. Physics, 1936, 7: 195-202.

[82] 朱合华，陈清军，杨林德．边界元法及其在岩土工程中的应用[M]．上海：同济大学出版社，1997.

[83] B V A. Bending of beam resting on isotropic elastic soild[J]. ournal of Engineering Mechanics Division，ASCE，1961，87(2)：35-53.

[84] 黄茂松，张陈蓉，李早．开挖条件下非均质地基中被动群桩水平反应分析[J]．岩土工程学报，2008，30(7)：1017-1023.

[85] 顾晓鲁，钱鸿缙，刘惠珊．地基与基础[M]．北京：中国建筑工业出版社，2003.

[86] 吴才德，赵豫鄂，成怡冲．不同形式隔离桩对基坑外既有隧道的保护效果对比研究[J]．四川建筑科学研究，2020.

[87] J G M，A S，I C C R. Finite element modelling of installation effects[M]. 1993.

[88] M G S，W P. Three-dimensional finite-element analysis of diaphragm wall installation[J]. Geotechnique，1999，49(6)：801-823.

[89] L L M，W W C，F T D. The lateral pressure of wet concrete in diaphragm wall[J]. Proceeding of the ICE-Geotechnical Engineering，1994，107(3)：163-172.

[90] 闫静雅．桩基础全寿命期对邻近已有隧道的影响研究[D]．上海：同济大学，2007.

[91] 鲁嘉，胡康虎，叶启军，等．深大基坑地下连续墙施工引起土体变形效应分析[J]．建筑科学，2013，29(9)：29-34.

[92] 蒋锋平．大面积深层搅拌桩施工对地铁隧道影响的研究[D]．上海：同济大学，2004.

[93] 黄大维，周顺华，刘重庆，等．护壁套管钻孔灌注桩微扰动施工分析[J]．岩土力学，2013(4)：1103-1108.

[94] 王卫东，邸国恩．TRD工法等厚度水泥土搅拌墙技术与工程实践[Z]．深圳：2012：628-633.

[95] 黄炳德，王卫东，邸国恩．上海软土地层中TRD水泥土搅拌墙强度检测与分析[J]．土木工程学报，2015，7(S2)：108-112.

[96] 刘涛，褚立强，王建军，等．TRD工法在复杂地层中的应用[J]．建筑施工，2014(8)：903-904+909.

[97] 张安，吴剑疆．地下连续墙施工TRD工法的发展和应用[J]．水利水电技术，2014，45(9)：75-77.

[98] 洪成泼．上海软土地层MJS工法施工及应用研究[D]．杭州：浙江大学，2017.

[99] 贾坚．软土时空效应原理在基坑工程中的应用[J]．地下空间与工程学报，2005，1(4)：490-493.

[100] 王海燕，潘松林，包旭范．上海外滩通道狭长基坑开挖卸载对周边保护建筑影响的预测[J]．工业建筑，2010(S1)：597-599.

[101] 刘相宜，魏焕卫，张鑫．基于变形控制的基坑开挖和邻近建筑物保护技术[J]．工业建筑，2007，37(1)：69-72.

[102] 中国建筑科学研究院．既有建筑地基基础加固技术规范：JGJ 12—2012[S]．北京：中国建筑工业出版社，2012.

[103] 中国建筑科学研究院．建筑基坑支护技术规程：JGJ 120—2012 [S]．北京：中国建筑工业出

版社，2012.

[104] 朱健，郭伟光．大上海会德丰广场紧邻地铁深大基坑施工技术[J]. 施工技术，2011，40(341)：43-47.

[105] 阮顺良，胡士兵，楼永良．基坑工程对邻近地铁隧道影响及控制措施研究[J]. 现代隧道技术，2012，49(1)：100-104.

[106] 刘凤洲，谢雄耀．地铁基坑围护结构成槽施工对邻近建筑物沉降影响及监测数据分析[J]. 岩石力学与工程学，2014，33(S1)：2901-2907.

[107] 叶俊能，郦亮，郑翔，等．基坑开挖中门架式隔离桩对减小邻近地铁隧道影响的研究[J]. 城市轨道交通研究，2020，(11)：32-37.